# Inhaltsverzeichnis




| kommunikative Lernziele | sprachliche Mittel | methodische Kompetenzen | interkulturelles Lernen | Seite |
|---|---|---|---|---|
| **¡Hola!** | | | | 8 |
| • Wiederholungsaufgaben<br>• ein Spiel | | | | |
| **Unidad 1 ¡Siente Perú!** | | | | 10 |
| Lernaufgabe (Punto final) | Una presentación sobre Perú | | | |
| Methodische Schwerpunkte: | • monologisches Sprechen<br>• Hörverstehen | | | |
| **¡Acércate!** | | | | 10 |
| • über eine alte Kultur sprechen<br>• etwas erläutern | • **Wdh:** das pretérito imperfecto<br>• das Relativpronomen el/la cual | **Aprender mejor / Medienkompetenz:** kritischer Umgang mit Internetseiten | el Camino del Inca | |
| **A El diario de Isabel: ¡Perú es muy bacán!** | | | | 14 |
| • über Ereignisse in der Vergangenheit sprechen<br>• parallele Handlungen in der Vergangenheit darstellen | • **Wdh:** das pretérito indefinido und imperfecto<br>• pretérito indefinido mit cuando und pretérito imperfecto mit mientras | **Aprender mejor:** Wortschatz individuell erweitern | peruanisches Spanisch | |
| **B Olas de esperanza** | | | | 19 |
| • ein Projekt oder eine Organisation vorstellen<br>• über eine Handlung in der Vergangenheit sprechen, die einer anderen vorausgeht | • das pretérito pluscuamperfecto<br>• das Relativpronomen cuyo/-a | **Medienkompetenz:** Medienprodukte gestalten (Präsentation) | Lebensrealität peruanischer Jugendlicher | |
| **Resumen** | • Redemittel und Grammatik (Übersicht und Test) | | | 24 |
| **Suplemento 1** | | | | 26 |
| • zusätzliche Aufgaben zu Wortschatz und Grammatik der Unidad 1 | | | | |
| **¡Anímate! 1** | | | | 28 |
| | • *Arte Latinoamericano* | Bildbeschreibung | lateinamerikanische Künstler/innen | |

| kommunikative Lernziele | sprachliche Mittel | methodische Kompetenzen | interkulturelles Lernen | Seite |
|---|---|---|---|---|
| **Unidad 2 Lo que nos importa** | | | | **30** |
| Lernaufgabe (Punto final) | Un debate | | | |
| Methodische Schwerpunkte: | • dialogisches Sprechen<br>• Lesen | | | |
| **¡Acércate!** | | | | **30** |
| • sagen, was einem wichtig ist<br>• Wiederholungen vermeiden | • die Verwendung von **infinitivo** und **subjuntivo**<br>• die Possessivpronomen<br>• **por** und **para** | | spanische Spitznamen | |
| **A ¡Piénsatelo bien!** | | | | **33** |
| • Position beziehen, Einwände formulieren und begründen<br>• sich differenziert äußern | • **Wdh:** die Objektpronomen<br>• der **subjuntivo** nach **aunque**, **cuando** und **mientras**<br>• die Doppelpronomen beim bejahten Imperativ | **Aprender mejor:** seine Meinung strukturiert äußern<br>**Medienkompetenz:** Mediennutzung kritisch reflektieren | | |
| **B Consejos para el uso de Internet** | | | | **38** |
| • Empfehlungen und Ratschläge geben<br>• jdn auffordern, etwas nicht zu tun | • **Wdh:** der bejahte Imperativ<br>• der verneinte Imperativ | **Medienkompetenz:**<br>• verantwortungsvoll mit Daten umgehen<br>• Informationen kritisch bewerten<br>• Vielfalt der Medien kennen | spanische Fernsehsender und Tageszeitungen | |
| **Resumen** | • Redemittel und Grammatik (Übersicht und Test) | | | **44** |
| **Suplemento 2** | | | | **46** |
| • zusätzliche Aufgaben zu Wortschatz und Grammatik der Unidad 2 | | | | |
| **Evaluación 1 (Unidades 1–2)** | | | | **48** |
| • Lernstandsüberprüfung: Fertigkeiten (Hören, Lesen, Sprechen, Schreiben, Sprachmittlung) | | | | |
| **¡Anímate! 2** | | | | **50** |
| | • *Nuestra generación* | **Medienkompetenz:** Kommunikation reflektieren und gestalten | Jugendkultur in Spanien und Lateinamerika | |
| **Unidad 3 ¿Conoces Mallorca?** | | | | **52** |
| Lernaufgabe (Punto final) | Un *podcast* | | | |
| Methodische Schwerpunkte: | • selektives und detailliertes Hörverstehen<br>• Sprachmittlung | | | |

| kommunikative Lernziele | sprachliche Mittel | methodische Kompetenzen | interkulturelles Lernen | Seite |
|---|---|---|---|---|
| **¡Acércate!** | | | | **52** |
| • über wirtschaftliche und gesellschaftliche Aspekte einer Region sprechen<br>• Diagramme auswerten | • die Stellung des Adjektivs | | Eckdaten der Balearen | |
| **A Una familia – cuatro vidas** | | | | **55** |
| • schildern, was vor kurzem geschehen ist<br>• über einen Ferienjob sprechen | • das pretérito perfecto | beim Sprachmitteln auf kulturelle Besonderheiten achten | gemeinsames Zahlen in Spanien | |
| **B Paraíso en peligro** | | | | **60** |
| • sich differenziert über die Vergangenheit äußern<br>• über Umweltprobleme und Naturschutzprojekte berichten | • **Wdh:** das pretérito indefinido und pretérito imperfecto<br>• das pretérito perfecto, indefinido und imperfecto | **Aprender mejor:** Hörerwartungen nutzen<br>**Medienkompetenz:** Medienprodukte gestalten (Podcast) | Mülltrennung in Spanien | |
| **Resumen** | • Redemittel und Grammatik (Übersicht und Test) | | | **66** |
| **Suplemento 3** | | | | **68** |
| • zusätzliche Aufgaben zu Wortschatz und Grammatik der Unidad 3 | | | | |
| **¡Anímate! 3** | | | | **70** |
| | • ein Comic auf Katalanisch<br>• ein Plakat zum Thema Umweltschutz | | | |
| **Unidad 4 Familia y amigos** | | | | **72** |
| Lernaufgabe (Punto final) | Un artículo | | | |
| Methodische Schwerpunkte: | • Schreiben<br>• Lesen | | | |
| **¡Acércate!** | | | | **72** |
| • Wiederholungen vermeiden<br>• sagen, warum eine Person wichtig für einen ist | • **Wdh:** das gerundio<br>• angehängte Pronomen beim gerundio | **Medienkompetenz:** Privatsphäre beachten | | |
| **A Nuestros ídolos** | | | | **75** |
| • Einwände, Bedingungen und Gründe zum Ausdruck bringen<br>• über ein Vorbild sprechen | • aun + gerundio<br>• die Nebensatzverkürzung mit gerundio | | el quechua | |

| kommunikative Lernziele | sprachliche Mittel | methodische Kompetenzen | interkulturelles Lernen | Seite |
|---|---|---|---|---|
| **B El amor no lo eliges** | | | | **79** |
| • seinen Schreibstil verbessern<br>• Vorstellungen ausdrücken | • **Wdh:** antes/después de + infinitivo<br>• al/hasta/por/sin + infinitivo<br>• der subjuntivo im Relativsatz | **Aprender mejor:** Inhalte eines Textes zusammenfassen<br>**Medienkompetenz:** Medienausstattung kennen und anwenden | | |
| **Resumen** | • Redemittel und Grammatik (Übersicht und Test) | | | **84** |
| **Suplemento 4** | | | | **86** |
| • zusätzliche Aufgaben zu Wortschatz und Grammatik der Unidad 4 | | | | |
| **Evaluación 2 (Unidades 3–4)** | | | | **88** |
| • Lernstandsüberprüfung: Fertigkeiten (Hören, Lesen, Sprechen, Schreiben, Sprachmittlung) | | | | |
| **¡Anímate! 4** | | | | **90** |
| | • zwei Lieder | über Musik sprechen | Raúl Paz y Rosalía | |
| **Preparar el examen DELE** | | | | **92** |
| • Modellaufgaben für die DELE-Prüfung | | | | |
| **Módulo 1 Fiestas de América Latina**<br>Der Stoff des *Módulo 1* ist für Nordrhein-Westfalen verbindlich vorgeschrieben. | | | | **94** |
| • Handlungen und Ereignisse passivisch darstellen | • die pasiva refleja<br>• das Passiv | | el pan de muerto | |
| **Módulo 2 La comida del futuro**<br>Der Stoff des *Módulo 2* ist für Nordrhein-Westfalen verbindlich vorgeschrieben. | | | | **98** |
| • Aussagen über die Zukunft treffen | • das futuro simple | **Aprender mejor:** einen Zeitungsartikel verstehen | | |
| **Módulo 3 ¿Qué te gustaría hacer?**<br>Der Stoff des *Módulo 3* ist für Nordrhein-Westfalen verbindlich vorgeschrieben. | | | | **102** |
| • Berufswünsche ausdrücken<br>• Ratschläge geben<br>• einen Lebenslauf und eine Bewerbung schreiben | • der condicional simple | **Aprender mejor:** einen Lebenslauf und eine Bewerbung schreiben | | |
| **Resumen Módulos** | • Redemittel und Grammatik (Übersicht und Test) | | | **106** |

| kommunikative Lernziele | sprachliche Mittel | methodische Kompetenzen | interkulturelles Lernen | Seite |
|---|---|---|---|---|
| **Lectura** | | | | **108** |

Lektüren mit Aufgaben zur Textarbeit und zum kreativen Schreiben

| kommunikative Lernziele / sprachliche Mittel | methodische Kompetenzen | interkulturelles Lernen |
|---|---|---|
| • Klappentexte von drei Jugendromanen<br>• Auszug aus einem spanischen Jugendroman: El padrino (Unidad 2)<br>• Auszug aus einem spanischen Jugendroman: Nadar o morir (Unidad 4)<br>• Auszug aus einem spanischen Jugendroman: Todas las chicas se llaman Clara (Unidad 4)<br>• Legende: La leyenda del lago Titicaca (Unidad 1)<br>• drei Gedichte (Unidad 4)<br>• ein Theaterstück: Escuchar el silencio (Unidad 3) | • einen Klappentext schreiben<br>Aprender mejor:<br>• ein Leseprotokoll führen<br>• ein Figureninter-view führen<br>Medienkompetenz:<br>Mediennutzung reflektieren | el lago Titicaca |

## Anexo

Differenzierungs- und Partneraufgaben **122**
Soluciones ............................ **136**
Destrezas ............................ **137**
Cultura ............................ **151**
En la clase ............................ **154**
La pronunciación y la ortografía ........ **156**
Los números ............................ **158**
Los verbos ............................ **159**
Vocabulario temático .............. **169**
Lista cronológica .................. **173**
Lista alfabética español-alemán .... **195**
Deutsch-spanisches Wörterbuch ... **212**
Mapa de las Islas Baleares ......... **230**
Plano de Palma de Mallorca ........ **231**
Mapa de Perú .................... **232**


## Symbole und Verweise

- Partnerarbeit
- Gruppenarbeit
- Hörverstehen: Tracknummern/CD
- DVD
- Schreiben
- Sprachmittlung
- Medienkompetenz
- DELE Aufgaben im DELE-Format
- Differenzierungsaufgabe (leicht) ↗ p. 113
- Differenzierungsaufgabe (schwer) ↗ p. 108
- ▶ Algo más, p. 122 Verweis auf Zusatzaufgabe im Anhang
- ¡Tú eliges! Aufgabe zur Neigungsdifferenzierung
- ▶ Diskutieren, S. 144 Verweis auf Methodenanhang
- Interkulturelles Wissen
- webcode apu4sb Die Eingabe dieses Webcodes unter www.cornelsen.de führt zu den jeweiligen Materialien.

# ¡Hola!

## Hablar

**1** Cuenta qué esperas de este año escolar. Utiliza las expresiones con subjuntivo.

Espero que [...]. / ¡Ojalá que [...]!
Quiero que [...]. / Prefiero que [...].
No creo que [...].

Es probable que [...]. / Es posible que [...].
Es importante que [...]. / Es fundamental que [...].

**2** Entrevista a tu compañero/-a. Él/ella contesta.

1. ¿Cómo vas al instituto por la mañana? ¿Cuánto tardas?
2. ¿Qué tareas del hogar te toca hacer? ¿Cuál es la que más/menos te gusta?
3. ¿Para qué utilizas tu móvil? ¿Quién lo paga? ¿Qué haces si lo pierdes?
4. ¿Te dan paga? ¿En qué la gastas?
5. ¿Sobre qué temas hablas con tu mejor amigo/-a?
6. ¿Qué te gusta hacer en tu tiempo libre?
7. ¿Prefieres vivir en un pueblo o en la ciudad? ¿Por qué?
8. ¿Qué cosas te gustan de tu instituto y cuáles no?
9. ¿Qué atracciones hay en tu región / tu ciudad?
10. ¿Cómo eras cuando tenías seis años? ¿Qué te gustaba hacer?
11. ¿Te gustaría llevar uniforme en el instituto? ¿Por qué (no)?
12. ¿Por qué (no) te gustaría ir de intercambio a España?

## Escuchar

**3** Gonzalo está en Madrid. Quiere ir al Museo del Prado, pero no sabe cómo. Por eso pregunta a una chica. Escucha y decide cuál es la descripción correcta.

**1** Estamos en la Plaza de España. Toma la línea 10, ve hasta Hospital Infanta Sofía y cambia a la línea 1, dirección Atocha. De la estación Tribunal al museo son solo cinco minutos.

**2** Toma la línea 10, dirección Hospital Infanta Sofía. En Tribunal cambia a la línea 1, dirección Valdecarros. Bájate en Atocha. El museo está a unos quinientos metros.

**3** Toma la línea 10, dirección Plaza de España. Ve hasta Valdecarros, es solo una parada, y allí cambia a la línea 1, dirección Tribunal. El Prado está cerca de la estación Atocha.

## Escribir

**4** Escríbele un e-mail a tu amiga española sobre tus vacaciones de verano. También puedes contarle de un día especial. Utiliza el pretérito indefinido y el pretérito imperfecto. ► Eine E-Mail verfassen, S. 146

## ¡Acuérdate!

**5** ¡A jugar! Leed las reglas de juego y jugad en grupos de cuatro personas. Necesitáis tres fichas o monedas.

### Cultura

1. En España, después de la ESO, puedes hacer el [...].
2. Bilbao está en el [...].
3. Las cuatro lenguas oficiales en España son [...].
4. En España hay colegios públicos, privados y [...].
5. Los reyes de España se llaman [...] y viven en [...].
6. El español es la [...] lengua del mundo con más hablantes.
7. En Sant Jordi, el 23 de abril, los chicos regalan [...] a las chicas, y ellas les dan [...] a ellos.
8. Nombra tres regiones de América Latina.
9. En Argentina, los campesinos de la pampa se llaman [...].
10. El juego tradicional vasco se llama [...].

### Gramática

1. Para aprobar un examen es importante que [...] (da tres consejos).
2. Di tres cosas que te molestan o te fastidian: «Me molesta que [...]».
3. Nombra tres cosas que te sorprenden: «Me sorprende que [...]».
4. Explica cómo eran tres cosas en tu ciudad / tu pueblo cuando eras pequeño/-a y cómo son ahora.
5. ¿Qué es para ti lo mejor / lo peor del instituto? Cuéntalo en tres frases.
6. ¿Qué se prohíbe en un parque recreativo? Nombra tres cosas.
7. Llevas horas esperando a un amigo. Nombra tres cosas que haces mientras tanto: «Estoy/Sigo [...]».
8. Di tres cosas que vas a hacer este año para lograr tus metas: «Me voy a poner a [...]».
9. Estás de intercambio en España: dile a tu compañero/-a qué quieres hacer.
10. Explica una de estas cosas: el mate, los pinchos, el desierto. Utiliza: «Es [...] que [...]. / Es algo para [...].»

### Reglas de juego

**A**, **B** y **C** juegan. **D** lee las preguntas y controla las respuestas (► **Soluciones, p. 136**). ¿Es tu turno? **D** lee una pregunta y tú la contestas. Si tu respuesta es correcta, ganas un punto y subes un piso en la torre. Si no sabes la respuesta, tus compañeros pueden responder y subir un piso en la torre. Gana la persona que primero llegue al último piso de la torre.

### Para expresarte

1. Cuenta qué hiciste en tu último cumpleaños.
2. Describe el camino desde tu casa al instituto.
3. Nombra tres tareas del hogar y di cuándo te toca hacerlas.
4. Compara la vida en el pueblo y la ciudad.
5. «¡Otra vez malas notas! ¡No puede ser!» ¿Qué propones a tus padres para mejorar tus notas?
6. Explica a un amigo español cómo funciona el sistema educativo en tu estado federado.
7. Explica cuál es la diferencia entre el «Gymnasium» alemán y el «gimnasio» español.
8. Nombra tres cosas que sabes hacer y una que hoy no puedes hacer.
9. Tu amigo está mal porque su novia no lo llama. ¿Qué puede hacer? Dale tres consejos.
10. Explica por qué estás a favor o en contra del uniforme en el instituto.

# 1 ¡Siente Perú!

## ¡Acércate!

### El Camino del Inca

Los incas eran un pueblo indígena que vivía en la región de los Andes. Su imperio, el Imperio Inca, se extendía desde el sur de Ecuador hasta el norte de Chile. Su rey, el Inca, era el dueño de todo y de todos los que vivían allí. Para administrar el imperio, los incas tenían una red de caminos de unos 30 000 km de longitud que conectaba todas sus ciudades y regiones. El Camino del Inca también era fundamental para las comunicaciones y el comercio.

**1 Machu Picchu**
Machu Picchu era un centro religioso muy importante. En la religión de los incas, el creador del mundo se llamaba «Viracocha», y «Pachamama» era la diosa de la tierra.

**2 El lago Titicaca**
Para navegar y pescar en el lago Titicaca, los incas utilizaban barcas de juncos, a las cuales llamaban «caballitos de totora». Los habitantes de las islas del lago todavía siguen haciendo barcas así.

#### Comprender el texto

**1** Lee la información sobre el Camino del Inca. Elige los seis temas de los que trata y relaciónalos con los textos.

a. la agricultura
b. la religión
c. el arte
d. las comunicaciones
e. las ciencias
f. la familia
g. la pesca
h. las escuelas
i. el tiempo libre

**Hier lernst du:**

- über eine alte Kultur zu sprechen.
- etwas zu erläutern.

3
### Ingapirca

Los incas sabían mucho de medicina, matemáticas y astronomía. El Templo del Sol en Ingapirca, Ecuador, era un edificio desde el cual observaban las estrellas y hacían predicciones del tiempo.

4
### Apurímac y el puente Queshuachaca

Queshuachaca es un puente colgante que existe desde la época de los incas sobre el río Apurímac, en el sur de Perú. Los puentes eran muy importantes para los chasquis, los mensajeros del imperio. Ellos llevaban y traían mensajes de forma oral y recorrían trayectos de hasta veinte kilómetros en una hora y cuarenta minutos… ¡a pie!

5
### Alto Loa

Con ayuda de terrazas, los incas cultivaban las tierras poco fértiles de los Andes. Allí sembraban maíz, patatas y quinua. Los habitantes de Alto Loa y de muchos otros lugares de los Andes siguen utilizando terrazas para sus cultivos.

6
### Cuzco y los quipus

Todos los caminos llevaban a Cuzco, la capital política del Imperio Inca. Cuzco significa en quechua -la lengua de los incas- «el ombligo del mundo». En esta ciudad había escuelas en las cuales los maestros enseñaban a leer los quipus. Los quipus eran un sistema de cuerdas y nudos con los cuales los incas podían llevar la contabilidad de lo que producían.

Muchas partes del Camino del Inca están todavía hoy en muy buen estado. Los habitantes de los Andes las siguen utilizando. ¿Qué caminos antiguos de tu región o de Alemania conoces?

## Vocabulario

**2** Completa el mapa mental en tu cuaderno con las palabras del ejercicio 1 y otras palabras del texto.

► Ein Mindmap erstellen, S. 139

[…] — el Imperio Inca — la agricultura — la tierra (poco) fértil

el Imperio Inca: […], […], […], […], […]

la agricultura: las terrazas, […]

## Practicar

**3** ¡Acuérdate del pretérito imperfecto! ¿Qué hacían los incas? Completa las frases con las formas correctas de los verbos en pretérito imperfecto.

1. Los incas (*conectar*) todas las ciudades y regiones del imperio con caminos.
2. El Camino del Inca (*extenderse*) desde el sur de Ecuador hasta el norte de Chile.
3. Este camino (*ser*) fundamental para el comercio y las comunicaciones.
4. Los incas (*pescar*) en el lago Titicaca.
5. Para pescar (*hacer*) barcas de juncos.
6. En las escuelas los jóvenes (*aprender*) a leer los quipus. aprendían
7. Los mensajeros del Imperio Inca (*llamarse*) chasquis.
8. Para llevar un mensaje, los chasquis (*correr*) hasta 20 km en una hora y cuarenta minutos.
9. Los incas (*saber*) mucho de medicina, ingeniería y astronomía.
10. En las tierras poco fértiles de los Andes (*sembrar*) maíz, patatas y otras cosas.

**4** **a** ¿Qué explica el guía turístico sobre Machu Picchu? Formula frases con una preposición y el pronombre relativo el/la cual. ► Resumen, p. 25/5 ► Suplemento 1, p. 27/3 ↗ p. 122

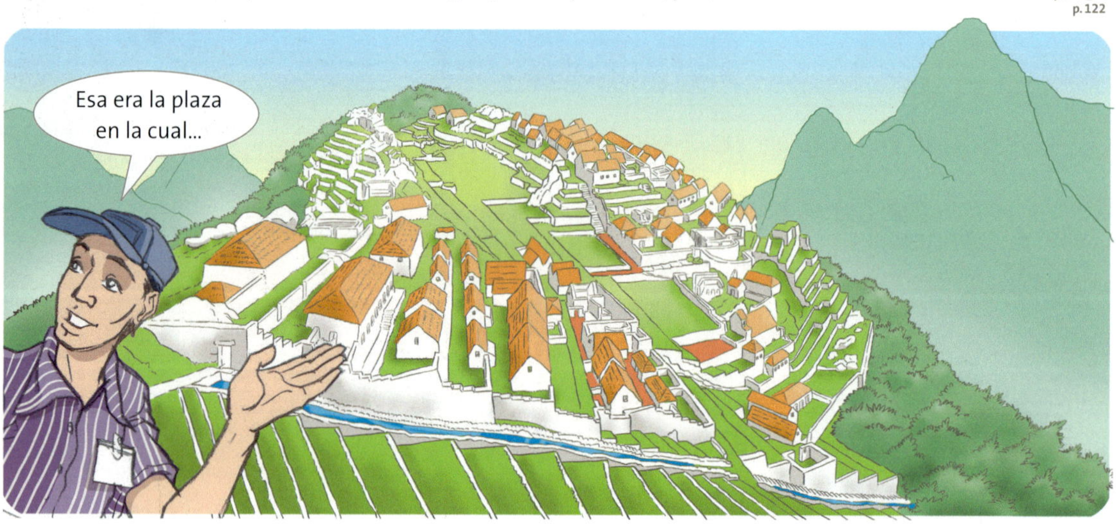


| | | | |
|---|---|---|---|
| 1. Aquella era la plaza | con | el cual | celebraban sus fiestas. |
| 2. Aquella es la montaña | a | la cual | llamaban «montaña joven». |
| 3. Ese es el edificio | desde | los cuales | observaban el sol. |
| 4. De allí tomaban los incas los materiales[1] | en | las cuales | hacían caminos y casas. |
| 5. Estas son las terrazas | | | los incas sembraban patatas y maíz. |
| 6. Ese era el palacio[2] del Inca | | | poca gente podía entrar. |
| 7. Allí vivían y trabajaban los maestros | | | el Inca hablaba sobre los problemas del imperio. |
| 8. Ese es el lugar | | | pueden tomar las mejores fotos de las ruinas. |

1 el material *das (Bau-)Material* 2 el palacio *der Palast*

**b** Mira otra vez el texto (p. 10/11) y explica qué son las siguientes cosas o lugares. Utiliza el pronombre relativo el/la cual. Tu compañero/-a adivina qué es. ► Resumen, p. 25/5 ► Suplemento 1, p. 27/3 ↗ p. 122

Ingapirca | las terrazas | los quipus | los caballitos de totora | el puente Queshuachaca | [...]

## Aprender mejor: Kritischer Umgang mit Internetseiten ►S. 150

**5** **a** Wenn du im Internet Informationen, z. B. über einen Ort suchst, findest du verschiedene Arten von Webseiten. Diese haben unterschiedliche Funktionen. Überlege und notiere dir, auf welcher Art von Webseite du suchst, wenn du:

- verlässliche Informationen über einen Ort finden möchtest,
- über ein bestimmtes touristisches Angebot mehr erfahren möchtest,
- die Meinung von anderen Besuchern über einen Ort erfahren möchtest.

**b** Buscad en Internet:

- cuántos kilómetros tiene el Camino Inca, cuánto tiempo es necesario para hacerlo y qué es posible ver durante el camino,
- tres agencias de viajes[1] con las cuales es posible hacer el Camino Inca y cuánto cuesta,
- consejos de turistas para hacer el Camino Inca.

**c** Presentad los resultados en clase. No olvidéis mencionar las fuentes[2].

Actualmente muchos turistas que visitan Perú hacen el Camino Inca, una parte del Camino del Inca.

**1** la agencia de viajes *das Reisebüro* **2** la fuente *die Quelle*

## Escuchar

**6** **a** Actividad de preaudición: Mira el dibujo y apunta palabras clave que pueden estar relacionadas con la pieza de radioteatro[1] que vas a escuchar. ► Hörerwartungen nutzen, S. 139

**b** Escucha y contesta las siguientes preguntas.

1. ¿Cuántas personas hablan? ¿Cómo son? (jóvenes, adultos, chicos, chicas, etc.)
2. ¿Qué sonidos[2] escuchas?
3. ¿Dónde están las personas?

**1** la pieza de radioteatro *das Hörspiel* **2** el sonido *das Geräusch*

**7** **a** Escucha otra vez y apunta lo que cuenta Unay sobre su vida y su trabajo. ► Selektives Hörverstehen, S. 140

**b** Compara tus apuntes con los de tu compañero/-a y completa tus apuntes.

**8** Tu padre, que no entiende mucho español, también escucha la pieza de radioteatro. Explícale en alemán de qué trata y qué cuenta Unay sobre su vida y su trabajo. ► Sprachmittlung, S. 147

## Hablar

**9** Resume lo que sabes sobre los incas. Puedes utilizar el mapa mental del ejercicio 2.

# A El diario de Isabel: ¡Perú es muy bacán!

## Comprender y comentar el texto

**1** Actividad de prelectura: ¿Qué puedes ver y hacer en Perú? Mira la escena del DVD y cuenta.

**Isabel está de viaje con su familia en Perú y apunta sus experiencias en un diario.**

1
6–7

## PERÚ

*15 de julio*
*¡Después de un viaje de doce horas, por fin estoy en Lima! ¡Por suerte llevaba mis cascos para escuchar música! Aquí ya es la una de la madrugada y mientras yo me voy a la cama, en España mis amigos se están levantando... Estoy muy cansada. Mañana escribo más.*

*16 de julio*
*¡Esta ciudad es una pasada! Lima está en la costa, es enorme y tiene nueve millones de habitantes... ¡En España no hay nada similar! Aquí ahora es invierno, ¡y eso que es julio! Hace 15 grados durante el día y hay niebla sobre toda la ciudad.*

*18 de julio*
*Ayer estuvimos todo el día en el centro histórico de la ciudad, en la Plaza de Armas, la plaza más importante de Lima. Cuando llegamos, había un montón de gente. Por suerte encontramos a Rocío sin problemas. Es una amiga de mamá que vive en Lima. Tiene un hijo que se llama Manuel y que también tiene 15 años. ¡Es un chico muy guay!*

*20 de julio*
*Ya sé decir «Isabelmi sutii» (me llamo Isabel) y «Yuspagrasunki» (gracias) en quechua. Mientras Manuel me enseñaba algunas palabras, caminábamos por la ciudad. Sus abuelos son de Cuzco y le enseñaron quechua. Después llegamos por casualidad a un mercado y flipé. Tantos colores: la ropa, las pulseras, los bolsos. Vi muchas frutas y verduras que no conocía. ¡Hay más de 3000 tipos de patatas! Por cierto, Manuel las llama «papas».*

**Hier lernst du:**

- über Ereignisse in der Vergangenheit zu sprechen.
- parallele Handlungen in der Vergangenheit darzustellen.

| Perú | España |
| --- | --- |
| bacán *adj.* | guay/estupendo |
| la papa | la patata |
| el soroche | el mal de montaña |



*21 de julio*

*Ayer Rocío preparó ceviche, el plato típico de Perú, que consiste en pescado crudo con zumo de limón. No estaba mal, pero yo prefiero las salchipapas. Por la tarde mamá y yo fuimos a un centro comercial. Cuando salimos de una tienda, me encontré con Manuel. Por la noche fuimos a una fiesta con sus amigos. ¡Lo pasé «bacán», como dicen aquí!*

*25 de julio*

*Hace tres días viajamos a Cuzco en autobús. Lo pasé muy mal, sobre todo porque me dio «soroche», es decir, mal de montaña. Tuve que quedarme toda la tarde en mi habitación. Ayer visitamos un museo de historia inca. Allí me enteré de que cuando los conquistadores españoles llegaron a Perú, destruyeron casi toda la ciudad de Cuzco y mataron a un montón de gente. Además, Francisco Pizarro, un conquistador, engañó y asesinó a Atahualpa, el último emperador inca. Me pareció fatal.*

*29 de julio*

*Hace dos días llegamos a Nazca, una ciudad en el desierto. Ayer vimos unas figuras de animales en la arena. Solo es posible verlas desde el cielo. Hace más de 2000 años las dibujaron y nadie sabe para qué. Mientras volábamos sobre el desierto, pensaba en la suerte que tengo. ¡Me gusta mucho Perú! Mañana volvemos a Lima y me muero por ver de nuevo a Manuel. Por la noche vamos a ir juntos a un circo muy especial. Estoy muy nerviosa.*

**2** Lee el diario de Isabel (p. 14/15) y busca adónde fue en Perú y qué hizo allí. Completa la tabla en tu cuaderno. ▸ Algo más, p. 122

| ¿Adónde fue? | ¿Qué hizo allí? |
|---|---|
| 1. Lima | [...] |

**3** ¡Tú eliges! Elige a o b.

**a** ¿Qué le llama la atención a Isabel de Perú? Busca en el texto cuatro cosas.

**b** Isabel dice: «pensaba en la suerte que tengo» (l. 58). Comenta qué crees que quiere decir con esta frase.

Isabel piensa que [...] porque [...].

Para ella Perú es [...].

Isabel cree que [...].

A ella le gusta/encanta/interesa Perú porque [...].

## Escuchar

1 8

**4** **a** Copia la ficha en tu cuaderno. Después escucha lo que el guía le cuenta a Isabel sobre Perú. Luego apunta la información que falta. ▸ Notizen machen, S. 139

**Perú**

1. Kilómetros cuadrados: [...]
2. Habitantes: [...]
3. Limita con: [...]
4. Capital: [...]
5. Lengua oficial: [...]
6. Lenguas cooficiales: *Aimara* y [...]
7. Tres regiones: *la costa, la selva*[1] *y la sierra*
8. Productos de la selva: [...]
9. Productos de la costa: [...]
10. Productos de la sierra: [...]

1 la selva *der Urwald*

En los mercados de Perú es posible encontrar productos de todas las regiones del país.

1 8

**b** Escucha otra vez y completa tus apuntes. Luego compáralos con los de tu compañero/-a.

## Practicar

**5** ¡Acuérdate del pretérito indefinido! ¿Qué más cuenta Isabel? **A** dice un número entre 111 y 666, **B** formula una frase en pretérito indefinido. Luego **B** dice un número y **A** formula una frase.

146

Ayer nos pusimos a hablar con la gente en la Plaza de Armas.

| | | |
|---|---|---|
| 1. Ayer | 1. [yo] | 1. (*ir*) al lugar donde hacen las mejores salchipapas. |
| 2. El primer día | 2. [tú] | 2. (*hacer*) un picnic en la playa. |
| 3. Hace cuatro días | 3. tu hermano | 3. (*estar*) en el edificio más antiguo de Lima. |
| 4. La semana pasada | 4. [nosotros] | 4. (*tener*) que caminar mucho. |
| 5. Primero | 5. tus amigos y tú | 5. (*poder*) entrar en unas ruinas cerca de Lima. |
| 6. Al final de la tarde | 6. [ellos] | 6. (*ponerse*) a hablar con la gente en la Plaza de Armas. |

**6** ¡Acuérdate del pretérito imperfecto y del pretérito indefinido! Isabel fue a Cuzco. Mira los dibujos y ponlos en el orden correcto. Después describe cómo era la situación y qué le pasó a Isabel. Utiliza el pretérito imperfecto y el pretérito indefinido.

↗ p. 122

cuando · como · porque
por eso · entonces · al final

1 no (*tener*) dinero / (*tener*) que caminar

2 (*salir*) / (*haber*) mucha gente

3 no (*estar*) sus padres / (*vestirse*)

4 (*encontrar*) a sus padres / que (*estar*) comprando algo

5 (*despertarse*) / (*ser*) tarde

6 (*estar*) triste / (*encontrar*) una nota

**7** Cuenta qué hacías mientras: ► Resumen, p. 24/3 ► Suplemento 1, p. 26/2

- tu mejor amigo/-a te contaba un problema.
- tu hermano estaba limpiando el baño.
- tus padres preparaban la cena.
- tu profesora explicaba un ejercicio.
- [...]

*escuchar* con atención · *ordenar* mi habitación
*hacer* los deberes · *estar* en el supermercado
*dibujar* algo · *poner* la mesa · [...]

Ejemplo: Mientras Mila me contaba un problema, la escuchaba con atención.

## Hablar

**8** **a** Entrevista a tu compañero/-a sobre un viaje o una excursión especial. Toma apuntes. Luego tu compañero/-a te entrevista a ti.

↗ p. 123

*¿Adónde fuiste y cuándo?*
*¿Con quién fuiste?*
*¿Qué hiciste cuando llegaste allí?*

**b** Cuenta sobre el viaje o la excursión especial de tu compañero/-a. Utiliza tus apuntes. ► Resumen, p. 24/2

Hace un mes, Theodor fue a Hamburgo para visitar a su tía favorita. Cuando llegaron a Hamburgo [...].

## Aprender mejor: Wortschatz individuell erweitern ▸ S. 139

**9** **a** Texte sind Fundgruben. Suche in den Tagebucheinträgen von Isabel (S. 14/15) Wörter und Ausdrücke, um zu sagen, was man von etwas hält. ▸ Wortschatz erweitern, S. 139 ▸ Suplemento 1, p. 26/1

**b** Überlege dir Kategorien, um diese Wörter und Ausdrücke zu strukturieren und ordne sie zu. Kennzeichne drei bis fünf Wörter und Ausdrücke, die für dich besonders nützlich sind.

## Escribir

**10** Manuel, el amigo peruano de Isabel, tiene un cuaderno en el que escribe sobre las cosas importantes que le pasan. Escribe lo que piensa sobre Isabel y lo que vive con ella en Lima. Utiliza «El diario de Isabel...» (p. 14/15) como modelo y algunas expresiones del ejercicio 9. Puedes empezar así: ▸ Modelltexte verwenden, S. 145

*Hace unos días conocí a una chica. Se llama Isabel y es de España. El día en el que la conocí...*

## Mediación

ES DE **11** A tu tía, que no habla español, le interesan mucho las culturas indígenas de América. En un periódico encuentras una infografía sobre las líneas de Nazca y tu tía tiene algunas preguntas. Lee la infografía y respóndele en alemán. ▸ Algo más, p. 123

1. Wie hat man diese langen geraden Linien gemacht?
2. Wofür haben sie die Steine der Oberfläche entfernt?
3. Wie haben sie die Spiralen gemacht?

### Las líneas de Nazca

**Lineales**

1 Ponían piedras grandes para marcar el dibujo. Luego quitaban las piedras pequeñas de al lado, y con estas hacían un borde. Después hacían otro borde paralelo.

2 En el siguiente paso quitaban las piedras de la superficie entre los dos bordes.

3 Para terminar, colocaban las piedras en los lados para crear un borde elevado.

**Espirales**

4 Colocaban un palo en el suelo y lo ataban a otro palo con una cuerda. Caminaban y desenrollaban la cuerda haciendo en el suelo el dibujo de la espiral.

5 Luego quitaban las piedras de la superficie para obtener líneas más anchas.

Fuente: Fernando G. Baptista / National Geographic Creative

# B Olas de esperanza

**Hier lernst du:**

- ein Projekt oder eine Organisation vorzustellen.
- über eine Handlung in der Vergangenheit zu sprechen, die einer anderen vorausgeht.

## Comprender y comentar el texto

**1** **a** Leed la introducción del artículo «Olas de esperanza» (ll. 1–10). Luego, **A** lee el texto de «Alto Perú» y **B** el de «La Tarumba». Copiad la tabla y tomad apuntes en vuestros cuadernos.

| Nombre del proyecto | ¿Quién lo fundó? ¿Cuándo? | ¿Con quién trabaja? | ¿Cuáles son sus objetivos? | ¿Qué hace el proyecto? |
|---|---|---|---|---|
| | | | | |

1 9–11

*Perú tiene 32 millones de habitantes, de los cuales uno de cada cuatro tiene entre 15 y 29 años. Estos ocho millones de jóvenes son lo más valioso que tiene el país. Darles una educación es uno de los retos más grandes del país andino, donde un 50 % de los jóvenes de hogares desfavorecidos no termina su educación. Por eso, son importantes no solo los colegios, sino también las organizaciones cuya labor está fuera de las aulas. Aquí presentamos dos proyectos especiales: con el deporte y las artes les dan a los chicos razones para superarse.*

### Alto Perú

Los chicos y las chicas aprenden a alcanzar sus metas.

Domingo, ocho de la mañana. En el barrio Alto Perú, en Lima, empieza a llegar un grupo de jóvenes a la casa de Diego Villarán, entrenador de surf. Un chico y una chica de unos 15 años sacan tablas de surf de la casa y las ponen en un coche. Ellos saben que los primeros en llegar para ayudar son los primeros en entrar en el mar.
Cuando Villarán fundó «Alto Perú» en 2007, ya había trabajado muchos años como entrenador de surf de chicos de hogares privilegiados. Muchos chicos de su barrio también querían ir con él al mar, pero no tenían dinero ni para comprar una tabla ni un traje de neopreno ni para pagar las clases. Villarán no lo pensó dos veces y se puso a enseñarles gratis a surfear.
El primer obstáculo que tuvo: las tablas y los trajes cuyo precio era muy elevado. «Antes de empezar el proyecto, nunca había organizado algo así.» Con el tiempo la gente empezó a donar dinero, las tablas llegaron y con ellas, más olas de esperanza para los chicos que nunca habían estado tan felices como en el mar.
Mientras los chicos del barrio surfean juntos, desarrollan tanto un sentido de armonía con la naturaleza, como de responsabilidad y de trabajo en equipo. «No importa si eres bueno: si no eres disciplinado y no trabajas, no vas a alcanzar tus metas, ni en el mar, ni en la vida» les dice Diego a los chicos y todos lo escuchan con los ojos muy abiertos y los pies llenos de arena.

Soñar es posible en «La Tarumba».

### La Tarumba

«Siente, sueña, cambia, transforma» es el mensaje de «La Tarumba». Esta es una escuela de circo social, cuyo objetivo es utilizar el arte para sensibilizar a los jóvenes sobre lo que pasa en su entorno. Los jóvenes aprenden circo, teatro, música y muchas cosas más.
En 1984 un grupo de artistas fundó este proyecto que sigue funcionando hasta la actualidad. «Aquí aprendí a confiar y a creer en mí misma» cuenta Carol, que antes de estudiar para ser profesora de colegio ya había hecho una formación en La Tarumba.
Percy, uno de los artistas, trabajaba en circos de barrio, pero nunca lo había hecho de forma profesional. Cuando se enteró de esta escuela, no lo podía creer. Hoy en día es artista de circo profesional. La Tarumba le abrió esa puerta. «Descubrir que muchos otros chicos tienen los mismos sueños y que se esfuerzan por alcanzar metas similares, es una de las cosas más importantes que aprendemos aquí», explica mientras camina por la cuerda floja.

**b** Presenta tu proyecto a tu compañero/-a. Él/ella apunta la información en su tabla.

**c** Lee por encima el texto completo y comprueba los datos de tu tabla.

**2** Según el artículo «Olas de esperanza» (p. 19) los dos proyectos son muy especiales (ll. 8/9). Busca ejemplos en el texto para justificar esta afirmación.

## Escuchar

**3** **a** Actividad de preaudición: Mira la foto y los titulares de periódico sobre un proyecto en Lima. Formula hipótesis: ¿de qué trata el proyecto? ►Hörerwartungen nutzen, S. 139

**Una entrenadora muy especial: es peruana y ¡tiene 92 años!**

**El «América Mimi Sporting Club» y su entrenadora**

**«La Vieja», medio siglo entrenando niños**

1 12 **b** Escucha el reportaje. Completa la tabla del ejercicio 1 a con la información de este proyecto.

**c** Mira ahora la escena del DVD. Cuenta cómo son el paisaje y el lugar donde trabaja María Angélica Ramos.

## Hablar

**4** Compara el proyecto del ejercicio 3 con los proyectos del texto «Olas de esperanza». ¿Qué tienen en común y qué es diferente? ¿Qué proyecto te gusta más? Justifica tu respuesta. ►Seine Meinung äußern, S. 144

## Descubrir

**5** **a** Lies die folgenden Sätze. Welche der beiden Handlungen liegt jeweils weiter zurück? ►Resumen, p. 24/1

1. «Cuando Diego Villarán fundó ‹Alto Perú›, ya había trabajado muchos años como entrenador de surf.» (ll. 22/23)
2. «... las tablas llegaron y con ellas, más olas de esperanza para los chicos que nunca habían estado tan felices como en el mar.» (ll. 32–34)

**b** Wie wird das pretérito pluscuamperfecto gebildet? Vergleiche mit anderen Sprachen, die du kennst.

**6** ¿Qué hicieron los chicos y qué habían hecho antes? Formula frases con el pretérito indefinido y el pretérito pluscuamperfecto como en el ejemplo. ►Resumen, p. 24/1

Cuando

- (*llegar*/yo) a casa ayer, mis padres ya (*hacer*) la comida.
- Andrés me (*enviar*) un mensaje, ya (*hacer*/yo) mis deberes.
- el profe (*entrar*), los alumnos ya (*limpiar*) la pizarra.
- Lucía (*terminar*) el examen, Carla ya (*salir*) del aula.
- (*llegar*/yo) por fin al cine, mis amigos ya (*irse*).
- me (*contar*/ellos) sobre la película, yo todavía no la (*ver*).
- nos (*llamar*/vosotros), ya (*empezar*/nosotros) a jugar.
- (*hacer*/tú) la pregunta, Ana ya lo (*explicar*) tres veces.

Cuando llegué a casa ayer, mis padres ya habían hecho la comida.

## Practicar

**7** **a** ¿Qué había hecho Diego ayer antes de ir a la playa? Nombra por lo menos cinco cosas. Utiliza el pretérito pluscuamperfecto. ▶ Resumen, p. 24/1

Ejemplo: Antes de ir a la playa, Diego ya había llamado a los otros profesores de surf.

*llamar* a [...] *comprar* bebidas para [...] *poner* la mesa
*hacer* el desayuno *vestirse* *limpiar* algunas tablas
*ver* las noticias *leer* una revista [...]

**b** ¿Qué habíais hecho tu familia y tú antes de hacer las siguientes cosas? Da dos ejemplos por frase. Utiliza el pretérito pluscuamperfecto. ▶ Suplemento 1, p. 27/4

1. Antes de encontrarme ayer con mis amigos, [...].
2. Antes de hacer el último examen de Español, [...].
3. Antes de levantarme ayer, [...].
4. Antes de ir de vacaciones con mi familia a [...], [...].
5. Antes de ver la película «[...]», [...].
6. Antes de irme a dormir ayer, [...].

**8** **a** Completa la noticia con el pronombre relativo cuyo/-a. ▶ Resumen, p. 24/4 ▶ Suplemento 1, p. 27/5

### Talleres de surf de «Alto Perú»

**Lima.** La escuela de surf «Alto Perú», [...] objetivo es ayudar a jóvenes de hogares desfavorecidos, prepara nuevos talleres de surf. Diego Villarán, [...] amor por el surf lo acercó[1] a los chicos de su barrio, va a ser el entrenador. Los talleres son para chicos y chicas, [...] padres no tienen dinero para pagar clases privadas. Los chicos, [...] experiencia en el mar también les va a servir más tarde, reciben clases gratis, el traje de neopreno y una tabla de surf. Esta escuela de surf, [...] alumnos y alumnas llaman la atención en Perú y en otros países, funciona gracias a que mucha gente dona dinero.

1 acercar *zusammenbringen*

**b** ¿Qué dicen las personas? Relaciona las frases con el pronombre relativo cuyo/-a. ↗ p. 123

1. «Alto Perú» trabaja con jóvenes. La labor de «Alto Perú» está fuera de las aulas.
2. Diego Villarán fundó «Alto Perú». Su nombre ya era famoso en el mundo del surf.
3. «Alto Perú» compró para los chicos las tablas y los trajes para surfear. Es que los precios de las tablas y los trajes son muy elevados.
4. Los jóvenes llevan trajes de neopreno en las playas de Lima. Es que las aguas de las playas de Lima son muy frías.
5. Los chicos y las chicas de «Alto Perú» entrenan todos los días. Es que la meta de estos chicos es ser los mejores.

## Mediación

**9** Carol de «La Tarumba» te pregunta si conoces algún proyecto en Alemania similar al suyo. Lee la presentación de un proyecto del circo «Soluna». Cuéntale a Carol en qué consiste el proyecto, qué es similar y qué es diferente a «La Tarumba». Puedes utilizar el diccionario. ► Sprachmittlung, S. 147

https://www.circus-soluna.de/services/winli-lindlar-zirkusprojekt-mit-gefluechteten-und-ihren-freunden/

**Circus Soluna** bei uns seid ihr die Sterne …

Home | Circus Soluna | Zirkusprojekte | Planung & Finanzierung | Mitmachzirkus | Eigene Shows | Shop

### WinLi e. V. initiiert integrativen Ferienzirkus mit Geflüchteten und ihren Freunden

*„Es herrschte ein wildes Stimmengewusel und lautes Lachen. Kleine Akrobaten wirbelten durch die Luft. Zauberer probten verblüffende Tricks. Fakire stählten kleine Körper auf dem Nagelbrett. Für eine Woche war Zirkus im Forum der Vossbruchhalle in Lindlar." (Marion vom WinLi e. V.)*

**Willkommen**

In den Herbstferien veranstaltete „Willkommen in Lindlar" e. V. zusammen mit dem Circus Soluna ein Ferienprogramm für Kinder von 6 bis 12 Jahren verschiedenster Herkunft.
Dabei förderte ein geniales Konzept die bunte Mischung aller Altersgruppen und Nationalitäten. Die Anmeldung erfolgte als Tandem. Je ein einheimisches Kind und ein Freund oder Klassenkamerad mit Fluchterfahrung erschienen gemeinsam zum Projekt. So konnten am Ende insgesamt 43 Kinder und Jugendliche aller Altersgruppen im nahen sozialen Umfeld diese neue und andere Form der Begegnung wahrnehmen.

**Herkunft spielt keine Rolle**

Die Teilnehmenden – egal ob geflüchtet oder nicht – bekamen im spielerischen Zirkus-Miteinander die Möglichkeit, sich näher kennenzulernen, wertzuschätzen und sich gegenseitig zu unterstützen. So wurde ein interkulturelles Kennenlernen und eine aktive Integration gefördert.

**Gemeinsam sind wir Zirkus**

Ob beim gemeinsamen Mittagsessen, beim Training oder den zwei gut besuchten Vorstellungen, alle arbeiteten täglich von 10–15:30 Uhr Hand in Hand. Mit dem Ziel der Abschlussvorstellung vor Augen wurde deutlich, jeder Einzige ist wichtig, damit das große Ganze gelingen kann. Ob Akrobat, Zauberer, Jongleur, Feuerartist oder Clown, für jeden ist etwas dabei, denn gemeinsam sind wir ZIRKUS!

Fuente: Circus Soluna / Koch & Thiel GbR

## El mundo del español

**10** Lee la información sobre los jóvenes peruanos. Comenta con tu compañero/-a qué información (no) te sorprende. Justifica tu respuesta.

¿CUÁNTOS DE NOSOTROS ESTUDIAMOS O TRABAJAMOS?

| Edad | Solo estudia | Solo trabaja | Estudia y trabaja | No estudia ni trabaja | Total |
|---|---|---|---|---|---|
| 15-19 años | 42 % | 22 % | 21 % | 15 % | 100 % |

¿QUÉ PORCENTAJE DE NOSOTROS ESTÁ ECONÓMICAMENTE ACTIVO?

| Edad | Zona urbana | Zona rural |
|---|---|---|
| 15-19 años | 45 % | 66 % |

Fuente: UNFPA / La juventud en el Perú

# Punto final 1

Wollt ihr euch gegenseitig einschätzen, findet ihr hier Vorlagen für Evaluierungsbögen:
Webcode **apu4sb**

## Una presentación sobre Perú

Para un proyecto bilingüe en vuestro instituto tenéis que hacer una presentación sobre Perú.

### 1 Preparar la presentación

En grupos:
- Elegid un tema.

| 1 | 2 | 3 |
|---|---|---|
| La cultura peruana actual, por ejemplo, la gastronomía o la música | Un proyecto social en Perú, por ejemplo, «Qosqo Maki» o «Sinfonía por el Perú» | Aspectos de la historia de Perú, por ejemplo, los chasquis o Atahualpa, el emperador inca |

- Buscad información y material visual (fotos, dibujos, gráficos) sobre vuestro tema en una biblioteca y en Internet. ¡No olvidéis apuntar las fuentes!
- Decidid cuál es la mejor forma de presentación para vuestro tema:
  1. un cartel,
  2. una presentación con diapositivas[1].

1 la presentación con diapositivas *der Vortrag mit einem Präsentationsprogramm*

### 2 Realizar la presentación

- Discutid qué información queréis incluir en vuestra presentación.
- Haced un mapa mental con la información que habéis encontrado.
- Discutid en qué orden queréis presentar la información.
- Repartid los puntos que queréis tratar entre los miembros del grupo. Cada uno/-a de vosotros escribe un texto corto y elige el material visual más adecuado para su tema. Recordad escribir también una pequeña introducción, por ejemplo, explicar por qué os interesa ese tema.
- Intercambiad vuestros textos y corregidlos. ►**Fehler korrigieren, S. 148**
- Haced el cartel o la presentación con diapositivas.
- Apuntad en una chuleta las palabras que vuestros compañeros no conocen para explicarlas antes de la presentación.
- Ensayad la presentación.

**Algo más:** Preparad una hoja con la información más importante para vuestros compañeros.

### 3 Presentar y evaluar la presentación

Toda la clase:
- Preparad una ficha de evaluación con puntos importantes para evaluar vuestras presentaciones. También podéis utilizar la ficha de evaluación de ¡Apúntate! (Webcode **apu4sb**).
  ►**Evaluierungsbögen erstellen, S. 148**
- Presentad vuestro tema.
- Evaluad las presentaciones de vuestros compañeros con ayuda de la ficha.

# Resumen

| Über eine Handlung in der Vergangenheit sprechen, die einer anderen vorausgeht | Dazu benötigst du: |
|---|---|
| **1** Antes de viajar a Perú Isabel **había escuchado** mucho sobre este país.<br>Cuando viajamos a Cuzco ya **habíamos visitado** Lima.<br>¡Nunca **había visto** algo parecido! | das **pretérito pluscuamperfecto**. Es wird gebildet aus dem Hilfsverb **haber** im **pretérito imperfecto** und dem Partizip: |

| | haber | participio |
|---|---|---|
| [yo] | había | estudi**ado**<br>com**ido**<br>sal**ido** |
| [tú] | habías | |
| [él/ella] | había | |
| [nosotros/-as] | habíamos | |
| [vosotros/-as] | habíais | |
| [ellos/-as] | habían | |

Die Partizipien bildest du so:

estudi**ar** → estudi**ado** salir → sal**ido**
com**er** → com**ido**

! Einige Partizipien sind unregelmäßig, z. B.:

decir → **dicho** ver → **visto**
hacer → **hecho** poner → **puesto**
escribir → **escrito** volver → **vuelto**

| Über Ereignisse in der Vergangenheit sprechen | Dazu benötigst du: |
|---|---|
| **2** Cuando Isabel **fue** al mercado, **vio** muchas frutas nuevas para ella. | das Temporaladverb **cuando** (*als*) und das **pretérito indefinido**. Damit beschreibt man zwei aufeinander folgende Handlungen. |

| Parallele Handlungen in der Vergangenheit darstellen | Dazu benötigst du: |
|---|---|
| **3** Mientras **observábamos** a la gente Manuel me **sacaba** fotos. | das Temporaladverb **mientras** (*während*) und das **pretérito imperfecto**. Damit beschreibt man parallele Handlungen. |

| Ein Projekt oder eine Organisation vorstellen | Dazu benötigst du: |
|---|---|
| **4** «La Tarumba», **cuyo** objetivo es utilizar el arte para sensibilizar a los jóvenes, es una escuela de circo social.<br>Son importantes las organizaciones **cuya** labor está fuera de las aulas. | das Relativpronomen **cuyo/cuya**: |

| | männlich | weiblich |
|---|---|---|
| Singular | cuy**o** | cuy**a** |
| Plural | cuy**os** | cuy**as** |

| Etwas erläutern | Dazu benötigst du: |
| --- | --- |
| **5** Andrea escribió el libro **del cual** te conté.<br>Cuzco es la ciudad **en la cual** vivía el Inca. | eine Präposition und das Relativpronomen **el/la cual**: |

| | | |
| --- | --- | --- |
| a<br>de<br>con<br>por | **el**<br>la | cual |
| en<br>desde<br>[...] | **los**<br>las | cuales |

**!** a + el = **al**
de + el = **del**

1

## Teste deine Grammatikkenntnisse ▶ Soluciones, p. 136

**1** Completa las frases con las formas del pretérito pluscuamperfecto.

1. Cuando Pedro llegó a casa, lo (*llamar*) tres personas.
2. Ana se levantó de mal humor porque (*dormir*) muy mal.
3. Antes de coger el autobús, ya le (*preguntar*/yo) al profesor la hora de salida.
4. Como ya (*hacer*/nosotros) nuestros deberes, fuimos al cine.
5. Cuando llegamos, ya (*irse*/vosotros).
6. ¡Nunca (*escribir*/tú) una carta así!

**2** ¿Pretérito indefinido o pretérito imperfecto? Completa las frases.

1. Mientras Luis (*dormir*), Ana (*cantar*).
2. Cuando (*llegar*/nosotros) a casa, (*encontrar*/nosotros) a Enrique en la puerta.
3. Mientras el profesor nos (*explicar*) los deberes, Pedro (*mirar*) el móvil.
4. Cuando (*salir*/vosotros) del instituto, (*empezar*) a llover.
5. Mientras Fernando (*chatear*) con Carlos, el gato (*jugar*) con sus zapatos.

**3** Completa las frases con la forma correcta del pronombre relativo cuyo/-a.

1. Perú es un país muy bonito [...] cultura les interesa a muchos turistas.
2. Tengo un amigo de Perú [...] padres son profesores.
3. En Perú hay una ciudad [...] nombre significa «ombligo del mundo».
4. Los incas, [...] idioma era el quechua, sabían mucho de astronomía.
5. Atahualpa, [...] historia aprenden los niños en los colegios, era un emperador inca.
6. «Alto Perú», [...] objetivo es enseñar a los chicos a trabajar en equipo, es una escuela de surf.

**4** Completa las frases con las preposiciones a, de, con y desde y el pronombre relativo el/la cual.

1. Los jóvenes, [...] [...] «La Tarumba» da una formación, son de todo Perú.
2. Atahualpa, [...] [...] los chicos escuchan muchas historias en el colegio, fue el último emperador inca.
3. Las patatas, [...] [...] los peruanos preparan muchos platos típicos, eran muy importantes para los incas.
4. Aguas Calientes es la cuidad [...] [...] puedes caminar hasta Machu Picchu.
5. «Alto Perú» compra las tablas [...] [...] los chicos surfean.

## Teste, was du jetzt sagen kannst: ▶ Para comunicarse, p. 177

- Nenne drei Dinge, die du schon gemacht hattest, als du gestern zur Schule kamst.
- Nenne drei Sehenswürdigkeiten in Perú und was man dort unternehmen kann.

## Vocabulario

1 **a Sistematizar el vocabulario:** Lee las siguientes palabras. Busca para cada palabra otras de la misma familia y apúntalas en tu cuaderno. También puedes utilizar la lista alfabética (p. 195).

alegrarse · alto/-a · la bebida · el camino · cultivar · la religión · histórico/-a · interesar · jugar · el mensaje · la conquista · organizar · el/la pescador/a

**b Repasar el vocabulario:** ¿Qué cuenta Isabel sobre Perú? Completa las frases con algunas de las palabras que acabas de apuntar en el ejercicio 1a. ↗ p. 124

Muchos turistas a los que les gusta [...] hacen «el Camino Inca», que termina en Machu Picchu. Machu Picchu está a 2490 metros de [...]. Allí había un palacio[1], escuelas y edificios [...]. Los incas usaban terrazas para sus [...]. Además de quinua y patatas, comían [...] que traían de la costa. En Nazca, un lugar muy [...] en el desierto, es posible visitar las Líneas de Nazca.

1 el palacio *der Palast*

Las terrazas incas más famosas están en Pisac, Perú.

**c Ampliar el vocabulario:** Lee las siguientes frases. Explica si las palabras subrayadas son sustantivos o adjetivos y qué significan. ↗ p. 124
Ejemplo: «Cultivable» es un adjetivo y significa que puedes cultivar algo.

1. Aunque las tierras de los Andes son poco fértiles, son cultivables.
2. Carlos trabaja en un barco pesquero.
3. El organizador de «Alto Perú» se llama Diego Villarán.
4. Los habitantes de los Andes bailan «el carnavalito» con mucha alegría.
5. Todavía hoy los historiadores no saben mucho sobre Machu Picchu.
6. Los caminantes tardan cuatro días para llegar a Machu Picchu.
7. Mi perro es muy juguetón.
8. Isabel hizo una caminata de cuatro kilómetros.

✔ Si no conoces una palabra, pero sí otra de la misma familia, puedes entender más fácilmente lo que significa.
▸ Wortfamilien nutzen, S. 137

## Gramática

2 **Las conjunciones cuando y mientras:** Isabel cuenta lo que le pasó en el mercado con Manuel. Completa las frases con las formas correctas del pretérito imperfecto y del pretérito indefinido. ▸ Resumen, p. 24/2–3

Mientras Manuel (*sacar*) fotos en el mercado, yo (*mirar*) en una tienda bolsos y pulseras. Cuando (*terminar*/él) de sacar fotos, (*ponerse*/él) a buscarme. Mientras me (*buscar*/él), yo (*charlar*) con la vendedora. Cuando por fin (*volverse*/nosotros) a encontrar, (*ir*/nosotros) a comer algo. Mientras (*comer*/nosotros), (*observar*/nosotros) a la gente.

Hier kannst du deine Lösungen überprüfen: **Webcode apu4sb**

**3** **El pronombre relativo el/la cual con preposiciones:** Conecta las frases con una preposición y el pronombre relativo el/la cual. ► Resumen, p. 25/5

↗ p. 124

Ejemplo: **1.** Manuel quiere leer un libro sobre los incas del cual hablaron ayer en la radio.

1. Manuel quiere leer un libro sobre los incas. De ese libro hablaron ayer en la radio.
2. Isabel le muestra a Ana una foto de un chico. Isabel conoció al chico en Perú.
3. En Cuzco hay un museo. En el museo puedes aprender mucho sobre los incas.
4. El Inca vivía en un edificio. En ese edificio nadie podía entrar.
5. En Nazca Isabel toma un avión. Desde el avión puede ver las líneas en el desierto.
6. Antes del viaje, Isabel compró un par de zapatos. Con esos zapatos recorrió Perú.
7. María habla de Diego. Con Diego aprendió a surfear.
8. María fue ayer a una montaña. Desde esa montaña sacó fotos de la ciudad.

**4** **El pretérito pluscuamperfecto:** ¿Qué dicen los chicos? Completa las frases con las formas correctas del pretérito pluscuamperfecto. ► Resumen, p. 24/1

**5** **El pronombre relativo cuyo/cuya:** Completa las frases con la forma correcta del pronombre relativo cuyo/cuya. ► Resumen, p. 24/4

1. La costa de Perú, [...] longitud es de 3080 km, es perfecta para el surf.
2. En Lima, [...] restaurantes son muy famosos, encuentras comida de todo el mundo.
3. A Machu Picchu, [...] edificios todavía puedes visitar, van más de 3800 personas al día.
4. En Cuzco, [...] nombre significa «ombligo del mundo», hay muchos museos interesantes.
5. Ecuador, [...] ruina inca más famosa es Ingapirca, está al norte de Perú.
6. Los chasquis, [...] tarea consistía en llevar y traer mensajes, eran chicos jóvenes.
7. El Camino del Inca, [...] dueño era el Inca o emperador, tenía más de 30 000 km.
8. En las escuelas de los incas, [...] profesores enseñaban a leer los quipus, solo podían estudiar los hijos de las familias privilegiadas.

La costa de Perú es perfecta para el surf.

# Arte Latinoamericano

13–14

## Frida Kahlo (México, 1907–1954)

Frida Kahlo es tal vez la pintora más famosa de América Latina. Los temas más frecuentes de su obra son su vida –sus sufrimientos y pasiones– así como su identidad. En la pintura «Autorretrato como tehuana – Diego en mi pensamiento» (1943) se pintó a sí misma vestida de blanco como una novia[1] con un traje tradicional indígena. De esta forma, la pintora muestra su amor por su marido y su identificación con los pueblos indígenas mexicanos.

## Diego Rivera (México, 1886–1957)

La obra de Diego Rivera trata de los conflictos sociales y la historia de su país. Rivera pintó sobre todo murales[2] en edificios públicos de México. En «Tianguis de Tlatelolco» el pintor muestra una escena en el principal mercado azteca. Al fondo se ve Tenochtitlan, la capital del imperio azteca.

## Amelia Peláez (Cuba, 1896–1968)

En los cuadros de Amelia Peláez la luz tiene un papel muy importante: lo llena todo, hace desaparecer casi totalmente las sombras. Peláez acentúa esta luz con líneas negras que crean formas abstractas. El resultado se parece a los vitrales[3] típicos del barrio de La Habana donde creció la pintora. En «Naturaleza muerta con frutas» (1956) nos permite echar una mirada al interior de las casas.

**1** la novia *die Braut* **2** el mural *das Wandgemälde* **3** el vitral *die Glasmalerei*

**1 a** Mira las obras de arte. ¿Cuál te interesa a primera vista? Descríbela. Tu compañero/-a adivina cuál es. ► Ein Bild beschreiben, S. 142

| | | | |
|---|---|---|---|
| El cuadro | presenta<br>muestra | un detalle de<br>una escena de<br>aspectos interesantes de | la vida cotidiana.<br>la historia de [...].<br>la gente de [...].<br>la biografía de [...].<br>[...] |

| | | | |
|---|---|---|---|
| Las formas son | geométricas.<br>simplificadas.<br>realistas.<br>ornamentales.<br>[...] | Los colores son | oscuros ≠ claros.<br>tristes ≠ alegres.<br>fríos ≠ cálidos.<br>pálidos ≠ brillantes.<br>[...] |

## Fernando Botero (Colombia, 1932)

El estilo de Fernando Botero es único: sus hombres y mujeres son de grandes proporciones y sus caras no tienen emociones. Botero los muestra en situaciones de la vida cotidiana: en la calle, en reuniones familiares, bailando, etc. Su cuadro «La calle» (1987) es una escena típica de un pueblo. La calle es un lugar muy importante de la vida cotidiana ya que es el lugar donde se encuentra la gente.

## Xul Solar (Argentina, 1887–1963)

Los cuadros de Xul Solar muestran ciudades grandes, como las que se construyeron en el Cono Sur a finales del siglo XIX. Solar utiliza figuras geométricas para expresar el caos de estas ciudades. Entre los edificios decorados con banderas argentinas del cuadro «Fecha patria» (1925), los individuos se convierten en figuras anónimas, pero todas con su destino.

## María Izquierdo (México, 1902–1955)

María Izquierdo utiliza muchos tonos «tierra» en sus pinturas. Con estos, Izquierdo se conecta con la tradición de la pintura precolombina y acentúa en sus autorretratos su origen indígena. En «Mis sobrinas» (1940) imita las fotos del siglo XIX. También la ropa que lleva en esta escena –elegante, pero pasada de moda– hace referencia al pasado.

**b** Lee la información sobre los/las artistas y sus obras. Comenta qué tienen en común las obras.

Las obras de [...] y [...] tienen en común el tema / las formas / los colores [...].
El tema / las formas / los colores de estas obras es/son [...].

**2** Imagina que puedes entrar en una de estas obras de arte. Cuenta qué pasa a tu alrededor y escribe un diálogo con una de las figuras del cuadro o describe algo que te pasa estando allí.

# 2 Lo que nos importa

## ¡Acércate!

1 15–16 ***Casi todos tenemos una pasión que nos mueve y nos hace felices. ¿Cuál es la tuya?***

1

**Merche y Raúl, 16 años**

«Hace unos meses un amigo nuestro nos habló de su grupo de parkour y ¡simplemente flipamos! El parkour consiste en superar obstáculos en la calle, pero también te enseña a luchar por lo que quieres lograr. No importa si eres joven o mayor, chico o chica, solo es importante que conozcas tus límites. No tenemos miedo de hacernos daño, pero nuestros padres siempre temen que nos pase algo. Por eso siempre entrenamos juntos.»

2

**Cristina, 15 años**

«Antes me aburría leer, pero hace un año descubrí el canal de un *booktuber* en el que cuelga reseñas de libros nuevos. ¡Qué idea más guay! Al principio solo veía sus vídeos sobre novelas, pero luego me dieron ganas de leerlas. Y ahora me gusta tanto su canal que quiero crear el mío. ¡Espero que me deis un *me gusta* en mi primera reseña!»

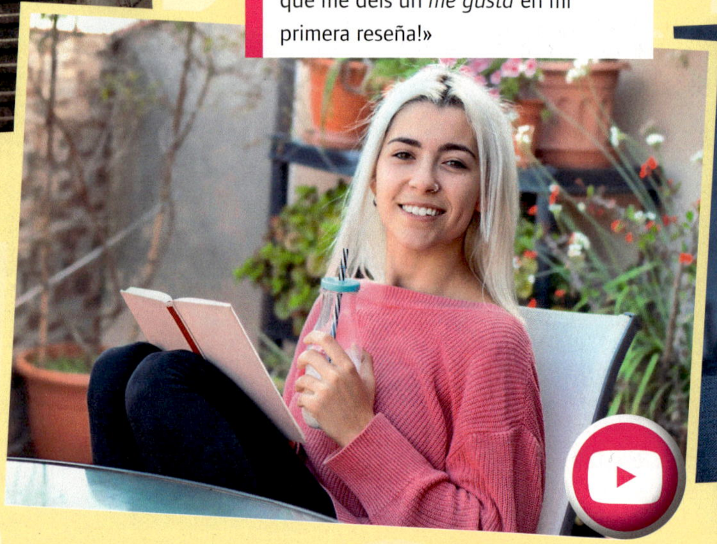

### Comprender y comentar el texto

**1** **a** Explica qué afición tiene cada chico o chica y por qué le gusta. ↗ p. 125

**b** Explica con quién de los chicos te gustaría pasar una tarde y por qué.

> La afición de Cristina es ver vídeos de un *booktuber*. Le gusta porque los vídeos le dan ganas de leer las novelas.

### Vocabulario y expresiones

**2** Busca en los textos vocabulario y expresiones para hablar sobre lo que te importa y apúntalas en un mapa mental. También puedes apuntar vocabulario que ya conoces. ► El tiempo libre, p. 171 ► Suplemento 2, p. 46/1

el parkour — las aficiones — **hablar sobre lo que me importa** — expresiones — [...]

las aficiones: leer, [...]

expresiones: simplemente flipamos, [...]

**Hier lernst du:**

- zu sagen, was dir wichtig ist.
- Wiederholungen zu vermeiden.

3

**Amparo, 16 años**

«La música es mi vida. Me gusta que otros escuchen mis listas de reproducción y también me gusta escuchar las suyas. Así sigo descubriendo otros grupos y estilos de música. Por ejemplo, no conocía el ska y ahora estoy enganchada… y mis amigas también. Sobre todo me gusta Che Sudaka, ¡tienen muchísimos seguidores! ¡Me muero por ir a un concierto suyo!»

4

**César, 15 años**

«Me fascinan los perros, pero mis padres no me dejan tener uno. Por eso empecé a trabajar como voluntario en el centro de acogida de animales de la ciudad. Llevo los perros a pasear, ayudo a limpiar las jaulas y también a actualizar la página web del centro para que más perros y gatos encuentren dueño. No me importa que no me paguen por mi trabajo, lo hago por los animales.»

2

5

**Nacho, 15 años**

«Un día quiero estudiar diseño de videojuegos porque lo que más me gusta del mundo son los videojuegos. Te permiten entrar en otro mundo y vivir muchas aventuras. Pero para mis padres sigue siendo una pérdida de tiempo. No entienden que, así como leer es su afición, los videojuegos son la mía. Quieren que salga con mis amigos y amigas, pero ya estoy pasando muchísimo tiempo con ellos – ¡jugando!»

Sobrenombres en español:

| ♂ | ♀ |
| --- | --- |
| Chema = José María | Merche = Mercedes |
| Nacho = Ignacio | Sole = Soledad |
| Quique = Enrique | Pepa = Josefa |

¿Qué sobrenombres en otros idiomas conoces?

**3** Di las siguientes frases en español. Utiliza por y para. ► Suplemento 2, p. 46/3

1. **Für** meine Eltern ist das Zeitverschwendung.
2. Ich tue es **für** die Tiere.
3. Ich kaufe Videospiele **für** ein paar Euro.
4. Sie bezahlen mich **für** die Arbeit.
5. Ich lerne, **für** meine Träume zu kämpfen.
6. Es ist ein Hobby **für** alle, Jungen und Mädchen.
7. Es ist wichtig **für** mich.

## Comprensión audiovisual

**4** Mira el cortometraje «Darío». Explica cuál es la pasión del protagonista y qué piensan su familia y sus amigos.

## Escuchar

17

**5** Escucha la entrevista con Celeste sobre su blog y contesta las preguntas. p. 125

1. ¿Qué fue lo primero que preparó Celeste?
2. ¿Qué presenta Celeste en su blog?
3. ¿Quiénes son para ella sus seguidores más importantes?
4. ¿Qué quiere hacer Celeste en el futuro?

## Hablar

**6** Cuenta a tu compañero/-a cuál es tu afición y por qué. Puedes utilizar el vocabulario de los ejercicios 2 y 3.

## Practicar

**7** César habla de su trabajo en el centro de acogida de animales. Completa las frases con el infinitivo o con una forma del subjuntivo. ► Resumen, p. 44/5

Ejemplo:
querer + inf.
querer que + subj.

¿Quiero (*estudiar*) veterinaria[1] porque me gusta (*estar*) con los animales. Por eso no entiendo por qué algunos dueños abandonan[2] a su mascota. Me fastidia que tanta gente (*comprar*) un perro o un gato y luego lo (*dejar*) por ahí... Un animal no es un juguete y es necesario que los dueños (*aprender*) a cuidarlo. Y si ya no pueden tenerlo, prefiero que lo (*llevar*/ellos) al centro de acogida. ¡Ojalá que todos los animales (*encontrar*) otro lugar para vivir! Trabajo en el centro desde hace un año y voy dos veces por semana. Normalmente voy los miércoles y los sábados porque no me molesta (*trabajar*) el fin de semana. Siempre hay mucho que hacer, pero a mí sobre todo me gusta (*llevar*) los perros a pasear y (*jugar*) con ellos. Pero claro, también es importante que todos (*ayudar*/nosotros) con las otras tareas, como limpiar las jaulas o llevar los animales al veterinario. Creo que es un trabajo muy importante y me sorprende que no (*haber*) más voluntarios. Claro, el centro no nos puede pagar, pero a mí no me importa. Prefiero que (*usar*/ellos) el dinero para los animales. Además, me gusta (*estar*) con los perros y (*aprender*) muchas cosas.

1 la veterinaria *die Tiermedizin* 2 abandonar *hier: aussetzen*

**8** **a** Después del entrenamiento, Merche, Raúl y los otros chicos del grupo de parkour charlan y recogen sus cosas. Completa las frases con los pronombres posesivos. ► Resumen, p. 44/1 ► Suplemento 2, p. 46/4

Mira, tengo dos mochilas.
¿Cuál es la [...]?

–¿Son tus gafas de sol?
–No, las [...] son rojas.

Mi móvil ya no tiene batería.
¿Me prestas el [...]?

–¿Ese es el monopatín de Raúl?
–No, el [...] está ahí.

Ayer colgué las fotos de Merche
y hoy voy a colgar las [...], ¿vale?

–Tus trucos son muy buenos.
–Sí. Pero los [...] también.

**b** Elige un objeto y pregunta a tu compañero/-a si es el suyo. Él/ella te contesta.
Ejemplo: –¿Este libro de español es el tuyo? –Sí, es el mío. / –No, el mío es este.

# A ¡Piénsatelo bien!

**Hier lernst du:**

- Position zu beziehen, Einwände zu formulieren und zu begründen.
- dich differenziert zu äußern.



## Comprender y comentar el texto

18–19 **1** Actividad de prelectura: Escucha la conversación y contesta las siguientes preguntas. Luego lee el texto.

**1.** ¿Cuántas personas hablan? **2.** ¿De qué hablan? **3.** ¿Cómo es la situación?

*Con una cámara en su casco, Óscar grabó un recorrido por el bosque en bicicleta. Luego creó un canal y subió el vídeo. Aunque es su primer vídeo, ya tiene más de 500 visualizaciones y unos 30 comentarios.*

**Óscar:** ¡Estoy flipando, mi vídeo ya tiene 500 clics! ¡Es una pasada!

**Lía:** A ver, ¡muéstranoslo!

*Óscar les muestra a Lía y a Mariano su recorrido. En el vídeo el chico baja la montaña a toda velocidad y salta varias veces. Mientras lo miran, ninguno de los tres dice nada. Cuando termina el vídeo, Mariano comenta:*

**Mariano:** Vaya, ¡qué recorrido! Y mira los comentarios: «Tu vídeo me dio ganas de hacer este recorrido.» «¡Muy buen vídeo! Cuando vayas a Málaga, tienes que hacer la ruta de Los Almendrales.» Y este otro: «Estos chicos no pueden disfrutar del bosque, lo destruyen todo.» Y estos otros que se ponen a discutir...

**Óscar:** Sí, nunca falta un *hater*, pero me da igual porque a la mayoría le gusta. Eso es lo más importante. Mira lo que dice este chico: «Hola, soy de Granada y conozco esa ruta. Es tremenda.»

**Lía:** Parece que te sientes muy halagado con los comentarios de tus *fans*.

**Óscar:** No, no se trata de eso. Es muy guay poder leer lo que los otros piensan sobre lo que hago. ¡Tengo que planear otro recorrido!

**Lía:** Te lo estás tomando muy en serio.

**Óscar:** Sí, ¿por qué no? Hay mucha gente que vive de esto.

**Mariano:** Vamos, en mi opinión hay una diferencia entre publicar un vídeo y vivir de esto. Uno no se hace famoso de la noche a la mañana. Para lograrlo hay que trabajar mucho.

**Óscar:** Puede ser. Y ya sé que hay mucha competencia. Pero, ¿cómo crees que empezaron los *vloggers* famosos e influyentes? Todos empezaron con un vídeo, como yo.

**Lía:** Sí, estoy de acuerdo con Óscar, tiene razón. Aunque no sea fácil, tampoco es imposible. La prima de una amiga de mi hermana lo hace: cuelga vídeos sobre maquillaje. Y creo que ahora hasta le pagan por la publicidad que hace.

**Óscar:** ¡Imagináoslo! Haces lo que te gusta y te pagan por ello. Y dicen que también recibes muchos regalos de las empresas. Me encanta la idea.

**Mariano:** Ay, no sé, Óscar... Lo que pasa es que luego dependes totalmente de las empresas, aunque no quieras. Tienes que hacer y decir lo que te piden...

**Óscar:** ¡Por favor! ¿Qué me van a pedir? No veo el problema.

**Lía:** ¡Ya te veo: en tu bicicleta, toda sucia, mientras estás rechazando las ofertas que no te interesan!

**Óscar:** Pero, ¿qué te pasa? ¡Estamos hablando de mi futuro y tú te burlas! El punto es que con esta idea puedo hacer de mi pasión una profesión. ¡Creédmelo! Porque aunque cueste mucho trabajo, quiero intentarlo. Es mi sueño. Además, no tengo que seguir estudiando para lograrlo.

**Lía:** No me estoy burlando. Mientras te guste a ti no importa lo que digan los demás, pero tengo la impresión de que lo ves todo rosa. También puede ser peligroso...

**Óscar:** ¿Y ahora qué? ¿Me vais a echar un sermón sobre los peligros de hacer lo que quiero? ¡Siempre llevo casco cuando voy en bici! No entiendo por qué lo veis todo tan negativo. Mejor ayudadme a pensar qué ruta va a ser la siguiente... ¡Tiene que ser espectacular!

**2** **a** Resume la discusión de Óscar y sus amigos en pocas frases.

Óscar quiere [...], pero sus amigos [...]. Además, [...] piensa que [...]. Por eso, Óscar dice que [...]. Al final el chico [...]. [...]

**b** Buscad en el texto los argumentos a favor y en contra de ser *vlogger* y apuntadlos. Si queréis subrayar frases o palabras, podéis descargar e imprimir el texto (Webcode **apu4sb**). ↗ p. 125

| a favor de ser *vlogger* | en contra de ser *vlogger* |
|---|---|
| [...] | [...] |

**3** Elegid un tema y discutid. ▶ Diskutieren, S. 144

1. Y tú, ¿de parte de quién estás? ¿Cuáles son los argumentos más importantes?
2. «Además, no tengo que seguir estudiando para lograrlo.» (ll. 65/66) ¿Estás de acuerdo con Óscar?
3. ¿Qué implica la frase de Óscar «¡(La siguiente ruta) tiene que ser espectacular!» (l. 76)?

## Descubrir

**4** **a** ¿A qué conjunción alemana corresponden las frases? Relaciona.

1. **Mientras** hago mis deberes, no puedo hablar por teléfono.
2. **Mientras** haga mis deberes, mis padres me permiten salir los fines de semana.
3. Llamas a Mariano **cuando** llegas a casa.
4. Llámame **cuando** llegues a casa.
5. **Aunque** llueve, Óscar quiere ir en bici.
6. **Aunque** llueva mañana, Óscar va a ir en bici al instituto.

solange
während

(immer) wenn
sobald

selbst wenn
obwohl

**b** ¿Qué piensan Mariano y Lía sobre la idea de Óscar? Completa las frases con una forma del indicativo o del subjuntivo. ▶ Resumen, p. 44/2

1. Creo que Óscar va a cambiar de opinión cuando (*ser*) mayor.
2. Creo que Óscar puede seguir con sus vídeos mientras (*seguir*/él) estudiando también.
3. Cuando Óscar nos (*contar*/él) sobre su idea, siempre se pone muy feliz.
4. Aunque Óscar ya (*tener*) algunos seguidores, no creo que sea un *vlogger*.
5. A mí no me gustaría nada hacer publicidad, aunque me (*pagar*/ellos) un montón de dinero.
6. Mientras nosotros (*hablar*) sobre los peligros, Óscar se pone a planear otro recorrido.

## Practicar

**5** Dos amigos de España tienen un problema (p. ej., tienen miedo de algo, tienen problemas con alguien, etc.). Prepara dos imágenes con un mensaje motivador y preséntalas en clase.
Utiliza aunque/cuando/mientras + indicativo/subjuntivo. ▶ Resumen, p. 44/2 ▶ Suplemento 2, p. 47/5
Ejemplo:

*Aunque el día sea gris, puedes hacerlo el mejor de tu vida.*

**6** ¡Acuérdate de los pronombres! Por la noche los padres de Óscar le hacen muchas preguntas. Contéstalas como en el ejemplo.
Ejemplo: –¿Cuándo **me** muestras tus rutas favoritas? –**Te** las muestro mañana.

¿Cuándo...
1. me muestras tus rutas favoritas?
2. les enseñas tu canal a los abuelos?
3. me explicas qué planes tienes para el futuro?
4. nos muestras tu último vídeo?
5. le das la cámara a tu hermano?
6. te compras el casco nuevo?
7. nos enseñas la ruta que quieres hacer?
8. le explicas a tu abuela cómo puede escribir un comentario?
9. les das consejos sobre recorridos en bici a tus tíos?
10. le prestas tu bici a tu hermana?
11. me explicas por qué el canal es tan importante para ti?

ahora · en una hora · esta tarde · mañana · el miércoles · el fin de semana · no […] nunca · […]

2

**7** **a** ¿Qué piden los compañeros de clase a Lía? Formula frases con una forma del imperativo y con los dos pronombres correctos. ▶ Resumen, p. 44/3 ▶ Suplemento 2, p. 47/6 ↗ p. 125
Ejemplo: *dar* la mochila [**a mí**] → ¡Dá**me**la!

| | | |
|---|---|---|
| *dar* | la mochila | |
| *mostrar* | los vídeos | |
| *regalar* | el libro | [a mí] |
| *decir* | la verdad | [a la profesora] |
| *explicar* | los deberes | [a Carla y Daniel] |
| *contar* | lo que pasó | [a nosotros] |
| *llevar* | las gafas | |
| […] | […] | |

**b** Ahora formula lo que les piden sus compañeros a Óscar y Mariano. Utiliza las frases del ejercicio 7 a.
Ejemplo: *dar*/vosotros la mochila [**a mí**] → ¡Dád**me**la!

## Aprender mejor: Seine Meinung strukturiert äußern ► S. 144

**8** **a** Ordena las expresiones en una tabla. También puedes apuntar otras expresiones que ya conoces para expresar tu opinión.

| presentar tu opinión | expresar acuerdo | expresar desacuerdo |
|---|---|---|
| [...] | [...] | |

Creo/Pienso que + *indicativo*. Claro, puede ser. Me encanta. En mi opinión [...]. Es verdad. Realmente no entiendo por qué [...]. El punto es que [...]. Para mí [...]. Tienes razón. No se trata de eso. Tengo la impresión de que [...]. No creo que sea así. (No) estoy de acuerdo. Parece que [...]. No veo el problema. Aunque [...]. ¿Pero qué te pasa? Lo que pasa es que [...]. Sí, si me lo pienso bien [...].

**b** Tú (**A**) quieres ser famoso/-a, p. ej. ser *vlogger*. Tu compañero/-a (**B**) piensa que es una mala idea. Primero buscad argumentos a favor y en contra y apuntadlos. También podéis utilizar los argumentos del ejercicio 2 b (p. 34) y las expresiones de abajo. Luego presentad la discusión en clase. ↗ p. 126

para empezar | en primer lugar | luego | por eso | además | para terminar

## Comprensión audiovisual

**9** **a** Mira el cartel y formula hipótesis: ¿de qué crees que trata la película? Luego lee el resumen y compáralo con tu hipótesis.

### VIVIENDO DESCONECTADO

Rodrigo es un *Youtuber* famoso que pasa conectado todo el día. Tiene muchos seguidores cibernéticos y una vida casi perfecta. Un día el Internet es prohibido en todo el país, por lo que Rodrigo se verá obligado a buscar la forma de volver a conectar con las personas sin necesidad de un computador. Mientras se encuentra en esta búsqueda conoce a Valentina, una joven completamente distinta a él, totalmente contraria a Internet, la tecnología y las redes sociales. Rodrigo intentará enamorarla de todas las formas posibles, incluso yendo en contra de su pasado e intentando ocultar su estatus de «Estrella de *Youtube*». En un mundo tan conectado ¿será posible ocultar tu verdadera personalidad y aprender a vivir desconectado?

Fuente: Turnio Films

**b** Mira el tráiler de la película y explica a tu compañero/-a, si te gustaría verla y por qué (no).

► Algo más, p. 126

**c** En el instituto queréis organizar un día de películas extranjeras. Escribe un breve resumen de «Viviendo desconectado» en alemán para tus compañeros que no hablan español.

## Escribir

**10** **a** Mira el cómic y explica cuál es el tema.

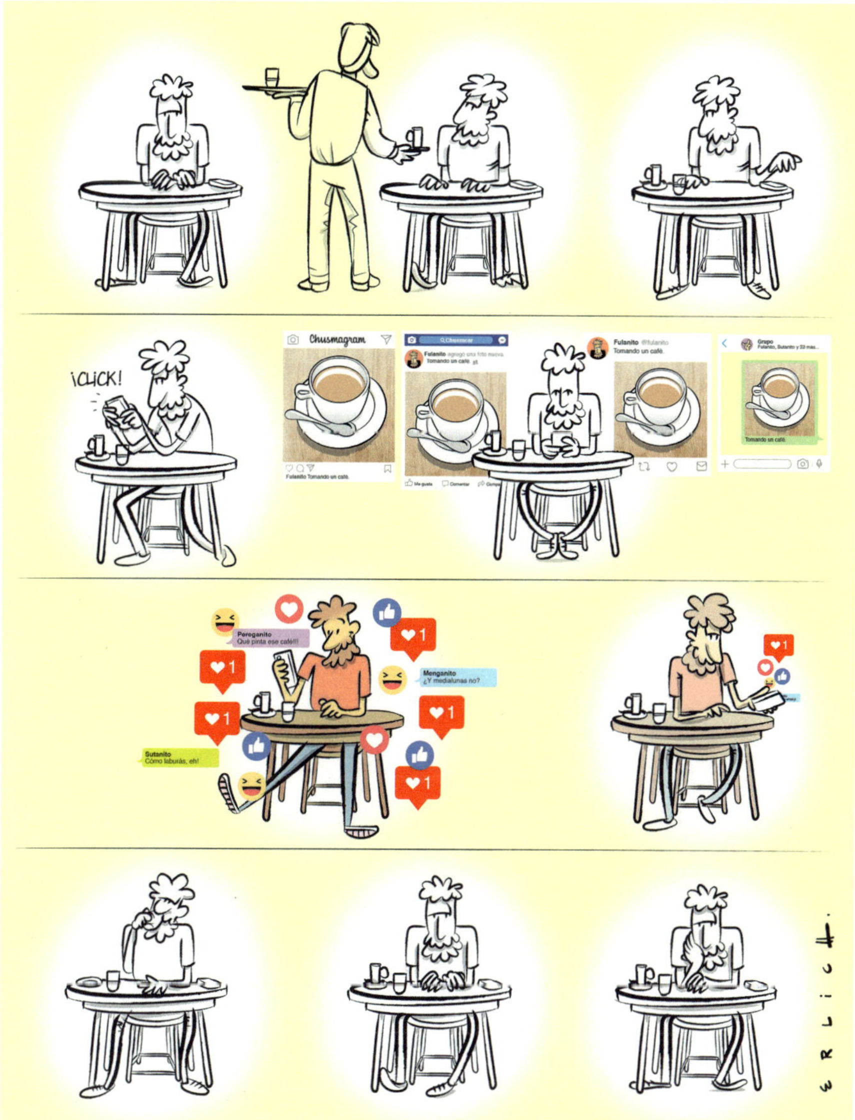


Fuente: Bernardo Erlich

**b** ¿Qué piensa el chico? Apunta una frase para cada dibujo.

me siento feliz/triste/[...] | me pregunto si [...] | estoy solo/emocionado/enfadado/cansado/contento/nervioso/[...] | estoy de buen/mal humor | me molesta/gusta/encanta [...] | no entiendo por qué [...] | [...]

**c** Imagina que tú eres el chico. Escribe una historia y cuenta qué te pasa y qué piensas. Puedes utilizar las siguientes expresiones. Luego intercambiad vuestros textos y corregid los errores. ▸ Texte strukturieren, p. 145

primero | luego | después | al final | además | cuando | en realidad | sin embargo

# B Consejos para el uso de Internet

**Hier lernst du:**

- Empfehlungen und Ratschläge zu geben.
- jdn aufzufordern, etwas nicht zu tun.

### 1 Contacta solo a tus amigos

No aceptes como «amigos» a personas que no conoces. Además, decide quién puede ver lo que publicas y quién no.

### 2 No cuentes todo de ti

Usa un pseudónimo. Además, tu número de teléfono o tu dirección son cosas que no deben aparecer en la red.

### 3 No creas todo lo que la gente dice o pone en Internet

Hay mucha información falsa en Internet y no siempre puedes saber quién la escribió.

### 4 Cuida tus cuentas

No utilices siempre la misma contraseña. Utiliza varias, cámbialas y mantenlas secretas.

### 5 Pregunta antes de publicar

No subas ni compartas fotografías de tus amigos sin su permiso y, mucho menos, si estas muestran algo vergonzoso.

### 6 Respeta a los demás

Cuida tus palabras en la red. No te burles de otras personas.

### 7 Ten cuidado con lo que abres y descargas

No pinches en enlaces ni abras archivos adjuntos de desconocidos. Y si recibes algo raro, no dudes en contarlo a tus padres o a alguien de confianza.

### 8 Piensa antes de publicar

Y por último: piensa dos veces antes de subir algo: una vez en la red..., ¡es casi imposible borrarlo!

## Fiesta de quince años con 20 000 «amigos»

1 20–22

**Ciudad de México:** Rosi D. había soñado con su fiesta de quince años toda la vida. Pero aquel sueño se convirtió en pesadilla cuando, una semana antes de la fiesta, una prima y ella subieron un vídeo a la red. En él, la chica daba día, hora y lugar de la fiesta. Los primeros que lo vieron, lo compartieron y pronto se hizo viral. Miles de personas aceptaron la «invitación» y fueron hasta la casa de la chica. Incluso estuvieron la radio y la televisión. Rosi D. no salió, pero sus 20 000 «amigos» cantaron y celebraron en la calle hasta que llegó la policía y los mandó a todos a sus casas.

## Noticia falsa de un tigre escapado

**Madrid:** Este miércoles circuló por las redes sociales la noticia de un tigre escapado de un circo en Madrid. En pocas horas, miles de personas comentaron la noticia y compartieron una foto que mostraba un tigre en el Retiro, evidentemente un fotomontaje. La policía, que recibió casi 500 llamadas, desmintió pronto la noticia. Además, publicó en su página web y su cuenta de Twitter consejos para descubrir noticias falsas: «Lo más fácil para descubrir este tipo de 'noticias' es investigar bien la fuente y buscar otros artículos sobre el tema.»

## La red de los *ciberayudantes* sigue creciendo

**Aragón:** El éxito del programa *Ciberayudantes* que nació en el Instituto de Educación Secundaria (IES) Parque Goya es enorme. La idea es proteger a los alumnos contra el ciberacoso e informarlos sobre el uso seguro de la red. Para ello, alumnos de 4° de ESO y de 1° de Bachillerato crearon un equipo de *ciberayudantes*. Además de informar a los alumnos menores, intentan ayudar en casos de conflictos en las redes sociales. Actualmente hay equipos de *ciberayudantes* en muchos institutos de Aragón, pero también en toda España la red sigue creciendo.

2

### Comprender y comentar el texto

**1** Trabajad en grupos de tres. Cada uno lee una de las noticias y apunta la información más importante en una tabla. Luego resume la noticia para sus compañeros.

| ¿Quién? | ¿Dónde? | ¿Cuándo? | ¿Qué? |
| --- | --- | --- | --- |
| [...] | [...] | [...] | [...] |

**2** **a** Relaciona cada noticia de periódico con uno de los consejos del cartel. Explica a tu compañero/-a cómo se relacionan.

**b** Ordena los consejos del cartel en una lista según la importancia que tienen para ti. Luego discute tu lista con tu compañero/-a.

**3** ¿Os gustaría formar un equipo de *ciberayudantes* en vuestro instituto? ¿Cuáles son las ventajas, cuáles las desventajas? Discutid.

## Practicar

**4** ¡Acuérdate del imperativo! ¿Cómo puedes utilizar esta aplicación para aprender vocabulario con el móvil? Lee la publicidad y completa las frases con una forma del imperativo afirmativo.

1. **¡(*Usar*) nuestra aplicación para aprender vocabulario! Es muy fácil:**
2. (*Ir*) a la tienda online.
3. (*Buscar*) la aplicación.
4. (*Descargar*)la.
5. (*Abrir*)la.
6. (*Rellenar*) el formulario: (*poner*) un nombre y una foto, si quieres.
7. Ahora: ¡(*estudiar*) para exámenes y (*aprender*) español fácilmente!
8. (*Compartir*) tus resultados con tus amigos.
9. **¡(*Hablar*) con más de 437 millones de personas!**

**5** Los padres de Rosi se van por un fin de semana y Rosi se queda sola en casa. ¿Qué le dicen sus padres? ¿Y qué responde ella? Formula frases con una forma del imperativo negativo. ▶ Resumen, p. 44/4
▶ Suplemento 2, p. 47/7

¡No mires demasiadas películas!

**padres**
no (*mirar*) demasiadas películas
no (*olvidar*) hacer tus deberes
no (*hacer*) una fiesta en casa
no (*volver*) tarde por la noche
no (*jugar*) todo el día con la consola de videojuegos
no (*comer*) demasiadas golosinas
no (*abrir*) la puerta por la noche
no (*pasar*) demasiadas horas frente al ordenador
no (*poner*) la música alta
no (*publicar*) cosas privadas
[...]

¡No os preocupéis!

**Rosi**
no (*preocuparse*)
no (*hablarme*) como a una niña
no (*empezar*) a discutir
no (*llamarme*) todos los días
no (*olvidar*) de traerme algo
no (*ver*) todo tan negativo
no (*tener*) miedo por mí
no (*olvidar*) dejarme dinero
no (*mandarme*) mensajes cada cinco minutos
no (*contar*) mis cosas a los tíos
[...]

**6** Da una orden a tu compañero/-a. Él/ella la formula en imperativo negativo y le da otra orden a la próxima persona. ↗ p. 126
Ejemplo:

¡Abre la ventana!
¡No abras la ventana! ¡Busca tu libro!
¡No busques tu libro! [...]

*abrir* la ventana / la puerta — *buscar* tu libro — *darme* un boli — *poner* la mochila debajo de la silla — *escribir* una palabra en la pizarra — *decir* algo a tu compañero/-a — *cerrar* la ventana / la puerta — *levantarse* — *esconder* el estuche — *tomar* el lápiz — [...]

## Mediación

**7** Tu amigo Jorge, que casi no habla alemán, también había compartido la foto del tigre en el Retiro. Después de leer los consejos de la policía (p. 39) te pregunta por un folleto de Internet. ¿Qué otros consejos da este folleto? Resúmelos en español para Jorge.

Fake News erkennen!
Mehr Tipps zum Thema unter www.handysektor.de/fake-news

**Sind Quelle und Verfasser seriös?**
Wer steckt hinter dem Inhalt? Hat der Autor bestimmte Interessen? Gibt es auf der Seite ein Impressum?

**Ist die Quelle richtig wiedergegeben?**
Hat der Verfasser der Nachricht etwas falsch interpretiert? Klicke dich bis zur Originalquelle durch und prüfe nach!

**Passt der Inhalt zur Überschrift?**
Vor allem bei reißerischen Überschriften solltest du prüfen, ob der Inhalt das hält, was der Titel behauptet.

**Ist das Datum noch aktuell?**
Ist die News wirklich aktuell oder eine uralte Geschichte? Tipp: Prüfe nach, ob die Nachricht ein Datum hat!

**Ist alles nur ein Spaß?**
Satire-Nachrichten (z. B. "Der Postillon") veröffentlichen nicht ernst gemeinte Nachrichten. Schau dir die Seite also genau an!

**Gibt es noch weitere Quellen?**
Vergleiche: Stehen auf anderen Seiten im Netz die gleichen Inhalte? Prüfe aber, ob diese nicht nur voneinander abschreiben.

**Sind Bilder manipuliert?**
Wirkt ein Bild bearbeitet oder so, als ob es nicht zum Artikel passt? Prüfe die Echtheit mit der Google-Bilder-Rückwärtssuche (im Suchfeld auf das Kamera-Symbol klicken).

**Vorsicht vor Social Bots!**
Prüfe, ob hinter Posts in sozialen Netwerken ein Bot steckt: Gibt es eine Profilbeschreibung? Postet das Profil unrealistisch viel? Beantwortet das Profil Fragen?

**Sind dir deine Vorurteile im Weg?**
Wir alle haben eigene Meinungen zu vielen Themen. Versuche unvoreingenommen an Informationen aus dem Internet heranzugehen.

**Hol dir Hilfe bei Problemen!**
Wenn du nicht sicher bist, ob du es mit Fake News zu tun hast, dann frage Freunde, Lehrer oder Eltern. Hilfreiche Tools zum Prüfen findest du unter www.handysektor.de/fake-news.

Fuente: Handysektor

## Hablar

**8** Dales consejos a tus amigos. Utiliza el imperativo afirmativo y el imperativo negativo.

**9** Preparad un diálogo entre Rosi y sus padres con las frases del ejercicio 5 (p. 40). También podéis utilizar las siguientes expresiones.

¡Vale! ¡Basta ya! ¡Dejadme en paz! ¡Siempre lo mismo! ¡De acuerdo!
El punto es que [...]. No se trata de eso. ¡Solo os vais por un fin de semana! [...]

## Escribir

**10** Imagina otra noticia relacionada con el uso de Internet como las de la página 39 y escríbela.

## Escuchar

1 23 **11** Escucha la conversación de Andrés y su abuela. Copia la tabla en tu cuaderno y contesta las preguntas.

| | ¿Qué mira? | ¿Dónde? | ¿Qué lee? | ¿Dónde? |
|---|---|---|---|---|
| Andrés | [...] | [...] | [...] | |
| abuela | | | | |

1 24 **12** a Escucha los tres programas y explica de qué tipo de programa se trata.

el telediario   el parte meteorológico[1]   una serie policíaca   un programa de música
una telenovela   una comedia   una película

1 el parte meteorológico *der Wetterbericht*

1 24 b Escucha otra vez y apunta lo que entiendes. Luego compara tus apuntes con tu compañero/-a.

## El mundo del español

**13** ¡Tú eliges! Elige a o b.

a Visita la página de Internet de una de las siguientes cadenas de televisión.
Mira la programación, elige un programa y explica a tu compañero/-a por qué te gustaría verlo.

1 La 1   2 La 2   3 Antena 3   4 laSexta

b Visitad las páginas de Internet de los periódicos españoles «El País», «ABC» y «El Mundo».
Cada uno apunta cuáles son las noticias más importantes de uno de los periódicos.
Luego comparad vuestros resultados. ▶ Informieren und Recherchieren, S. 149

▶ Algo más, p. 126

# Punto final 2

Wollt ihr euch gegenseitig einschätzen, findet ihr hier Vorlagen für Evaluierungsbögen:
Webcode **apu4sb**

## Un debate

Durante un intercambio en España vais a participar en un debate para ganar un viaje para toda la clase.

### 1 Preparar el debate

En grupos de seis personas:
- Elegid un tema:

| 1 | 2 | 3 | 4 |
|---|---|---|---|
| Los amigos virtuales son importantes | Uso del móvil en clase | Ser *vlogger* es una profesión | Los videojuegos son una pérdida de tiempo |

- Repartid los roles:
  - cuatro personas que participan directamente en el debate (dos que están a favor y dos que están en contra),
  - dos observadores que van a controlar si los participantes utilizan los argumentos y las expresiones de interacción de sus listas (ver punto 2).

2

### 2 Realizar el debate

- Primero haced una lluvia de ideas. Luego buscad en Internet información sobre el tema. Intentad encontrar información para apoyar vuestra opinión.
- Apuntad argumentos a favor y en contra en una lista. Podéis añadir experiencias vuestras y ejemplos.
- En otra lista apuntad ocho expresiones de interacción que queréis utilizar en el debate. Podéis utilizar las expresiones del ejercicio 8 a (p. 36).

### 3 Presentar y evaluar el debate

Toda la clase:
- Preparad una ficha de evaluación con aspectos importantes para evaluar un debate. También podéis utilizar la ficha de evaluación de *¡Apúntate!* (Webcode **apu4sb**). ▶ Evaluierungsbögen erstellen, S. 148
- Presentad vuestro debate en grupos.
- Evaluad a vuestros/-as compañeros/-as.

Reglas del debate:
- Empieza un participante del grupo a favor que presenta los dos argumentos más importantes.
- Después un participante del grupo contrario tiene que decir si está de acuerdo o no. Luego añade un argumento en contra.
- Ahora le toca al segundo participante de cada grupo: tiene que reaccionar y argumentar.
- El primer observador marca en la lista todos los argumentos mencionados. No deben sobrar más que dos argumentos.
- El segundo observador controla si los participantes utilizan todas las expresiones apuntadas en la primera lista. No deben sobrar más que dos expresiones.
- Está prohibido repetir los mismos argumentos. Lo importante es ser claro y breve[1].
- Escuchad atentamente los argumentos de los otros.
- Respetad los miembros del otro grupo y sus argumentos.

1 breve *knapp*

**Algo más:** Escribid una noticia sobre el debate para el periódico de vuestro instituto de intercambio.

# Resumen

| Wiederholungen vermeiden | Dazu benötigst du: |
|---|---|
| **1** ¿De dónde es tu madre? **La mía** es de Málaga.<br>Aquí tengo mis deberes. ¿Tienes **los tuyos**?<br>–¿Estos son vuestros libros?<br>–No, **los nuestros** son nuevos.<br>Un amigo **mío** me regaló este libro. | die Possessivpronomen:<br>(el/los) **mío/s**, **tuyo/s**, **suyo/s**, **nuestro/s**, **vuestro/s**, **suyo/s**<br>(la/las) **mía/s**, **tuya/s**, **suya/s**, **nuestra/s**, **vuestra/s**, **suya/s** |

| Sich differenziert äußern | Dazu benötigst du: |
|---|---|
| **2** **Cuando** termine el trabajo, voy a ir al cine.<br>**Mientras** llueva, no vamos a jugar en el jardín.<br>**Aunque** mañana haga mucho calor, voy a ir al parque en bici. | einen Nebensatz mit:<br>**cuando** + *subjuntivo* (= wenn/sobald)<br>**mientras** + *subjuntivo* (= solange)<br>**aunque** + *subjuntivo* (= selbst wenn) |

| Jemanden auffordern, etwas (nicht) zu tun | Dazu benötigst du: |
|---|---|
| **3** Tienes que decir a María lo que pasó. ¡**Dí**selo ahora!<br>¿Tienes mis revistas? ¡**Tráe**melas, por favor!<br>¿Os gusta el juego? Pues, ¡**comprá**oslo!<br>¿Tenéis alguna foto de mi truco? ¡**Mandád**mela por favor! | eine Form des Imperativs und zwei angehängte Pronomen:<br>***Imperativform*** (mit Akzent) + indirektes Objektpronomen (me, te, se, nos, os, se) + direktes Objektpronomen (lo, la, los, las) |
| **4** Óscar, ¡no **leas** tus comentarios en clase!<br>¡Todavía no **encendáis** las tabletas, chicos! | den verneinten Imperativ.<br>Er wird mit **no** und einer Form des **subjuntivo** gebildet. |

| Sagen, was jemandem wichtig ist | Dazu benötigst du: |
|---|---|
| **5** Óscar quiere **ir** a Málaga.<br>Óscar quiere que Lía **vaya** a Málaga.<br>César prefiere **ayudar** a los animales.<br>César prefiere que la gente **ayude** a los animales. | ein Verb im Hauptsatz, das einen Wunsch oder ein Gefühl ausdrückt, mit dem Infinitiv oder einem Nebensatz mit dem Verb im **subjuntivo**.<br>Im Haupt- und Nebensatz:<br>ein Subjekt: verbo + *infinitivo*<br>zwei Subjekte: verbo + **que** + *subjuntivo* |

## Teste deine Grammatikkenntnisse ► Soluciones, p. 136

**1** Sustituye las palabras subrayadas por pronombres posesivos.

1. ¿Me prestas tus libros? No puedo encontrar mis libros.
2. Mi tableta es más nueva que su tableta.
3. ¿Tus padres están en casa? Nuestros padres no están en casa hoy.
4. A Óscar no le gustan mis vídeos, pero me gustan sus vídeos.
5. No sé dónde está mi móvil. ¿Me puedes dar tu móvil?
6. No leo todos los comentarios, pero vuestros comentarios son muy útiles para mí.

**2** Completa las frases con una forma correcta del indicativo o del subjuntivo.

1. Siempre cuando (*hacer*) sol, Óscar sale con la bici.
2. Aunque Nacho (*estudiar*) diseño de videojuegos un día, sus padres no van a entender su pasión.
3. Aunque César (*trabajar*) mucho en el centro de acogida, no le pagan por su trabajo.
4. Cuando (*ir*/nosotros) a la playa la próxima vez, puedes venir también.
5. Merche y Raúl hablan mientras los otros chicos (*enseñar*) sus trucos.
6. Mientras (*conocer*/tú) tus límites, no puedes hacerte daño en el parkour.

**3** Formula frases con el imperativo y dos pronombres.

1. Mándame las recomendaciones para crear tu propio canal.
2. Cuéntale tu pasión.
3. Cómprame este perro, por favor.
4. ¡Qué manos más sucias! ¡Lávate las manos!
5. Tráeme los videojuegos.
6. Cuéntanos la historia.
7. Dale la lista a tu hermano.
8. Préstales el cedé.

**4** Formula las frases en imperativo negativo.

1. ¡Escribe a personas desconocidas!
2. ¡Publicad fotos sin el permiso de las personas!
3. ¡Usa solo una contraseña!
4. ¡Pon toda la información sobre ti y tu familia en Internet!
5. ¡Subid vídeos de otras personas!
6. ¡Conéctate a Internet todo el día!
7. ¡Abrid archivos de desconocidos!
8. ¡Lee todos los comentarios!

## Teste, was du jetzt sagen kannst: ► Para comunicarse, p. 181

- Sage in drei Sätzen, was dir wichtig an deinem Hobby ist.
- Sage deine Meinung zu Óscars Plan (S. 33/34).
- Sage, was du heute machst, sobald du nach Hause kommst.
- Nenne drei Dinge, die dein/e Sitznachbar/in nicht tun soll.

# Suplemento 2

facultativo

## Vocabulario

**1** **a** **Repasar el vocabulario:** Busca dos verbos para cada sustantivo y apúntalos. Puedes utilizar la lista alfabética (p. 195).
Ejemplo: crear una cuenta, cuidar una cuenta

la cuenta · la contraseña · el enlace · el archivo · las redes sociales · el canal · la reseña · el/la seguidor/a · la lista de reproducción · la página web · la aplicación · el tutorial

**b** **Ampliar el vocabulario:** ¿Qué más puedes hacer en Internet? Completa tu lista del ejercicio 1a. Puedes utilizar un diccionario. ▶ Wörter nachschlagen, S. 137

**c** ¿Qué te gusta hacer en Internet? Escribe diez frases.

**2** **Sistematizar el vocabulario:** Busca los contrarios y forma parejas.

permitir algo · rechazar algo · prohibir algo · subir algo · aburrir a alguien

el pasado · bajar algo · interesar a alguien · el futuro · aceptar algo

**3** **Las preposiciones por y para:** Cristina manda una carta a su amigo Antonio que se va de viaje. Completa las frases con por o para.

Hola, Antonio:
Muchísimas gracias [...] el libro que me regalaste para mi cumpleaños. ¡Me gusta un montón!
Voy a subir una reseña del libro a mi canal.
Y tú, ¿qué tal? ¿Ya estás listo [...] el viaje? Creo que esta semana no puedo pasar por tu casa porque tengo que estudiar [...] el examen de Lengua... Por eso te mando esta carta y un libro de mi autora[1] favorita [...] tu viaje. Lo compré [...] un par de euros en el mercado, así que puedes quedártelo si te gusta. [...] mí es la mejor autora del mundo. ¡Me muero [...] conocerla un día! Es muy famosa [...] sus novelas policíacas.
¡Espero que te guste! Entonces, que tengas un buen viaje, ¡nos vemos en tres semanas!
Un abrazo fuerte, Cristina

1 el/la autor/a *der/die Autor/in*

## Gramática

**4** **Los pronombres posesivos:** ¿Qué dicen los chicos? Sustituye las palabras subrayadas por un artículo y un pronombre posesivo. ▶ Resumen, p. 44/1

Hier kannst du deine Lösungen überprüfen: Webcode **apu4sb**

## 5 El indicativo y el subjuntivo: Raúl llama a Merche para quedar por la tarde.

Completa el diálogo con las formas correctas del indicativo o del subjuntivo. ► Resumen, p. 44/2 ↗ p. 126

**Merche:** Dígame.
**Raúl:** Hola, Merche, ¿qué tal? Tengo ganas de entrenar hoy, aunque me (*doler*) todavía un poco las piernas... ¿Te apuntas?
**Merche:** No sé, primero tengo que hacer mis deberes. Además, hace mal tiempo y mientras (*llover*), no podemos entrenar en el parque...
**Raúl:** Pues, cuando (*volver*/tú) del instituto, puedes pasar por mi casa y hacer los deberes aquí. Y mientras los (*hacer*/tú), yo (*ver*) los vídeos del último entrenamiento. Luego, cuando (*dejar*) de llover, vamos juntos al parque. Y podemos entrenar, aunque no (*salir*) el sol. ¿Qué te parece?
**Merche:** Muy bien. ¿A qué hora estás en casa?
**Raúl:** A las tres, más o menos. Normalmente salgo con el perro cuando (*llegar*/yo) a casa, pero hoy mi hermana lo quiere llevar a pasear.
**Merche:** Vale. Entonces hasta luego.
**Raúl:** Adiós.

## 6 El imperativo con dos pronombres: ¿Qué les dice la profesora a los chicos? Formula frases con el imperativo y dos pronombres.

► Resumen, p. 44/3

Ejemplo: Miguel, ¿me puedes pasar la tiza, por favor? → Miguel, pásamela, por favor.

1. Raquel, ¿me puedes decir la respuesta?
2. Lara, te tienes que comprar el cuaderno.
3. Tu vecino no tiene papel, María. ¿Le puedes dar un papel?
4. Vamos afuera. Os tenéis que llevar las chaquetas.
5. Chicos, ¿me podéis traer las sillas que están en el pasillo, por favor?
6. Tenéis que escribir una carta a vuestros padres de intercambio.
7. Jaime, ¿puedes llevar esta nota a la directora, por favor?
8. Chicos, ahora me podéis dar los deberes.
9. Míriam, te puedes llevar las revistas.

## 7 El imperativo negativo: María va a hacer una fiesta en casa. ¿Qué le dicen sus padres? Formula frases con el imperativo negativo.

► Resumen, p. 44/4

no (*hacer*/tú) una fiesta grande — no (*publicar*/tú) la fiesta en las redes sociales
no (*comprar*/tú) demasiadas cosas — no (*olvidar*/tú) llamar a tu prima — no (*dejar*/tú) entrar a todo el mundo
no (*poner*/vosotros) la música alta — no (*hacer*/vosotros) mucho ruido
no (*molestar*/vosotros) a los vecinos — no (*comer*/vosotros) en el salón — no (*romper*/vosotros) nada

## Expresión escrita

**1** Lee este comentario de un fórum y contéstale a Jaime. Dale tu opinión sobre el tema o cuéntale si tú o un amigo tuyo estáis en una situación similar. Escribe por lo menos diez frases.

Jaime

**¿Cómo puedo convencerlos?**
Quiero practicar parkour, pero a mis padres no les gusta la idea. Para ellos es una pérdida de tiempo y creen que es demasiado peligroso. Prefieren que corra o que haga otro deporte. Ya juego al fútbol y conozco bien mi cuerpo y mis límites. Además, algunos de mis amigos practican juntos en un grupo y me gustaría entrenar con ellos. Pero no sé cómo convencer a mis padres… ¡Ayuda!

## Comprensión lectora

**2** Lee el artículo y contesta las preguntas.

1. ¿Dónde y cuándo nació el proyecto?
2. ¿Cuántos *ciberayudantes* hay y de qué clases son?
3. ¿Cómo llegaron a ser *ciberayudantes*?
4. ¿Cuál es su función?

https://www.eldiario.es/aragon/sociedad/instituto-Zaragoza-pionero-formacion-ciberayudantes…

Óscar F. Civieta

### Un instituto de Zaragoza, pionero en la formación de alumnos «ciberayudantes»

Alumnos que enseñan a alumnos. Los orientan, les dan charlas, incluso hacen una suerte de examen al final de las mismas para ver si han estado atentos. Son los llamados *ciberayudantes*. Una experiencia pionera en España, que el IES Parque Goya de Zaragoza comenzó a desarrollar en mayo de 2013.

Nació al amparo[1] del *Programa de Alumnos Ayudantes*, muy extendido en Aragón. En la actualidad, son 15 chicos y chicas, todos de 4º de ESO y 1º de Bachillerato, los que *ciberayudan*.

Para elegirlos, los tutores dieron charlas explicando el proyecto en todas las clases. Posteriormente, sus propios compañeros votaron a los estudiantes que estimaban más capaces[2] y, si estos aceptaban, pasaban a la formación para entrar en el grupo. Este sistema de elección dice Jesús Prieto, coordinador del IES Parque Goya y del programa de *ciberayudantes*, provocó que los alumnos escogidos fueran gente popular y, por lo tanto, respetada por el resto. No quieren, asegura Prieto, que sean «chivatos[3], ni policías que acusen[4] a otros compañeros».

Una vez elegidos, pasaban un proceso de formación y comenzaban a ejercer[5]. El director del centro, Antonio Martínez, apunta que tienen una doble función: por un lado, la de detectar problemas (estafas[6] por Internet, fotos comprometidas[7], acusaciones…); como asesores[8], dice el director, «intentan solucionarlo y si el asunto[9] va más allá se lo comunican a los adultos».

La segunda pata basilar[10] de este proyecto es la formación. Esta se focaliza, sobre todo, en las charlas que dan los ayudantes. Un aspecto muy interesante para Martínez porque son alumnos formando a otros alumnos, «aunque más jóvenes». […]

En las charlas todos están atentos y al final siempre se hace un juego «que es como una especie de examen que llamamos Kahoot», explica. […]

Fuente: Óscar F. Civieta / www.eldiario.es*

**1** al amparo de algo *im Rahmen von etw.* **2** estimar capaz a alguien *jdn als fähig einschätzen* **3** el/la chivato/-a *die Petze* **4** acusar a alguien *jdn beschuldigen* **5** ejercer algo *etw. ausüben* **6** la estafa *der Betrug* **7** comprometido/-a hier: *heikel* **8** el/la asesor/-a *der/die Berater/in* **9** el asunto *die Angelegenheit* **10** la pata basilar *der Grundpfeiler*

Hier kannst du überprüfen, was du in den Unidades 1 und 2 gelernt hast:
Webcode **apu4sb**

## Mediación

**3** Eva es una chica española que está de intercambio en tu instituto. Quiere crear una página de Internet sobre el intercambio. Por eso busca un curso gratuito para aprender a hacerla. Lee los anuncios y explícale qué cursos puede hacer y por qué.

▸ **10-Finger-Tastenschreibkurs**
Du willst schneller am Computer schreiben, ohne auf die Tasten zu schauen? Durch Gedächtnistechniken und mit viel Spaß kannst du das in unserem Kurs an einem Tag lernen. Garantiert! Der nächste Kurs findet in den Ferien statt und ist deshalb besonders für Schüler/innen und Studenten/innen geeignet. Kosten: 75,– Euro. Hier geht's zur Anmeldung.

▸ **Eine Homepage gestalten**
Eine eigene Homepage für eure Klasse oder die nächste Klassenfahrt? Wie ihr diese erstellen und gestalten könnt, lernt ihr ganz einfach in unserem neuen kostenlosen Online-Kurs für Schülerinnen und Schüler. Neben grundlegenden Kenntnissen zur Web-Programmierung lernt ihr in dem zweiwöchigen Workshop vor allem, wie eine Seite ansprechend gestaltet werden kann. Jetzt anmelden!

▸ **FAQs zum Urheberrecht**
Du willst Fotos für die Gestaltung von Blogs oder Vorträgen verwenden? Was ist zu beachten bei Fotos aus dem Internet oder Fotos, auf denen Personen abgebildet sind? In diesem kostenlosen Tutorial erfährst du, was erlaubt und was verboten ist. Solltest du weitere Fragen haben, kannst du uns gerne kontaktieren.

## Comprensión auditiva

1 25 **4** **a** Carla pasa las vacaciones en Perú y está hablando con su amiga María en España por Internet. Escucha la conversación y apunta tres cosas interesantes que cuenta Carla sobre el viaje.

1 25 **b** Escucha otra vez y decide si las siguientes frases son correctas o falsas.

1. Sus tíos regalaron a Carla una excursión al noroeste de Perú.
2. Carla y sus primos viajaron cinco horas en autobús.
3. El autobús había salido a las siete de la mañana.
4. El sábado por la tarde fueron a la montaña.
5. La catarata Gocta es la catarata más alta del mundo.
6. Juan explica que en vez de decir «catarata» en Perú se dice «chorrera».
7. Existen muchas leyendas sobre Gocta.
8. Carla tiene que irse porque sale el tren.

## Expresión oral

**5** Tú (**A**) vas a pasar las vacaciones con tus padres en Perú. Tu compañero/-a de intercambio (**B**) es de Perú y le haces algunas preguntas. Podéis utilizar **Cultura** (p. 151) y los textos (p. 10/11 y 14/15) para preparar juntos el diálogo. Presentadlo en clase. **A** empieza. ► B, p. 127

– Preguntas a tu compañero/-a qué lugares en Perú tienes que visitar.
– Le dices qué sitios quieres visitar en Lima. Preguntas qué lugar más le gusta y por qué.
– Preguntas por la comida típica de Perú.
– Preguntas si hay algo con lo que debes tener cuidado.

**A**

# Nuestra generación

Tribus urbanas

## HIPSTERS

**Características:** Son críticos con el sistema y muestran un pensamiento independiente. Respetan el medio ambiente. Su transporte favorito son las bicicletas y, a menudo, son vegetarianos o veganos. Se parecen un poco a sus abuelos porque llevan ropa *vintage*.

**Música:** música no comercial

## EMOS

**Características:** Tienen una visión pesimista del mundo y no creen en religiones. Llevan piercings, ropa negra y, a menudo, rosa. El cabello les cubre parte de su cara. Les encanta quedar con sus amigos en plazas públicas para escuchar música.

**Música:** hardcore emocional

## FRIKIS

**Características:** Dedican muchas horas de su tiempo libre a sus aficiones como juegos de rol, cómics, mangas o series de televisión. A algunos de ellos les gusta disfrazarse de personajes de obras de ficción.

**Música:** rock y pop japonés

## REGUETONEROS

**Características:** Mientras la mayoría de las chicas lleva ropa ajustada, los chicos llevan ropa ancha, gorra y además, cadenas, anillos y pulseras. Les gusta salir en grupos, su manera de moverse es muy relajada.

**Música:** reguetón (fusión del reggae y hip hop)

## PIJOS

**Características:** Llevan una vida de lujo – o por lo menos la imitan. Prestan mucha atención a las apariencias. Siguen las modas impuestas por la publicidad y les gusta mostrar a los demás su ropa y sus accesorios de marca. Su pasión son el WIFI gratis y los *selfies*.

**Música:** música comercial

## JUGADORES

**Características:** Son aficionados a los videojuegos. Pasan muchas horas jugando y lo hacen con dedicación. Cada *gamer* tiene su tipo de juego favorito. Conocen todos los términos y las tecnologías usadas en los videojuegos. Algunos jugadores perfeccionan su técnica hasta convertirse en «jugadores profesionales».

**Música:** variada

**1** **a** ¿Formas parte de alguna de estas tribus urbanas? Explica por qué (no).

**b** ¿Qué otras tribus urbanas conoces? Escribe un perfil como en los ejemplos.

Fuente: Moderna de pueblo

los jeroglíficos *die Hieroglyphen*
conformar *bilden*
la escritura *die Schrift*

**2** **a** Mira y lee la viñeta de arriba y explica dónde está la chica rubia y qué pasa en esta situación.

**b** ¿Cuál es el mensaje de la viñeta? Habla con tu compañero/-a.

**c** Escribe en español el diálogo del chat de la chica rubia.

► Algo más, p. 127

# 3 ¿Conoces Mallorca?

## ¡Acércate!

2–3

1

**Mallorca**
**Situación geográfica:** al este de la costa española en el mar Mediterráneo
**Superficie:** 3635 km²
**Montaña más alta:** Puig Major, 1436 metros
**Habitantes:** Casi 900 000, una quinta parte es de origen extranjero. En verano hay tres veces más personas en la isla.
**Lenguas:** castellano y mallorquín (variedad del catalán)

2

**Palma de Mallorca**
Actualmente Palma tiene unos 400 000 habitantes. Es la capital de Mallorca y de la Comunidad Autónoma de las Islas Baleares. Los romanos fundaron esta ciudad. En la Edad Media se hizo rica con el comercio, como todavía lo demuestran los palacios antiguos y la gran catedral gótica. Hoy este antiguo centro de comercio es la puerta de entrada para millones de turistas: desde el aeropuerto y el puerto van a sus hoteles en toda la isla.

Palma tiene una catedral única.

El cultivo de aceitunas es muy antiguo.

3

**La agricultura y la industria**
Hace 100 años la mayoría de los habitantes trabajaba en el sector agrícola, actualmente es solo un 10 %. Es importante el cultivo de naranjas, aceitunas y uvas, así como la cría de cerdos. Sin embargo, la gran mayoría de los productos para el consumo de los turistas viene de fuera.
También hay que destacar la larga tradición en la producción de calzado. La ciudad de Inca es el centro de la industria del cuero y de los zapatos.

### Comprender y comentar el texto

**1** **a** Lee la información sobre Mallorca y prepara cinco preguntas para tu compañero/-a. Él/ella las contesta.

¿Quién fundó la ciudad de Palma? — La fundaron los romanos.

**b** Busca en los textos estas cifras e indica la información correspondiente.
Ejemplo: 900 000 es el número de habitantes de la isla. ► Suplemento 3, p. 68/1 p. 127

| | | | | | |
|---|---|---|---|---|---|
| 250 000 | 60 000 | 14 000 000 | 400 000 | 3635 | 4 675 703 |

- über wirtschaftliche und gesellschaftliche Aspekte einer Region zu sprechen.
- Diagramme auszuwerten.

4

### El turismo

El *boom* del turismo en la segunda mitad del siglo pasado cambió la vida en Mallorca. De unos 250 000 turistas extranjeros en 1959 el número aumentó a unos 2 500 000 en 1973. Hoy, con unos 14 millones de turistas cada año, el turismo es la actividad económica más importante. La cifra de trabajadores cambia según la temporada: sube de unas 60 000 personas en invierno a más del doble en verano. Por otra parte, el turismo sigue siendo un gran reto para la infraestructura de la isla (por ejemplo, las calles, los hoteles, los restaurantes, el agua, etc.).

5

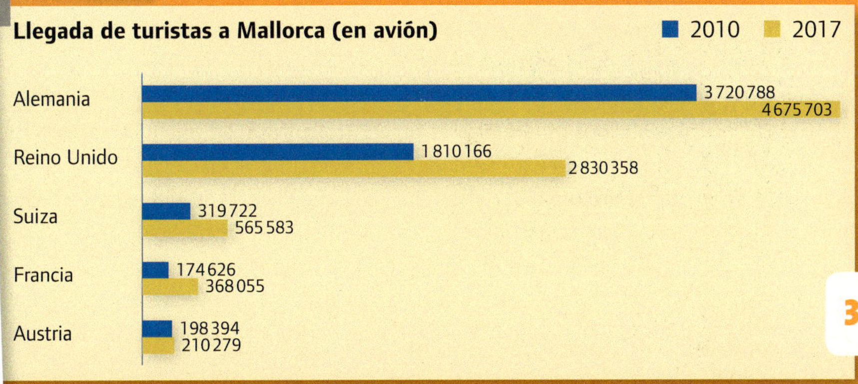


Fuentes: AETIB; IBESTAT 2017/2018

Cedido sin contraprestación por la Agencia de Estrategia Turística de las Islas Baleares (AETIB), editado en 2017.

6

### El paisaje

El «turismo de sol y playa» no es la única razón para visitar Mallorca –la isla ofrece mucho más. El paisaje es muy variado: hay lagos y campos y, en la Sierra de Tramontana, montañas y bosques. Como la isla es un muy buen destino para caminar o ir en bici, el gobierno de Mallorca promociona el turismo activo en la naturaleza.

**2** Mira la foto 4 y descríbela. Luego comenta lo que dice el caballito de mar[1]. ► Algo más, p. 127

► Ein Bild beschreiben, S. 142

1 el caballito de mar *das Seepferdchen*

**3** Describe el diagrama sobre la llegada de turistas en los años 2010 y 2017. ► Ein Diagramm beschreiben, S. 143

En el diagrama vemos [...]. Las cifras muestran que [...]
El número de turistas de [...] aumentó de [...] a [...].
En el año 2010/2017 hubo [...] veces más/menos turistas que en el año [...].
Hubo más turistas de [...] que de [...].

## Hablar

**4** A lee la información sobre Menorca, B la información sobre Ibiza (p. 127).
Presenta tu isla a tu compañero/-a. Podéis mirar el mapa (p. 230). ► B, p. 127 ► Países y regiones, p. 169

### Menorca

**Situación geográfica:** al noreste de Mallorca
**Superficie:** 695 km² **Habitantes:** 94 875
**Punto más alto:** El Toro, 362 m
**Capital:** Mahón (Maó, en menorquín)
**Lenguas:** castellano y menorquín (variedad del catalán)
**Agricultura e industria:** vacas, leche, queso, zapatos, ropa
**Turistas (avión) en 2017:** 1 709 607, de los cuales 72 203 de Alemania y 586 510 del Reino Unido

Fuentes: AETIB, INE, IBESTAT, 2017/2018

## Vocabulario

**5** Completa la información. Decide si el adjetivo va delante o detrás del sustantivo. ► Resumen, p. 66/1

1. Palma no es la [...] ciudad [...] de las Baleares que tiene un aeropuerto.
   La catedral de Palma es un [...] edificio [...].
2. En Palma hay [...] palacios [...] de la Edad Media.
   Los vecinos quieren hacer un centro cultural en una [...] fábrica [...].
3. Palma es una [...] ciudad [...]. Tiene unos 400 000 habitantes.
   Joan Miró era un [...] artista [...] que vivía y trabajaba cerca de Palma.
4. En Inca la industria del calzado tiene una [...] tradición [...].
   Para ir de Palma a Alcudía necesitas mucho tiempo. Es un [...] camino [...].
5. Antes, Mallorca era una [...] región [...]. Hoy en día es una región rica.
   No obstante, la gente mayor a veces dice: ¡[...] isla [...]!

única – único
antiguos – antigua
grande – gran
larga – largo
pobre – pobre

## Escuchar

**6** **a** Con tu familia hacéis una visita guiada por Palma. Escucha lo que dice la guía y ordena las fotos.

1 La Plaza del Mercado

2 El Castillo[1] de Bellver

3 El Parque del Mar con la catedral

4 La Plaza de España con la estatua de Jaime I

[1] el castillo *die Burg*

**b** Escucha otra vez y sigue la ruta en el plano de Palma (p. 231).

**c** Escucha una vez más y termina las frases. p. 127

1. En la Plaza de España están [...].
2. El tren de Sóller ya existe desde hace más de [...].
3. En el siglo trece, Palma [...].
4. El monumento más famoso de Palma es [...].
5. Cuando los reyes van a Palma, viven en [...].
6. Desde el Castillo de Bellver puedes ver [...].

**d** Tus padres quieren saber más sobre algunos lugares en Palma.
Elige tres lugares, escucha por última vez y toma apuntes. Después explícales lo que sabes.

ES DE

la Plaza de España | la catedral de Palma | la Lonja | el Palacio de la Almudaina | el Castillo de Bellver

# A Una familia – cuatro vidas

**Hier lernst du:**

- zu schildern, was vor kurzem geschehen ist.
- über einen Ferienjob zu sprechen.

*Todo el mundo conoce Mallorca, la isla perfecta para pasar las vacaciones. ¿Pero cómo es el día a día de gente «normal» que va al trabajo o al instituto y no vive como los turistas? ¿Alguna vez os lo habéis preguntado? Hemos hablado con una familia mallorquina: Verónica, Lucas, Jordina y Alejandro. Y, claro, cuatro personas, ¡son cuatro vidas!*

**Nombre:** Verónica
**Edad:** 44 años
**Perfil:** máster en Administración de Empresas, subdirectora

Trabajo en INCAZAPA, una empresa familiar en Inca, con doce empleados. La competencia en el sector del calzado es muy dura, hemos tenido algunos problemas. Por eso, en los últimos años hemos modernizado la empresa: hemos renovado las máquinas, hemos comprado ordenadores nuevos y hasta ahora hemos podido seguir con nuestra empresa.
Este año he estado en una feria en Alemania donde he visto unas máquinas que necesitamos. En la feria también he conversado con colegas alemanes. Solo tienen una pausa de media hora. No sé cómo lo hacen para comer y descansar antes de volver al trabajo por la tarde. Bueno, tampoco trabajan hasta las siete o las ocho, como nosotros.

**Nombre:** Lucas
**Edad:** 19 años
**Perfil:** formación profesional de grado medio en Panadería y Pastelería, panadero

Creo que hacerme panadero ha sido la mejor decisión que he tomado en toda mi vida. Es mucho trabajo, pero he tenido suerte porque no es fácil encontrar un puesto fijo para todo el año en las islas. Muchos trabajos son solo para el verano.
El «forn» donde trabajo es una de las últimas panaderías tradicionales. He oído que lo mencionan hasta los guías turísticos. «Vuestras ensaimadas son las mejores» –nos lo han dicho muchas veces. Ya me he acostumbrado a los turistas y a las fotos. Lo único que no comprendo es por qué los ingleses y los alemanes pasan todo el día al sol. Algunos incluso entran en la panadería en bañador. No sé, ¿en su país también lo hacen?

**Nombre:** Jordina
**Edad:** 15 años
**Perfil:** alumna de 3° de ESO, en las vacaciones trabaja en un restaurante

Ahora que trabajo aquí, me doy cuenta de que el instituto no es tan duro como parece. Mira un día como hoy: esta mañana me he levantado a las seis, he desayunado y he llegado al restaurante a las siete. He limpiado la terraza, he puesto las mesas y he sacado los platos del lavavajillas. Después con los camareros hemos preparado todo para el desayuno. ¡Todavía no ha llegado la hora de la comida y ya estoy hecha polvo!
Por otro lado, un trabajo de verano así no está nada mal. Los turistas son supermajos, te sonríen y te dejan buena propina. Me sorprende que quieran comer tan temprano, a la una o incluso antes. Luego muchos pagan cada uno su plato, aunque estén en la misma mesa. Bueno, ahora ya lo sé y les pregunto si quieren pagar juntos o por separado.

**Nombre:** Alejandro
**Edad:** 43 años
**Perfil:** formación profesional en Cocina, recepcionista en Can Picafort

¡Escucha el testimonio de Alejandro en nuestro podcast!

En España, cuando la gente va a tomar o comer algo, en general piden una cuenta y la dividen entre todos. ¿Cómo lo hacéis vosotros?

## Comprender y comentar el texto

**1** **a** Lee lo que cuentan las personas y encuentra un título para cada párrafo[1]. Explícale a tu compañero/-a por qué quieres poner esos títulos.

1 el párrafo *der Absatz*

2 8

**b** Lee la información sobre Alejandro (p. 55) y escucha lo que cuenta. Decide si las frases son correctas o falsas. Corrige las frases falsas. Puedes controlar tus respuestas con el texto (p. 128).

1. Alejandro empezó a trabajar en la cocina del hotel cuando tenía 15 años.
2. El trabajo le gusta, pero a veces es estresante.
3. Los turistas tienen problemas con la reserva.
4. Lo bueno del trabajo es conocer a gente de muchos países.

**2** ¿Qué les llama la atención a Verónica, Lucas, Jordina y Alejandro? ¿Por qué creéis que les sorprenden estas cosas? Discutid.

A Alejandro le sorprende que todos quieran paella porque...

## Descubrir

**3** **a** Busca las formas del pretérito perfecto en el texto (p. 55) y ordénalas en una tabla como en el ejemplo.
► Resumen, p. 66/2

| | verbos en -ar | verbos en -ir / -er | verbos irregulares |
|---|---|---|---|
| [yo] | he estado | [...] | [...] |
| [tú] | [...] | [...] | has hecho |

**b** Wie wird das pretérito perfecto gebildet? Kennst du Sprachen, in denen es ähnlich ist?

**c** ¿Qué dicen los chicos? Utiliza el pretérito perfecto.

↗ p. 128

1. Ya son las diez y todavía no (*desayunar*/yo).
2. Jordina, ¿ya (*poner*/tú) las mesas?
3. El turista (*dejar*) una muy buena propina.
4. Este año (*conocer*/nosotros) a muchos turistas simpáticos.
5. Esta semana (*tener*/vosotras) suerte con el tiempo.
6. Mis hermanas (*comer*) muchas ensaimadas.

## Practicar

**4** La madre de Jordina vuelve de un viaje. Le pregunta a su hija por lo que ha hecho esta semana. Contesta con las formas correctas del pretérito perfecto. ► Resumen, p. 66/2 ► Algo más, p. 128

hoy   esta mañana   esta semana   todavía no   [...]

*ir* al instituto / a la playa / al cine / a un concierto
*hacer* los deberes / deporte   *llamar* a mis amigas
*escuchar* música   *leer* un libro / un cómic
*ver* la tele   *escribir* un mensaje a un amigo
*limpiar*   *ordenar* mi habitación
*salir* con el perro   *dormir* la siesta
*jugar* al fútbol / baloncesto   [...]

**5** Una chica de Ibiza está de visita en tu casa. Te hace muchas preguntas.
Contéstalas con la forma correcta del pretérito perfecto. ► Resumen, p. 66/2 ► Suplemento 3, p. 69/5
Ejemplo: –¿Alguna vez has viajado en avión?
–No, todavía no he viajado en avión. / –Sí, ya he viajado dos veces en avión.

| | | |
|---|---|---|
| Sí,<br>No, | ya<br>muchas veces<br>todavía no<br>nunca | (*ir*) en barco a una isla.<br>(*estar*) en Ibiza.<br>(*comer*) una ensaimada.<br>(*nadar*) en el mar Mediterráneo.<br>(*escalar*) en la montaña.<br>(*leer*) algo en catalán.<br>(*preparar*) una tortilla.<br>(*trabajar*) en las vacaciones de verano.<br>[...] |

## Hablar

**6** ¡Tú eliges! Elige a o b.

**a** Y tú, ¿qué has hecho este fin de semana? Cuéntaselo a tu compañero/-a.
Puedes utilizar los verbos del ejercicio 4.

**b** Tu amiga de España quiere saber qué has hecho hoy. Graba un mensaje de voz con tu móvil y cuéntale cómo ha sido tu día.



**7** **a** Estás buscando un trabajo de verano. Lee los anuncios, explica cuál te interesa y por qué.

**1** Buscamos jóvenes (m/f) para cuidar a niños y niñas (entre 6 y 9 años) en las vacaciones de verano. ¡Te esperamos si tienes ganas de jugar y trabajar con niños! Tel.: 6073468XXX

**2** Supermercado «Contigo» busca jóvenes para repartir folletos, dos días por semana, a partir de las 6 de la tarde, cerca de tu barrio. ¿Tienes bici? Llámanos y pregunta por Begoña: 606 7534 XXX.

**3** Necesitamos personas para cafetería en zona comercial cerca playa: 20 horas/semana, durante julio y agosto. Mejor con experiencia. Paseo de la Costa, 24; 971 9238 XXX preguntar por Nuri.

**4** Busco a un chico o a una chica para preparar con mi hijo los exámenes de septiembre (Inglés y Matemáticas, 2° de ESO) en agosto (4 días/semana, 2 horas/día). Llamar al 971 3422 XXX.

**b** Tú (A) contestas al anuncio que has elegido en el ejercicio 7 a y llamas a B que ofrece el trabajo. Presentad el diálogo. A empieza. Luego intercambiad los roles. ► B, p. 129 ► Rollenspiele, S. 144

**A**
- Llamas al número y dices por qué llamas.
- Preguntas por lo que hay que hacer.
- Preguntas por los horarios y cuánto pagan.
- Respondes y preguntas por otras cosas que te interesan.
- Dices «adiós».

Sí, dígame.

Hola, llamo por el anuncio [...].

## Escuchar

**8** **a** En un programa de radio, el moderador habla con cuatro jóvenes sobre la formación y el trabajo. Escucha y relaciona qué quiere hacer cada persona.

1. Eulalia, de Ibiza,
2. Yusef, de Mallorca,
3. Anna, de Formentera,
4. Joan, de Menorca,

a. quiere estudiar Biología.
b. quiere hacer algo con turismo o cocina.
c. no lo tiene claro, tal vez algo con niños. Va a hacer el bachillerato.
d. todavía no sabe lo que quiere hacer, pero no va a dejar el instituto.

**b** Escucha otra vez y decide si las frases son correctas o falsas. Corrige las frases falsas. ↗ p. 129

1. En España hay más jóvenes que trabajan en verano que en Francia o Alemania.
2. Muchos jóvenes que estudian en la universidad tienen que trabajar en verano.
3. La cifra de jóvenes que no siguen estudiando después de la ESO aumentó entre 2008 y 2017.
4. El 70 % de los jóvenes que deja los estudios lo hace por el trabajo.
5. En España más del 25 % de los jóvenes entre 16 y 29 años no tiene trabajo.
6. Casi todos los jóvenes entre 16 y 24 años han encontrado trabajo gracias a la familia, amigos y conocidos.
7. Cuando buscas trabajo, sobre todo son importantes los estudios, la experiencia y los contactos.

**c** ¿Qué es mejor: seguir estudiando o empezar a trabajar después de la ESO? Discutid sobre lo que dicen en la entrevista. Tened en cuenta también los datos de este diagrama. ▸ Ein Diagramm beschreiben, S.143

**Tasa de ocupación de la población[1] entre 25 y 34 años**

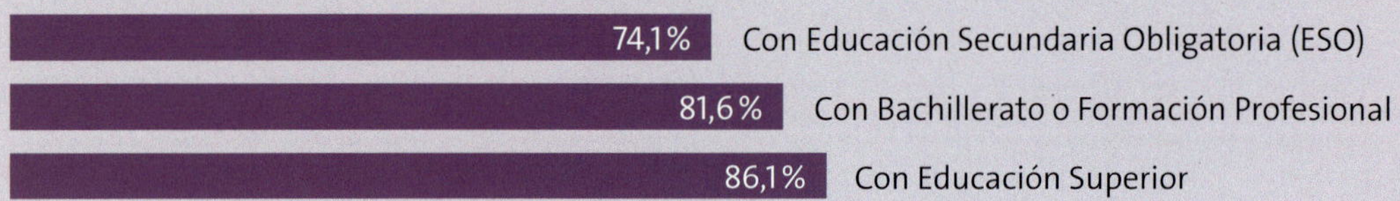


En 2017, el 81,7 % de los jóvenes entre 18 y 24 años estuvo haciendo algún tipo de estudio o formación. En 2008, esta cifra solo había sido del 68,3 %.

1 la tasa de ocupación de la población *der Beschäftigungsgrad der Bevölkerung*

Fuentes: MEFP, 2018; INE, EPA 2017/2018

## Mediación

**9** Estás con tus padres de vacaciones en Mallorca. Son las doce y queréis comer en un restaurante. El camarero no habla alemán, y tus padres no entienden bien el español. Escucha y ayuda en la comunicación.
▸ Sprachmittlung, S.147

Ejemplo:

**Camarero:** Hola, buenas tardes. ¿Cuántos sois? ¿Cuatro? Muy bien. ¿Venís a tomar algo?
**Tu madre:** Was hat er gesagt?
**Tú:** Er fragt, ob wir etwas trinken wollen.
**Tu padre:** Eigentlich wollen wir ja schon essen. Kannst du ihm das sagen?
**Tú:** Queremos comer. ¿Es posible?
[...]

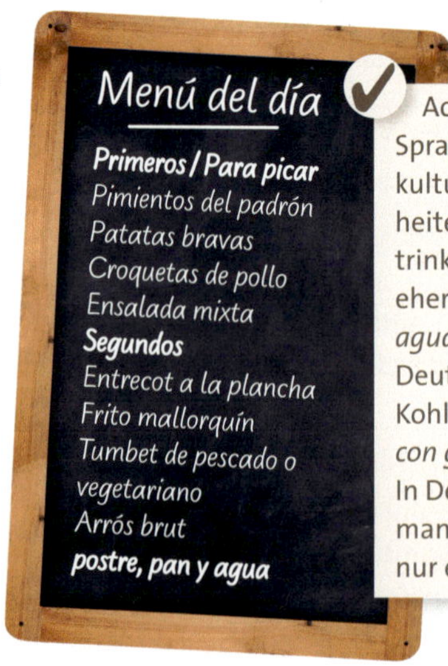


Achte beim Sprachmitteln auf kulturelle Besonderheiten. In Spanien trinken die Leute z. B. eher stilles Wasser, *agua sin gas*, in Deutschland eher mit Kohlensäure, *agua con gas*.
In Deutschland isst man früher und meist nur einen Gang.

## Escribir

**10** El año que viene queréis pasar las vacaciones en Menorca. Habéis encontrado un hotel que os gusta. Tus padres te piden que escribas un mensaje en la página de reserva. ▶ Eine E-Mail verfassen, S. 146.

1. Schreibe, dass wir zu fünft sind und zwei Zimmer möchten, und zwar mit Meerblick.
2. Frage bitte, ob das Hotel ein Schwimmbad hat.
3. Und ob es von der Bushaltestelle weit zum Hotel ist!
4. Frage auch, ob man im Hotel Fahrräder leihen kann.

Estimados señores:
Me gustaría saber si [...].
¿Me pueden decir si [...]?
Muy atentamente, [...].

**Hotel Cala Gran** ***

| | | | | | | | |
|---|---|---|---|---|---|---|---|
| Fechas | del 4 de julio | al 19 de julio | | | | | |
| Habitaciones | 2 | | | | | | |
| Habitación 1 | 2 adultos | | | | | | |
| Habitación 2 | 3 niños | Edad niño 1 | 8 | Edad niño 2 | 11 | Edad niño 3 | 15 |
| Solo alojamiento | | Alojamiento/Desayuno | | Media pensión | X | Pensión completa | |

Mensaje para el hotel

enviar

## El mundo del español

**11** Mira la infografía sobre el turismo en España. ¿Qué información te interesa? Elige tres aspectos y preséntalos a tu compañero/-a.

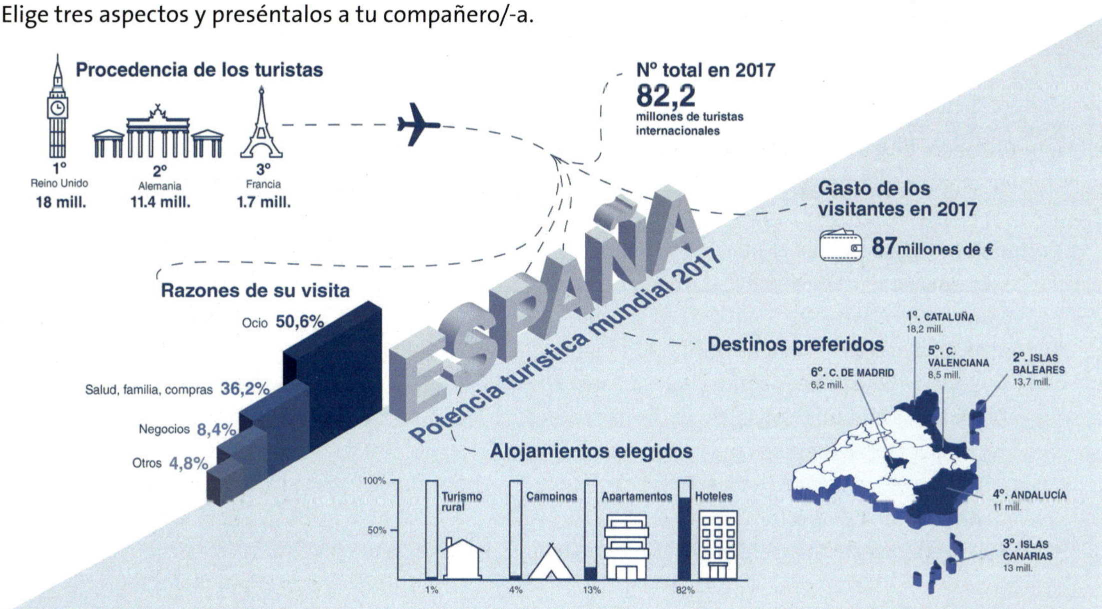


Fuente: www.marcaespana.es

# B Paraíso en peligro

**Hier lernst du:**

- dich differenziert über die Vergangenheit zu äußern.
- über Umweltprobleme und Naturschutzprojekte zu berichten.

2 11–12

*El Parque Nacional del Archipiélago de Cabrera se encuentra al sureste de la isla de Mallorca. Entrevistamos al Dr. Jorge Enrique Moreno Pérez, director del parque desde 1991 hasta 2016.*

**Periodista:** Señor Moreno, ¿qué quería ser usted de pequeño?

**Jorge E. Moreno:** Cuando era pequeño, para mí la vida se dividía en dos: el año escolar –cuando estudiaba e iba al colegio en Madrid– y las vacaciones –cuando pasaba todo el día en el mar y el campo. En unas de esas vacaciones descubrí la vida bajo el mar: los peces, la posidonia… Yo nunca había visto algo así y me dejó impresionado. Entonces lo tuve claro: de mayor quería trabajar en algo relacionado con el mar.

**Periodista:** Y, ¿qué estudió al final?

**Jorge E. Moreno:** Quería estudiar Biología Marina, pero entonces no existían esos estudios en España y mis padres no tenían dinero para enviarme al extranjero. Por eso empecé Biología en Madrid. Luego crearon Biología Marina en Tenerife y, con la ayuda de mis padres, pude terminar mis estudios allí.

**Periodista:** Usted fue director de uno de los parques nacionales más importantes de la región. En su opinión, ¿qué significa el turismo para las Islas Baleares?

**Jorge E. Moreno:** Las Islas Baleares son un territorio privilegiado. Su naturaleza y sobre todo su costa y el mar son un paraíso que atrae a millones de personas. Esto, evidentemente, es positivo por el dinero que trae y por el trabajo que crea. Por lo tanto, es bueno para la economía y el desarrollo en general. Sin embargo, el hecho de recibir casi 14 millones de turistas al año también es una fuente de problemas.

**Periodista:** Concretamente, ¿a qué tipo de problemas se refiere?

**Jorge E. Moreno:** El turismo de masas ha provocado problemas ecológicos y sociales. Entre los problemas ecológicos están el consumo enorme de energía y de agua (sobre todo para piscinas y jardines) y la gran cantidad de basura que genera. Por otro lado, los habitantes sufren todos los días los atascos en las calles. En algunas zonas de las ciudades y los pueblos, incluso es difícil caminar cuando llegan los cruceros. A veces, cosas como coger un taxi son imposibles. Sentarse en una mesa de una terraza o encontrar sitio en un restaurante se ha convertido en algo complicado.

**Periodista:** ¿Cómo ve la situación en el futuro?

**Jorge E. Moreno:** A pesar de todo, hay que ser optimistas. En el pasado cometimos muchos errores, pero en los últimos años tanto el gobierno como el sector del turismo han hecho mucho para mejorar la situación. El gobierno de la isla ya está promocionando el turismo fuera de temporada. Quiere mejorar el transporte público y prohibir algunos productos de plástico. Hoy en día en Mallorca reciclamos más que antes. Además, hemos creado muchos proyectos para proteger la naturaleza y el medio ambiente.

Sea como sea, estas islas siempre han sido un lugar de paso para comerciantes, piratas y turistas. Siempre han sobrevivido y han guardado ese sabor multicultural que la historia les ha entregado.

Las praderas de posidonia son uno de los ecosistemas marinos más importantes del mundo. En las Islas Baleares hay más de 55 000 hectáreas de esta planta. Entre sus hojas largas de color verde brillante viven caballitos de mar y muchos otros peces. Gracias a la posidonia, las aguas del mar Mediterráneo son muy transparentes. Sin embargo, las anclas de los barcos, los residuos, la construcción en la costa y la pesca han puesto en peligro esta planta tan importante para la biodiversidad. Por eso, desde 2018 hay un decreto del gobierno de las Islas Baleares para protegerla. Proyectos ecológicos como «Save Posidonia» quieren llamar la atención de la gente: es fundamental proteger la posidonia.

## Comprender y comentar el texto

**1** Lee la entrevista y contesta las preguntas. Puedes hacer una tabla en tu cuaderno. ► Algo más, p. 129

1. ¿Cuáles son los aspectos positivos del turismo en Mallorca que menciona el Dr. Moreno Pérez?
2. ¿Cuáles son los aspectos negativos del turismo de masas?
3. ¿Qué ha hecho el gobierno de Mallorca para mejorar la situación? ¿Que proyectos hay?

**2** ¿Qué opináis vosotros: tiene más ventajas o desventajas el turismo? Discutid y utilizad estas expresiones.

[...] es un problema · por eso · evidentemente · sin embargo · no obstante
por un lado [...] por otro lado · incluso · a pesar de todo · sea como sea · porque · aunque

## Vocabulario

**3** **a** Busca los adjetivos que corresponden a los siguientes sustantivos. Puedes utilizar la lista cronológica (p. 173). ► Wortfamilien nutzen, p.137
Ejemplo: la agricultura – agrícola

la agricultura · la familia · la escuela · el mar · la actividad
la tradición · la biología · Mallorca

**b** Ahora busca los sustantivos que corresponden a los siguientes adjetivos.

comercial · industrial · económico/-a · geográfico/-a · profesional

## Practicar

**4** ¡Acuérdate del pretérito imperfecto y del pretérito indefinido! Decide cuál es la forma correcta. p. 129

### La isla de Cabrera

Durante los siglos XIII y XIV, los piratas del norte de África **usaban/usaron** Cabrera para llegar a las costas mallorquinas. Por eso, en el siglo XIV, los mallorquines **hacían/hicieron** un castillo a la entrada del puerto. Así, los piratas ya no **podían/pudieron** esconderse en la isla porque en el castillo siempre **había/hubo** alguien que **observaba/observó** desde allí la costa mallorquina.
En 1809, los españoles **llevaban/llevaron** a unos 9000 soldados[1] franceses a la isla, de los cuales solo 3600 **volvían/volvieron** a su país. Hoy un monumento recuerda a los franceses que **morían/murieron** en Cabrera.
En 1916 el gobierno español **creaba/creó** una base militar[2] en Cabrera. Curiosamente, esto **protegía/protegió** la naturaleza porque nadie **podía/pudo** visitar la isla.
Finalmente, en marzo de 1991 el gobierno de las Islas Baleares **fundaba/fundó** el Parque Nacional de Cabrera.

1 el/la soldado *der/die Soldat/in* 2 la base militar *die Militärbasis*

**5** La periodista que habló con el Dr. Moreno Pérez os entrevista a vosotros. Contestad sus preguntas con la forma correcta del verbo en pretérito perfecto o pretérito indefinido, como en el ejemplo. p. 130
► Suplemento 3, p. 69/6

Ejemplo:

¿Alguna vez habéis organizado un proyecto ecológico?

No, todavía no lo hemos hecho. / Sí, organizamos uno el año pasado.

1. ¿Alguna vez habéis recogido basura?
2. ¿Alguna vez has trabajado en un jardín?
3. ¿Ya has plantado un árbol?
4. ¿Alguna vez has ayudado a limpiar la playa?
5. ¿Alguna vez habéis estado en un acuario?
6. ¿Has estado en una de las Islas Baleares?
7. ¿Has visto la posidonia alguna vez?
8. ¿Alguna vez has visitado un Parque Nacional?
9. ¿Ya has decidido lo que quieres estudiar?
10. ¿Alguna vez habéis estado en un atasco?

**6** Completa el texto con las formas correctas de los pretéritos perfecto, indefinido e imperfecto.
► Resumen, p. 66/3 ► Suplemento 3, p. 69/7

### El agua en las Islas Baleares

En las Islas Baleares el agua desde siempre (*ser*) un tema muy importante. La conquista árabe de lo que hoy es España (*empezar*) en el año 711, pero los árabes no (*llegar*) a las Islas Baleares hasta el año 902. (*Estar*/ellos) acostumbrados a vivir en el desierto y a tener muy poca agua. Por eso (*saber*/ellos) cómo aprovecharla.
Después de 1229, los cristianos[1] (*aprovechar*) la infraestructura de los árabes y (*seguir*/ellos) mejorándola.
A partir del siglo XIX, la gente (*empezar*) a usar molinos de viento[2] para sacar el agua del suelo que (*necesitar*) para la agricultura.
En la segunda mitad del siglo XX, el consumo de agua (*crecer*) porque (*haber*) cada vez más habitantes y turistas. Por eso, a principios de los años 70, el gobierno (*hacer*) dos embalses[3] en la Sierra de Tramontana para poder llevar agua a Palma.
En los últimos años el gobierno de las Islas Baleares (*crear*) proyectos para reducir el consumo de agua en las islas.

1 el/la cristiano/-a *der/die Christ/in* 2 el molino de viento *die Windmühle* 3 el embalse *der Stausee*

## Escribir

**7** El Dr. Moreno Pérez (p. 60) cuenta qué quería ser de pequeño. Y tú, ¿qué querías ser de pequeño/-a? ¿Has cambiado de idea o no? Escribe un texto. Utiliza correctamente los tiempos del pasado.

► Resumen, p.66/3 ► Den Schreibprozess organisieren, S.145

## Mediación

**8** En un blog has encontrado está anécdota. Tu amigo Luis, que pasa unos días en tu casa, quiere saber qué dice. Explícaselo en español. Hay palabras que tienes que explicar, como *Flaschenpfand* o *gelber Sack*.

► Sprachmittlung, S. 147

Wir in Deutschland denken ja immer, dass wir so gut wie alles wiederverwerten. Wir haben die gelben Säcke oder gelben Tonnen und das Flaschenpfand. Als ich drei Monate bei meinem Austauschpartner Rafa auf Mallorca gelebt habe, dachte ich zuerst: Super, jetzt kannst du die blöden Plastikflaschen einfach in den Müll werfen, und habe das am ersten Tag auch getan. Doch Rafa hat mir gleich gezeigt, wie sie es machen: In seiner Familie sammeln sie die Plastikflaschen und bringen sie zu einem Container. Es gibt auf Mallorca auch Papier-, Glas- und sogar Ölcontainer. Außerdem hat Rafa bei einem Schulprojekt gegen Plastik mitgemacht. Sie haben drei tolle Videos gedreht, um auf das Problem mit dem Plastikmüll aufmerksam zu machen. Seine Schwester geht mit ihrer Klasse einmal im Jahr Plastikmüll am Strand aufsammeln. In Spanien gehen sie das Problem also auch an. Außerdem habe ich gelesen, dass Deutschland im Plastikverbrauch pro Einwohner in Europa mit 37,4 Kilo an dritter Stelle steht. Spanien kommt mit 31,8 Kilo erst ein gutes Stück dahinter.
Paul63Bln

## Aprender mejor: Hörerwartungen nutzen ► S. 139

**9** 2/13 **a** **Actividad de preaudición:** Mira las fotos y lee las frases. Formula hipótesis sobre lo que vas a escuchar en el *podcast*. Después escucha y compara con tus hipótesis.

Buceadores[1] observan las praderas de posidonia.

Usamos demasiados envases[2] de plástico.

1 el/la buceador/a *der/die Taucher/in* 2 el envase *die Verpackung*

2/13 **b** Prepara una tabla en tu cuaderno. Escucha otra vez el *podcast* y apunta palabras clave para cada proyecto.

| proyecto de Pol | proyecto de Rosa | proyecto de Marta |
|---|---|---|
| la playa | [...] | [...] |
| informar sobre [...] | [...] | |

2 13

**c** Escucha otra vez atentamente el podcast y decide cuál de estos textos lo resume correctamente.

**A** Hay tres proyectos:

**1.** Un proyecto de chicos que informan a la gente sobre las playas más bonitas y sobre la naturaleza. Limpian la playa, reparten folletos y organizan talleres para los adultos.

**2.** Un proyecto de buceadores que observan las praderas de posidonia. Hacen fotos y cuentan los peces. Informan a los mallorquines sobre la importancia de los caballitos del mar para la biodiversidad.

**3.** Un proyecto de un instituto sobre el problema del plástico en los parques. Grabaron cuatro videos en los que hablan del consumo de plástico, de las alternativas a los envases y cómo quieren decir «¡basta ya!» al plástico.

**B** Hay tres proyectos:

**1.** Un proyecto de chicos que informan a la gente sobre los espacios naturales y, sobre todo, la posidonia. Limpian la playa, reparten folletos y organizan talleres para los niños.

**2.** Un proyecto de buceadores que observan las praderas de posidonia. Hacen fotos y cuentan los peces. Informan a la gente de la isla y a los turistas sobre la importancia de las praderas para la biodiversidad.

**3.** Un proyecto de un instituto sobre el problema del plástico en el mar. Grabaron tres videos en los que hablan del consumo de plástico, de las alternativas a los envases de plástico y cómo quieren decir «¡basta ya!» al plástico.

## Hablar

**10** **a** Busca en los textos (p. 60/61, 62) y el ejercicio 9 c todas las palabras relacionadas con el medio ambiente. Ordénalas en un mapa mental.

↗ p. 130

el medio ambiente

[...] | el agua | la basura

la basura → el plástico, contaminar

**b** Prepara una charla de un minuto sobre un proyecto ecológico y preséntaselo a tu compañero/-a.

► Ein Kurzreferat halten, S. 142 ► El medio ambiente, p. 170

Separar la basura | Evitar el plástico | Plantar árboles | Proteger los animales

## Comprensión audiovisual

**11** **a** Antes de ver el vídeo sobre el proyecto «Save Posidonia» apuntad todo lo que ya sabéis sobre esta planta.

**b** Mira el vídeo y contesta las preguntas.

1. ¿De qué países son las personas en el vídeo? ¿Qué lenguas escuchas?
2. ¿Qué papel tiene la música en el vídeo?
3. ¿Qué más aprendes sobre la posidonia?
4. ¿Qué es lo que más te sorprende?

Wollt ihr euch gegenseitig einschätzen, findet ihr hier Evaluierungsbögen:
Webcode **apu4sb**

## Un *podcast*

Queréis hacer un *podcast* para vuestro instituto de intercambio en España.

### 1 Preparar el *podcast*

En grupos de tres o cuatro:
- Elegid un tema:

| 1 | 2 | 3 |
|---|---|---|
| Un proyecto ecológico | Nuestros trabajos de verano | *El turismo en nuestra región* |

- Pensad en vuestras experiencias, buscad más información sobre el tema que habéis escogido y apuntad palabras clave y expresiones útiles.
- No olvidéis estructurar la información que queréis presentar.

### 2 Realizar el *podcast*

- Escuchad otra vez el *podcast* del ejercicio 9 (p. 63).
- Escribid el texto del *podcast* con ayuda de las palabras clave y las expresiones del ejercicio 2 (p. 61). Intercambiad vuestros textos y corregidlos.
- Discutid en qué orden queréis hablar en el *podcast*.
  ¿Quién empieza?
  ¿Quién presenta a la/s otra/s persona/s?
  ¿Quién termina?
- Ensayad el texto varias veces.
- Preparad todo lo que necesitáis para grabar el *podcast*.
- Grabad el audio.
- Escuchad vuestro *podcast*, corregidlo y volved a grabarlo, si es necesario.

**Algo más:** Pensad en un título para vuestro *podcast* y buscad una foto para ilustrarlo.

### 3 Presentar y evaluar el *podcast* en clase

- Presentad vuestro *podcast* en clase.
- El resto de la clase escucha atentamente y presta atención al contenido y a la estructura de la presentación.
- Evaluad los *podcasts* de vuestros/-as compañeros/-as. ► **Evaluierungsbögen erstellen, S. 148**
- Al final decidid qué *podcast* es el mejor.

3

# Resumen

| Über wirtschaftliche und gesellschaftliche Aspekte einer Region sprechen | Dazu benötigst du: |
|---|---|

**1** Hace cien años, Mallorca era una región **pobre**.
Hay tantos turistas, ¡**pobre** isla!
Palma es un **antiguo** centro de comercio.
Hay muchos palacios **antiguos**.
La catedral es un edificio **único**.
Para muchos turistas, la **única** razón para ir a Mallorca es la playa.

Proteger el medio ambiente es un **gran** reto.

Adjektive, die je nach Position ihre Bedeutung ändern:

| | **vor dem Adjektiv** | **nach dem Adjektiv** |
|---|---|---|
| pobre | arm, bedauernswert | arm, mittellos |
| único/-a | einzig | einzigartig |
| grande | großartig, wichtig | groß (Fläche) |
| largo/-a | lang, weitreichend | lang (Entfernung) |
| antiguo/-a | früher, ehemalig | alt |

**!** Einige Adjektive werden bei Voranstellung verkürzt.

| Schildern, was vor kurzem geschehen ist | Dazu benötigst du: |
|---|---|

**2** Hoy **he llegado** a Palma.
¿Todavía no **has visto** la catedral de Palma?
Esta semana Pol **ha recibido** un paquete.
Nunca **hemos estado** en las Baleares.
¿Ya **habéis hecho** los deberes?
Esta mañana **han llamado** los abuelos.

das **pretérito perfecto**. Es wird mit der Präsensform des Hilfsverbs **haber** und dem Partizip des Vollverbs gebildet: habl**ar** → habl**ado**, com**er** → com**ido**, viv**ir** → viv**ido**.

| | | |
|---|---|---|
| Hoy | **he**<br>**has**<br>**ha**<br>**hemos**<br>**habéis**<br>**han** | **estado** en Palma. |

**!** Einige Partizipien sind unregelmäßig, z. B.: escribir → **escrito**, ver → **visto**, hacer → **hecho**, abrir → **abierto**, volver → **vuelto**, poner → **puesto**, morir → **muerto**

| Sich differenziert über die Vergangenheit äußern | Dazu benötigst du: |
|---|---|

**3** Hoy Sara **se ha levantado** a las once de la mañana. **Hacía** mucho calor y la playa **estaba** llena de gente que **tomaba** el sol.

Antes la gente en Mallorca **trabajaba** en la agricultura o **pescaba**. Sin embargo, el *boom* del turismo **trajo** muchos cambios.

das **pretérito perfecto**, das **pretérito imperfecto** und das **pretérito indefinido**.

**Pretérito indefinido:** einmalige, abgeschlossene Handlungen (*ayer, hace un año, luego, después, ...*)
**Pretérito perfecto:** Handlungen mit Bezug zur Gegenwart (*hoy, este mes, nunca, hasta ahora, ...*)
**Pretérito imperfecto:** Hintergrundinformationen und Beschreibungen von Personen oder Situationen (*siempre, todos los días, antes, normalmente, ...*)

## Teste deine Grammatikkenntnisse ► Soluciones, p. 136

**1** Decide si el adjetivo va antes o después del sustantivo.

1. ¡Este [...] chico [...] ha perdido su móvil! (pobre)
2. En algunos barrios de Palma hay mucha [...] gente [...] por la crisis económica. (pobre)
3. Mallorca es la [...] isla [...] de España que conozco bien. (único/-a)
4. Rafael Nadal es un [...] deportista [...]. ¡Ya ha ganado muchos partidos! (único/-a)
5. Esta semana he visto a mi [...] vecina [...], pero ella no me ha reconocido. (antiguo/-a)
6. Ahora vivimos en un piso moderno. Antes vivíamos en una [...] casa [...]. (antiguo/-a)
7. Madrid es una [...] ciudad [...]. Tiene más de tres millones de habitantes. (grande)
8. En Madrid hay museos de [...] artistas [...] de España y de todo el mundo. (grande)

**2** Completa las frases con la forma correcta del verbo en pretérito perfecto.

1. Hoy (*hacer*/nosotros) una excursión en bici.
2. Esta semana mis padres (*visitar*) no solo Mallorca, sino también Menorca.
3. ¿(*Estar*/tú) alguna vez en Valencia?
4. Ya no recuerdo donde (*poner*/yo) mi móvil. ¿Lo (*ver*) tú?
5. Vosotras ya (*comer*), ¿verdad?
6. El gobierno mallorquín (*tomar*) medidas contra la contaminación del medio ambiente.
7. Los chicos (*grabar*) un vídeo sobre la basura en las playas.
8. Este verano (*ir*/yo) por primera vez en avión. ¡(*Ser*) increíble!

**3** Completa las frases con la forma correcta del verbo en pretérito perfecto, pretérito indefinido o pretérito imperfecto.

1. Cuando Verónica (*ser*) joven, (*vivir*) en Menorca. En el año 2000, sus padres (*vender*) su casa allí y (*irse*) a vivir a Madrid. Pero esta semana (*decidir*/ellos) comprar un piso en Ciutadella porque echan de menos la isla.
2. –¿Ya (*escribir*/tú) el texto para la clase de Lengua?
   –Sí, por supuesto, ya lo (*hacer*) la semana pasada.
3. ¡Qué fiesta el sábado en casa de Pablo! (*Hacer*) muy buen tiempo, por eso (*comer*/nosotros) en el jardín. (*Conocer*/yo) a un chico muy simpático, (*bailar*/nosotros) muchísimo y hoy me (*llamar*/él) para quedar conmigo.
4. ¡Qué palo este tiempo! Cuando (*llegar*/tú) ayer, ya (*estar*) lloviendo y todavía no (*parar*) de llover.
5. Jordina y Lucas (*volver*) esta semana de su viaje a Ibiza. Ayer (*hablar*/yo) con Lucas. (*Hacer*/ellos) actividades muy interesantes.
6. El año pasado, durante las vacaciones de verano, Aida (*trabajar*) en un camping, en Formentera. Le (*gustar*) mucho porque (*conocer*) a mucha gente. Además, siempre (*hacer*) buen tiempo y todas las tardes (*poder*) ir a la playa. Este año (*querer*) ir otra vez, pero no la (*aceptar*/ellos).

## Teste, was du jetzt sagen kannst: ► Para comunicarse, p. 187

– Nenne fünf Dinge, die du heute gemacht hast.
– Nenne drei Dinge, die du diese Woche und drei Dinge, die du letzte Woche gemacht hast.
– Berichte über ein Umweltproblem in deiner Stadt oder Region.

## Vocabulario

2 14

**1** **Repasar el vocabulario:** Completa las frases con las cifras y las expresiones. Puedes volver a mirar los textos. Luego escucha y controla tus soluciones.

| | | | | | | | | |
|---|---|---|---|---|---|---|---|---|
| 100 | el 30 % | 55 000 | la mitad | la cifra | de cuatro millones | 14 millones | la mayoría | 10 % |

1. Hace [...] años, [...] de los mallorquines trabajaba en la agricultura. Hoy es solo un [...].
2. Actualmente, Mallorca recibe casi [...] de turistas cada año.
3. En verano, [...] de los turistas extranjeros que visitan Mallorca son alemanes o ingleses.
4. En los últimos años, [...] de los turistas alemanes ha aumentado.
5. En 2017, más [...] de turistas alemanes pasaron sus vacaciones en Mallorca.
6. En el mismo año, [...] de los turistas que visitaron Menorca eran del Reino Unido.
7. En las Islas Baleares hay [...] hectáreas de praderas de posidonia.

**2** **a** **Ampliar el vocabulario:** Busca en un diccionario los sustantivos correspondientes a estos verbos.
▶ Wörter nachschlagen, S. 137
Ejemplo: visitar – la visita

1. provocar – la [...]
2. mencionar – la [...]
3. desarrollar – el [...]
4. sufrir – el [...]
5. sonreír – la [...]
6. modernizar – la [...]
7. producir – la [...]
8. contaminar – la [...]

**b** Prepara cinco palabras. Tu compañero/-a tiene que encontrar el verbo o el sustantivo correspondiente.
Ejemplo: promocionar – la promoción
el trabajo – trabajar

**3** **La posición de los adjetivos:** La abuela de Lucas habla de la vida de antes. Decide si el adjetivo va delante o detrás del sustantivo.
▶ Resumen, p. 66/1

Antes había mucha [...] gente [...] (*pobre*) en Mallorca. La gente tenía que recorrer [...] caminos [...] (*largo/-a*) de un pueblo a otro porque no había carreteras buenas. Todo cambió con el *boom* del turismo, ya que los turistas descubrieron nuestra isla con sus [...] paisajes [...] (*único/-a*). Los turistas también vinieron a visitar los [...] monumentos [...] (*antiguo/-a*) en Palma. Por eso Palma ha crecido mucho, y ahora es una [...] ciudad [...] (*grande*) con muchos habitantes.

**4** Busca el intruso y justifica tu respuesta.

1. Mallorca – Ibiza – Tenerife – Menorca
2. comentar – modernizar – hablar – discutir
3. la aceituna – el cuero – la uva – la naranja
4. el catalán – el castellano – el ruso – el vasco
5. el caballito de mar – el pez – el conejo – el tiburón
6. el calzado – el zapato – la chancla – el pantalón

Cerca del puerto de Palma

Hier kannst du deine Lösungen überprüfen: Webcode **apu4sb**

## Gramática

Playa en Formentera

**5** **a** El pretérito perfecto: Aida cuenta lo que ha hecho hoy. Completa el texto con las formas correctas del pretérito perfecto. ▶ Resumen, p. 66/2

Este año estoy trabajando en un camping, aquí en Formentera. Hoy (*levantarse*/yo) a las siete, (*desayunar*/yo) y (*ir*/yo) en bici al camping, son solo diez minutos. (*Llegar*/yo) y me (*saludar*/ellos) mis compañeros, Carla y Santi. Primero (*ayudar*/yo) en la recepción: (*explicar*/yo) a los turistas cómo funciona todo. Luego (*estar*/yo) una hora limpiando la piscina y después (*encargarse*/yo) de las canchas de deporte.
A las dos (*comer*/yo) con los chicos, y a las tres (*hacer*/nosotros) una pequeña siesta. Por la tarde (*volver*/yo) a la recepción y con Carla (*recibir*/nosotras) a la gente nueva. (*Escribir*/yo) los nombres y apellidos de los turistas de muchos países. ¡Qué difícil! Hoy (*conocer*/yo) a una familia de Ámsterdam y a otra de Hanóver. Ahora son las nueve y media, ¡(*trabajar*/yo) mucho y estoy hecha polvo!

**b** Escribe un e-mail y cuéntale a Aida lo que has hecho hoy. Utiliza el pretérito perfecto.

**6** El pretérito perfecto y el pretérito indefinido: Estás con tus amigos en un campamento de verano. Cuenta qué pasó o qué ha pasado allí. ▶ Resumen, p. 66/3
Ejemplo: Ayer comimos un helado en el pueblo.

| | | |
|---|---|---|
| esta semana<br>el miércoles ayer<br>hoy esta mañana<br>todavía no<br>hace dos días<br>esta tarde | [nosotros] Yusef<br>[yo] [tú]<br>Catalina<br>[vosotras]<br>Tomás y Paula<br>todos | *hacer* excursiones en el bosque<br>*jugar* al voleibol *ir* al mar<br>*recoger* basura<br>*comer* un helado en el pueblo<br>*poder* dormir hasta tarde<br>*ver* un conejo *hacer* una hoguera |

**7** El pretérito indefinido, el pretérito perfecto y el pretérito imperfecto: En un e-mail, Eulalia le cuenta a su amiga Jordina de las vacaciones. Completa el texto con las formas correctas de los verbos en los tiempos del pasado. ▶ Resumen, p. 66/3

↗ p. 131

Hola, Jordina:

Hoy (*volver*/yo) de Formentera donde (*pasar*/nosotros) dos semanas mis padres, mi hermano y yo. Estas vacaciones (*ser*) estupendas porque siempre (*hacer*) sol y bastante calor. Mi hermano, otros chicos y yo (*ir*/nosotros) a la playa, (*jugar*/nosotros) al voleibol, (*nadar*/nosotros) y (*pasarlo*/nosotros) superbién. Sin embargo, una noche (*hacer*) mucho viento[1] y por eso a la mañana siguiente toda la playa (*estar*) sucia: (*haber*) mucha basura de plástico y no (*poder*/nosotros) nadar. ¡Qué palo! Claro, ese día nos (*tocar*) limpiar la playa y durante dos horas (*recoger*/nosotros) basura. Pero después (*hacer*/nosotros) una hoguera y (*comer*/nosotros) pescado y patatas en la playa, ¡(*ser*) muy chulo! Incluso un chico (*ponerse*) a tocar la guitarra y todos (*cantar*/nosotros) nuestras canciones favoritas.
Y tú, ¿qué (*hacer*) este verano? ¡Cuéntame!

Besitos, Eulalia

1 el viento *der Wind*

Fuente: Rafael Vaquer / Història de les Illes Balears en còmic

**1** **a** Mira las viñetas de un cómic sobre la historia de Mallorca y explica cuál es el tema.

**b** Lee el texto en catalán que aparece en las viñetas. Luego decide cuál es el resumen correcto.

1. Con el tiempo los turistas volvieron a las Islas Baleares. En los años sesenta muchas cosas cambiaron y la gente empezó a construir rápidamente hoteles y edificios, siempre respetando el paisaje y la naturaleza.

2. Poco a poco los turistas volvieron a las Islas Baleares. En los años sesenta, por la fiebre del turismo, hubo muchos cambios. Rápidamente aparecieron hoteles que en muchos casos destruyeron el paisaje.

3. Poco a poco los turistas volvieron a las Islas Baleares. En los años sesenta, la economía cambió. Mucha gente empezó a trabajar en la construcción de hoteles que a veces no respetaron la naturaleza.

Durante los primeros años de la dictadura de Francisco Franco, los turistas extranjeros dejaron de ir a España.

**c** Explicad lo que significan estas palabras catalanas y comentad qué os ayuda a comprenderlas.

► Andere Sprachen nutzen, S. 137

| | | | | | |
|---|---|---|---|---|---|
| poc a poc | els anys seixanta | el turisme | apareixeren | apartaments | molts casos |

**2** ¿Cómo crees que sigue el cómic? Dibuja dos o tres viñetas más. También puedes escribir algo en español.

Fuente: Los Tiempos / Wilson Cahuaya

**3** **a** Lee la infografía. ¿Qué datos te llaman la atención? Explica por qué.

**b** Compara con tu compañero/-a. Luego pensad en lo que podéis hacer para que no haya tanto plástico y apuntad vuestras ideas.

**c** Juntad vuestras ideas y preparad un cartel con consejos prácticos para el instituto. Podéis sacar fotos o hacer dibujos para ilustrar los consejos.

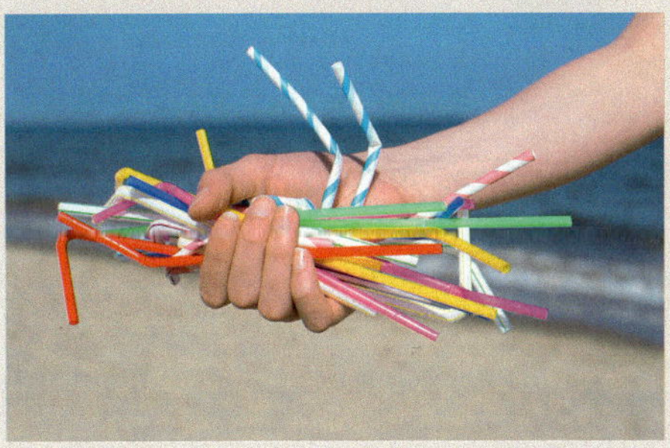

Compra [...].

No compres [...].

Evita [...].

Utiliza [...].

Recicla [...].

No tires [...].

# 4 Familia y amigos

## ¡Acércate!

🎧 2 15–16

**1**

Busca

Publicaciones

Sonia

5 min

¡Feliz cumpleaños a la mejor hermana del mundo! Amo tener una hermana que me conoce mejor que nadie y con la que siempre puedo contar, incluso para hacer mis locuras. Eres la única con la que puedo reír, llorar y pelear, ¡todo en un mismo día! **Natalia**, aunque no te lo diga nunca, sabes que te quiero con locura, ¡eres bella y brillante por dentro y por fuera! Te deseo lo mejor de lo mejor.

Me gusta — Comentar — Compartir

Escribe un comentario

**2**

dieg.o112

Tengo una familia muy grande: mis padres, mis hermanos y mis mejores amigos. ¡Y tú eres uno de ellos, tío! Siempre me estás sacando una sonrisa, ¡no cambies nunca! Eres único y superdivertido. Cuando algo no te sale bien, no te rindes, sigues intentándolo y eso dice mucho de ti. ¡Eres todo un luchador! ¡Felicidades por tu éxito en el examen, @Marcos! ¡Lo lograste!

#lafamilialaeliges #friendsforever #nadiecomotú

28 Me gusta

**3**

00:33 18:05

¡Feliz día de la madre, mamá Ester y mamá Almudena! Gracias por cuidarme, por enseñarme tanto y por estar siempre ahí cuando más lo necesito. Estáis ayudándome a convertirme en una gran persona – como vosotras. Soy la chica más afortunada del mundo porque tengo dos madres tan maravillosas con las que puedo hablar de todo. ¡Os quiero mucho! ¡Hasta pronto! Espero que tengáis un buen viaje.

Lola

### Comprender el texto

**1** **a** Mira las fotos, lee los textos y explica para qué ocasiones son estos mensajes. ↗ p. 131

**b** ¿Por qué estas personas son importantes para sus amigos o su familia? Busca las razones en los mensajes.

Ester y Almudena — Natalia — Marcos — Luis — Morena — Aitor

Diego dice que Marcos es importante para él porque [...].

4

Querido Luis:
Hoy, en tu último día en nuestro instituto, queremos darte las gracias de todo corazón por apoyarnos, enseñarnos tantas cosas y tener tanta paciencia con nosotros. Recibimos muchas cosas buenas de tu parte: para el instituto y para la vida.
Para nosotros eres más que un profesor, eres nuestro amigo y confidente.
¡Muchísimas gracias por todo!
Tus alumnos de 3° A

Carlos Martín Lorena
Clarisa Ana Mateo
Nico Julia Tarek Merche
Mari
Lucía Kike
Paco
Cris Daniel
Germán
Luca
Salva Zaida
Rosa Javi

**Hier lernst du:**

- Wiederholungen zu vermeiden.
- zu sagen, warum eine Person wichtig für dich ist.

5

Morena

9:00

¡No lo puedo decir mejor! Eres la persona más importante para mí, contigo a mi lado todo es mejor. ¡Feliz día de los enamorados, mi amor! 9:01

Gracias, Víctor. No sabes cuánto te quiero. ❤❤❤ 9:05

6

enviar insert

Allí ya es Año Nuevo, pero aquí todavía estamos celebrando en familia la Nochevieja y, como siempre, estamos pensando en ti y recordándote. Te echamos mucho de menos, pero estamos muy orgullosos de ti y muy felices de que todo vaya bien con tu familia de intercambio. Un besito y un abrazo enorme de todos. ¡FELIZ AÑO NUEVO, Aitor!

4

## Hablar

**2** **a** Explica las ventajas y las desventajas de publicar mensajes personales en las redes sociales.

**b** Explica qué forma prefieres tú para felicitar a otras personas (p. ej., a tu abuela, a tus padres, a tu compañero/-a de clase, etc.) y por qué. ► Medien kritisch bewerten, S. 150

## Practicar

**3** ¡Acuérdate del gerundio! ¿Qué están haciendo las personas? Describe el dibujo utilizando estar + gerundio.

↗ p. 131

**4** Aitor está chateando con su madre. Contesta las preguntas de su madre utilizando estar + gerundio y un pronombre. ▶ Resumen, p. 84/1 ▶ Suplemento 4, p. 86/4

Ejemplo: ¿Ya has comprado el regalo de cumpleaños para tu compañero de intercambio?
→ No, estoy comprándolo ahora. / No, lo estoy comprando ahora.

1. Aitor, ¿todavía estás en la cama?
2. ¿Ya han preparado el pastel tus padres de intercambio?
3. ¿Dónde está tu compañero de intercambio?
4. ¿Ya han llegado sus abuelos?
5. ¿Vuestros amigos saben dónde es la fiesta?
6. ¿Ya les has mandado las fotos a tus abuelos?
7. ¿Podemos ayudarte en algo?

*levantarse*/yo
*prepararlo*/ellos
*ducharse*/él
*esperarlos*/nosotros
*escribirles* dónde es / yo
*mandarles* las fotos / yo
*ayudarme* ya mucho / vosotros

## Escuchar

**5** 2/17 **a** Escucha los tres mensajes y contesta. ¿Quiénes piden una canción para otra persona y por qué?

2/17 **b** ¿Quién va a escuchar su canción primero? Escucha otra vez y apunta el nombre.

**c** ¿Para quién te gustaría pedir una canción en la radio? Explica por qué. ▶ Algo más, p. 132

## Vocabulario y expresiones

**6** Busca en los mensajes (p. 72/73) las expresiones correspondientes en español para describir una relación personal. Apúntalas en una ficha. También puedes apuntar expresiones que ya conoces.

Ich bin das glücklichste Mädchen der Welt. Für uns bist du mehr als nur ein Lehrer.
Wir danken dir von ganzem Herzen. Mit dir an meiner Seite ist alles besser.
Wir vermissen dich sehr. Ich liebe es, eine Schwester zu haben, die mich besser kennt als jeder andere.
Wir sind sehr stolz auf dich. Ich habe euch sehr lieb!

## Escribir

**7** Escríbele un mensaje a una persona especial para ti como en los mensajes (p. 72/73). Dile por qué es importante para ti y qué le deseas. ▶ Las relaciones, p. 172 ▶ Modelltexte verwenden, S. 145

# A Nuestros ídolos

**Hier lernst du:**

- Einwände, Bedingungen und Gründe zum Ausdruck zu bringen.
- über ein Vorbild zu sprechen.

2 18–20

Hablando sobre sus ídolos, la mayoría de los jóvenes señala a personas famosas, como deportistas o personajes del mundo del espectáculo, pero muchos también a sus padres u otros familiares. Lo que casi todos estos ídolos tienen en común es que han trabajado duro para llegar adonde están, y lo siguen haciendo. Dos jóvenes, Antonio y Nayeli, nos cuentan a quién admiran y por qué consideran a esta persona un modelo para seguir.

## Un gran tenista y una gran persona

Eso de tener ídolos y de llenar las paredes de mi habitación con pósteres de ellos no es lo mío. Sin embargo, si me preguntáis a quién admiro, la respuesta es fácil: Rafa Nadal. Lo que más admiro de él es que parece ser una persona muy sencilla. Aquí en Mallorca todo el mundo sabe dónde vive y no es raro verlo en un bar o en una panadería. Aun siendo uno de los mejores tenistas de la historia de España, ¡hace cola tranquilamente para comprar el pan!

Por otro lado, es una persona muy trabajadora. Me impresiona porque siempre ha luchado por sus metas. Hace unos años sufrió una lesión muy grave. Pero con mucho esfuerzo ha vuelto a ser el gran deportista de siempre. Se nota que es una persona muy fuerte y valiente. Además, me identifico mucho con él porque también para él la familia es muy importante. Con su familia creó la *Fundación Rafa Nadal*, que ofrece programas de deporte y educación para niños de familias desfavorecidas. Me parece impresionante, ¡necesitamos más personas como él en el mundo!

*Antonio, 16 años*

El tenista español Rafael Nadal

## Un modelo y una inspiración

Para mí, Magaly Solier es realmente ejemplar: proviniendo de una familia de campesinos sin mucho dinero, no lo ha tenido fácil. Empezó desde cero, pero a pesar de eso ha llegado a ser una gran actriz y una cantante famosa. Además, aun ganando muchos premios, sigue siendo modesta y simpática. Para mí es una inspiración porque no solo es muy talentosa, sino que también es una mujer quechua – como yo.

Siendo indígena, ha vivido en carne propia la discriminación porque habla quechua. Por eso decidió luchar por nuestra lengua y nuestras tradiciones. La mayoría de sus canciones son en quechua y ¡me encantan! Su primer disco fue el disco más vendido de ese año. Con su música y sus películas Magaly quiere mejorar el mundo y generar cambios, aunque sean pequeños. Por eso, la *Unesco* la reconoció como «Artista por la Paz». Además, es muy solidaria y da talleres de teatro y canto para niños y jóvenes.

Mi hermana mayor se parece mucho a Magaly. Es ingeniera y también dice que es importante que nos sintamos orgullosas de nuestra cultura y de nuestra lengua. Mujeres como ellas son una inspiración para mí. Creo que, teniéndolas a ellas como modelo, también voy a poder salir adelante.

*Nayeli, 15 años*

La cantante peruana Magaly Solier

El quechua es, junto con el español, la lengua oficial en Perú, Bolivia y Ecuador. Existen muchas variedades. Casi diez millones de personas hablan quechua, la lengua indígena más importante de América.

4

## Comprender y comentar el texto

**1** **a** Leed el artículo (p. 75). Luego, **A** completa la tabla con la información sobre Rafael Nadal y **B** sobre Magaly Solier.

| ¿Quién habla? | ¿A quién describe y cómo describe a su ídolo? | ¿Qué hizo esta persona para conseguir sus metas? | ¿Qué hace para ayudar a otros? |
|---|---|---|---|
| | | | |

**b** Resume tu texto con ayuda de tus apuntes y preséntalo a tu compañero/-a. Él/ella toma apuntes y completa su tabla.

El ídolo de [...] es [...]. Es un/a [...].
Le impresiona porque [...]. [...]

**2** Según tu opinión, ¿qué define a un ídolo? Nombra tres características y compara con tu compañero/-a.

## Descubrir

**3** **a** Gib die folgenden Sätze auf Deutsch wieder und verwende dabei die Satzanfänge im Kasten.
► Resumen, p. 84/2, 3

1. Hablando sobre sus ídolos, la mayoría de los jóvenes señala a personas famosas.
2. Aun siendo uno de los mejores tenistas de la historia de España, ¡hace cola tranquilamente para comprar el pan!
3. Proviniendo de una familia de campesinos sin mucho dinero, no lo ha tenido fácil.
4. Aun ganando muchos premios, sigue siendo modesta.
5. Siendo indígena, ha vivido en carne propia la discriminación porque habla quechua.
6. Teniéndolas a ellas como modelo, también voy a poder salir adelante.

Wenn...
Weil...
Obwohl...

**b** Formula las siguientes frases con gerundio o aun + gerundio.

1. Si salimos ahora, vamos a llegar puntual al partido de Rafa Nadal.
2. Como canta en quechua, Magaly tiene mucho éxito entre los indígenas.
3. Si ayudamos todos un poco, podemos cambiar el mundo.
4. Aunque tienen mucho dinero, algunos famosos no ayudan a otras personas.
5. Como estás enferma, no puedes ir al concierto. Lo siento, Nayeli.
6. Aunque es muy famoso, Rafa Nadal lleva una vida como todos.

## Practicar

**4** ¿Qué puedes hacer tú para ayudar a otras personas? Haz propuestas usando el gerundio. ► Resumen, p. 84/3
► Suplemento 4, p. 87/6
Ejemplo: Donando juguetes, ayudas a niños de familias desfavorecidas.

1. *Donar* juguetes,
2. *Ducharse* solo cada dos días,
3. *Recoger* basura,
4. *Comprar* fruta y verdura de tu región,
5. *Llevar* una bolsa para la compra,
6. *Ir* al instituto en bici,
7. *Trabajar* como voluntario,
8. *Plantar* árboles

a. ayudas a mantener limpia tu ciudad.
b. aprendes un montón y ayudas al mismo tiempo.
c. ahorras agua.
d. ayudas a niños de familias desfavorecidas.
e. evitas basura de plástico.
f. ayudas a mantener limpio el aire.
g. ayudas a proteger el medio ambiente.
h. ayudas a los campesinos de tu región.

## 5 ¿Qué más cuenta Nayeli sobre Magaly Solier? Formula frases utilizando aun + gerundio.

► Resumen, p. 84/2 ► Suplemento 4, p. 87/5

1. Aunque a veces escucha comentarios negativos, Magaly sigue adelante.
2. Aunque a veces se encuentra en situaciones difíciles, siempre lucha por sus metas.
3. Aunque siente la discriminación, está orgullosa de nuestra cultura.
4. Aunque sabe que no puede cambiarlo todo, intenta mejorar el mundo.
5. Aunque es famosa, va al mercado todos los domingos.
6. Aunque tiene poco tiempo, siempre da talleres.

### Escuchar

DELE

2 21

## 6 Escucha el podcast y completa las frases.

↗ p. 132

1. El ídolo de Patricia es...
   a. Shakira.
   b. Álvaro Soler.
   c. Magaly Solier.
   d. Rihanna.
2. A Patricia le gustan sus canciones porque...
   a. son de otros famosos.
   b. son muy tristes.
   c. son buenas para bailar.
   d. hablan de su pasado duro.
3. Ramón es...
   a. el entrenador de baloncesto de Alex.
   b. el entrenador de voleibol de Lucas.
   c. un compañero del equipo de voleibol de Alex.
   d. un jugador de baloncesto famoso.
4. Ramón es su ídolo porque...
   a. juega en un equipo profesional.
   b. nunca ha perdido su amor por ese deporte.
   c. lo trata como a un amigo.
   d. le ayuda con sus problemas.
5. El ídolo de Lucas es...
   a. su padre.
   b. su profesor.
   c. su madre.
   d. su abuela.
6. A Lucas le impresiona porque...
   a. ayuda a gente pobre en Marruecos.
   b. no lo ha tenido fácil, pero siempre ha luchado por su sueño.
   c. fue a la universidad sin saber hablar muy bien español.
   d. siempre trabajaba en lugar de estudiar.

4

### Hablar

## 7 Describe a tu ídolo. ► Las relaciones, p. 172

↗ p. 132

El nombre de mi ídolo es [...]. Él/ella es [...].
Lo/la admiro porque [...].
Me impresiona porque [...].
Aun teniendo poco dinero/tiempo/[...], siempre [...].
[...]

## El mundo del español

**8** **a** Lee el folleto sobre la Fundación Rafa Nadal y explica cuál de los dos proyectos te gusta más y por qué.

# FUNDACIÓN RAFA NADAL

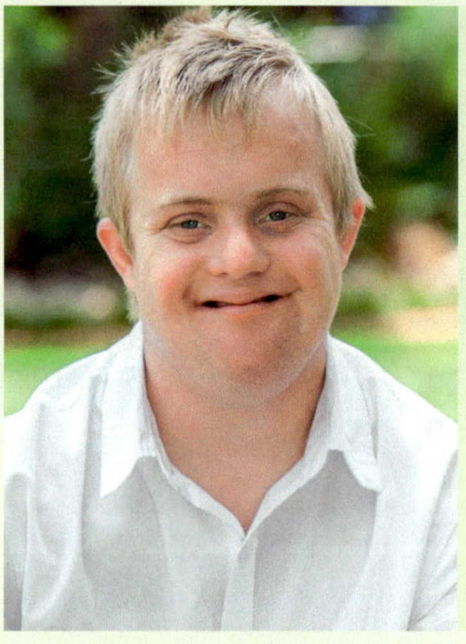

### MÁS QUE TENIS

Nacido en 2010 gracias a la colaboración entre la *Fundación Rafa Nadal* y *Special Olympics España*, el proyecto *Más que Tenis* promueve[1] no sólo la práctica de este deporte entre jóvenes con discapacidad intelectual[2], sino que además es una excelente forma de integración social y desarrollo personal, convirtiéndose así en un motivo de unión entre ellos y de gran satisfacción.

*Más que Tenis* ha ido creciendo año tras año, generando en los beneficiarios[3] notables mejoras[4] tanto en aspectos físicos como psíquicos. Actualmente atiende[5] a más de 190 jóvenes en un total de 18 escuelas repartidas por gran parte del territorio español.

### STUDY AND PLAY

En 2015, la *Fundación Rafa Nadal* pone en marcha el nuevo proyecto *Study and Play*, que se desarrolla paralelamente a los programas de educación y deporte dirigidos[6] a niños y jóvenes que se encuentran en situaciones socialmente desfavorecidas o en riesgo de exclusión social.

Este programa ofrece a los jóvenes que practican un deporte con regularidad y plena dedicación, la posibilidad de acceder[7] a las becas[8] que conceden[9] las universidades norteamericanas para seguir estudiando y compitiendo[10] a la vez.

Formar parte de este programa puede determinar[11] el presente y el futuro de estos jóvenes, evitando que tengan que escoger entre estudiar o continuar su carrera deportiva.

Fuente: Fundación Rafa Nadal*

**1** promover *fördern* **2** la discapacidad intelectual *die geistige Behinderung* **3** el/la beneficiario/-a *der/die Begünstigte* **4** notables mejoras *merkliche Verbesserungen* **5** atender *betreuen* **6** dirigido/-a a alguien *an jdn gerichtet* **7** acceder a algo *zu etw. Zugang haben* **8** la beca *das Stipendium* **9** conceder *vergeben* **10** competir *an Wettkämpfen teilnehmen* **11** determinar algo *etw. bestimmen*

ES DE

**b** Tu prima que no habla español quiere hacer una presentación sobre Rafa Nadal y ha encontrado este folleto. Quiere saber qué dice sobre los proyectos. Escríbele un e-mail en alemán y contesta sus preguntas.

**1.** Welche Projekte gibt es und wen unterstützen sie?

**2.** Wie unterstützen sie die Personen?

**3.** Was sollte ich noch über die Projekte erzählen?

# B El amor no lo eliges

**Hier lernst du:**

- deinen Schreibstil zu verbessern.
- Vorstellungen auszudrücken.

***El amor es un sentimiento maravilloso – y a veces complicado. Hemos encontrado a una persona especial y a lo mejor tenemos intereses y gustos similares. Pero, ¿cómo sigue? ¿Hay libros que realmente nos ayuden a entender mejor nuestra relación? ¿O recetas que nos expliquen cómo funciona? Aquí te vamos a presentar cómo vivieron su amor Lucía y Manuel.***

Sé que va a sonar cursi, pero lo mío con Lucía fue amor a primera vista. Al verla me quedé paralizado, como en las películas.
Yo estaba en el parque esperando a mi amigo Felipe, que es más impuntual que yo, y eso es mucho decir. Entonces vi a Lucía, con su pelo negro y largo. Estaba escribiendo mensajes y escuchando música. Parecía simplemente feliz, sentada allí con su móvil.
No podía dejar de mirarla. Trataba de disimular, fingía escribir mensajes… No sé de dónde saqué el valor, pero al final me acerqué a preguntarle la hora. Lucía me miró sorprendida y se echó a reír. ¡Yo con el móvil en la mano y preguntando la hora!, vaya genio del ligue… Nos pusimos a hablar de música y cuando por fin llegó Felipe, ya habíamos quedado para el día siguiente. Estaba loco de alegría.

No sé bien cuándo me empezó a gustar Manuel porque tengo que admitir que al principio a mí no me gustaba nada. Creo que me enamoré precisamente el día en que me dejó plantada. Lo esperé hasta aburrirme y luego me fui. Una hora más tarde me llamó, nos encontramos en el parque y nos sentamos en un banco sin hablar. Él parecía enfadado y después de un rato se lo dije. Contestó: «No, no creo que pueda enfadarme contigo nunca. Es que tengo problemas en casa.» Entonces me habló de su padre desempleado y de muchas cosas más. Yo lo escuchaba y asentía con la cabeza, pero no podía dejar de pensar en aquella frase suya: en este momento me enamoré de él.
Antes de darnos el primer beso nos encontramos muchas veces más. Yo siempre puntual, él siempre tarde, a veces de buen humor, otras veces callado.
Según mi abuela, todos buscamos a alguien que nos guste, pero el amor verdadero es ciego. Tal vez tiene razón, porque Manuel guapo no es: se viste fatal y tiene la nariz un poco grande… Pero a mí me da igual, porque yo me siento feliz solo por estar a su lado.

Siempre nos escribíamos un mensaje de buenas noches y de buenos días. El día en que olvidé mandarle uno, Lucía parecía otra. Estaba enfadada, muy enfadada. Según ella no era por el mensaje, pero yo sabía que sí. Lucía siempre da demasiada importancia a esos detalles. Además, está lo de la puntualidad. Me parece que tiene que relajarse con eso, porque no pasa nada si tiene que esperar un poco. De todas formas, ella está todo el tiempo con su móvil y no hay ninguna diferencia si estoy a su lado o no.
Cuando olvidé su cumpleaños, Lucía se echó a llorar. «Lo nuestro ya no es como antes. ¡Eres un pasota, Manuel!» Odio que reaccione así. A veces

4

me parece que no la entiendo y que estoy mejor sin ella. Pero luego la echo de menos, la llamo y nos volvemos a encontrar.

Un día Manuel dejó de llamarme y de responder a mis mensajes… simplemente así, sin decir nada, rompió conmigo. Me sentía perdida y lloraba hasta no poder más. Nadie me entendía, o por lo menos eso pensaba yo. Mi amiga Carla, en plan pitonisa, repetía: «Te lo dije, tía, te lo dije, ese chico es un idiota. Y ahora te ha roto el corazón». Mamá me miraba con compasión y estaba preocupada por mí, pero igual no me dejaba en paz ni un minuto. Y papá… papá me daba dinero para el cine, pero al final yo terminaba siempre en la tienda de Lola. Al verme entrar, Lola sonreía y sin pensarlo dos veces preguntaba a toda voz: «¿Las quieres con relleno de fresa o de menta?»

Esos días gasté un montón de dinero en chocolatinas. Las devoraba todas, pero mis favoritas eran sin duda las de fresa.

Un día entró un chico, no muy alto, no muy bajo, de esos del montón. No le presté atención hasta oírlo preguntar: «¿Disculpa, tienes chocolatinas con relleno de fresa?» Entonces levanté la mirada y pensé: «Hm, con relleno de fresa… mis favoritas.» ☺

## Aprender mejor: Inhalte eines Textes zusammenfassen ► S. 146

**1** **a** Lee el texto y relaciona los siguientes subtítulos con los párrafos de la historia. Justifica tu respuesta.

1. El amor: o lo cuidas o se acaba
2. El chocolate es la solución
3. El amor es ciego
4. El amor a primera vista existe

**b** Ordena cronológicamente las siguientes acciones y añade los nombres de los protagonistas que las hacen. ↗ p. 132

1. *ver* a Lucía escuchando música y *enamorarse* a primera vista – Manuel

*echarse* a llorar — *ver* a un chico interesante en la tienda — *dejar* de llamar — *acercarse* a preguntar la hora — siempre *ir* a la tienda de Lola — *encontrarse* en el parque — *estar* muy triste — *enamorarse* en este momento — *quedar* para el día siguiente — *hablar* sobre sus problemas en casa — *olvidar* el cumpleaños

**c** Con ayuda de las acciones del ejercicio 1b escribe un resumen del texto. Puedes empezar así:
El texto «El amor no lo eliges» cuenta la historia de…

un día — primero — luego — cuando — después de algún tiempo — por eso — sin embargo — por lo tanto — después — al final — de todas formas

✔ Eine Zusammenfassung wird immer in der 3. Person Singular oder Plural und im Präsens verfasst und enthält nur Fakten, keine Zitate oder persönlichen Wertungen.

## Comentar el texto

**2** Busca en el texto cómo Manuel describe a Lucía y cómo es el chico según ella. Luego da tu opinión sobre lo que hacen y dicen los dos personajes.

**3** **a** Lee las siguientes frases y explica si estás de acuerdo y por qué (no). ▶ Algo más, p. 132

1. «Todos buscamos a alguien que nos guste, pero el amor verdadero es ciego.» (ll. 43/44)
2. «Además, está lo de la puntualidad. [...] No pasa nada si tiene que esperar un poco.» (ll. 54–57)

**b** ¿Cómo crees que se sentía Manuel cuando dejó de llamar a Lucía? Habla con tu compañero/-a.

## Practicar

**4** ¡Acuérdate de antes de / después de + infinitivo! ¿Qué pasó antes y después?
Formula frases con antes de / después de + infinitivo y el pretérito imperfecto.
Ejemplo: Antes de conocer a Lucía, Manuel...

1. conocer a Lucía / Manuel *pasar* todo su tiempo con Felipe
2. hablar con Manuel / Lucía *estar* escuchando música
3. quedar con Lucía para el día siguiente / Manuel *estar* muy contento
4. discutir / Lucía y Manuel *escribirse* todos los días
5. dejar de llamar a Lucía / Manuel *pensar* en ella todos los días
6. hablar con Carla / Lucía no *sentirse* mucho mejor
7. charlar con el chico en la tienda / Lucía *pensar* mucho en él
8. llamar al chico de la tienda / Lucía [...]

**5** Manuel echa de menos a Lucía. Completa sus pensamientos con al, hasta, por o sin. ▶ Resumen, p. 84/4
▶ Suplemento 4, p. 87/7

1. [...] darme cuenta de que Lucía no estaba contenta, me sentí triste.
2. [...] estar con ella todos los días, ya no veía a Felipe.
3. Acabar con ella [...] hablar otra vez no ha sido una buena idea.
4. Sigo [...] verla y también estoy muy mal.
5. No creo que pueda pensar en otra cosa [...] poder hablar con ella.
6. Tal vez no podemos estar juntos [...] ser tan diferentes.
7. [...] verla el otro día con otro chico, me puse muy mal.
8. Seguro que ella ha llorado [...] no poder más.

**6** ¿Qué buscas tú en un/a amigo/-a o en un/a novio/-a?
Descríbelo/-la utilizando las frases relativas con el subjuntivo. ▶ Resumen, p. 84/5 ▶ Suplemento 4, p. 87/8
Ejemplo: Busco a un novio que me entienda.

Quiero tener un/a amigo/-a que + *subj.*
Busco a un/a novio/-a que + *subj.*
Tiene que ser alguien que + *subj.*
[...]

## Hablar

**7** Imagina que tú (**A**) echas de menos a tu exnovio/-a. Hablas con tu amigo/-a (**B**). Presentad la escena. **A** empieza. ► B, p. 132

> – Cuentas lo que ha pasado.
> – Dices cómo te sientes.
> – Preguntas a tu amigo/-a qué puedes hacer.
> – No crees que funcione. Explicas por qué y qué buscas en una persona.
> – [...]
>
> **A**

## Escribir

¡Tú eliges! Elige 8 o 9. ► Den Schreibprozess organisieren, S. 145

**8** Manuel dejó de escribir a Lucía, pero ahora quiere volver a encontrarse con ella. ¿Qué le puede decir a Lucía? ¿Qué tiene que cambiar para que puedan ser amigos? Escríbele un e-mail a Manuel y dale consejos. También puedes contarle sobre experiencias tuyas.

**9** ¿Qué pasa después de que el otro chico llega a la tienda de Lola? Elige la perspectiva de Lucía o la del chico y continúa la historia. ► Las relaciones, p. 172

## Escuchar

2/24 **10** **a** ¿Cómo sigue la historia entre Lucía y el chico de la tienda? Escucha y elige el dibujo correcto.

2/24 **b** Escucha otra vez y contesta las preguntas.

1. ¿Dónde y cuándo han quedado Lucía y Hugo?
2. ¿Qué quieren hacer?
3. ¿Qué pasa allí?

## Vocabulario y expresiones

**11** Explica en español lo que quieren decir las siguientes expresiones alemanas. Puedes utilizar: «Es alguien al que...», «Es cuando...», «Significa...». ► Suplemento 4, p. 86/3

den Freund ausspannen | da hört der Spaß auf | die Geheimniskrämerei
es dreht sich alles um die Liebe | das hält die beste Freundschaft nicht aus
etwas hinter dem Rücken eines anderen machen

## Mediación

2/25 ES DE **12** **a** Tu amigo de España y tú escucháis un reportaje en la radio alemana donde dos chicas hablan sobre su amistad y el amor. Tu amigo ha entendido que han discutido y quiere saber por qué. Resúmeselo en español.

**b** Y tú, ¿qué piensas sobre lo que pasó entre las chicas? Discute con tu compañero/-a.

# Punto final 4

Wollt ihr euch gegenseitig einschätzen, findet ihr hier Vorlagen für Evaluierungsbögen:
Webcode **apu4sb**

## Un artículo

Participas en el concurso «Mi ídolo» de una revista española y presentas en un artículo a una persona que admiras.

### 1 Preparar el artículo

– Elige a una persona que es un ídolo para ti. Puede ser una persona famosa, alguien de tu familia o de tu instituto u otra de las siguientes personas.

alguien de tu familia

un/a deportista

un/a artista

un/a científico/-a

un/a profesor/a

?
[...]

– Apunta en palabras clave lo que quieres escribir sobre la persona: detalles interesantes de su vida, sus características, actividades especiales, por qué es diferente a otras personas, por qué es una persona tan especial para ti, etc.
– Apunta vocabulario y expresiones útiles. Puedes encontrar ideas en los ejercicios 6 (p. 74) y 7 (p. 77) así como en el texto A (p. 75).

### 2 Realizar el artículo

– Escribe tu artículo (≈ 200 palabras) y presenta a tu ídolo.
Puedes estructurar el texto así:
1. quién es y qué hace,
2. sus características,
3. detalles de su vida,
4. actividades especiales,
5. explicación por qué te impresiona.

– Controla y corrige tu texto. ► **Fehler korrigieren, S. 148**

Si escribes tu artículo en el ordenador, elige «español» como idioma. Así puedes utilizar la corrección automática de ortografía y gramática.

### 3 Presentar y evaluar los artículos

En grupos:
– Presentad vuestros artículos. ¿Cuál es el más interesante/divertido/informativo/original? Elegid el mejor artículo.

Toda la clase:
– Presentad el mejor artículo de cada grupo.
– Evaluad los artículos de vuestros compañeros.
► **Evaluierungsbögen erstellen, S. 148**

**Algo más:** Preparad un diagrama con los ídolos de toda la clase.

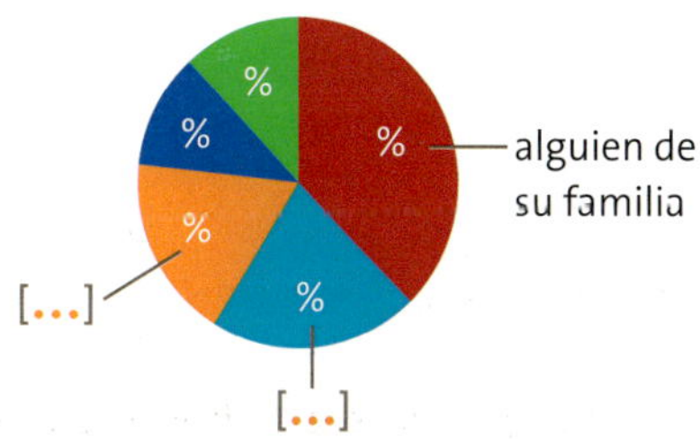

# Resumen

| Wiederholungen vermeiden | Dazu benötigst du: |
|---|---|
| **1** ¿El regalo para Natalia? **Estoy comprándolo** ahora. / Lo estoy comprando ahora.<br>Las madres de Lola **están ayudándola** con los deberes. / Las madres de Lola la están ayudando con los deberes. | eine konjugierte Form von **estar** + **gerundio** sowie ein vorangestelltes oder an das **gerundio** angehängtes Objektpronomen.<br>! Wird das Pronomen angehängt, trägt der Vokal des Verbstamms einen Akzent:<br>estoy escrib**ié**ndote |

| Einwände, Bedingungen und Gründe zum Ausdruck bringen | Dazu benötigst du: |
|---|---|
| **2** **Aun sabiendo** que Raúl no la entendía, María siguió hablando.<br>**Aun teniendo** mucho dinero, no son felices. | das Adverb **aun** und das **gerundio** zur Verkürzung eines Nebensatzes anstelle von **aunque** (*obwohl*). |
| **3** **Trabajando** mucho en las vacaciones, puedes ahorrar dinero para tu nueva bicicleta.<br>(= *Si trabajas mucho,...*)<br>**Siendo** una persona muy amable, tiene muchos amigos.<br>(= *Como es una persona muy amable...*) | das **gerundio** zur Verkürzung eines Nebensatzes anstelle von **si** (*wenn*) oder **como** (*weil, da*). |

| Deinen Schreibstil verbessern | Dazu benötigst du: |
|---|---|
| **4** **Al salir** de la clase, vi a mi mejor amiga.<br>Tengo que trabajar **hasta tener** suficiente dinero.<br>No aprobó el examen **por** no **estudiar** mucho.<br>Se fueron **sin decir** adiós. | die Präpositionen **al**, **hasta**, **por** und **sin** sowie das nachfolgende Verb im Infinitiv. |

| Vorstellungen auszudrücken | Dazu benötigst du: |
|---|---|
| **5** Tengo un novio que no me entiende, pero quiero tener uno que me **entienda**.<br>Muchos alumnos de nuestro instituto saben hablar inglés, pero ahora buscamos alumnos que **sepan** hablar alemán. | den **subjuntivo** in einem Relativsatz, mit dem ein Wunsch oder eine Vorstellung ausgedrückt werden soll. |

## Teste deine Grammatikkenntnisse ▶ Soluciones, p. 136

**1** Sustituye el complemento directo o indirecto por el pronombre correcto.

1. Estamos escribiendo a Diego y Marcos desde hace media hora. → Estamos escribiéndoles...
2. Estoy leyendo mi libro favorito.
3. Estáis comiendo el pastel de Celeste.
4. Están contando la historia a Nayeli.
5. ¿Estás viendo la película?
6. Está celebrando su cumpleaños en casa.

**2** Transforma las frases con el gerundio o aun + gerundio.

1. Si hablas con Pedro, vas a encontrar una solución.
2. Aunque tiene novia, sale con otras chicas.
3. Como estás tan cansada, mejor te quedas en casa, Ana.
4. Aunque estudia poco, siempre saca buenas notas.
5. Como sabemos hablar alemán, podemos participar en el intercambio.
6. Si corremos, vamos a llegar a tiempo.

**3** Completa las frases con al, hasta, por o sin.

1. [...] llegar al instituto, me di cuenta de que había olvidado el regalo para Diego.
2. Los chicos fueron a casa [...] decir nada.
3. [...] no sacar mejores notas, Marcos no puede salir los fines de semana.
4. Lucía se alegra [...] recibir un mensaje de Hugo.
5. Me admiran [...] hablar tantos idiomas.
6. Óscar hizo un gran esfuerzo [...] conseguir nada.
7. [...] llegar a casa, Manuel se puso a estudiar.
8. Cristina leyó una novela [...] dormirse.

**4** Completa las frases relativas con la forma correcta del subjuntivo.

1. Quiero una novia que (*tener*) los mismos intereses que yo.
2. Buscamos un piso que (*ser*) muy grande.
3. Necesito un ordenador que no (*ser*) tan caro.
4. Pienso que no hay nadie que (*conocer*) esta película.
5. Quiero comprar un libro que me (*fascinar*).
6. ¿Hay alguien que (*querer*) participar en el curso de surf?

## Teste, was du jetzt sagen kannst: ▶ Para comunicarse, p. 191

- Nenne drei Dinge, für die du jemanden bewunderst.
- Erzähle, was du trotz Einschränkungen machst.
- Nenne drei Eigenschaften, die dein/e Freund/in haben sollte.

## Vocabulario

**1** **Sistematizar el vocabulario:** Copia la tabla en tu cuaderno y complétala con las palabras en español, sus correspondientes en inglés y en alemán.

↗ p. 133

considerar   admirar   identificarse   la discriminación   la inspiración   repetir   relajarse   impresionar   modesto/-a   ofrecer

| español | inglés | alemán |
|---|---|---|
| considerar | [...] | [...] |

**2** **Repasar el vocabulario:** Relaciona las palabras de las dos columnas para formar expresiones.

| | |
|---|---|
| 1. echar | a. plantado/-a a alguien |
| 2. prestar | b. algo en común |
| 3. dar | c. daño |
| 4. salir | d. de acuerdo |
| 5. asentir | e. adelante |
| 6. tener | f. las gracias |
| 7. estar | g. atención |
| 8. hacerse | h. de menos a alguien / algo |
| 9. hacer | i. cola |
| 10. dejar | j. con la cabeza |

**3** **Repasar el vocabulario:** Explica con tus propias palabras el significado de las siguientes palabras.

apoyar a alguien   estar desempleado/-a   la duda   ser puntual   ser un/a pasota   disimular   ser ciego/-a

Es cuando alguien [...].
Es alguien/algo que [...].

## Gramática

**4** **El gerundio con pronombre:** Carlos cuenta sobre su día. Completa con la forma correcta de estar + gerundio y un pronombre. ► Resumen, p. 84/1

Cuando (*levantarse*/yo), me llama Ernesto y me pregunta: «¿Ya (*prepararse*) para el examen de Inglés?» «¡Pero, chico, es en una semana!», respondo de mal humor.
Cuando (*vestirse*/yo), entra mi hermana y me dice: «Hoy te toca a ti dar un paseo con Capitán». «¡Pero, yo lo hice ayer!», respondo, pero con mi hermana no puedo discutir.
En la calle con Capitán, mi perro, tropiezo[1] y cuando (*caerse*/yo), veo a Rosa, una chica que me gusta mucho. Rosa se acerca cuando (*levantarse*/yo) del suelo. «¿Estás bien?», me pregunta. Rosa va conmigo a casa y charlamos de todo.
Por la noche, cuando (*acostarse*/yo), sonrío: «Y yo pensaba que hoy no era mi día.»

1 tropezar *stolpern*

Hier kannst du deine Lösungen überprüfen: **Webcode apu4sb**

## 5 El gerundio: ¿Qué cuentan estos chicos sobre sus ídolos? Utiliza aun + gerundio. ► Resumen, p. 84/2

1. **Ana, 15 años:** Mi ídolo es Rosalía. La admiro porque (*recibir*) muchos comentarios negativos, sigue adelante con su trabajo.
2. **Agustín, 14 años:** Mis padres son mis ídolos porque (*tener*) tan poco tiempo libre, siempre están allí cuando los necesitamos.
3. **Fabiola, 16 años:** A mí me gusta Raúl Paz porque (*conocer*) a tanta gente famosa, es muy sencillo.
4. **Adrián, 15 años:** Yo admiro a Antonia, mi profesora de Educación Física, porque (*trabajar*) tanto en el instituto y con su equipo, siempre tiene paciencia y nos escucha.
5. **Fabio, 16 años:** A mí me gusta Álvaro Soler porque (*vivir*) en Berlín, sigue cantando en español.
6. **Valentina, 15 años:** Para mí, Magaly Solier es un modelo para seguir porque (*ser*) tan famosa, no se ha olvidado de su cultura.

## 6 El gerundio: La hermana mayor de Nayeli le da consejos. ¿Qué le dice? Utiliza el gerundio.

► Resumen, p. 84/3

↗ p. 133

1. (*Estudiar*) con ganas, puedes terminar el instituto sin problemas.
2. (*Concentrarse*) en lo que quieres, dejas de lado lo que no importa.
3. (*Escuchar*) a los que te quieren, puedes aprender mucho.
4. (*Compartir*) lo que sabes de tu cultura, puedes ayudar a otros.
5. (*Conocer*) tu cultura, nadie puede hacerte sentir mal por tu origen.
6. No (*olvidar*) de dónde vienes, es más fácil que sepas adónde vas.

## 7 Al/hasta/sin/por + infinitivo: Mariela cuenta de su último fin de semana. Completa las frases con al, hasta, sin o por. ► Resumen, p. 84/4

El viernes por la noche iba a salir con mis amigas, pero Carmen y Ana se pusieron enfermas. [...] escucharlo me sentí muy triste.
[...] pensarlo mucho, llamé a Luisa. [...] llegar a su casa, Luisa me abrió. Allí nos divertimos mucho y nos reímos [...] no poder más. [...] hablar tanto, no vi la hora. [...] mirar el reloj, casi me muero: era tardísimo. Corrí [...] llegar a casa. Allí papá se enfadó conmigo [...] ver que era tan tarde.

## 8 El subjuntivo en frases relativas: José describe a su mascota ideal. ¿Cómo es? Utiliza el subjuntivo.

► Resumen, p. 84/5

*ser* tranquila/pequeña/grande/inteligente/fiel/cariñosa
no *ser* aburrida/peligrosa — me *querer* mucho
*ir* conmigo de paseo — me *sorprender* a veces
no *necesitar* mucho sitio — *aprender* trucos
no *romper* mis cosas — [...]

Me gustaría tener una mascota que [...].

## Comprensión lectora

**1** Lee el texto y decide si las siguientes frases son verdaderas o falsas. Corrige las frases falsas e indica la/s línea/s del texto.

1. En las Islas Baleares puedes ver tortugas que normalmente no viven en el Mediterráneo.
2. Los huevos de las tortugas solo pesan trece gramos.
3. Las tortugas piensan que pueden comer las bolsas de plástico.
4. Veterinarios y voluntarios cuidan las tortugas enfermas.
5. Si encuentras una tortuga en la playa, puedes ir muy cerca de ella.
6. Si ves una tortuga herida en la playa, llama al número 112.

### Tortugas marinas

En las costas de las Islas Baleares es posible observar muchos animales. A veces incluso hay tortugas[1] marinas. Normalmente viven en el este del Mediterráneo, pero por el cambio climático[2] el agua está cada vez más caliente y por eso en los últimos años también vienen cerca de las Islas Baleares.

Las tortugas ponen sus huevos en la arena de la playa. Cuando nacen, son muy pequeñas y solo pesan[3] unos trece gramos mientras que los animales adultos pueden pesar más de cien kilogramos. Cuando las tortugas todavía son pequeñas, casi todos los otros animales son un peligro para ellos. Pero cuando son más grandes, el mayor peligro para las tortugas es la basura en el mar. Ellas creen que las bolsas de plástico son comida y las comen. A veces también se enredan en viejas redes de pesca[4].

En Mallorca, el Palma Aquarium y otras organizaciones recogen las tortugas muertas o heridas[5] que la gente encuentra en las playas. Los veterinarios cuidan los animales heridos o enfermos. Muchos voluntarios los ayudan en esta tarea.

Una tortuga marina en una vieja red de pesca

¿Qué tienes que hacer si encuentras una tortuga en la playa?

- No te acerques. Si viene a la playa, la tortuga quiere poner sus huevos.
- No la molestes. No hagas ruido para que no tenga miedo.
- Si ves que está herida, llama al 112 desde donde informan a los veterinarios.

**1** la tortuga *die Schildkröte* **2** el cambio climático *der Klimawandel* **3** pesar *wiegen* **4** enredarse en viejas redes de pesca *sich in alten Fischernetzen verfangen* **5** muerto/-a o herido/-a *tot oder verletzt*

## Expresión escrita

**2** En la página web de la clase de Español de tu instituto queréis informar sobre el medio ambiente y el turismo. Lee otra vez el texto «Paraíso en peligro» (p. 60/61) y escribe un resumen.

## Mediación

**3** A tu padre le gustan los pasteles. Te pide que le ayudes a entender esta receta de Mallorca, que ha encontrado en Internet. Explícale lo que tiene que hacer.

Hier kannst du überprüfen, was du in den Unidades 3 und 4 gelernt hast:
Webcode **apu4sb**

## pastel de albaricoque

**Ingredientes**

**Preparación**

Cortar los albaricoques por la mitad y ponerles azúcar y canela.
Abrir los huevos y separar las claras[4] de las yemas[5].
Guardar las claras.
Mezclar las yemas y el azúcar.
Añadir la leche, el aceite, la harina y la levadura.
Mezclar todo muy bien.
Batir[6] las claras y añadirlas también.
Poner la masa[7] en una bandeja[8] con papel vegetal.
Colocar los medios albaricoques sobre la masa.
Introducir la bandeja en el horno precalentado[9] a 180 grados y dejar durante unos 30–40 minutos.

**1** el albaricoque *die Aprikose* **2** la levadura *das Backpulver* **3** la canela *der Zimt* **4** la clara *das Eiweiß* **5** la yema *das Eigelb* **6** batir *schlagen* **7** la masa *der Teig* **8** la bandeja hier: *das Backblech* **9** el horno precalentado *der vorgeheizte Backofen*

## Comprensión auditiva

2 26
DELE

**4** En un programa de radio hablan del tema «ser amigos». Escucha y elige el final correcto.

1. Pablo y Daniel están en el programa porque...
   a. su profesora los mandó.
   b. llamaron por teléfono.
   c. los eligieron entre mucha gente.
2. Para ellos, «ser amigo de alguien» significa...
   a. tener tiempo para alguien y decirle la verdad.
   b. hacer todo junto con alguien y decirle la verdad.
   c. pasar tiempo con alguien y decirle que es el mejor.
3. Creen que no puedes contarles todo a tus padres porque...
   a. ellos no están siempre en casa.
   b. hay cosas que ellos no entienden.
   c. hay cosas que a ellos no les gustan.
4. Entre Pablo y Daniel una vez hubo un problema...
   a. porque una chica se había enamorado de los dos.
   b. por una chica que les gustaba a los dos.
   c. porque discutieron y no se encontraron más.
5. Ser amigo de alguien de quien estabas enamorado...
   a. no es posible.
   b. no es ningún problema.
   c. no pasa muchas veces.
6. Para ellos, además, entre amigos es importante...
   a. hacer cosas y estar en las redes sociales.
   b. hacer cosas juntos, apoyarse y darse un abrazo.
   c. ir al cine, escuchar música y contarse todo por Internet.

## Expresión oral

**5** Elige uno de estos dos temas y prepara una charla de un minuto.
Puedes mirar tus apuntes, pero no debes leer el texto. ¡Presta atención a los tiempos del pasado!

1. Cuenta de un momento o una experiencia importante en tu vida. Explica cuándo fue, qué pasó y por qué fue importante para ti.
2. Cuenta de una persona que es o ha sido importante para ti. Puede ser alguien de tu familia, un/a profesor/a, un/a amigo/-a. Explica quién es y por qué es importante para ti.

# Raúl Paz: Carnaval

**Raúl Paz** nació en 1969 en Pinar del Río, una ciudad de provincia en Cuba. Aprendió a cantar con la música tradicional cubana. Escribió sus primeras canciones a los diez años. Más tarde estudió música clásica en La Habana y en París.
En su música mezcla los ritmos tradicionales cubanos con el jazz, el rock, el hip-hop y otros ritmos modernos.
Sus canciones hablan de la vida cotidiana, de sus sentimientos y sus pensamientos.

No me preguntes más
Cuánto puede durar
Ser un buen tipo
A nadie le conmueve
Prefiero no avisar
Me gusta complicar
Vengo directo del 69

Lo que pudo pasar
Lo que nunca hice bien
Solo recuerdo lo que me conviene
Yo solo sé que estoy empujando la puerta
de este carnaval

No me pregunte a mí
Lo que voy a decir
En esta vida que dura un segundo
Yo sé lo que aprendí
Yo soy lo que viví
Siempre con ganas de morder el mundo
Quiero gritar, quiero poder,
Quiero llegar, quiero saber,
Y tú no ves que estoy empujando la puerta
de este carnaval

No se pregunten más
Lo que puede pasar
Siempre hay gente detrás
Que nos van a empujar
No sé qué día es hoy
Me lo voy a inventar
Tiene que haber 10 mil razones
¿Qué tal si nos miramos como si fuera normal?
¿Qué tal si nos juramos cosas que pueden pasar?
A mí me gusta cómo suena la risa cuando suena
A mí me gusta cómo tocan las manos cuando queman
Me gusta que te guste la vida
Sin esquema
A mí me gusta querer y que me quieran.
Y ahora nos toca combinar con lo que queda
de este carnaval

No te preguntes más
Para de preguntar
La vida es casi todo lo que llega
Si me vas a encontrar
En el mismo lugar
Empuja para que se abra la puerta
Que hay que querer,
Querer el tiempo de intentarlo



**1** Lee los textos sobre Raúl Paz y Rosalía. Busca qué estilos musicales mezclan en su música.

**2** Escuchad las canciones y leed las letras. Discutid cuál es el tema de cada canción.

**3** Describe las canciones y explica por qué (no) te gustan.

| | | | |
|---|---|---|---|
| El estilo de [...] es | tradicional ≠ moderno.<br>[...]. | | |
| | una mezcla | (des)agradable[1]<br>perfecta<br>pésima[2]<br>[...] | entre [...] y [...]. |

1 (des)agradable *(un)angenehm*
2 pésimo/-a *sehr schlecht*

# Rosalía: Malamente

**Rosalía** nació en 1993 en Sant Esteve Sesrovires, un pueblo cerca de Barcelona.
Fue justamente en las calles de su pueblo, donde Rosalía oyó por primera vez flamenco. Desde entonces no ha podido dejarlo: a los trece años empezó a tomar clases de flamenco y luego estudió Música flamenca en la universidad.
En sus canciones mezcla elementos tradicionales y modernos de la cultura española.

Ese cristalito roto
Yo sentí cómo crujía
Antes de caerse al suelo
ya sabía que se rompía
Está parpadeando
la luz del descansillo
una voz en la escalera
alguien cruzando el pasillo

Malamente

Se ha puesto la noche rara
han salido luna y estrellas
como dijo esa gitana
mejor no salir a verlas
Sueño que estoy andando
por un puente y que la acera
cuanto más quiero cruzarlo
más se mueve y tambalea

Malamente

Aunque no esté bonita
la noche Undebel
voy a salir pa' la calle
la manita, los aros brillando en mi piel
los corales me protejan y me salven, me iluminen
me guarden
y por delante no voy a perder ni un minuto en volver a pensarte

Malamente



| | |
|---|---|
| El ritmo es | sencillo ≠ complicado.<br>movido ≠ monótono.<br>rápido ≠ lento.<br>[...]. |

| | |
|---|---|
| La melodía es | alegre ≠ triste.<br>sentimental.<br>melancólica.<br>pegadiza[1].<br>molesta.<br>[...]. |

| | | |
|---|---|---|
| (No) me gusta la canción de [...] porque | me pone | melancólico/-a.<br>alegre ≠ triste.<br>nervioso/-a ≠ tranquilo/-a.<br>[...]. |

1 pegadizo/-a *einprägsam*

## Comprensión lectora

**1** Lee este blog de viajes. En el texto faltan cuatro frases. Lee las siguientes frases y decide dónde van en el texto. Sobran dos frases.

a. ¡Por fin había podido realizar mi sueño!
b. Ese día me levanté muy tarde.
c. Allí aprendí mucho sobre la cultura de los incas.
d. Ya de pequeña soñaba con conocer la antigua ciudad inca.
e. Tomé un avión que me llevó a Lima.
f. ¡Nunca en mi vida había hecho tanto esfuerzo!

### Dos días en el Camino Inca

Yo siempre había querido visitar Machu Picchu. [1.] Por eso, cuando finalmente pude ir, ¡no lo dudé ni un segundo! El plan era llegar a Cuzco unos días antes para acostumbrarme a la altura y luego caminar con un guía los últimos 40 kilómetros hasta Machu Picchu. La ciudad está a 2430 metros de altura y dicen que el camino es muy duro.

Llegué a Cuzco donde visité el Museo Inca. [2.] Tres días después tomé mi mochila y salí a la aventura con mi guía, Illari.

**El primer día** El día empezó temprano. Hacía sol y caminamos al lado de un río. El camino bajaba y subía, bajaba y volvía a subir. El paisaje era espectacular. Cruzamos un puente colgante para llegar al otro lado del río. Así pasó el día: caminando, sacando fotos, caminando, parando para comer y caminando de nuevo. [3.]

**El segundo día** Me desperté con dolor en todo el cuerpo. Pero la idea de llegar a Machu Picchu me ayudó a levantarme. Ese día llovió, hizo sol y volvió a llover. A un kilómetro de Machu Picchu pasamos por Intipunku, «Puerta del Sol», en español. Poco después me esperaba una sorpresa: la vista de Machu Picchu bañada por el sol. ¡Es un lugar impresionante!

Con Illari visitamos casas, templos y plazas. Vimos las terrazas que los incas utilizaban para sus cultivos. Además, Illari me contó leyendas de los incas y sus dioses. Yo estaba feliz: [4.].

## Vocabulario y gramática

**2** Lee esta noticia de una revista y decide para cada cifra cuál es la opción correcta: a, b o c.

### Prácticas en Mallorca – ¿Qué esperas?

En Mallorca existen diferentes posibilidades [1.] hacer prácticas, algunas empresas incluso te [2.] pagan. Te sirven [3.] mejorar tu currículum vitae o como primer paso en el mundo del trabajo, después del bachillerato. Además, [4.] unas prácticas en España muestra que no solo estudias español, sino que te interesa completar tu formación en un país hispanohablante.

Para saber qué tipo de prácticas es bueno [5.] y para poder adaptar las ofertas a lo que te interesa, es importante que primero [6.] las preguntas en la página web. Si quieres participar en alguno de los programas, debes presentarte un año [7.].

Pueden participar [8.] entre 16 y 25 años. Menores de 18 años necesitan un permiso de sus padres.

| | | | |
|---|---|---|---|
| 1. | a por | b en | c de |
| 2. | a los | b las | c la |
| 3. | a por | b con | c para |
| 4. | a hacer | b haces | c hacéis |
| 5. | a para mí | b para ti | c para él |
| 6. | a contestas | b contestar | c contestes |
| 7. | a después | b antes | c delante |
| 8. | a niños | b jóvenes | c adultos |

Hier kannst du deine Lösungen überprüfen: Webcode **apu4sb**

## Comprensión auditiva

2 29

**3** Vas a escuchar un programa de radio. Lee las preguntas, escucha y elige la opción correcta. Luego escucha otra vez para controlar tus respuestas.

1. Lía es un personaje...
   a. de un libro.
   b. de un cómic.
   c. de una serie.
   d. de un videojuego.
2. A Lía la ayudan...
   a. sus amigos Daniel y Daniela.
   b. su amiga Daniela y su familia.
   c. su amigo Daniel y sus amigas.
   d. sus amigos y sus padres.
3. El nuevo cedé de Melendi se llama...
   a. «Ayer».
   b. «Antes».
   c. «Ahora».
   d. «Aquí y ahora».
4. El compañero de clase de Melendi es...
   a. Alonso Ferrari.
   b. Fernando Alonso.
   c. Fernando Verdasco.
   d. Fernando Aramburu.
5. Pasaron juntos un año en...
   a. la FP.
   b. la ESO.
   c. Primaria.
   d. la universidad.
6. En 2005, Melendi publicó...
   a. un libro sobre coches.
   b. un vídeo sobre sus amigos.
   c. una canción sobre su amigo.
   d. una película sobre su vida.

## Expresión oral

**4** Tienes que hacer una presentación de dos minutos. Presenta a una persona que admiras.

Explica en tu presentación:
- ¿Quién es y de dónde viene?
- ¿Qué hace?
- ¿Qué aspecto físico tiene?[1]
- ¿Cómo es? ¿Qué carácter tiene?[2]
- ¿Por qué lo/la admiras?

1 ¿Qué aspecto físico tiene? *Wie sieht er/sie aus?*
2 ¿Qué carácter tiene? *Was für einen Charakter hat er/sie?*

## Expresión escrita

**5** Desde el instituto de intercambio en España os piden textos para un blog sobre lugares que ya habéis visitado o que queréis visitar. Elige a o b. Tu texto debe tener entre 100 y 130 palabras.

**a** Escribe un texto sobre un viaje y cuenta
- adónde viajaste,
- quién fue contigo y a quién conociste,
- cuándo fuiste ahí y cuánto tiempo te quedaste,
- qué fue lo que más/menos te gustó.

**b** Explica a qué lugar te gustaría ir y cuenta
- por qué quieres ir allí,
- cómo piensas ir,
- qué hay para ver,
- qué sabes de la historia, la cultura, etc.

# Módulo 1 Fiestas de América Latina

**1**

En Perú todos los años se celebra **el carnaval**. En este se mezclan elementos indígenas y europeos. Al ritmo de la música de guitarras, quenas y otros instrumentos, las comparsas bailan por las calles de las ciudades y los pueblos. Los bailarines llevan trajes tradicionales de muchos colores, collares y plumas. Esta fiesta también es conocida por la «yunza», un árbol cargado de regalos, que es talado por los asistentes. ¡Los más rápidos y osados logran coger un regalo!

**2**

El 1 y 2 de noviembre se celebra en México **el Día de Muertos**, cuando los muertos son recordados. En este día se preparan platos especiales como el «pan de muerto», un pan dulce y redondo. También se va al cementerio y en las casas se ponen altares. El altar es decorado con «papel picado», calaveras de azúcar, fotos de los muertos y flores. «La Catrina», la calavera de una mujer rica, es una figura emblemática de esta fiesta que nos recuerda que la muerte llega para todos.

La Catrina

El Día de Muertos se va al cementerio.

## Comprender y comentar el texto

**1** Actividad de prelectura: Explica qué estrategias te sirven para entender estas palabras y dilas en alemán. ▶ Wörter verstehen, S. 137

la reunión | celebrar | la flor | anterior | el carnaval | los elementos | el altar | decorar | el bailarín

**2** **a** Apunta tres aspectos importantes de cada fiesta. ↗ p. 133

el carnaval de Perú | el Día de Muertos | las novenas de aguinaldo

**b** Elige la fiesta que te llame más la atención y explica por qué.

**Hier lernst du:**

- Handlungen und Ereignisse passivisch darzustellen.

3

En los nueve días anteriores a la Navidad se celebran en Colombia las **novenas de aguinaldo**. Se cantan villancicos, se comen platos típicos y se disfruta del tiempo en familia alrededor del belén. Estas reuniones se llevan a cabo por la noche y cada día en una casa diferente. En algunas ciudades hay fiestas en las calles con desfiles y conciertos.

## Descubrir

M1

**3** **a** ¿Cómo dices las siguientes frases en alemán? ▶ Resumen, p. 106/1

1. «En Perú todos los años se celebra el carnaval.» (ll. 1/2)
2. «Se preparan platos especiales.» (l. 19)

**b** Wie wird die pasiva refleja gebildet? Worauf musst du achten?

**4** ¿Cómo se celebra una Navidad tranquila? Utiliza la forma correcta de la pasiva refleja. ▶ Resumen, p. 106/1

1. Primero, (*hacer*) una lista de los regalos que hay que comprar.
2. Los regalos (*comprar*) con tiempo.
3. Pero no (*gastar*) el dinero que no (*tener*).
4. También (*poder*) hacer algunos regalos en casa, como galletas o un pastel.
5. El árbol de Navidad y la casa (*decorar*) cuando es posible, no cuando «(*tener*)» que decorar.
6. (*Evitar*) situaciones estresantes si todos ayudan.
7. ¡No (*deber*) olvidar que lo más importante es pasarlo bien!

## Practicar

**5** Durante una fiesta en la calle hay muchos carteles. Complétalos con la forma correcta de la pasiva refleja.
► Resumen, p. 106/1

1. (*Vender*) tortillas.
2. (*Alquilar*) bicicletas.
3. (*Buscar*) vendedor/a.
4. (*Hacer*) trajes para fiesta.
5. Aquí (*responder*) todas sus preguntas.
6. (*Escribir*) cartas de amor.
7. (*Regalar*) botellas.
8. (*Necesitar*) actores.

**6** **a** ¿Cómo se prepara el «pan de muerto»? Completa la receta con las formas correctas de la pasiva refleja.
► Resumen, p. 106/1

El pan de muerto se decora con los «huesitos[3]» y una calavera

250 gramos de harina
60 gramos de azúcar
5 gramos de sal
5 gramos de levadura[1]
50 gramos de mantequilla
2 huevos
25 mililitros de leche
ralladura[2] de naranja
ralladura de limón

(*Poner*) la harina, la levadura y el azúcar en una fuente[4]. (*Mezclar*) con la mantequilla, la sal, los huevos y la ralladura de naranja y la de limón. (*Añadir*) la leche y (*seguir*) amasando[5].
Después, (*tomar*) una parte de la masa[6], a la que (*añadir*) más harina. Con esta masa más seca (*formar*) los huesitos y una calavera.
Con el resto de la masa (*hacer*) el pan. Luego (*poner*) los huesitos y la calavera sobre el pan. (*Dejar*) todo crecer unos 30 minutos.
Al final, (*meter*) el pan en el horno[7] durante unos 40 minutos.

**1** la levadura *die Hefe* **2** la ralladura *die abgeriebene Schale* **3** el huesito *der kleine Knochen*
**4** la fuente *die Schüssel* **5** amasar *kneten* **6** la masa *der Teig* **7** el horno *der Backofen*

ES DE

**b** A tu prima le gusta cocinar y te pregunta por la receta del «pan de muerto». Cuéntale cómo se hace.

**7** ¿Cómo es celebrado el Día de Muertos? Utiliza la forma correcta de la voz pasiva. ► Resumen, p. 106/2

1. El Día de Muertos (*celebrar*) de una forma muy alegre en México.
2. Este día, los muertos (*recordar*) por sus familias.
3. El «pan de muerto» (*preparar*) varios días antes de la fiesta.
4. El altar (*decorar*) con «papel picado».
5. Las flores (*poner*) en floreros[1].
6. (*Escribir*) las «calaveras», que son pequeños poemas para los muertos.
7. Muchas velas[2] (*encender*) para que los muertos encuentren el camino a casa.

**1** el florero *die Vase*
**2** la vela *die Kerze*

## Escuchar

**8** **a** Escucha el reportaje sobre la fiesta «Tapati Rapa Nui», en Rapa Nui – Isla de Pascua, Chile. Ordena los temas de los que se habla.

1. la historia del pueblo Rapa Nui
2. cómo se prepara la gente para la fiesta
3. los deportes tradicionales de la isla
4. en qué consiste la fiesta

El traje típico de Rapa Nui

Los moáis son unas estatuas muy grandes.

**b** Repartid los temas de los que trata el reportaje. Escuchad otra vez. Cada uno apunta la información sobre sus temas.

**c** Explícale a tu compañero/-a lo que has aprendido sobre tus temas.

## Hablar

**9** Describe una o dos cosas típicas de estas fiestas o tradiciones. Tu compañero/-a adivina cuál es.
Ejemplo: Para esta fiesta se preparan galletas. Se decora un [...].

se celebra/n · se prepara/n · se decora/n · se hace/n · se lleva/n a cabo · se disfruta/n · se come/n · [...]

1 Zuckerfest

2 Weihnachten/Navidad

3 Ostern/Pascua

4 Laternenfest / Desfile de farolillos

5 Maibaum

6 Silvester / Noche Vieja

M1

# Módulo 2 La comida del futuro

https://www.lavanguardia.com/comer/tendencias/20180412/442470562753/que-comeremos-en-2050.html

ALBERT MOLINS
12/04/2018

## ¿Qué comeremos en 2050?

En 2050, la población mundial sobrepasará los 8000 millones de personas, y una de las preguntas inevitables que hay que hacerse es cómo vamos a alimentar a tanta gente cuando lleguemos a la mitad del siglo XXI.

Según Jordi Serra, prospectivista[1] y profesor de la URL[2], hay una variable ecológica que va a ser determinante para poder dar una respuesta: el cambio climático.

### «Crearemos nuestra propia proteína.»

Màrius Robles, director ejecutivo[3] de *Reimagine Food*, cree que «no podremos seguir comiendo carne como lo hacemos ahora», pues –como explica Serra–, «la producción de carne es muy poco eficiente en la relación superficie, agua, energía, que se necesita para producirla».

En 2050 también ‹cultivaremos› el pescado y «comeremos sobre todo alimentos cuya producción no dependerá ni de la tierra ni del sol».

Pero Robles va más allá y dice que «en casa tendremos biorreactores[4] en los que crearemos nuestra propia proteína». Y comeremos insectos.

1 **Carne creada en laboratorio**
En el futuro pocas células bastarán para la producción de toneladas de carne. También se producirá «carne» artificial con proteína vegetal – habrá filetes, ¡pero no de animales!

2 **Insectos**
La carne de insectos es barata, rica en proteínas y baja en grasa.

**1** el prospectivista *der Zukunftsforscher* **2** URL (Universitat Ramon Llull) *Privatuniversität in Barcelona* **3** el director ejecutivo *der Vorstand* **4** el biorreactor *der Bioreaktor*

## Aprender mejor: Einen Zeitungsartikel verstehen

**1** **a** **Actividad de prelectura:** Hazte una primera impresión del texto. Explica qué tipo de texto es y qué dicen el título y las fotos sobre el contenido. ►Texte über ihre Gestaltung erschließen, S. 140

**Hier lernst du:**

- Aussagen über die Zukunft zu treffen.

## «Podremos imprimir comida.»

También nuestros hábitos de compra y a la hora de cocinar serán distintos en 2050. Según Robles, para esa fecha «no recordaremos la última vez que fuimos a un supermercado». La compra en línea y la entrega por drones a través de la ventana de nuestras casas tendrán la culpa.

«Tendremos impresoras 3D, con las que gracias a los datos podremos imprimir comida cada vez más ultrapersonalizada[5] según nuestros gustos, pero también nuestras necesidades dietéticas[6]», asegura Màrius Robles. […]

Fuente: Albert Molins / La Vanguardia 2018*

**3 Cápsulas de vitaminas**
Comeremos cápsulas de vitaminas en lugar de frutas que serán muy caras.

**4 Algas**
Las algas crecen rápidamente. Podremos comerlas o usarlas para producir aceites, proteínas, azúcares y vitaminas.

**Comentar**

**5** ultrapersonalizada/-o *ultra-personalisiert* **6** las necesidades diéteticas *die Ernährungsbedürfnisse*

**b** Lee el artículo y busca estas palabras en el texto. Encuentra su significado con ayuda de las estrategias que ya conoces.
► Wörter verstehen, S. 137

mundial (l. 3) el cambio climático (l. 14)
la proteína (l. 16) eficiente (l. 22) los alimentos (l. 27)
los insectos (l. 32) el hábito (l. 34) cocinar (l. 35)
la impresora (l. 42) los datos (l. 43)

M2

**c** ¿Qué cambios traerá el futuro? Busca lo que dice el artículo sobre los siguientes temas y completa la tabla en tu cuaderno.

| nuestra comida | nuestras casas | nuestro mundo y nuestra vida |
|---|---|---|
| – «cultivaremos» el pescado | – [...] | – la población mundial sobrepasará los 8000 millones de personas |

ES DE **d** Tu madre ha visto el artículo y quiere saber qué dice sobre la comida en el año 2050, sobre todo sobre la carne. Explícaselo en alemán.

## Descubrir

2 **a** Suche im Artikel (S. 98/99) die Verbformen, mit denen Aussagen über die Zukunft gemacht werden, und trage sie in eine Tabelle ein.

| | -ar | -er | -ir |
|---|---|---|---|
| [yo] | [...] | [...] | [...] |
| [tú] | | comerás | |
| [él/ella] | | *dependerá* | |
| [nosotros/-as] | | [...] | |
| [vosotros/-as] | | comeréis | |
| [ellos/-as] | | [...] | |

**b** Erkläre, wie das futuro simple gebildet wird, und ergänze die fehlenden Formen in der Tabelle.

**c** Welche sind die Formen der unregelmäßigen Verben poder, tener, ser und haber im futuro simple?
► Resumen, p. 106/3

## Practicar

3 **a** ¿Qué preguntas se hace Jaime sobre el futuro? Formula sus preguntas en futuro simple.
► Resumen, p. 106/3
↗ p. 133
Ejemplo: ¿Solo comeré comida artificial?

| | |
|---|---|
| [yo] | solo *comer* comida artificial |
| [tú] | *preparar* comida con algas |
| mis amigos y yo | todavía *ir* al supermercado |
| mis padres | *tener* un robot en casa |
| la gente | [...] *ser* todavía mi amigo/-a |
| la tecnología | *cambiar* el mundo |
| [...] | todavía *usar* móviles y ordenadores |
| | *haber* institutos y universidades online |
| | [...] |

**b** Y tú, ¿qué preguntas te haces sobre el futuro? Habla con tu compañero/-a.

4 Mira el dibujo y describe cómo serán las aulas del futuro. ► Resumen, p. 106/3 ↗ p. 134

## Escuchar

5 **a** Escucha lo que cuentan las personas y ordena los dibujos.

**b** Escucha otra vez y apunta cómo se imaginan su futuro. Compara tus resultados con tu compañero/-a.

## Hablar

6 Cuenta a tu compañero/-a cómo será tu vida en diez años. ↗ p. 134

> En diez años tendré un coche.
> Si tengo un buen trabajo, [...].

familia/hijos universidad formación profesional trabajo coche viajes casa amigos [...]

M2

## Escribir

7 ¿Qué te parece lo que dice el artículo (p. 98/99) sobre la comida en el año 2050? Deja un comentario debajo del artículo. Escribe tu opinión sobre uno de los siguientes temas.

Comentar

la carne artificial comer insectos imprimir comida comer cápsulas de vitaminas [...]

# Módulo 3 ¿Qué te gustaría hacer?

2 33

***El final de la ESO está cerca y tenéis que decidir lo que queréis hacer después. Primero, Mireia –una chica de Granada– nos habla de su experiencia. Luego, Lea Sánchez –asesora de orientación profesional– les da consejos a algunos lectores.***

Este verano he hecho unas prácticas en un restaurante de San Sebastián. Por un lado, ha sido bastante duro, porque el jefe era muy exigente con la calidad de los platos. Por otro lado, he aprendido un montón. Es increíble todo lo que puedes hacer con comida si tienes ingredientes excelentes y recetas originales. Yo ya lo tengo claro: ¡la cocina es lo mío! Por eso algún día me gustaría abrir un restaurante para crear mis propias recetas.

*Mireia, 16 años*

ORIENTACIÓN PROFESIONAL

## Comprender el texto

**1** Lee lo que cuentan los chicos y los consejos de la asesora. Apunta la información en una tabla.
► Selektives Leseverstehen, S. 141

| nombre | le gusta / su fuerte es | posible profesión | ideas/consejos |
|---|---|---|---|
| Mireia | la cocina | cocinera | – abrir un restaurante<br>– crear [...] |
| Juan | [...] | | |

## Descubrir

**2** **a** Die Berufsberaterin verwendet den condicional simple.
Was drückt sie mit den unterstrichenen Verbformen aus? ► Resumen, p. 107/4

«Yo que tú haría unas prácticas en el extranjero o me apuntaría a un programa de intercambio.» (ll. 21–23)

**b** Suche weitere Formen in den Texten und erkläre, wie der condicional simple gebildet wird.
Welche Formen sind unregelmäßig?

**Hier lernst du:**

- Berufswünsche auszudrücken.
- Ratschläge zu geben.
- einen Lebenslauf und eine Bewerbung zu schreiben.

A mí me gusta viajar, me encantan los idiomas y las otras culturas. Me interesa saber lo que pasa en el mundo, pero todavía no he decidido lo que voy a hacer después de la ESO.

*Juan, 15 años*

*Por lo que dices, serías un gran periodista o un buen guía turístico. Yo que tú haría unas prácticas en el extranjero o me apuntaría a un programa de intercambio internacional.*

Pues yo lo tengo clarísimo: ¡quiero ser médica! Me gusta ayudar a la gente y me fascina el cuerpo humano. Pero no sé si mis padres me van a poder pagar los estudios de Medicina.

*Laura, 17 años*

*¿Ya has hablado con tus padres? Yo en tu lugar hablaría con ellos lo antes posible. Podríais ir juntos a la oficina de becas. Allí os pueden dar información.*

Mis padres me ven en algo de turismo, pero mi fuerte es el dibujo. Sueño con ser dibujante de cómics. ¡Así viviría de mi pasión!

Gonzalo, 16 años

*Si el dibujo es lo tuyo, ¡no lo dudes! ¿Por qué no le enseñas tus cómics a tu profesor de Artes Plásticas? Así tendrías la opinión y el apoyo de otra persona.*

**c** Completa las frases con las formas correctas del condicional simple.

1. Tus historias son muy originales. Yo que tú (*escribir*) un libro. Seguro que mucha gente lo (*leer*).
2. ¿Necesitas información sobre este tema? (*Poder*/tú) buscarla en Internet.
3. ¡Qué rica la comida, Mireia! ¿Qué (*hacer*/nosotros) sin ti?
4. ¿Quieres conocer otros países? Pues yo en tu lugar (*participar*) en un programa de intercambio.
5. ¿No queréis seguir estudiando después de la ESO? Pues os lo (*deber*) pensar dos veces.
6. (*Tener*/ellas) que hablar con la profesora para saber si pueden hacer la presentación otro día.

## Practicar

**3** Pregúntale a tu compañero/-a qué le gustaría hacer después de la ESO. Dale consejos para lograrlo. Utiliza estas expresiones y la forma correcta del verbo.

| | |
|---|---|
| Yo que tú + *condicional*. | Podrías + *infinitivo*. |
| Yo en tu lugar + *condicional*. | ¿Por qué no + *indicativo*? |

Y a ti, ¿qué te gustaría hacer?

Me gustaría [...].

Pues yo en tu lugar [...].

## Escuchar

2 34

**4** **a** Alba habla con la directora de un hotel para hacer unas prácticas en las vacaciones. Escucha la entrevista y explica por qué quiere hacer las prácticas. ►Notizen machen, S. 139

2 34

**b** Escucha otra vez. ¿Qué le pregunta la directora a Alba? Apunta palabras clave. Después compara con tu compañero/-a y completa tus apuntes.

## Hablar

**5** **a** Imagínate que tú también quieres hacer unas prácticas en el hotel y la directora te hace la entrevista. Formulad preguntas con ayuda de los apuntes del ejercicio 4 b. Luego cada uno/-a apunta sus respuestas. ↗ p. 134

**b** Haced la entrevista: A es la directora, B quiere hacer prácticas. Después intercambiad los roles.

## El mundo del español

**6** **a** Mira el cartel y explica sobre qué puedes informarte el 16 de febrero.

**b** ¿Sobre qué tema te gustaría saber más? Habla con tu compañero/-a.

Fuente: Europedirect Universidad de Salamanca / Rumbo a Europa

el empleo *die Arbeit, Beschäftigung*
las oposiciones *die Auswahlprüfung*

## Aprender mejor: Einen Lebenslauf und eine Bewerbung schreiben ► S. 146

**7** **a** Öffnet die Bücher auf Seite 147, schaut euch die Texte an und beantwortet die folgenden Fragen.

1. Um welche Art von Texten handelt es sich? Was ist ihr Zweck?
2. Was müsst ihr beachten, wenn ihr diese Art von Texten schreibt?
3. Wie stellt ihr eure Stärken heraus? Macht euch eine Liste der hilfreichen Ausdrücke auf Spanisch.

**b** Decide qué expresiones y frases puedes utilizar en un e-mail para tus amigos y cuáles en una carta formal.

Querida Inés:
Estimados señores y señoras:
Hola, chicos:
Estimada señora Urquiza Jiménez:

¿Qué has hecho esta semana?
Me dirijo a usted porque [...].
¿Usted podría informarme sobre [...]?
Quería preguntar si [...].
¿Qué tal?

Te mando saludos, [...]
Muy atentamente, [...]
Un abrazo, [...]
Un cordial saludo, [...]

**c** Elige una de las siguientes ofertas. Prepara tu currículum vitae (CV) y escribe una carta de presentación. Utiliza de modelo los textos de la p. 147. ► Modelltexte verwenden, S. 145

**1** Servicio Voluntario Europeo: trabajar con niños y jóvenes en Valencia; escribir a Mónica López

**2** Parque Nacional de Ordesa: observar y contar animales; responsable: Paula Vázquez Lezamendi

**3** Grupo Balear de Ornitología y Defensa de la Naturaleza: limpiar playas en Ibiza; responsable: Olga Benássar

**4** Oxfam Intermón: ayudar en la tienda de comercio justo[1] de Girona; escribir a Luis Vilar Capdevila

**5** *Oficina de Turismo de Sevilla: recibir e informar a los turistas; escribir al Sr. Tomás Zapatero*

1 el comercio justo *der faire Handel*

## Comprensión audiovisual

**8** **a** Vas a ver dos entrevistas: una con un carpintero[1] y otra con una diseñadora de videojuegos[2]. Formula hipótesis: ¿qué van a contar sobre su trabajo?

1 el/la carpintero/-a *der/die Tischler/in*
2 el/la diseñador/a de videojuegos *der/die Gamedesigner/in*

**b** Mira los dos vídeos y compara con tus hipótesis.

**c** Mira otra vez los vídeos y concéntrate en las respuestas a las siguientes preguntas. Toma apuntes y resume lo que contestan las dos personas. ↗ p. 135

1. ¿Hizo una formación profesional o estudió en la universidad?
2. ¿En qué consiste su trabajo?
3. ¿Qué es lo mejor de su profesión?
4. ¿Qué desventajas tiene su trabajo?

# Resumen

| Handlungen und Ereignisse passivisch darstellen | Dazu benötigst du: |
|---|---|
| **1** El carnaval **se celebra** todos los años.<br>En el Día de Muertos **se preparan** platos especiales. | die **pasiva refleja.**<br>Man verwendet sie vor allem in der gesprochenen Sprache.<br><br>se + celebra una fiesta<br>se + organiza un desfile<br>se + preparan platos típicos |
| En el carnaval **se ve** a muchas personas bailando. | ! se + llama a los niños |
| **2** El altar **es decorado** con fotos y flores.<br>La comida típica **es preparada** en cada casa.<br>Los carteles **son colgados** en todas las calles.<br>Las fiestas **son celebradas** durante nueve días. | die **voz pasiva** (das Passiv).<br>Das Passiv wird seltener als die **pasiva refleja** verwendet.<br>Man benutzt es vor allem in der Schriftsprache. |

| | | | |
|---|---|---|---|
| El altar | es | decorad**o** | (por alguien). |
| La comida | es | preparad**a** | |
| Los invitados | son | saludad**os** | |
| Las fiestas | son | celebrad**as** | |

| Aussagen über die Zukunft treffen | Dazu benötigst du: |
|---|---|
| **3** Este fin de semana **quedaré** con Hernán.<br>**Comerás** insectos porque son ricos en proteínas.<br>**Habrá** una impresora 3D en cada casa.<br>El viernes mi hermano y yo **haremos** una gran fiesta en nuestra casa.<br>El año que viene ya **estaréis** en 4° de ESO.<br>En 2050 nuestros hábitos de compra **serán** distintos. | das **futuro simple**.<br>Die Endungen werden an den Infinitiv angehängt: |

| hablar | comer | vivir |
|---|---|---|
| hablar**é** | comer**é** | vivir**é** |
| hablar**ás** | comer**ás** | vivir**ás** |
| hablar**á** | comer**á** | vivir**á** |
| hablar**emos** | comer**emos** | vivir**emos** |
| hablar**éis** | comer**éis** | vivir**éis** |
| hablar**án** | comer**án** | vivir**án** |

! Einige Verben haben unregelmäßige Formen:
decir → **diré**, hacer → **haré**, haber → **habré**, poder → **podré**, querer → **querré**, saber → **sabré**, poner → **pondré**, tener → **tendré**, venir → **vendré**, salir → **saldré**

| | |
|---|---|
| Si tengo tiempo, te **llamaré** esta tarde. | Du kannst das **futuro simple** auch in Bedingungssätzen verwenden. |

| Wünsche ausdrücken und Ratschläge geben | Dazu benötigst du: |
|---|---|

**4** **Podrías** hacer unas prácticas en un hotel.
Yo en su lugar **hablaría** con la profesora.
Me **gustaría** viajar al extranjero.
¿Tenéis calor? **Podríais** ir a la playa.

den **condicional simple**.
Die Endungen werden an den Infinitiv angehängt:

| hablar | comer | vivir |
|---|---|---|
| hablar**ía** | comer**ía** | vivir**ía** |
| hablar**ías** | comer**ías** | vivir**ías** |
| hablar**ía** | comer**ía** | vivir**ía** |
| hablar**íamos** | comer**íamos** | vivir**íamos** |
| hablar**íais** | comer**íais** | vivir**íais** |
| hablar**ían** | comer**ían** | vivir**ían** |

**!** Einige Verben haben unregelmäßige Formen:
decir → **diría**, hacer → **haría**, haber → **habría**, poder → **podría**, querer → **querría**, saber → **sabría**, poner → **pondría**, tener → **tendría**, venir → **vendría**, salir → **saldría**

## Teste deine Grammatikkenntnisse ► Soluciones, p. 136

**1** ¿Cómo lo dices en español? Utiliza la pasiva refleja.

1. *In diesem Geschäft wird sehr teure Kleidung angeboten.*
2. *Im Sommer wird viel Eis gegessen.*
3. *Das hört man oft.*
4. *Für das Fest werden viele typische Gerichte zubereitet.*
5. *Hier spricht man Spanisch.*
6. *Das Hotel wird jeden Tag sauber gemacht.*

**2** Transforma las frases con el verbo en la voz pasiva.

1. En Palma cada año modernizan muchos hoteles.
2. El 2 de noviembre, la gente celebra el Día de Muertos.
3. En el carnaval, se toca música tradicional.
4. Durante las novenas, mucha gente organiza fiestas en las calles.
5. En la formación profesional se prepara a los chicos para trabajar.

**3** Completa las frases con la forma correcta del futuro simple.

1. En las próximas vacaciones (*estar*/tú) en Valencia.
2. El viernes (*hacer*/yo) una excursión con mis amigos.
3. El año que viene (*organizar*/nosotras) un viaje a Perú.
4. Mañana Ana (*salir*) con Paco y Alejandro.
5. –¿(*Venir*/vosotras) a comer a mi casa este fin de semana? –Claro, abuela.
6. El próximo miércoles no (*tener*/ellos) clase.

**4** Completa las frases con la forma correcta del condicional simple.

1. Yo que tú no se lo (*decir*) a Antonio porque (*estar*/él) muy enfadado contigo.
2. Yo en tu lugar (*apuntarse*) a este curso, ¡parece muy interesante!
3. Hoy no tenemos tiempo, si no también (*hacer*/nosotros) deporte con vosotros.
4. Yo no (*poner*) mi mochila por allí, el suelo está muy sucio.

## Teste, was du jetzt sagen kannst: ► Para comunicarse, p. 193/194

– Nenne fünf Dinge, die du nächste Woche machen wirst.
– Nenne drei Dinge, die du an der Stelle deines/-r Sitznachbarn/-in machen würdest, um einen Praktikumsplatz zu finden.

Norberto acaba de mudarse con su madre a una ciudad grande. Echa de menos su pueblo y sus amigos, y cada nuevo cambio es un motivo más para sumergirse en su timidez.
Por si esto fuera poco, en su nuevo colegio los alumnos mayores son padrinos de los más pequeños durante un curso... y a él le ha tocado en suerte una ahijada que va a darle mucho trabajo.

*EL PADRINO es una novela fresca y realista narrada en forma de guion cinematográfico que reflexiona sobre el lado positivo de los cambios y cómo todos tenemos algo que enseñar y que aprender de los demás, incluso de quién menos esperamos.* ► p. 110

Parece que nada en una piscina de fuego. A cada brazada, Bruno le gana segundos al reloj, mejorando su marca. No está entrenando para ninguna competición, solo quiere alejarse: de quienes le hacen la vida imposible, de sí mismo, de su pasado y de aquello que ocurrió... por su culpa.

*NADAR O MORIR es una novela realista sobre cómo aceptar las consecuencias de nuestros actos.* ► p. 112

**línea 5** sumergirse *versinken*
**5** la timidez *die Schüchternheit*
**10** la ahijada hier: *die Patenschülerin*
**20** la brazada *der Schwimmzug*
**22** el reloj *die Uhr* **25** alejarse de algo *wegkommen von etw.*
**28** ocurrir *geschehen*

Todo empieza con una ruptura. Clara deja a Víctor y él se siente perdido, desmotivado, tocado y hundido.
Nada le sale bien, ni siquiera cuando está con los amigos.
Pero llega la remontada en forma de una sucesión de chicas (¿todas se llaman Clara?) que sacuden la vida del muchacho…

«¿Hay algo más tonto que dos personas enamoradas diciéndose bobadas?»

*Una historia ágil, desenfadada y cargada de humor en torno a las peripecias amorosas de un protagonista algo patoso que no hace más que enredar, y enredarse, en un ligue tras otro tratando de recuperar a su chica ideal, Clara.*

► p. 114

**línea 33** la ruptura *die Trennung* **35** tocado y hundido *fig. getroffen und versenkt* **36** ni siquiera *nicht einmal* **38** la remontada *die Bewältigung* **39** la sucesión *die Folge* **40** sacudir *erschüttern* **44** la peripecia *der Zwischenfall* **45** patoso/-a *ungeschickt* **46** enredar *verwirren*

**1** Lee los textos de solapa[1] de las tres novelas y explica cuál te gustaría leer y por qué.

**2** **a** Piensa en los libros que has leído. Elige uno y contesta las siguientes preguntas. Toma apuntes.

¿Quiénes son los protagonistas? ¿De qué trata? ¿Por qué es especial? ¿Dónde tiene lugar la acción? ¿Qué pasa y por qué?

**b** Con ayuda de tus apuntes del ejercicio 2 a escribe un texto de solapa de este libro.

► Eine Zusammenfassung schreiben, S. 146

1 el texto de solapa *der Klappentext*

# El padrino

▶ Passend zu Unidad 2

*Todo comienzo es difícil: Norberto es nuevo en Buenos Aires. No conoce la ciudad y tampoco conoce a nadie. Norberto intenta resolver los problemas del comienzo a su manera…*

**Secuencia 1**

Pasan dos nenas de la mano de una señora que tiene cara de preocupación. Un perro que corre al lado de un hombre que corre y esquiva a un señor mayor que se mueve lento. Un chico con auriculares que, mientras camina, toca una batería invisible. Muchos autos, una bicicleta.

Cada uno a su ritmo, todos avanzan. Menos Norberto. Norberto está quieto sobre su *skate*. Tiene instrucciones precisas: comprar un repuesto para la cisterna del baño, que queda perdiendo. Su mamá le dijo que a una cuadra, cruzando, hay una ferretería. Pero él ya hizo tres cuadras y no hay nada. Apenas una panadería, una mercería, unos negocios que no se entienden y un taller de marcos.

Le dan ganas de saber qué estará haciendo Marcos en este momento. Seguro que está en el *skatepark*. A la tarde le va a escribir y le va a decir que, cuando sea más grande, se puede poner un taller de Marcos. Hay que ver si hay *skateparks* en Capital. Debe haber, deben ser como los de las películas.

En Chivilcoy, a Norberto nadie tiene que decirle dónde queda la ferretería. Nadie tiene que decirle dónde queda nada, y lo más importante: él no tiene que decirle a nadie para que sepan quién es.

Saca su móvil.

–Hola, ma. No hay ninguna ferretería donde me dijiste.

–Yo te dije que *creía* que había.

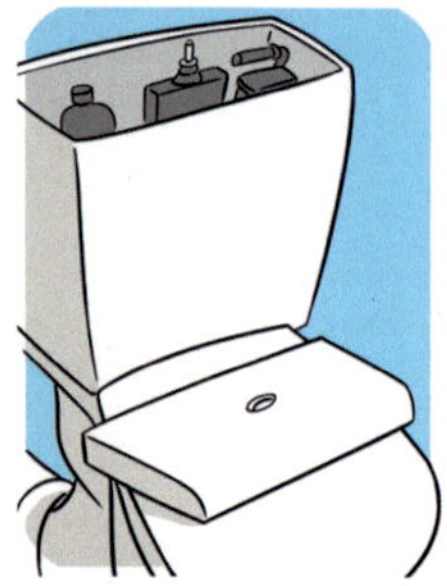

–Bueno, no hay.

–Y… preguntá, Norby.

–¿A quién?

–A la gente, a alguien en la calle. ¿A quién va a ser?

–OK.

–Date prisa, que esto está chorreando.

–OK.

Norberto corta. La solución más lógica es mirar en Internet dónde hay una ferretería, pero en su móvil aparecen solamente cuatro redes wifi, todas con clave. Avanza y vuelve en el *skate*, yendo para lado contrario. Hace cincuenta metros y se vuelve a fijar. Tres redes. Cruza la calle. Cuatro redes otra vez, y una libre, pero con una sola rayita. Intenta conectarse sin mucha esperanza. Cuando hay una sola rayita no funciona. Dicho y hecho: la señal es demasiado débil. Va diez metros para cada lado, pero siempre una sola rayita. La red debe ser de un piso alto de alguno de los edificios que hay alrededor. Cuánto edificio, mamita. No puede hacer nada: tiene que buscar otra red. Sigue pateando con el *skate*, en una dirección elegida casi al azar. Da lo mismo.

**línea 5** la nena *das Mädchen* **7** esquivar *ausweichen* **7** lento/-a *langsam* **8** los auriculares *die Kopfhörer* **10** avanzar *weitergehen* **11** estar quieto/-a *stillstehen* **12** el repuesto *das Ersatzteil* **12** la cisterna *die Spülung* **13** la cuadra *arg.* *der Häuserblock* **14** la ferretería *das Eisenwarengeschäft* **15** la mercería *die Kurzwarenhandlung* **16** el negocio *das Geschäft* **16** el taller de marcos *das Rahmengeschäft* **35** darse prisa *sich beeilen* **36** chorrear *tropfen* **38** cortar hier: *auflegen* **40** con clave *verschlüsselt* **43** la rayita *der Balken* **45** débil *schwach* **50** al azar *zufällig*

Ve una escuela. ¿Será su escuela? Es gigante, moderna, linda. Un horror. ¿Cuánta gente entrará ahí? ¿Cuántos desconocidos? Se para cerca de un bar. Tiene wifi. Otra opción es entrar, pedir algo barato, un agua, y conectarse desde ahí. Revisa sus bolsillos. Tiene la plata medio justa, no le va a alcanzar. Hay una red muy potente con el nombre del bar: «California». Se sienta en el *skate*, a un lado de la puerta, y prueba contraseñas: «California», «Californiabar», «BarCalifornia», «BarCalif». Mira la dirección. «Azopardo1238». «BarAzopardo1238», «BarCalifAzop». No. Nada. A seguir avanzando. Ve gente en la calle. Los mira. Lo miran.

Alberto Rojas Apel / Florencia Gattari: El padrino. Ediciones SM, 2016*

**53** pararse *stehen bleiben* **55** revisar *kontrollieren* **55** el bolsillo *die Hosentasche* **55** la plata medio justa *arg. das passende Geld*

## Trabajar con un texto

**1** Aprender mejor: Ein Leseprotokoll führen ▶ S. 141

Lee el texto. Luego copia la tabla en tu cuaderno y apunta la información más importante.

Libro: «El padrino»
Autores: Alberto Rojas Apel / Florencia Gattari
Año de publicación: 2016

✔ Notiere während des Lesens in einem Leseprotokoll jeweils den Namen und die Seitenzahl des gelesenen Kapitels, die wichtigsten Personen, die darin vorkommen, die Handlungsschritte sowie weitere Informationen, die dir wichtig erscheinen.

| Capítulo | Personajes | ¿Qué pasa? | Más información |
|---|---|---|---|
| Secuencia 1, pp. 5–7 | – Norberto<br>– [...] | – Norberto tiene que comprar algo para su madre<br>– [...] | [...] |

**2** Caracteriza a Norberto e indica frases o párrafos en el texto para justificar tu opinión. También puedes utilizar un diccionario. ▶ Wörter nachschlagen, S. 137 ▶ Algo más, p. 135

Norberto es un chico [...]
Parece [...]
Le gusta [...]
porque en el texto en la línea [...] dice [...].

divertido/-a aburrido/-a responsable pesado/-a despistado/-a simpático/-a tranquilo/-a alegre estricto/-a gracioso/-a raro/-a inteligente serio/-a tímido/-a complicado/-a triste disciplinado/-a valiente listo/-a amable cariñoso/-a majo/-a descortés feliz modesto/-a talentoso/-a

**3** Norberto quiere utilizar Internet para encontrar la ferretería.
Comenta con tu compañero/-a qué otras posibilidades existen y por qué creéis que el chico no las usa.

**4** Cuenta una situación similar a la de Norberto y explica cómo la has resuelto.

**5** Norberto no puede volver a casa sin la pieza. ¿Cómo continúa la historia? Escribe el final.
▶ Geschichten weiterschreiben, S. 145

# Nadar o morir

▶ Passend zu Unidad 4

## Actividad de prelectura

**1** Lee el título de la novela y el texto de solapa (p. 108).
¿Por qué crees que nadar es tan importante para Bruno? Formula hipótesis.

Al acceder al vestuario, sus peores temores se confirmaron.

Después de haberse desnudado, [Bruno] se puso las chanclas y se encaminó hacia las duchas con el gel y la toalla. Era el primero en ducharse. Dejó la toalla en los colgadores y se dirigió a la última cabina.
No quería ningún trato con sus compañeros. Le daba igual no tener amigos en clase, solo pretendía sacarse el bachillerato y largarse de allí cuanto antes. Lo único que pedía era que lo dejaran tranquilo, pero eso no siempre ocurría. El Lagartija se había empeñado en hacerle la vida imposible y había conseguido ganarse el apoyo del resto de los compañeros. Era un chico astuto y maquinador, pero sabía ser rápido y escurridizo como una lagartija cuando había problemas. Por eso, tenía la intuición de que estaba tramando algo cuando había entrado en el vestuario.
Presionó el botón de la ducha. Escuchaba las risas de sus compañeros en el vestuario, pero dejó de prestarles atención en cuanto el agua empezó a caer. Levantó el mentón mientras el chorro impactaba contra su cara y le recorría el cuello, el pecho y el resto del cuerpo. Estuvo varios minutos bajo el agua revitalizadora de la ducha. Cuando abrió los ojos, aún seguía solo. Normalmente, todos los chicos querían ser los primeros en ducharse para aprovechar la media hora de recreo que les quedaba después de clase. ¿Por qué tarda-

línea 1 desnudarse *sich ausziehen* 4 el trato *der Kontakt* 5 pretender algo *etw. vorhaben* 5 largarse *sich davonmachen* 7 la lagartija *die Mauereidechse; hier als Spitzname verwendet* 7 empeñarse en algo *auf etw. beharren* 8 astuto/-a *listig* 9 maquinador/a *intrigant* 10 tramar algo *etw. aushecken* 13 el vestuario *die Umkleidekabine* 14 el chorro *der Strahl* ban? Se enjabonó deprisa. Ya no escuchaba las risas de sus compañeros en el vestuario. Ni siquiera oía murmullos. Reinaba un silencio sepulcral. Se aclaró con gran rapidez. Los chorros de agua le acribillaron la piel como mil agujas. El corazón le empezó a latir más fuerte. Al salir de la ducha, un escalofrío le sacudió el cuerpo. Su toalla había desaparecido de los colgadores. Al acceder al vestuario, sus peores temores se confirmaron. No había nadie. Lo habían dejado completamente solo. Sus ojos se clavaron en la taquilla donde había dejado la bolsa deportiva. Estaba vacía. Los latidos del corazón retumbaron en las cuatro paredes del vestuario. Empezó a abrir las taquillas desesperadamente. Todas estaban vacías. También buscó en los altillos, en las papeleras, en los lavamanos..., pero no encontró ni rastro de la bolsa.

–¡Eh! ¡Devolvedme la ropa! –gritó acercándose a la puerta del vestuario–. ¡No me hace ninguna gracia!

Solo obtuvo el silencio por respuesta.

–¡Sois unos desgraciados! ¡Devolvedme la ropa!

Gritaba al vacío.

Dio un puñetazo en la puerta. El Lagartija no tenía ninguna intención de devolverle la ropa. Disfrutaba humillándolo. Seguramente habría escondido la bolsa en alguna parte del gimnasio y esperaba que saliera a buscarla desnudo. Solo de pensar en la idea, una parálisis se adueñaba de su cuerpo.

Arturo Padilla de Juan: Nadar o morir. Ediciones SM, 2015*

**19** enjabonarse *sich einseifen* **21** acribillar *durchlöchern* **21** la aguja *die Nadel* **22** latir *schlagen* **22** el escalofrío *der Schauder* **23** sacudir *durchschütteln* **24** el temor *die Befürchtung* **25** clavar los ojos en algo *etw. anstarren* **25** la taquilla hier: *das Schließfach* **26** vacío/-a *leer* **26** retumbar *dröhnen* **28** el altillo *der Hochschrank* **29** ni rastro *keine Spur* **30** devolver *zurückgeben* **31** hacer gracia a alguien *etw. lustig finden* **35** el puñetazo *der Faustschlag* **38** adueñarse *überkommen*

## Trabajar con un texto

**2** **a** Lee el texto y apunta lo que sabes sobre Bruno.

**b** Escribe un breve resumen del fragmento de la novela. ▸ **Eine Zusammenfassung schreiben, S. 146**

**3** **a** Bruno se siente muy solo y tiene miedo. En el texto hay muchos pasajes que reflejan estas sensaciones a través de lo que escucha y siente. Busca estos pasajes en el texto.
Ejemplo: Escuchaba las risas de sus compañeros en el vestuario. (ll. 19/20)

**b** ¿Cómo crees que se siente El Lagartija en esta situación? Formula hipótesis.

Creo que se siente [...] porque [...].

**4** Comenta la siguiente frase: «Le daba igual no tener amigos en clase, solo pretendía sacarse el bachillerato y largarse de allí cuanto antes.» (ll. 4/5). ¿Por qué crees que Bruno piensa eso?

**5** Bruno es víctima de acoso escolar[1]. Discutid en clase qué puede hacer.

1 el acoso escolar *das Mobbing in der Schule*

# Todas las chicas se llaman Clara

► Passend zu Unidad 4

## El problema

De pronto se me queda mirando y me suelta:

–¿Sabes cuál es tu problema?

–¿Mi problema?

–Sí, tu problema.

–Yo no tengo ningún problema.

–Lo tienes.

–No, no lo tengo.

–Oh, sí, sí lo tienes.

–¿Así que tengo un problema?

–Fijo.

–A ver, ¿cuál es mi problema?

–Tu problema eres TÚ.

–Vaya por Dios. Así que tengo un problema, y mi problema soy YO.

También le pongo énfasis a la última palabra.

–Exactamente.

–¿Y?

–Nada.

–¿Nada?

–No, nada, ya está.

–Me dices que tengo un problema y luego que ya está.

–¿Es que no lo pillas?

–Pues... no, Clara, no lo pillo.

–¿No sabes de qué estoy hablando?

–Ni repajolera idea.

–Te estoy diciendo que se acabó, Víctor.

Pálido. Me quedo pálido. Y frío. Helado.

–¿Cómo que se acabó?

–Sí, ya está.

–Espera, espera... –Intento poner orden en el caos de mi mente–. ¿Ya está qué?

–¿Lo ves? ¡Si es que pareces tonto! ¿No te enteras o no quieres enterarte? ¡Se acabó! ¡Se-a-ca-bó!

–¿Me estás diciendo que lo nuestro...?

–¡Vaya, se le hizo la luz!

Clara levanta los brazos al cielo.

–No puedo creerlo.

–Pues créelo.

–No, no puedo creerlo.

–¿Vas a marear la perdiz otra vez?

–¡Pero si hace un momento nos estábamos besando como locos!

–Perdona. TÚ me besabas a mí como un loco. Yo me dejaba hacer.

–Pues no lo parecía.

–Ya. Imaginación no te falta, desde luego.

Me la quedo mirando así... bueno, como si me estuviera tomando el pelo. Y no.

No me lo toma. Habla en serio. ¡La muy... habla en serio!

–¡Clara, coño!

–Eso, ahora ponte violento.

–¡Yo nunca me he puesto violento, y menos contigo!

–¡Me estás gritando!

–¡Yo no te grito!

–Y esto qué es, ¿eh? No me dirás que estás hablando en voz baja.

–Pero es que me estás diciendo...

–Te digo lo que te digo, y hay lo que hay. Eso es todo.

–Pero ¿así, sin más?

–No, sin más no. Esto es aquí y ahora, y hablamos aquí y ahora.

**línea 2** soltar a alguien *jdn loslassen* **14** ¡Vaya por Dios! *Um Gottes Willen!* **16** poner énfasis a algo *etw. betonen* **24** pillar algo (*fam.*) *etw. schnallen* **27** Ni repajolera idea. (*fam.*) *Nicht die geringste Ahnung.* **29** pálido/-a *blass* **30** acabarse *vorbei sein* **33** la mente *der Verstand* **37** ¡Se le hizo la luz! (*fam.*) *Er hat's kapiert!* **42** marear la perdiz (*fam.*) *etw. unnötig hinziehen* **43** besarse *sich küssen* **48** desde luego *selbstverständlich* **50** tomar el pelo a alguien *jdn auf den Arm nehmen* **53** ¡Coño! (*fam.*) *Verdammt!* **55** violento/-a *gewalttätig*

–Es lo mismo.
–No, no lo es. Si no has captado las vibraciones, es cosa tuya.
–¿Qué vibraciones?
–Caray, para mí estaban claras.
–O sea que cuando nos besábamos hace un momento, tú estabas quieta, rígida como una momia.
–Te dejaba hacer. Una tiene sus sentimientos. Una despedida como Dios manda y como seres civilizados.

La miro. Habla en serio. Seis meses son seis meses. La conozco bien. O creía conocerla bien. Clara me está dando puerta. A MÍ. Porque, según ella, tengo un problema, y MI problema soy YO. ¡Manda huevos!

–Venga, no seas…
–Ni se te ocurra. Da un paso atrás.
–No seas cría.
–Una cría jugaría. No es mi estilo.

Parece otra, tan seria, tan distante. Todavía me duelen los labios de tanto comérmela hace un momento. Ahora lo que me empieza a doler es el corazón. Y la cabeza. Me doy todavía más cuenta, de pronto, por si no lo sabía, de lo buena, buenísima que está. Trago saliva. ¿Qué hago?

–Pero… ¿qué te pasa?
–Nada.
–No, a ti te pasa algo.
–Pues no.
–¿Es por algo que he dicho o hecho?
–No, hombre, no. –Se cruza de brazos.

Otra barrera.

–Entonces…
–He despertado. Aquí y ahora. De golpe.
–Nadie despierta aquí y ahora, de golpe.
–Yo sí.
–¿Y por qué?

Jordi Sierra i Fabra: Todas las chicas se llaman Clara. Destino Infantil, 2015*

**68** captar las vibraciones *die Schwingungen bemerken* **71** ¡Caray! (*fam.*) *Zum Teufel!* **73** rígido/-a *steif* **74** la momia *die Mumie* **76** como Dios manda (*fam.*) *ordentlich* **76** como seres civilizados *wie zivilisierte Menschen* **82** ¡Manda huevos! (*fam.*) *Das gibt's doch nicht!* **84** Ni se te ocurra. *Denk nicht mal dran.* **85** el/la crío/-a *das Kleinkind* **92** tragar saliva *schlucken* **99** la barrera *die Barriere* **101** de golpe *auf einmal*

## Trabajar con un texto

**1** Lee el diálogo y resume el conflicto entre Víctor y Clara. ▸ Algo más, p. 135

**2** **a** Clara no está contenta con la relación. Imagina qué piensa mientras habla con Víctor y toma apuntes.

**b** Escribe una posible respuesta de Clara a la última pregunta de Víctor: «¿Y por qué?» (l. 104).

**3** ¿Qué piensa Clara sobre lo que ha pasado con Víctor? Imagina lo que escribe ella en su diario por la noche.

**4** Aprender mejor: Ein Figureninterview führen ▸ S. 144

**a** ¿Qué os interesa saber de Clara y de Víctor? Discutid en clase y formulad cinco preguntas para cada personaje.



**b** Repartid los roles. **A** es Clara, **B** es Víctor. Cada uno lee otra vez lo que dice su personaje en el texto. Luego imagina qué respuestas podría dar Clara/Víctor a las preguntas del ejercicio 4 a.

✔ Mithilfe eines Figureninterviews kann es dir leichter fallen, dich in die Figuren hinzuversetzen und den Text zu verstehen.



**c** Entrevista a tu compañero/-a. Él/ella contesta las preguntas del ejercicio 4 a desde el punto de vista de su personaje.

**d** Explica si tú personalmente estás de acuerdo con las respuestas de tu personaje. Si no, ¿qué contestarías?

# La leyenda del lago Titicaca

▶ Passend zu Unidad 1

## Actividad de prelectura

**1** Cuenta a tu compañero/-a lo que sabes sobre el lago Titicaca. Puedes utilizar el mapa (p. 232), **Cultura** (p. 151) y el texto de la Unidad 1 (p. 10).

Érase una vez un valle en el que todos, hombres y mujeres, vivían felices y tranquilos. Nada les faltaba pues la tierra era fértil y donde caía una semilla, crecía un árbol que daba frutos. En este lugar no había ni muerte, ni odio. Los Apus, los dioses de las montañas, eran buenos con los habitantes de aquel valle y los protegían. Solo una cosa les habían prohibido: subir a la cima de la montaña donde ardía el Fuego Sagrado.

El diablo, que no quería ser testigo de tanta felicidad, ideó un plan: hombres y mujeres debían mostrar su valentía subiendo a la cima prohibida. Y así lo hicieron.

Los Apus, al ver que los habitantes del valle habían desobedecido su orden, enviaron miles de feroces pumas para matarlos. No hubo ni un sobreviviente.

Al ver tal desgracia, Inti, el dios del Sol, no pudo evitar echarse a llorar. Sus lágrimas fueron tantas que en cuarenta días hicieron desaparecer el valle. Este valle inundado es lo que hoy conocemos como el lago Titicaca, cuya forma recuerda la de un puma.

Fuente: popular

**línea 1** el valle *das Tal* **2** la semilla *der Samen* **3** el dios *der Gott* **4** la cima *der Gipfel* **5** arder *brennen* **5** el Fuego Sagrado *das Heilige Feuer* **6** el diablo *der Teufel* **6** el testigo *der Zeuge* **7** la valentía *der Mut* **8** desobedecer *nicht gehorchen* **9** feroz *wild* **10** la desgracia *das Unglück* **11** desaparecer *verschwinden* **11** inundado/-a *überschwemmt*

## Trabajar con un texto

**2** **a** Lee las siguientes frases y busca las frases que expresan lo mismo en la leyenda.

1. Hace mucho tiempo...
2. Tenían de todo.
3. Quería ver a los habitantes infelices.
4. Hizo un plan.
5. Cuando vio el desastre...
6. Lloró muchas lágrimas.

**b** Explica qué diferencia hay entre las expresiones del ejercicio 2 a y las de la leyenda. Puedes contestar en alemán.

**3** **a** Relaciona las siguientes acciones con los personajes de la leyenda.

los Apus | el diablo | Inti | los habitantes del valle

*enviar* muchos pumas para matar a los habitantes
*hacer* un plan
*vivir* felices
*llorar* durante cuarenta días
*morir* todos
*hacer* desaparecer el valle con sus lágrimas
*subir* a la cima
*proteger* a los habitantes del valle
*prohibir* subir a la cima
*formar* un lago con sus lágrimas

**b** Ahora ordena cronológicamente las acciones.

**c** Con ayuda de tus apuntes cuenta tu versión de la leyenda a tu compañero/-a.

**4** A tu tío le interesa mucho Perú y el lago Titicaca.
Cuéntale en alemán lo que la leyenda dice sobre el lago.

**5** **a** Vuestro instituto de intercambio quiere presentar leyendas de diferentes países.
Escribid una leyenda en español. ► Den Schreibprozess organisieren, S. 145

- Primero buscad leyendas, por ejemplo, de vuestra región.
  Podéis buscar en Internet o en la biblioteca de vuestro instituto.
  Elegid la leyenda que más os guste.
- Subrayad los pasajes más importantes, en los que pasa algo.
- Buscad vocabulario en español para contar la leyenda. ► Wörter nachschlagen, S. 137
- Escribid la leyenda. Utilizad conectores y expresiones típicas. El ejercicio 2 a os puede ayudar.
- Al final revisad el texto y corregid vuestros errores. ► Fehler korrigieren, S. 148
- Si queréis, podéis hacer un dibujo para ilustrar la leyenda.

**b** Leed vuestras leyendas en clase.

# Poemas

▶ Passend zu Unidad 4

## Rima XLIV

Como en un libro abierto
Leo de tus pupilas en el fondo;
¿A qué fingir el labio
Risas que se desmienten con los ojos?
¡Llora! No te avergüences
De confesar que me quisiste un poco.
¡Llora! Nadie nos mira.
Ya ves; yo soy un hombre… ¡y también lloro!

Gustavo Adolfo Bécquer: Rima XLIV.
In: Rimas y leyendas. Editorial EDAF, S. A., 1985

**verso 2 el fondo** *der Grund* **3 el labio** *die Lippe*
**4 la risa** *das Lachen* **5 avergonzarse** *sich schämen*
**6 confesar algo** *etw. eingestehen*

## Dame la mano

Dame la mano y danzaremos;
dame la mano y me amarás.
Como una sola flor seremos,
como una flor, y nada más.

El mismo verso cantaremos,
al mismo paso bailarás.
Como una espiga ondularemos,
como una espiga, y nada más.

Te llamas Rosa y yo Esperanza;
pero tu nombre olvidarás,
porque seremos una danza
en la colina, y nada más.

Gabriela Mistral: Dame la mano.
In: Antología de poesía y prosa de Gabriela Mistral.
Fondo de Cultura Económica Chile,
Ministerio de Educación, 1997

**verso 1 danzar** *tanzen* **5 el verso** *der Vers*
**7 la espiga** *die Ähre* **7 ondular** *sich winden*
**12 la colina** *der Hügel*

### Trabajar con un texto

**1** Lee los tres poemas. ¿Cuál es el tema?

**2** **a** Elige uno de los poemas y explica por qué te gusta.

**b** Aprende el poema de memoria y recítalo en clase.

**3** **a** Lee el poema «Dame la mano» de Gabriela Mistral.
Fíjate en las palabras que riman y apúntalas en tu cuaderno. Subraya las sílabas que riman.

**b** Aquí ves diferentes esquemas de rima.
¿Cuál es el esquema de rima del poema «Dame la mano»?

1. abcd
2. abab
3. aabb

## Si me ves triste

Si algún día me ves triste, no me digas nada, solo quiéreme.
Si me encuentras en la soledad de la oscura noche, no me preguntes nada, solo acompáñame.
Si me miras y no te miro, no pienses nada, compréndeme.
Si lo que necesitas es amor, no tengas miedo, ámame.
Pero si alguna vez dejaras de quererme, no me digas nada.
Recuérdame.

Mario Benedetti: Si me ves triste.
In: 200 Poemas de Amor Vol. 2.
Colección de Oro de la Poesía Universal.
CreateSpace Independent Publishing Platform, 2018

**verso 2 la soledad** *die Einsamkeit* **2 oscuro/-a** *dunkel* **2 acompañar** *begleiten*
**5 si dejaras de quererme** *falls du aufhören solltest, mich zu lieben*

**4** **a** Lee el poema «Si me ves triste» de Mario Benedetti.
Qué piensas: ¿Quién habla con quién? ¿Por qué?

**b** Después del verso 4, «Si lo que necesitas… , ámame», escribe dos líneas más en el mismo estilo del poema. Empieza con: *Si…*

¡Tú eliges! Elige 5 o 6.

**5** Transforma el poema «Rima XLIV» en otro tipo de texto, por ejemplo, un cómic o una historia breve.
Imagina quiénes son las personas, dónde están y qué pasa.

**6** Imagínate que alguien ha escrito el poema «Rima XLIV» para ti.
Responde a esos versos, escribiendo tu poema con tus propias palabras en el mismo estilo.

# Escuchar el silencio

▸ Passend zu Unidad 3

## Actividad de prelectura

**1** Mira el texto y explica de qué género se trata. ¿Cómo lo sabes? Puedes contestar en alemán.

**PERSONAJES**
**Rema**
**Rómulo**

*Rema y Rómulo, dos vagabundos en el parque. Otros elementos esenciales para la representación: una sábana blanca, pintura para el rostro del mismo color, una rama de olivo, un pico de pájaro, un diábolo.*

**Rema:** ¡Qué calor!
**Rómulo:** ¡Psé!
**Rema:** Todos los veranos, igual.
**Rómulo:** ¡Psé!
**Rema:** Desde niña. Recuerdo que salíamos a la calle y mi mamá me decía «¡Qué calor!», y yo… «¡Quiero un helado!». *(Pausa.)* ¿No dices nada? *(Mirando alrededor y deteniendo su mirada en el público.)* Oye, Rómulo, ahí están ésos. Se creen más libres que nosotros.
**Rómulo:** ¡Déjalos!
**Rema:** Y es que… se lo creen de verdad.
**Rómulo:** ¡Déjalos!
**Rema:** *(Larga pausa.)* Anoche, tuve un sueño. Alguien me gritaba: «¡Rema Roma! ¡Rema, Roma!» ¿Tú, qué crees que quería decir el sueño? *(Piensa.)* ¿Qué yo me llamaba Rema Roma?, ¡hay que ver qué nombre y qué apellido!, ¿o que remase Roma…?
**Rómulo:** Yo, interpreto que…
**Rema:** No interpretes nada. Loca me volvería si te permitiese interpretar todos mis sueños. Ni lo imagines. Qué pretensiones.
**Rómulo:** *(En sus cavilaciones…)* A mí, esto de hacer de mimo, me va de puta madre. Mi padre me decía. «Hijo, llegarás muy lejos». Y aquí estoy, a 3000 kilómetros de su despacho. *(Larga pausa.)* «¿Que mi hijo se gana la vida con un diábolo…?» Eso dijo, el desgraciado. Por lo menos, digo yo, es un diábolo que salta, gira, hace piruetas, provoca la sonrisa y la admiración de los niños, la indiferencia o el desprecio de los curritos de a 8 horas… Eso, no lo consigue mi padre, por más acciones que compre en la Bolsa. ¿Pero quién es él? ¡Un a-nó-ni-mo accionista!
**Rema:** Le sigo dando vueltas a lo de «¡Rema Roma!» o *(Con voz más grave.)* «¡Rema, Roma!». No sé. No es lo mismo. *(Con la vista clavada en el público.)* ¡Mira cómo nos miran!
**Rómulo:** Oye tía, si nos miran porque nos miran, y si no, porque no nos miran. […]
**Rema:** ¿De qué harás hoy?
**Rómulo:** De paloma de la paz.
**Rema:** ¿Cómo sabrán que eres una paloma de la paz?
**Rómulo:** Es fácil. Me envuelvo en una sábana blanca. Y tú, ponte aquí. Haz como que me echas miguitas de pan, y di: «¡Palomitas, palomitas!». Y yo, aquí, tieso, con mi rama de olivo en los labios, sin ni siquiera rebajarme a mirar por interés, las dichosas miguitas de pan…
**Rema:** *(Observando a la gente que se detiene a mirarlos.)* ¿Tú crees que ésos, comprenderán la metáfora?
**Rómulo:** ¡Psé!
**Rema:** ¿Quíen? ¿La del pelo rojo?
**Rómulo:** ¡Psé!
**Rema:** ¿El de la camisa a cuadros?
**Rómulo:** ¡Psé!
**Rema:** No estoy tan segura.
**Rómulo:** Pues que no lo entienden, ponemos un cartel a mis pies: «Paloma de la Paz», y ya está.
**Rema:** Con esa historia, no nos echan un duro.
**Rómulo:** ¡Porque tú lo digas!
**Rema:** Eres un jodido hijo de… Pero te quiero. *(Pausa.)* Nos están mirando.
**Rómulo:** ¿Y qué? Nosotros también los miramos. Ellos nos miran. Nosotros… los miramos.
**Rema:** Eso, es verdad. *(Pausa.)* «¡Rema Roma!» o *(En tono más grave)* «¡Rema, Roma!». ¿Tú qué crees que quería decir mi sueño?

línea 1 el/la vagabundo/-a *der/die Landstreicher/in* 3 la sábana *das Bettlaken* 3 el rostro *das Gesicht* 4 la rama de olivo *der Olivenbaumzweig* 4 el pico de pájaro *der Vogelschnabel* 4 el diábolo *das Diabolo (Spielzeug)* 12 detener *anhalten* 18 gritar *schreien* 18 remar *rudern* 25 la pretensión *der Anspruch* 26 la cavilación *die Grübelei* 26 hacer de mimo *mimen* 27 me va de puta madre (*fam.*) *das kann ich richtig gut* 28 llegarás muy lejos *du wirst es weit bringen* 29 el despacho *das Büro* 30 el desgraciado *der Pechvogel* 32 la indiferencia *die Gleichgültigkeit* 33 el desprecio *die Verachtung* 33 los curritos de a 8 horas (*fam.*) *die, die 8 Stunden schuften* 34 la acción *die Aktie* 35 la Bolsa *die Börse* 35 el/la accionista *der/die Aktionär/in* 38 clavado/-a *fixiert* 42 ¿De qué harás hoy? *Was spielst du heute?* 44 la paloma de la paz *die Friedenstaube* 46 echar miguitas de pan *Brotkrümel werfen* 48 el labio *die Lippe* 60 el duro *alte spanische Münze*

**Rómulo:** Pregúntales a esos. Parecen saberlo todo.
**Rema:** Cara de parecer saberlo todo sí que tienen.
**Rómulo:** ¿Lo ves? ¡Pregúntales, mujer, pregúntales!
**Rema:** No me atrevo.
**Rómulo:** *(Burlándose.)* ¡Cobarde, cobarde, cobarde!
**Rema:** No es eso. *(Pausa.)* Es por el qué dirán.
**Rómulo:** Pero… ¿no dicen ya?
**Rema:** En silencio. Nos dicen cosas a nosotros, como nosotros, se las decimos a ellos.
**Rómulo:** ¿Te gustaría escuchar lo que dice su silencio?
**Rema:** Me gustaría. Sí.
**Rómulo:** Escuchemos. *(Comienzan a imitar a quienes les rodean… También pueden utilizarse voces en off).*
**Rema:** «Hija, no te acerques a esos vagabundos».
**Rómulo:** «¡Guardia! No pueden estar a la puerta del supermercado. Por favor, tienen que marcharse de aquí». «Circulen. Circulen».
**Rema:** «¿Mujer, te acuerdas de cuando nosotras jugábamos con los diábolos?».
**Rómulo:** «¡Qué tetas tiene la tía!».
**Rema:** «El chico tampoco está mal. ¡Lástima que sea tan moreno!». […] «No les hagáis caso, jóvenes, no toda la gente es mala».
**Rómulo:** «Policía. A ver, documentos».
**Rema:** No me gusta lo que escucho.
**Rómulo:** No escuches.
**Rema:** «¡Una paliza, es lo que necesitan!»
**Rómulo:** No mires para atrás; ni a los costados; ni delante… Camina. Camina… *(Caminan en sus respectivos sitios.)*
**Rema:** ¿Nos detenemos aquí?
**Rómulo:** Sí, aquí estará bien.
**Rema:** Cualquier lugar es bueno para nosotros.
**Rómulo:** Sí, cualquier lugar al sol.
**Rema:** ¿Tienes miedo?
**Rómulo:** ¿Yo, miedo? Verás, cuánto miedo tengo. ¡La sábana! *(Rema se la da.)* Mi rostro y mis manos, píntalas de blanco. Dame el pico… *(Se lo coloca.)* La rama de olivo… Y tú, a lanzar el diábolo y pasar la gorra.
**Rema:** Siento que nos están echando.
**Rómulo:** A mí, nadie me echa.
**Rema:** Ni a mí. […] Trescientas pesetas más, Rómulo, trescientas pesetas más, y ya tenemos para pagar el hostal de esta noche. *(Poco a poco pasa a oscuro.)*

Pilar Alberdi: Teatro breve. Edición Kindle, 2012*

**72** atreverse *sich trauen* **73** el/la cobarde *der Feigling* **83** el/la guardia *der/die Polizist/in* **88** la teta (*fam.*) *die Brust* **89** ¡Lástima! *Schade!* **90** moreno/-a *dunkelhäutig* **95** la paliza *die Tracht Prügel* **96** el costado *die Seite* **111** la peseta *ehemalige spanische Währung*

## Trabajar con un texto

**2** **a** Lee el texto y apunta la información en la tabla.

| ¿De quién habla el texto? | ¿Dónde están? | ¿Qué hacen? | ¿Por qué lo hacen? |
|---|---|---|---|
| | | | |

**b** Apunta en qué líneas del texto se habla sobre los siguientes temas.

1. el sueño de Rema 2. la paloma de la paz 3. el padre de Rómulo 4. lo que piensa la gente

**3** Explica el título «Escuchar el silencio».

**4** Practicad y presentad la pieza de teatro en clase.

**5** Imaginad que aparece uno de los siguientes personajes. ¿Cómo puede continuar la escena? Escribid el texto.

► Algo más, p. 135

un policía — una joven muy rica — el jefe del supermercado — un niño pequeño — alguien que vive en la calle — […]

## Unidad 1/¡Acércate!

**4** **a** ¿Qué explica el guía turístico sobre Machu Picchu?
Completa las frases con una preposición y el pronombre relativo el / la cual. ► Resumen, p. 25/5
► Suplemento 1, p. 27/3

↗ p. 12

1. Aquella era la plaza [...] celebraban sus fiestas.
2. Aquella es la montaña [...] llamaban «montaña joven».
3. Ese es el edificio [...] observaban el sol.
4. De allí tomaban los incas los materiales[1] [...] hacían caminos y casas.
5. Esas son las terrazas [...] los incas sembraban patatas y maíz.
6. Ese era el palacio del Inca[2] [...] poca gente podía entrar.
7. Allí vivían y trabajaban los maestros[3] [...] el Inca hablaba sobre los problemas del imperio.
8. Ese es el lugar [...] pueden tomar las mejores fotos de las ruinas.

con los cuales (2x)
al / a la cual
desde el cual (2x)
en la cual
en las cuales

1 el material *das (Bau-)Material*
2 el palacio *der Palast*
3 el maestro *der Lehrer*

**b** Mira otra vez el texto (p. 10/11) y explica qué son las siguientes cosas o lugares. Utiliza el pronombre relativo el/la cual. Tu compañero/-a adivina qué es. ► Resumen, p. 25/5 ► Suplemento 1, p. 27/3

↗ p. 12

Ingapirca | las terrazas | los quipus | los caballitos de totora | el puente Queshuachaca | [...]

1. Es un lugar desde el cual [...].
2. Son lugares en los cuales [...].
3. Es un sistema de cuerdas con el cual [...].
4. Son unas barcas con las cuales los incas [...].
5. Es una cosa por la cual [...].
6. [...].

## Unidad 1/Texto A

**2** **Algo más** Busca en el mapa de Perú (p. 232) las ciudades que visita Isabel en su viaje.
También puedes leer en **Cultura** (p. 151) sobre estos lugares.

**6** ¡Acuérdate del pretérito imperfecto y de pretérito indefinido! Isabel fue a Cuzco. Mira los dibujos y ponlos en el orden correcto. Completa las frases con el pretérito imperfecto y el pretérito indefinido.

↗ p. 17

1 No (*tener*) dinero, por eso (*tener* que) caminar.

2 Cuando (*salir*), (*haber*) mucha gente.

3 Como no (*estar*) sus padres, (*vestirse*).

4 Al final, (*encontrar*) a sus padres que (*estar*) comprando algo.

5

(*Ser*) tarde, cuando Isabel (*despertarse*).

6

(*Estar*) triste porque (*encontrar*) una nota.

**8** **a** Tú (**A**) entrevistas a tu compañero/-a sobre un viaje o una excursión especial. Toma apuntes mientras él/ella (**B**) cuenta. Luego tu compañero/-a te entrevista a ti.

↗ p. 17

**A**

Tú entrevistas a tu compañero/-a sobre un viaje o excursión especial. Puedes preguntarle:
- ¿Adónde fuiste y cuándo?
- ¿Con quién fuiste?
- ¿Qué hiciste allí?
- ¿Aprendiste algo?
- ¿Qué te pareció lo más interesante?
- ¿Qué te pareció aburrido?
- [...]

**B**

Tú cuentas sobre un viaje o excursión especial. Puedes utilizar las siguientes expresiones:

primero
después
además
cuando [...]
entonces
como
mientras
pero
por eso
al final

*ir a* [...]
*visitar a* [...]
*alquilar* un coche / una bicicleta / [...]
*comer/tomar* [...] en [...]
*encontrarse con* [...]
*aprender sobre* [...]
*observar* el paisaje / los animales / [...]
*pescar*
*jugar a* [...]
[...] me pareció interesante/aburrido porque [...].
[...]

**11** **Algo más** Haz un diseño en tu cuaderno como los del desierto de Nazca.

## Unidad 1/Texto B

**8** **b** ¿Qué dicen las personas? Completa las frases con el pronombre relativo cuyo/-a.

↗ p. 21

1. «Alto Perú», [...] labor está fuera de las aulas, trabaja con jóvenes.
2. Diego Villarán, [...] nombre ya era famoso en el mundo del surf, fundó «Alto Perú».
3. «Alto Perú» compró para los chicos las tablas y los trajes para surfear [...] precios son muy elevados.
4. Los jóvenes llevan trajes de neopreno en las playas de Lima, [...] aguas son muy frías.
5. Los chicos y las chicas de «Alto Perú», [...] meta es ser los mejores del país, entrenan todos los días.

## Suplemento 1

**1** **b** **Repasar el vocabulario:** ¿Qué cuenta Isabel sobre Perú?
Completa las frases con las siguientes palabras.

↗ p. 26

| | |
|---|---|
| interesante | caminar |
| el pescado | la altura |
| los cultivos | religioso/-a |

Muchos turistas a los que les gusta [...] hacen «el Camino Inca», que termina en Machu Picchu. Machu Picchu está a 2490 metros de [...]. Allí había un palacio[1], escuelas y edificios [...]. Los incas usaban terrazas para sus [...]. Además de quinua y patatas, comían [...] que traían de la costa. En Nazca, un lugar muy [...] en el desierto, es posible visitar las Líneas de Nazca.

Las terrazas incas más famosas están en Pisac, Perú.

1 el palacio *der Palast*

**c** **Ampliar el vocabulario:** Lee las siguientes frases.
Explica si las palabras subrayadas son verbos, sustantivos o adjetivos y qué significan.
Ejemplo: «Cultivable» es un adjetivo y significa que puedes cultivar algo.

↗ p. 26

«[...]» significa que [...].
«[...]» es alguien que [...].
«[...]» es cuando alguien/algo [...].

1. Aunque las tierras de los Andes son poco fértiles, son <u>cultivables</u>.
2. Carlos trabaja en un barco <u>pesquero</u>.
3. El <u>organizador</u> de «Alto Perú» se llama Diego Villarán.
4. Los habitantes de los Andes bailan «el carnavalito» con mucha <u>alegría</u>.
5. Todavía hoy <u>los historiadores</u> no saben mucho sobre Machu Picchu.
6. <u>Los caminantes</u> tardan cuatro días para llegar a Machu Picchu.
7. Mi perro es muy <u>juguetón</u>.
8. Isabel hizo <u>una caminata</u> de cuatro kilómetros.

✓ Si no conoces una palabra, pero sí una de la misma familia, puedes entender más fácilmente qué significa.
▶ **Wortfamilien nutzen, S. 137**

**3** **El pronombre relativo el/ la cual con preposiciones:** Completa las frases con una preposición y el pronombre relativo el/la cual. ▶ **Resumen, p. 25/5**

↗ p. 27

Ejemplo: 1. Manuel quiere leer un libro sobre los incas del cual hablaron ayer en la radio.

1. Manuel quiere leer un libro sobre los incas, [...] hablaron ayer en la radio.
2. Isabel le muestra a Ana una foto de un chico [...] conoció en Perú.
3. En Cuzco hay un museo [...] puedes aprender mucho sobre los incas.
4. El Inca vivía en un edificio [...] nadie podía entrar.
5. En Nazca, Isabel toma un avión [...] puede ver las líneas en el desierto.
6. Antes del viaje, Isabel compró un par de zapatos [...] recorrió Perú.
7. María habla de Diego [...] aprendió a surfear.
8. María fue ayer a una montaña [...] sacó fotos de la ciudad.

## Unidad 2/¡Acércate!

**1** **a** Lee el texto (p. 30/31) y explica qué afición tiene cada chico o chica y por qué le gusta. p. 30

| | | |
|---|---|---|
| La afición de [...] es...<br>el parkour.<br>la música.<br>ver vídeos de un *booktuber*. | Le/s gusta/n (porque) | que otros usuarios escuchen su música favorita.<br>te enseña a luchar por tus sueños.<br>en ellos vive muchas aventuras.<br>los vídeos le dan ganas de leer las novelas.<br>quiere estudiar diseño de videojuegos.<br>todos lo pueden practicar.<br>descubrir otros grupos y estilos de música.<br>quiere ayudar a los animales.<br>[...]. |
| La afición de [...] son...<br>los perros.<br>los videojuegos. | | |

**5** Lee las preguntas, escucha la entrevista con Celeste sobre su blog y elige las respuestas correctas. A veces hay más de una respuesta correcta. p. 32

1 17 DELE

1. Lo primero que preparó Celeste fue...
   a. una paella.
   b. un pastel de cumpleaños.
   c. una ensalada.
   d. una tortilla de patatas.
2. En su blog...
   a. presenta recetas y fotos.
   b. cuelga vídeos.
   c. cuenta de sus aventuras.
   d. enseña cómo grabar y colgar vídeos.
3. Para ella, sus seguidores más importantes son...
   a. sus compañeros del instituto.
   b. sus amigos.
   c. de EE. UU. y América Latina.
   d. su madre y su abuelo.
4. En el futuro Celeste quiere...
   a. trabajar en un restaurante.
   b. seguir con su blog.
   c. estudiar Ciencias Naturales.
   d. estudiar Biología.

## Unidad 2/Texto A

**2** **b** Ordenad los argumentos a favor y en contra de ser *vlogger* en una tabla. Si queréis subrayar frases o palabras, podéis descargar e imprimir el texto (Webcode **apu4sb**). p. 34

| a favor de ser *vlogger* | en contra de ser *vlogger* |
|---|---|
| [...] | [...] |

no tienes que seguir estudiando para lograrlo — también puede ser peligroso — nunca falta un *hater* — aunque no sea fácil, tampoco es imposible — puedes hacer de tu pasión una profesión — es muy guay poder leer lo que los otros piensan — es mucho trabajo — hay mucha competencia — dependes totalmente de las empresas — te pagan por la publicidad que haces

**7** **a** ¿Qué piden los compañeros de clase a Lía? Formula las frases con una forma del imperativo y con los dos pronombres correctos. ► Resumen, p. 44/3 ► Suplemento 2, p. 47/6 p. 35

Ejemplo: ¡Da**me** la mochila! → ¡Dá**me**la!

1. ¡Dame la mochila!
2. ¡Muéstrale los vídeos!
3. ¡Regálanos el libro!
4. ¡Dile la verdad!
5. ¡Explícanos los deberes!
6. ¡Cuéntame lo que pasó!
7. ¡Llévale las gafas!
8. ¡Tráenos chocolates!

le/s + lo/s = **se** lo/s
le/s + la/s = **se** la/s

**8** **b** Tú (**A**) quieres ser famoso/-a, p. ej. ser *vlogger*. Tu compañero/-a (**B**) piensa que es una mala idea. Presentad el diálogo. Podéis utilizar las expresiones de abajo.

↗ p. 36

**A**

Quieres ser famoso/-a y explicas tu idea. Tus argumentos más importantes son:
- *conocer* a mucha gente
- *ganar* mucho dinero
- *ir* a las mejores fiestas
- no *tener* que seguir estudiando
- *poder* hacer publicidad
- [...]

para empezar
en primer lugar
luego
por eso
además
para terminar

**B**

No crees que sea una buena idea. Tus argumentos más importantes son:
- *ser* mucho trabajo
- *haber* mucha competencia
- no *poder* salir como gente normal
- *tener* poco tiempo para los amigos
- no *saber* qué va a pasar en el futuro
- [...]

**9** **b** **Algo más** ¿Te puedes imaginar una vida sin Internet? Habla con tu compañero/-a.

## Unidad 2/Texto B

**6** Da una orden a tu compañero/-a. Él/ella la formula en imperativo negativo y después le da otra orden a la próxima persona.

↗ p. 40

Ejemplo:

¡Abre la ventana!

¡No abras la ventana! ¡Busca tu libro!

¡No busques tu libro! [...]

**13** **b** **Algo más** Busca un artículo que habla sobre Alemania y resúmeselo a tu compañero/-a.

## Suplemento 2

**5** **El indicativo y el subjuntivo:** Raúl llama a Merche para quedar por la tarde.
Elige la forma correcta del indicativo o del subjuntivo para completar el diálogo. ▸ Resumen, p. 44/2

↗ p. 47

**Merche:** Dígame.
**Raúl:** Hola, Merche, ¿qué tal? Tengo ganas de entrenar hoy, aunque me **duelen/duelan** todavía un poco las piernas... ¿Te apuntas?
**Merche:** No sé, primero tengo que hacer mis deberes. Además, hace mal tiempo y mientras **llueve/llueva** no podemos entrenar en el parque...
**Raúl:** Pues, cuando **vuelves/vuelvas** del instituto, puedes pasar por mi casa y hacer los deberes aquí. Y mientras los **haces/hagas**, yo **veo/vea** los vídeos del último entrenamiento. Luego, cuando **deja/deje** de llover, vamos juntos al parque. Y podemos entrenar, aunque no **sale/salga** el sol. ¿Qué te parece?
**Merche:** Muy bien. ¿A qué hora estás en casa?
**Raúl:** A las tres, más o menos. Normalmente salgo con el perro cuando **llego/llegue** a casa, pero hoy mi hermana lo quiere llevar a pasear.
**Merche:** Vale. Entonces hasta luego.
**Raúl:** Adiós.

## Evaluación 1

**5** Tu compañero/-a (**A**) va a pasar las vacaciones con sus padres en Perú y te hace algunas preguntas. Tú (**B**) eres de Perú y le contestas. Podéis usar **Cultura** (p. 151) y los textos (p. 10/11 y 14/15) para preparar el diálogo. Presentadlo en clase. **A** empieza. ► A, S. 49

- Dices tres lugares en Perú que tiene que visitar tu compañero/-a. Le preguntas qué quiere ver en la capital.
- Cuentas del lugar que más te gusta en Lima y por qué te parece interesante.
- Le cuentas sobre la comida típica de Perú.
- Explicas a tu compañero/-a qué es «soroche».

**B**

## ¡Anímate! 2

**2** **c** **Algo más** Escribe un mensaje con símbolos. Tu compañero/-a dice de qué trata.

## Unidad 3/¡Acércate!

**1** **b** Busca en los textos (p. 52/53) estas cifras. Después relaciona cada cifra con la información correspondiente y forma frases. ► Suplemento 3, p. 68/1
Ejemplo: 900 000 es el número de habitantes de la isla. p. 52

| | |
|---|---|
| **1.** 250 000 | **a.** turistas que visitan Mallorca cada año |
| **2.** 60 000 | **b.** turistas alemanes que vinieron en avión en 2017 |
| **3.** 14 000 000 | **c.** superficie de la isla en $km^2$ |
| **4.** 400 000 | **d.** turistas extranjeros que vinieron en 1959 |
| **5.** 3635 | **e.** habitantes de Palma |
| **6.** 4 675 703 | **f.** trabajadores en invierno |

**2** **Algo más** Elige una foto y descríbela a tu compañero/-a. Explica también por qué te gusta.

**4** **B** lee la información sobre Ibiza, **A** la información sobre Menorca (p. 54). Presenta tu isla a tu compañero/-a. Podéis mirar el mapa (p. 230). ► A, p. 54 ► Vocabulario temático, p. 169

### Ibiza

**Situación geográfica:** al suroeste de Mallorca
**Superficie:** 572 $km^2$ **Habitantes:** 134 460
**Punto más alto:** Sa Talaiassa, 475 m
**Capital:** Ibiza (Eivissa, en ibicenco)
**Lenguas:** castellano e ibicenco (variedad del catalán)
**Agricultura e industria:** ovejas, zapatos, ropa
**Turistas (avión) en 2017:** 3 938 672, casi un 10 % de ellos de Alemania y un millón del Reino Unido

Fuentes: AETIB, INE, IBESTAT, 2017/2018

**6** **c** Escucha una vez más y elige el final correcto. p. 54

2 4

1. En la Plaza de España está...
   a. el centro comercial.
   b. el museo del tráfico.
   c. la estación del tren a Alcudia.
   d. la estación de los trenes a Inca.
2. El tren de Sóller ya existe desde hace más de...
   a. seis años.
   b. cien años.
   c. siete años.
   d. sesenta años.

3. En el siglo trece,...
   a. fundaron la ciudad «Palmaria».
   b. Palma fue un centro de comercio.
   c. los árabes conquistaron Mallorca.
   d. pusieron una estatua al rey Jaime.

4. El monumento más famoso de Palma es...
   a. la Lonja.
   b. la Catedral.
   c. el Parque del Mar.
   d. el Palacio de la Almudaina.

5. Cuando los reyes van a Palma, viven en...
   a. el Castillo de Bellver.
   b. un hotel que está en el centro de la ciudad.
   c. un palacio que está en el centro de la ciudad.
   d. un palacio que no está en el centro de la ciudad.

6. Desde el Castillo de Bellver puedes ver...
   a. Palma y Sóller.
   b. el puerto y Menorca.
   c. la catedral y Barcelona.
   d. hasta la Sierra de Tramontana.

## Unidad 3/Texto A

Transkript des Hörtextes S. 55

2 8

**Alejandro**

Trabajo en este hotel desde hace quince años, primero en la cocina, después en la recepción. Durante todo ese tiempo he hecho muchas cosas diferentes. Me gusta ayudar a los turistas y quiero que lo pasen muy bien aquí. No obstante, a veces la recepción es un poco estresante. Mientras estás haciendo las reservas, alguien tiene un problema con la habitación y, además, llega un grupo de 20 personas. Y luego otro te pregunta dónde puede comer la mejor paella. Muchos no saben que es un plato típico de Valencia. Aquí, en Mallorca, hay muchos platos típicos riquísimos. Pero, bueno, sonríes y le das el nombre del mejor restaurante.
Lo bueno de mi trabajo es que conozco a gente de todo el mundo, de otras culturas, y escucho muchos idiomas. Este año ya he aprendido algunas palabras en polaco y en ruso.

**3** **c** ¿Qué dicen los chicos? Completa las frases con la forma correcta del verbo haber para formar el pretérito perfecto. ►Suplemento 3, p. 69/5

p. 56

1. Ya son las diez y todavía no [...] (yo) desayunado.
2. Jordina, ¿ya [...] (tú) puesto las mesas?
3. El turista [...] dejado una muy buena propina.
4. Este año [...] (nosotros) conocido a muchos turistas simpáticos.
5. Esta semana [...] (vosotras) tenido suerte con el tiempo.
6. Mis hermanas [...] comido muchas ensaimadas.

**4** **Algo más** ¿Qué dice la madre? Contesta la pregunta de Jordina con las formas correctas del pretérito perfecto.

*ir* a cenar con los colegas
*hablar* con mucha gente
*conocer* nuevos productos
*ir* en avión — *tomar* el tren/autobús
*dormir* en el hotel — *comer* mal/rápido
*trabajar* mucho — *visitar* toda la feria
no *tener* tiempo para ver la ciudad
[...]

**7** **b** Tú (B) ofreces el trabajo que A ha elegido en el ejercicio 7 a (p. 57).
Presentad el diálogo. A empieza. Luego intercambiad los roles. ►A, p. 57 ►Rollenspiele, S. 144

**B**

- Contestas el teléfono.
- Explicas lo que hay que hacer.
- Dices cuanto pagas y cuales son los horarios.
- Respondes y preguntas si el/la joven tiene experiencia.
- Dices «adiós».

Sí, dígame.

Hola, llamo por el anuncio […].

**8** **b** Escucha otra vez y decide qué es correcto. ↗ p. 58

2 9

1. En España hay **más/menos** jóvenes que trabajan en verano que en Francia o Alemania.
2. **Muchos/Algunos** jóvenes que estudian en la universidad tienen que trabajar en verano.
3. La cifra de jóvenes que no siguen estudiando después de la ESO **aumentó/bajó** entre 2008 y 2017.
4. El **60 % / 70 %** de los jóvenes que deja los estudios lo hace por el trabajo.
5. En España más del **25 % / 35 %** de los jóvenes entre 16 y 29 años no tiene trabajo.
6. **Casi la mitad de / Casi todos** los jóvenes entre 16 y 24 años han encontrado trabajo gracias a la familia, amigos y conocidos.
7. Cuando buscas trabajo, sobre todo son importantes **los estudios, la experiencia y los contactos / los estudios, las notas y la experiencia**.

## Unidad 3/Texto B

**1** **Algo más** Explica qué quiere decir el Dr. Moreno Pérez con las dos últimas frases (p. 61, ll. 61–64).

«Sea como sea, estas islas siempre han sido un lugar de paso para comerciantes, piratas y turistas. Siempre han sobrevivido y han guardado ese sabor multicultural que la historia les ha entregado.»

**4** **¡Acuérdate del pretérito imperfecto y del pretérito indefinido!** Completa el texto con la forma correcta del verbo. ↗ p. 62

### *La isla de Cabrera*

Durante los siglos XIII y XIV, los piratas del norte de África (*usar*) Cabrera para llegar a las costas mallorquinas. Por eso, en el siglo XIV, los mallorquines (*hacer*) un castillo a la entrada del puerto. Así, los piratas ya no (*poder*) esconderse en la isla porque en el castillo siempre (*haber*) alguien que (*observar*) desde allí la costa mallorquina.
En 1809, los españoles (*llevar*) a unos 9000 soldados[1] franceses a la isla, de los cuales solo 3600 (*volver*) a su país. Hoy un monumento recuerda a los franceses que (*morir*) en Cabrera.
En 1916 el gobierno español (*crear*) una base militar[2] en Cabrera. Curiosamente, esto (*proteger*) la naturaleza porque nadie (*poder*) visitar la isla.

Finalmente, en marzo de 1991 el gobierno de las Islas Baleares (*fundar*) el Parque Nacional de Cabrera.

1 el/la soldado *der/die Soldat/in* 2 la base militar *die Militärbasis*

**5** La periodista que habló con el Dr. Moreno Pérez os entrevista a vosotros. Contestad sus preguntas con la forma correcta del verbo en pretérito perfecto o pretérito indefinido, como en el ejemplo. Podéis utilizar los indicadores de tiempo de la tabla. ►Suplemento 3, p. 69/6

↗ p. 62

Ejemplo:

¿Alguna vez habéis organizado un proyecto ecológico?

No, todavía no lo hemos hecho. / Sí, organizamos uno el año pasado.

1. ¿Alguna vez habéis recogido basura?
2. ¿Alguna vez has trabajado en un jardín?
3. ¿Ya has plantado un árbol?
4. ¿Alguna vez has ayudado a limpiar la playa?
5. ¿Alguna vez habéis estado en un acuario?
6. ¿Has estado en una de las Islas Baleares?
7. ¿Has visto la posidonia alguna vez?
8. ¿Alguna vez has visitado un Parque Nacional?
9. ¿Ya has decidido lo que quieres estudiar?
10. ¿Alguna vez habéis estado en un atasco?

| con pretérito indefinido | con pretérito perfecto |
|---|---|
| el miércoles | ya |
| ayer | alguna vez |
| hace tres días | muchas veces |
| la semana pasada | todavía no |
| hace dos meses | nunca |
| el año pasado | hoy |
| en 2016 | esta semana |
| [...] | este año |
| | en mi vida |
| | [...] |

**10** **a** Aquí tienes una lista de palabras relacionadas con el medio ambiente. Ordénalas en un mapa mental.

↗ p. 64

**el medio ambiente** — [...]

la basura — el plástico / contaminar

| | | |
|---|---|---|
| el agua | generar (basura) | el plástico |
| las anclas de los barcos | los hoteles | poner en peligro |
| la basura | la infraestructura | las praderas de posidonia |
| la biodiversidad | el mar Mediterráneo | los problemas ecológicos |
| los caballitos de mar | el medio ambiente | proteger |
| la construcción en la costa | la naturaleza | los residuos |
| el consumo de energía y de agua | el paraíso | el sector agrícola |
| contaminar | el parque nacional | transparente |
| los ecosistemas marinos | los peces | el turismo |
| el envase | la pesca | [...] |

## Suplemento 3

7 **El pretérito indefinido, el pretérito perfecto y el pretérito imperfecto:** En un e-mail, Eulalia le cuenta a su amiga Jordina de las vacaciones de verano. Elige las formas correctas de los verbos.

↗ p. 69

Hola, Jordina:

Hoy **he vuelto / volvía** de Formentera donde **pasamos / hemos pasado** dos semanas mis padres, mi hermano y yo. Estas vacaciones **eran / han sido** estupendas porque siempre **hizo/hacía** sol y bastante calor. Con mi hermano y otros chicos **íbamos/fuimos** a la playa, **jugamos/jugábamos** al voleibol, **nadamos/nadábamos** y lo **pasamos/pasábamos** superbién.
Sin embargo, una noche **ha hecho / hizo** mucho viento[1] y por eso a la mañana siguiente toda la playa **ha estado / estaba** sucia: **ha habido / había** mucha basura de plástico y no **pudimos / hemos podido** nadar. ¡Qué palo! Claro, ese día nos **tocaba/tocó** limpiar la playa y durante dos horas **recogimos / hemos recogido** basura. Pero después **hicimos/hacíamos** una hoguera y **comíamos/comimos** pescado y patatas en la playa, ¡**fue/era** muy chulo! Incluso un chico **se ponía / se puso** a tocar la guitarra y todos **cantábamos/cantamos** nuestras canciones favoritas.
Y tú, ¿qué **has hecho / hacías** este verano? ¡Cuéntame!

Besitos, Eulalia

1 el viento *der Wind*

## Unidad 4/¡Acércate!

1 **a** Mira las fotos y lee los textos (p. 72/73). Luego relaciona las ocasiones con los mensajes. Sobran dos.

↗ p. 72

el día de la madre | el día de los enamorados | el día de las puertas abiertas
el Año Nuevo | el cumpleaños | la despedida de un profesor
el día de Sant Jordi | felicidades por pasar un examen

El mensaje [...] es [...].

3 **¡Acuérdate del gerundio!** ¿Qué están haciendo las personas? Describe el dibujo utilizando **estar** + **gerundio**.

↗ p. 74

*celebrar* una fiesta | *dar* las gracias | *sacar* una foto | *pensar* en su amiga | *pelear* | *dar* un beso | *apoyar* a su amigo | *sonreír*

**5** **c** **Algo más** Prepara un mensaje para el programa de Loli y grábalo. Luego preséntaselo a un/a compañero/-a.

## Unidad 4/Texto A

**6** Escucha el podcast y completa las frases. ↗ p. 77

1. El ídolo de Patricia es [...].
2. A Patricia le gustan sus canciones porque [...].
3. Ramón es [...].
4. Ramón es su ídolo porque [...].
5. El ídolo de Lucas es [...].
6. A Lucas le impresiona porque [...].

**7** Describe a tu ídolo. ► Las relaciones, p. 172 ↗ p. 77

El nombre de mi ídolo es [...]. Él/ella es [...].
Lo/la admiro porque [...].
Me impresiona porque [...].
Aun teniendo poco dinero/tiempo/[...],
siempre [...].
[...]

divertido/-a responsable simpático/-a
tranquilo/-a alegre gracioso/-a
inteligente sencillo/-a
disciplinado/-a valiente listo/-a
amable cariñoso/-a majo/-a
modesto/-a solidario/-a talentoso/-a
fuerte trabajador/a

## Unidad 4/Texto B

**1** **b** Busca en el texto (p. 79/80) la información más importante. Luego utiliza las siguientes preguntas para decidir qué información tienes que incluir en tu resumen. ↗ p. 80

¿Quién? ¿Dónde? ¿Cuándo?
¿Qué? ¿Cómo? ¿Por qué?

✔ Unter dem Webcode **apu4sb** kannst du den Text ausdrucken. Markiere die Haupt- und Nebeninformationen in unterschiedlichen Farben. Streiche anschließend alles durch, was davon unwichtig ist.

**3** **a** **Algo más** A Lucía el chocolate la hacía sentir mejor cuando estaba triste. ¿Qué piensas tú de eso? Cuenta también qué te ayuda a ti.

**7** Tú (**B**) hablas con tu amigo/-a (**A**) que echa de menos a su exnovio/-a. Presentad la escena. **A** empieza. ► A, p. 82

**B**
- Dices que lo sientes y preguntas cómo está **A**.
- Cuentas de una situación similar que te ha pasado y le dices lo que has hecho para superarla.
- Le das un consejo a **A**.
- Dices lo que piensas y lo que tú buscas en una persona. Le das otro consejo.
- [...]

## Suplemento 4

**1** **Sistematizar el vocabulario:** Copia la tabla en tu cuaderno y complétala con las palabras en español, su correspondiente en inglés y en alemán. También puedes añadir otro idioma.

↗ p. 86

considerar admirar identificarse la discriminación la inspiración repetir relajarse impresionar modesto/-a ofrecer la importancia la fortuna la fundación relacionado/-a

| español | inglés | alemán | otro idioma |
|---|---|---|---|
| considerar | [...] | [...] | [...] |

**6** **El gerundio:** La hermana mayor de Nayeli le da consejos. ¿Qué le dice? Utiliza el gerundio.
▶ Resumen, p. 84/3

↗ p. 87

1. (*Estudiar*) con ganas, puedes terminar el instituto sin problemas.
2. (*Concentrarse*) en lo que quieres, dejas de lado lo que no importa.
3. (*Escuchar*) a los que te quieren, puedes aprender mucho.
4. (*Compartir*) lo que sabes de tu cultura, puedes ayudar a otros.
5. (*Conocer*) tu cultura, nadie puede hacerte sentir mal por tu origen.
6. No (*olvidar*) de dónde vienes, es más fácil que sepas adónde vas.

[...]

[...]

## Módulo 1

**2** **a** Relaciona la información en los textos (p. 94/95) con las tres fiestas latinoamericanas.

↗ p. 94

los villancicos 1 y 2 de noviembre los platos especiales nueve días antes de la Navidad un altar la «Catrina» las guitarras y las quenas la «yunza» el belén

el carnaval de Perú

las novenas de aguinaldo

el Día de Muertos

## Módulo 2

**3** **a** ¿Qué se pregunta Jaime sobre el futuro?
Formula sus preguntas en futuro simple. ▶ Resumen, p. 106/3

↗ p. 100

1. ¿Solo (*comer*/yo) comida artificial?
2. ¿(*Preparar*/nosotros) comida con algas?
3. ¿Mis padres todavía (*ir*) al supermercado?
4. ¿(*Tener*/tú) un robot en casa?
5. ¿[...] (*ser*/él) todavia mi amigo?
6. ¿La tecnología (*cambiar*) el mundo?
7. ¿La gente todavía (*usar*) móviles y ordenadores?
8. ¿(*Haber*) institutos y universidades online?

**4** Mira el dibujo y describe cómo serán las aulas del futuro. ▶ Resumen, p. 106/3 ↗ p. 101

| limpiar | escribir | tener | trabajar | haber | usar |
|---|---|---|---|---|---|

**6** Cuenta a tu compañero/-a cómo será tu vida en diez años. ↗ p. 101

> En diez años tendré un coche.
> Si tengo un buen trabajo, haré muchos viajes.

*tener* un coche   *tener* una familia   *tener* 1/2/... hijos
*ir* a la universidad   *hacer* muchos viajes
*comprar* una casa   *salir* siempre con mis amigos
*hacer* un trabajo que me gusta
*hacer* una formación profesional   [...]

## Módulo 3

**5** **a** Imagínate que tú también quieres hacer prácticas en el hotel y la directora te hace la entrevista. Preparad vuestras respuestas a las siguientes preguntas. ↗ p. 104

1. ¿Cómo te llamas?
2. ¿Has trabajado ya en un hotel? ¿En la recepción por ejemplo?
3. ¿Por qué te gustaría hacer prácticas con nosotros?
4. ¿Qué crees qué tienes que hacer aquí en nuestro hotel?
5. ¿Qué te gusta hacer en tu tiempo libre?
6. ¿Cuáles son tus asignaturas favoritas en el instituto?
7. ¿Has hecho algunas prácticas en otro lugar?
8. ¿Cuántas semanas te gustaría quedarte con nosotros?

**8** **c** Relaciona las palabras clave con Julio Romero Vázquez o Cristina Garmendia Torres.
Mira otra vez los vídeos. Concéntrate en las respuestas a las cuatro preguntas. Puedes tomar más apuntes. Luego resume lo que dicen las dos personas.

↗ p. 105

| Julio Romero Vázquez | Cristina Garmendia Torres |
|---|---|
| **1. ¿Hizo una formación profesional o estudió en la universidad?** | |
| – hizo una formación profesional<br>– [...] | – [...] |
| **2. ¿En qué consiste su trabajo?** | |
| – [...] | – [...] |
| **3. ¿Qué es lo mejor de su profesión?** | |
| – [...] | – [...] |
| **4. ¿Qué desventajas tiene su trabajo?** | |
| – [...] | |

**1.** ¿Hizo una formación profesional o estudió en la universidad?

*hacer* un máster · *hacer* una formación profesional · *aprender* en un taller · *estudiar* en la universidad

**2.** ¿En qué consiste su trabajo?

*trabajar* en una oficina · *trabajar* en un taller · *dibujar* algo · *hacer* estanterías y armarios · *crear* historias, personajes y paisajes

**3.** ¿Qué es lo mejor de su profesión?

*hacer* algo con sus manos · *crear* un mundo · *imaginarse* algo · *crear* algo bello

**4.** ¿Qué desventajas tiene su trabajo?

*estar* todo sucio · *pasar* muchas horas delante del ordenador · *estar* muy cansado/-a · *ser* estresante

## Lectura

**El padrino**

**2** **Algo más** Imagina qué aspecto físico tiene Norberto y descríbelo.

**Todas las chicas se llaman Clara**

**1** **Algo más** Presentad la discusión entre Clara y Víctor a vuestros compañeros.

**Escuchar el silencio**

**5** **Algo más** Presentad vuestra escena a vuestros compañeros.

## ¡Hola! ►p. 9

**Cultura: 1.** bachillerato; **2.** País Vasco / norte de España; **3.** el castellano/español, el catalán, el vasco y el gallego; **4.** concertados; **5.** Felipe VI y Letizia, Madrid; **6.** segunda; **7.** rosas, libros; **8.** el Caribe, Centroamérica, el Cono Sur; **9.** gauchos; **10.** la pelota (vasca).

**Gramática: 1.** Es importante que estudies mucho, que descanses, que no te pongas nerviosa. **2.** Me molesta que la gente no use las papeleras / que haya tantos exámenes, me fastidia que aquí siempre llueva. **3.** Me sorprende que Bilbao sea tan moderno / que el vasco sea tan difícil / que en España hablen cuatro idiomas. **4.** Cuando era pequeña, no había piscina. Ahora sí que hay una. Antes había un tren, pero ahora ya no hay. Antes mucha gente trabajaba en el campo, ahora trabaja en la industria. **5.** Lo mejor de mi instituto es el patio porque hay muchos árboles. Lo peor son los baños, ¡siempre están sucios! **6.** Se prohíbe hacer ruido / tirar basura / hacer camping. **7.** Estoy leyendo mensajes en el móvil. Sigo escuchando música. Paso el tiempo mirando a la gente. **8.** Me voy a poner a aprender francés / a hacer más deporte / a mirar menos el móvil. **9.** Me gustaría conocer El Retiro / ir a comer tapas / ir a la montaña. **10.** El desierto es un lugar donde hace mucho calor y donde no llueve nunca.

**Para expresarte: 1.** Invité a mis amigas, comimos un pastel y fuimos al cine. **2.** Para ir al instituto tomo la línea 3 del metro. Son cinco paradas. Me bajo en Giselastraße y camino ocho minutos. **3.** Tengo que ordenar mi habitación cada semana. Tengo que tirar la basura cada tarde. Ayudo en la cocina cuando mi padre me lo pide. **4.** En el pueblo, los caminos son más cortos y es más fácil conocer a otra gente. En la ciudad puedes hacer más cosas, pero hay más ruido que en el pueblo. **5.** Para el próximo examen de Inglés voy a empezar a estudiar antes. ¿Por qué no me ayudas? **6.** En Hamburgo empiezas a ir al colegio a los seis años. La educación primaria termina después de cuatro años. La educación secundaria es de ocho años si vas al «Gymnasium» o de nueve si vas a una «Stadtteilschule». **7.** El «Gymnasium» es un lugar para estudiar. El «gimnasio» es un lugar para hacer deporte. **8.** Sé hablar italiano, sé nadar y sé jugar al tenis. Pero hoy no puedo jugar porque está lloviendo. **9.** Llama a tu novia y pregúntala por qué no te llama. Invítala a tomar algo y a hablar del problema. **10.** Estoy a favor del uniforme en el colegio porque si todos llevan la misma ropa, no puedes saber quién tiene más dinero. No tienes que ir siempre a la moda.

# Teste deine Grammatikkenntnisse

## Unidad 1 ►p. 25

**1:** 1. habían llamado; 2. había dormido; 3. había preguntado; 4. habíamos hecho; 5. os habíais ido; 6. habías escrito
**2:** 1. dormía, cantaba; 2. llegamos, encontramos; 3. explicaba, miraba; 4. salisteis, empezó; 5. chateaba, jugaba
**3:** 1. cuya; 2. cuyos; 3. cuyo; 4. cuyo; 5. cuya; 6. cuyo
**4:** 1. a los cuales; 2. del cual; 3. con las cuales; 4. desde la cual; 5. con las cuales

## Unidad 2 ►p. 45

**1:** 1. los míos; 2. la suya; 3. los nuestros; 4. los suyos; 5. el tuyo; 6. los vuestros
**2:** 1. hace; 2. estudie; 3. trabaja; 4. vayamos; 5. enseñan; 6. conozcas
**3:** 1. ¡Mándamelas!; 2. ¡Cuéntasela!; 3. ¡Cómpramelo!; 4. ¡Lávatelas!; 5. ¡Tráemelos!; 6. ¡Cuéntanosla!; 7. ¡Dásela!; 8. ¡Préstaselo!
**4:** 1. no escribas; 2. no publiquéis; 3. no uses; 4. no pongas; 5. no subáis; 6. no te conectes; 7. no abráis; 8. no leas

## Unidad 3 ►p. 67

**1:** 1. pobre chico; 2. gente pobre; 3. única isla; 4. deportista único; 5. antigua vecina; 6. casa antigua; 7. ciudad grande; 8. grandes artistas
**2:** 1. hemos hecho; 2. han visitado; 3. Has estado; 4. he puesto, has visto; 5. habéis comido; 6. ha tomado; 7. han grabado; 8. he ido, Ha sido
**3:** 1. era, vivía; vendieron, se fueron; han decidido; 2. has escrito, hice 3. Hacía, Comimos, conocí, bailamos, ha llamado; 4. llegaste, estaba, ha parado; 5. han vuelto, hablé, Han hecho; 6. trabajó, gustó, conoció; hacía, podía, ha querido, han aceptado

## Unidad 4 ►p. 85

**1:** 1. Estamos escribiéndoles.; 2. Estoy leyéndolo.; 3. Estáis comiéndolo.; 4. Están contándola.; 5. ¿Estás viéndola?; 6. Está celebrándolo.
**2:** 1. hablando; 2. aun teniendo; 3. estando cansada; 4. aun estudiando poco; 5. sabiendo hablar; 6. corriendo
**3:** 1. Al; 2. sin; 3. Hasta; 4. por; 5. por; 6. sin; 7. Al; 8. hasta
**4:** 1. tenga; 2. sea; 3. sea; 4. conozca; 5. fascine; 6. quiera

## Módulos ►p. 107

**1:** 1. En esta tienda se ofrece ropa muy cara.; 2. En verano se come mucho helado.; 3. Esto se escucha mucho.; 4. Para la fiesta se preparan muchos platos típicos.; 5. Aquí se habla español.; 6. Este hotel se limpia todos los días.
**2:** 1. son modernizados; 2. es celebrado; 3. es tocada; 4. son organizadas; 5. son preparados
**3:** 1. estarás; 2. haré; 3. organizaremos; 4. saldrá; 5. Vendréis; 6. tendrán
**4:** 1. diría, estaría; 2. me apuntaría; 3. haríamos; 4. pondría

## Wortschatz

### Wörter verstehen

**1 Andere Sprachen nutzen**

Viele Wörter aus verschiedenen Sprachen ähneln sich, da sie denselben Ursprung haben.
Nutze dein Wissen aus anderen Sprachen, um die Bedeutung unbekannter Wörter zu erschließen.

| | |
|---|---|
| la escuela | die Schule |
| the school | okul |
| школа | l'école |

**2 Wortfamilien nutzen**

Wörter, die denselben Wortstamm haben, gehören zu einer Familie, z. B. cultivar, el cultivo. Die Ähnlichkeit der Wörter einer Wortfamilie hilft dir dabei, die Bedeutung neuer Wörter zu erschließen. Die Endung gibt oft einen Hinweis auf die Wortart.

**Ejercicio:**
Finde die Bedeutung folgender Wörter und nenne jeweils ein Wort aus derselben Familie:
nombrar
el aburrimiento
el cocinero
veloz
la donación
pensativo/-a

**3 Kontext nutzen**

Wörter stehen selten allein. Oft hilft dir der Kontext – also der Zusammenhang – die Bedeutung eines Wortes zu verstehen.

### Wörter nachschlagen

**4 Zweisprachiges Wörterbuch**

Wenn du die Bedeutung eines Wortes suchst, kannst du es in den alphabetischen Wortlisten (▸ S. 195) nachschlagen. Suchst du ein Wort, das in diesem Lehrbuch nicht vorkommt, kannst du es in einem Online-Wörterbuch (**Ein Online-Wörterbuch nutzen** ▸ S. 149) oder einem zweisprachigen Wörterbuch nachschlagen: Verben im Infinitiv, Substantive im Singular und Adjektive in der maskulinen Singularform. Die Bedeutung der Abkürzungen, die dir Informationen zu einem Wort liefern, findest du im Abkürzungsverzeichnis am Anfang oder Ende deines Wörterbuchs.

**a Spanisch-deutsches Wörterbuch**

So ist ein Wörterbucheintrag aufgebaut:

Wortart:
*n.* = *nombre* (Nomen/Substantiv)
*v.* = *verbo* (Verb)
*adj.* = *adjetivo* (Adjektiv)

**línea** ['linea] *n. f.*
1. (allgemein) die Linie
2. (Text, Tabelle) die Zeile
3. (Telefon) die Leitung
4. ~ **aérea** die Fluggesellschaft
5. ~ **de meta** die Ziellinie

Genus (Geschlecht):
*f.* = *femenino* (weiblich)
*m.* = *masculino* (männlich)

1., 2., 3., 4., 5. = verschiedene Bedeutungen des Wortes

Die Tilde ~ ersetzt das gesuchte Wort.

**b Deutsch-spanisches Wörterbuch**

So ist ein Wörterbucheintrag aufgebaut:

Genus (Geschlecht):
*f.* = *feminin* (weiblich)
*m.* = *maskulin* (männlich)
*n.* = *neutrum* (sächlich)

**Gang** *m.*
1. (Art zu gehen) los andares: ***Ich erkenne dich an deinem*** ~. Te reconozco por tus andares.
2. (Flur) el pasillo
3. (Essen) el plato
4. **in** ~ **kommen** ponerse en marcha
5. **einen** ~ **zulegen** meter caña

Redewendung

✓ Lies immer den ganzen Wörterbucheintrag durch, bevor du dich für die passende Bedeutung entscheidest.
Überprüfe das spanische Wort dann im spanisch-deutschen Teil des Wörterbuchs, um ganz sicher zu gehen.

Neu **5 Einsprachiges Wörterbuch**

Ein einsprachiges Wörterbuch
- zeigt dir die korrekte Schreibung und Aussprache eines Wortes,
- erklärt das Wort auf Spanisch,
- gibt Beispiele für den Gebrauch (Kontext, Kollokationen),
- enthält Synonyme und Antonyme.

So ist ein Wörterbucheintrag aufgebaut:

Genus | Begriffserklärung | Kontext/Anwendungsbeispiel

**Euforia** [euforia] *f.* Alegría grande, optimismo, sensación de bienestar: *El triunfo del equipo local produjo una gran ~ entre los aficionados.* • *sin.:* entusiasmo, júbilo. *ant.:* depresión, desánimo, pesimismo, tristeza.

Antonym | Synonym

## Wortschatz lernen und systematisieren

**6 Wortschatz lernen**

**a Karteikarten**

Führe deinen Karteikasten weiter oder lege dir einen an.
- Schreibe auf eine Seite einer Karteikarte das spanische Wort und einen Beispielsatz. Schreibe auf die andere Seite die deutsche Übersetzung.
- Besonders Verbformen kannst du gut mit Karteikarten lernen: Schreibe dabei alle Verbformen, die du zu einem Verb schon kennst, auf eine Karteikarte. Ergänze deine Karteikarte immer dann, wenn du einen neuen Modus oder eine neue Zeitform kennenlernst, z. B. das pretérito pluscuamperfecto.

**b Digitale Medien**
- Lerne Vokabeln mit einem Vokabeltrainer am Computer oder auf dem Handy, z. B. mit der Vokabel-App.
- Bei vielen Vokabeltrainern oder Apps kannst du dir die Wörter auch anhören und nachsprechen.
- Du kannst digitale Geräte auch zum Lernen nutzen, indem du dich selbst aufnimmst und anhörst.

**7 Wortschatz systematisieren**

**a Wortpaare**
- Lerne Wörter als Paare: Suche zu einem neuen Wort ein anderes, das dazu passt, z. B. ein Wort mit einer ähnlichen Bedeutung, eines aus derselben Wortfamilie oder das Gegenteil.
- Schreibe die Wortpaare auf Karteikarten und lerne sie zusammen.

responder = contestar
la lengua = el idioma

pescar – el pescador
el trabajo – trabajar

interesante ≠ aburrido/-a
antes ≠ ahora

**b Mindmap**

Du kannst das Vokabular zu einem Thema auch in einer Mindmap ordnen:

- Schreibe in die Mitte das (Haupt-)Thema, z. B. los medios.
- Lege Unterbegriffe fest (z. B. el Internet) und trage sie in die Mindmap ein.
- Ordne diesen Begriffen weitere Wörter zu, z. B. el e-mail.

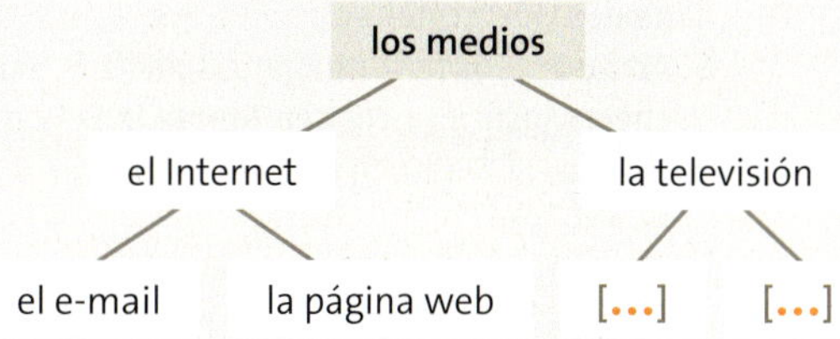


Neu

**c Wortschatz erweitern**

Du kannst die Texte deines Lehrbuchs als Fundgrube für den systematischen Aufbau deines Wortschatzes nutzen. Sammle Wörter und Ausdrücke aus den Texten und ordne sie in Gruppen, z. B. nach Themen (mit Hilfe einer Mindmap), nach Situationen und Redeabsichten, nach Wortfamilien oder sammle alle Ausdrücke mit einem bestimmten Verb. Erweitere deine Listen nach und nach mit neuem Wortschatz und nutze sie, wenn du Texte schreibst.

**d Wortbildung**

Du kannst dir das Vokabellernen erleichtern, wenn du über gewisse Regelmäßigkeiten Bescheid weißt. So kannst du zum Beispiel an der Endung sehen, welche Wortart oder welches Geschlecht ein Wort hat.

**Ejercicio:**
Leite die Wortart und ggf. das Geschlecht der folgenden Wörter von ihrer Endung ab:
comunidad temor explicable actitud

| | | |
|---|---|---|
| -dad/-tad/-tud | feminine Substantive | la actividad, la mitad, la longitud |
| -ción/-sión | feminine Substantive | la habitación, la exposición, la televisión |
| -or | maskuline Substantive | el comedor, el dolor, el ordenador |
| -able/-ible | Adjektive | responsable, imposible |

## Hören

### Vor dem Hören

Neu **1 Hörerwartungen nutzen**

- Lies dir die Aufgabenstellung genau durch und stelle dir die Gesprächssituation vor: Wie viele Personen werden sprechen? Wo könnten die Personen sein? Wenn du die Situation kennst, kannst du dir vorstellen, worum es geht.
- Manchmal helfen dir auch Überschriften oder Bilder, dir die Situation besser vorzustellen.
- Überlege dir vor dem Hören bestimmte Erwartungen an den Hörtext und stelle Hypothesen auf, worum es im Text gehen könnte. Wenn du diese während des Hörens überprüfst, fällt es dir leichter, den Text zu verstehen.
- Oft musst du nur bestimmte Informationen aus einem Text heraushören. Lies dir die Aufgabenstellung deshalb vor dem Hören noch einmal durch und achte nur auf das, wonach gefragt wird.

### Während des Hörens

**2 Notizen machen**

Da du beim Hören wenig Zeit zum Schreiben hast, halte deine Notizen so knapp wie möglich:

- Notiere nur Stichwörter, keine ganzen Sätze.
- Notiere nur die Informationen, nach denen gefragt wird.
- Lasse Artikel und Konjunktionen weg, z. B. metro + autobús (statt el metro y el autobús)
- Verwende Abkürzungen, z. B. km (kilómetro), tele (televisión) und Zeichen und Symbole, z. B. = für igual, ≠ für diferente, + für y bzw. más, – für menos usw.

**3 Globales Hörverstehen**

- Achte auf Hintergrundgeräusche (z. B. Verkehr, Lachen, Musik, ...) oder den Tonfall (z. B. wütend, froh, traurig, ...). Dadurch fällt es dir leichter, die Situation zu erfassen.
- Du solltest nach dem ersten Hören wissen, wie viele Personen miteinander sprechen, worum es geht und vielleicht, wo das Gespräch stattfindet: ¿Quién?, ¿Qué?, ¿Dónde?

**Ejercicio:**
2 36 Höre dir den Hörtext an und beantworte die Fragen:
¿Cuántas personas hablan?
¿Dónde están? ¿De qué hablan?

**4 Selektives Hörverstehen**

- Wenn du laut Aufgabenstellung nur bestimmte Informationen heraushören sollst, achte nur auf diese Informationen.
- Schreibe nur Stichpunkte auf (z. B. in einer Tabelle).
- Verwende Abkürzungen, um beim Mitschreiben Zeit zu sparen (**Notizen machen** ▸ S. 139).

**5 Detailliertes Hörverstehen**

In einigen Situationen musst du Texte oder Hinweise im Detail verstehen, um zu wissen, was genau passiert bzw. was du zu tun hast (z. B. bei einer Wegbeschreibung).

- Mache dir dazu während des Hörens Notizen.
- Wenn du etwas nicht verstehst, lasse an dieser Stelle eine Lücke und versuche, die Lücke beim nächsten Hördurchgang zu schließen.

### Hör-Seh-Verstehen

Neu **6 Filmische Elemente für das Verstehen nutzen**

Wenn dir beim Hören zusätzlich Bilder zur Verfügung stehen oder wenn du einen Filmausschnitt siehst, erhältst du gleichzeitig mehrere Informationen: das Bild, die Sprache und die Geräusche bzw. Musik. Bilder ersetzen hier oft Worte; sie können die sprachlich dargebotenen Informationen stützen, ergänzen oder ihnen auch widersprechen.

- Konzentriere dich beim ersten Sehen auf die Bilder. Leite daraus Informationen über Figuren oder Gegenstände, Thema und Situation ab.
- Achte auf die Mimik, Gestik und Bewegungen der Figuren. Was erfährst du über ihre Gefühle oder ihren Charakter?
- Achte auch auf die Stimmung, die durch die Musik hervorgerufen wird, und auf Lichteffekte.
- Konzentriere dich erst am Schluss auf das Gesprochene. Leite aus dem, was du verstehst, die gesuchten Informationen ab.

## Lesen

### Vor dem Lesen

**1 Texte über ihre Gestaltung erschließen**

Das Aussehen eines Textes verrät dir oft schon etwas über die Art des Textes (z. B. Zeitungsartikel, Blogeintrag) und seinen Inhalt.

- Schaue dir den Text an, mache dir seine Gestaltung bewusst und finde heraus, um welche Textsorte es sich handelt: Ein Dialog sieht z. B. anders aus als eine E-Mail oder ein Brief. Bei einer Speisekarte weißt du sofort, welche Art von Information dich erwartet.
  Einen Prospekt oder ein Gedicht erkennst du ebenso wie z. B. Werbetexte, Gebrauchsanweisungen oder einen Wetterbericht auf den ersten Blick.
- Überschriften und Zwischenüberschriften geben dir wichtige Hinweise zum Thema eines Textes.
- Fotos, Bilder und Grafiken liefern dir weitere wichtige Informationen.
- Indem du das Layout eines Textes analysierst und beschreibst, kannst du wichtige Elemente der Struktur und des Inhalts des Textes herausfinden und benennen.

## Während des Lesens

### 2 Globales Leseverstehen

Manchmal genügt es, im Großen und Ganzen zu verstehen, worum es in einem Text geht:

¿Quién/es hace/n algo?
¿Qué pasa? / ¿Qué hace la gente?
¿Dónde pasa?

- Lies den Text einmal durch, ohne dich an unbekannten Wörtern aufzuhalten, und versuche, Antworten auf die drei wichtigsten „W-Fragen" (rechts) zu finden.
- Die Beantwortung der „W-Fragen" hilft dir auch dabei, Schlüsselwörter herauszufinden, die für das Textverständnis besonders wichtig sind.
- Nicht immer gibt ein Text Antwort auf alle „W-Fragen". Wenn du auf eine der ersten drei W-Fragen keine Antwort findest, kannst du versuchen, mit Hilfe der Fragen ¿Cuándo?, ¿Cómo? und ¿Por qué? weitere wichtige Informationen und Schlüsselwörter zu finden.

### 3 Selektives Leseverstehen

Manchmal musst du nur bestimmte Informationen in einem Text verstehen:

- Lies dir vor dem Lesen die Aufgabenstellung genau durch. Dann weißt du, nach welchen Informationen du suchen sollst.
- Überfliege den Text und suche ihn dabei nur nach den Schlüsselwörtern ab, die dir bei der Beantwortung der Aufgabe helfen. Alles andere kannst du überlesen. Sollst du zum Beispiel Öffnungszeiten aus einem Prospekt herauslesen, dann achte nur auf Tage und Uhrzeiten.

### 4 Detailliertes Leseverstehen

Manchmal (z. B. bei Rezepten oder Gebrauchsanweisungen) musst du einen Text genau verstehen. Dazu kannst du dir zunächst seine Gliederung bewusstmachen:

**Ejercicio:**
Lies den Text auf S. 112/113 (**Lectura**), gliedere ihn in Sinnabschnitte und gib diesen Abschnitten Überschriften.

- Teile den Text in Sinnabschnitte ein. Ein Sinnabschnitt kann einen oder mehrere Absätze umfassen.
- Gib jedem Sinnabschnitt eine Überschrift, die zusammenfasst, worum es geht.

Mache dann in jedem Sinnabschnitt sichtbar, was du schon verstanden hast und was du noch „knacken" musst:

- Lies jeden Abschnitt und unterstreiche darin alles, was du verstehst. Das sind deine „Verstehensinseln".
- Schaue dir diese „Inseln" genauer an. Welche Wörter und Informationen kannst du um sie herum erschließen?
- Lies den gesamten Text noch einmal und unterstreiche dabei wieder alles, was du verstanden hast.
- Bleiben Wörter übrig, die du noch nicht verstanden hast? Versuche, diese über den Kontext oder die Gestaltung zu erschließen oder schlage sie im Wörterbuch nach, wenn du den Eindruck hast, dass sie für dein Textverständnis wichtig sind (**Spanisch-deutsches Wörterbuch** ▸ S. 137).

### Neu 5 Ein Leseprotokoll führen

Ein Leseprotokoll hilft dir dabei, dir über den Inhalt und die Zusammenhänge eines Textes oder Buches bewusst zu werden. Besonders hilfreich ist ein Leseprotokoll, wenn du eine Zusammenfassung des Textes anfertigen oder das Buch vorstellen willst.

- Notiere für dein Leseprotokoll zunächst Titel, Verfasser und Erscheinungsjahr des Textes.
- Lege dann eine Tabelle an und notiere darin die Seitenzahl des gelesenen Abschnittes, die wichtigsten Personen, eine kurze Zusammenfassung der Handlung sowie ggf. weitere Informationen, wie z. B. Gefühle oder Erinnerungen der Personen.
- Um die Handlung zusammenzufassen, teile den Text zunächst in Sinnabschnitte ein und überlege dir, welche Informationen aus den jeweiligen Abschnitten für die weitere Handlung wichtig sind.

| Capítulo | Personajes más importantes | ¿Qué pasa? | Más información |
|---|---|---|---|
| Secuencia 1, pp. 10–15 | – Carlos<br>– Raquel | – Carlos tiene que comprar un regalo para su hermano... | […] |

## Sprechen

Um dich in Gesprächen gut ausdrücken zu können, helfen dir die Kästen **Para comunicarse** in der **Lista cronológica** (► p. 173).

### Monologisches Sprechen

**1** **Ein Kurzreferat halten** (hacer una presentación)

Vorbereitung
- Sammle zuerst Informationen zu deinem Thema (**Informieren und Recherchieren** ► S. 149). Ordne die Informationen, z. B. mit Hilfe einer Mindmap oder einer Tabelle.
- Beantworte folgende Fragen und finde einen roten Faden für deinen Vortrag: Wie lange soll mein Vortrag dauern? Welche Themen/Aspekte sind interessant? In welcher Reihenfolge spreche ich über meine Themen?
- Schreibe eine Gliederung auf und ordne die Informationen, die du gesammelt hast, darin ein.
- Sammle anschließend Wörter und Ausdrücke, um über dein Thema zu sprechen (siehe **Para comunicarse** in der **Lista cronológica** ► p. 173).
- Formuliere den Text deines Vortrags.
- Fertige dir einen Stichwortzettel an, um möglichst frei zu sprechen.
- Kannst du für deinen Vortrag ein Poster, eine Collage oder ein Präsentationsprogramm verwenden? Das hilft dir, dich während des Vortrags zu orientieren, und deine Mitschüler können dir besser folgen.
- Übe deinen Vortrag vor dem Spiegel, vor deinen Freunden oder deinen Eltern. Stoppe beim Einüben die Zeit, damit du weißt, ob du den Vortrag kürzen bzw. erweitern musst.

Durchführung
- Sprich langsam, laut und deutlich.
- Versuche, nicht abzulesen, sondern so frei wie möglich zu sprechen.
- Schaue deine Mitschüler während des Vortrags an, damit du siehst, ob sie dir folgen und dich verstehen.

✓ Wenn du dich an ein Wort nicht erinnerst, kannst du es umschreiben (**Wörter umschreiben** ► S. 148).

Um deine Präsentation zu strukturieren, helfen dir die folgenden Redewendungen:

| | |
|---|---|
| am Anfang deines Referats | Voy a / Me gustaría hablar de [...].<br>Os voy a / quiero presentar [...]. |
| während deines Referats | Al principio de mi presentación, voy a hablar de [...].<br>Voy a empezar por [...].<br>Ahora paso al punto siguiente: [...].<br>Después/luego, [...].<br>Para terminar, [...]. |
| am Ende deines Referats | ¡Gracias por vuestra atención! ¿Tenéis preguntas? |

Neu **2** **Ein Bild beschreiben**

Wenn du ein Bild (Foto, Karikatur usw.) beschreiben willst, solltest du folgende Dinge beachten:
- Sage zunächst, von wem das Bild stammt und wie das Bild heißt.
- Sage dann, worum es auf dem Bild geht.
- Wähle für deine Beschreibung eine sinnvolle Reihenfolge, z. B. eine räumliche oder thematische, um die abgebildeten Elemente zu nennen.
- Achte bei deinen Formulierungen auf den korrekten Gebrauch von hay und estar.
- Wenn auf dem Bild Personen abgebildet sind, beschreibe ihr Aussehen. Willst du ihre Handlungen beschreiben, verwende estar + gerundio (z. B. En la foto hay dos personas. Una está jugando al fútbol y la otra está mirando).
- Beziehe dich auch auf Bildunterschriften, Sprechblasen usw.

**Ejercicio:**
Sieh dir das Bild auf S. 51 an und beschreibe es.

Folgende Ausdrücke helfen dir bei der Bildbeschreibung:

| | | |
|---|---|---|
| Este/-a es<br>Estamos viendo<br>Aquí veis | un cuadro<br>un dibujo<br>una ilustración<br>una imagen<br>una foto<br>un cómic | de [...] que se llama [...]. |

| | | | |
|---|---|---|---|
| Este cuadro<br>Este dibujo<br>Esta foto<br>[...] | presenta<br>muestra | un detalle<br>una escena<br>aspectos interesantes | de [...]. |

| | |
|---|---|
| A la izquierda/derecha<br>En el centro<br>Arriba/Abajo<br>En primer plano<br>Al fondo | hay [...].<br>puedes/podéis ver [...].<br>vemos [...]. |

| | |
|---|---|
| Cerca (de) [...]<br>Detrás (de) / delante (de) [...]<br>Enfrente de [...]<br>Al lado del / de la [...] | hay un/a [...].<br>está el/la [...].<br>puedes/podéis ver [...].<br>vemos [...]. |

## Neu 3 Ein Diagramm / eine Statistik beschreiben

Wenn du den Inhalt eines Diagramms / einer Statistik wiedergeben sollst, gehe folgendermaßen vor. Gib zunächst das Thema, um das es in dem Diagramm geht, das Datum und die Quelle an:

| | | |
|---|---|---|
| El diagrama<br>La estadística<br>La infografía | del año [...] | muestra [...] / trata de [...].<br>compara el/la [...] con [...].<br>da información sobre [...].<br>es de [...]. |

Beschreibe dann die Informationen, die im Diagramm / in der Statistik dargestellt werden:

Las cifras muestran que [...].
El número de [...] aumentó/bajó de [...] a [...] en [...].
En el año [...] hubo [...] veces más/menos [...] que en el año [...].
La mayoría de [...].
La mitad de [...].
Un tercio / un cuarto / un quinto [...].
Hay una diferencia grande entre [...] y [...].

Fasse dann die wichtigsten Informationen des Diagramms / der Statistik zusammen:

Lo más importante es que [...].
En resumen, podemos decir que [...].

## Dialogisches Sprechen

**4 Rollenspiele (juegos de rol)**

- Sammelt zuerst Ideen zur vorgegebenen Situation und notiert sie in Stichpunkten: Welche Personen kommen vor? Was sagen sie? Wie verhalten sie sich?
- Schreibt dann das „Drehbuch“: Überlegt euch, was die einzelnen Personen sagen bzw. welche Argumente sie vorbringen, und verteilt die Rollen.
- Anschließend arbeitet jeder für sich, um seine Rolle vorzubereiten und sie einzuüben.
- Probt am Ende gemeinsam euer Rollenspiel und übt dabei auch die Gestik und die Mimik ein.

**Ejercicio:**
Bereitet zu dritt ein Rollenspiel vor. Einer eurer Freunde (**A**) möchte an einer Casting-Show teilnehmen. Ihr (**B** und **C**) haltet nicht viel davon und möchtet ihn davon abhalten.

Neu **5 Figureninterview**

Ein Figureninterview hilft dir, dich in die Figur eines Textes hineinzuversetzen. So kannst du den Text besser verstehen.
- Suche dir für dein Interview eine Person des Textes aus, die du interviewen möchtest.
- Überlege dir die Fragen, die du der Person stellen möchtest.
- Lies dir dann im Text die Passagen durch, die die entsprechende Person betreffen, und überlege dir anhand des Textes, was die Person auf deine Fragen antworten würde.
- Spiele das Interview dann zusammen mit deinem Partner nach.

Neu **6 Diskutieren**

Schreibe das Thema der Diskussion auf und überlege dir dein Diskussionsziel. Sammle alle Argumente, die dir einfallen, um deine Position zu vertreten und dein Ziel zu erreichen, und ordne sie:
- Welches sind deine stärksten/schwächsten Argumente?
- Stelle dir die möglichen Gegenargumente deines/r Gesprächspartner/s vor.
- Überlege, mit welchen deiner eigenen Argumente du diese entkräften kannst.
- Überlege dir auch ein Kompromissangebot.

Besonders bei Debatten mit mehreren Diskussionsteilnehmern gibt es oft festgelegte Redezeiten. Achte darauf, deine Argumente kurz und prägnant zu formulieren.
Es gibt Ausdrücke und Redewendungen, die du häufig verwenden kannst. Lerne sie auswendig.

**seine Meinung äußern**
A mí (no) me gustaría […].
A mí me encanta […].
Para mí […].
En mi opinión […].
Creo que / pienso que + *indicativo*.
No creo que / pienso que + *subjuntivo*.
Es posible/probable que + *subjuntivo*.
No veo el problema.
[…] me da igual.
El punto es que […].
Me parece interesante/aburrido/[…] que + *subjuntivo*.

**ablehnen**
No estoy de acuerdo con […].
No veo las cosas como tú.
Sin embargo, yo creo que […].
Pero tú también tienes que entender que […].
Eso me parece interesante/[…], pero […].
Pero, por favor, […].
No creo que sea así.
¡Claro que no!
No es verdad.
¡No puede ser!

**zustimmen**
(Estoy) de acuerdo.
Tienes razón.
¡Claro que sí!
Es una buena idea.
Es verdad.
Sí. ¿Por qué no?
Hay que aceptar que […].
Yo también/tampoco.
Vale.

**(nach-)fragen**
¿Qué piensas sobre […]?
¿Qué quieres decir con […]?
¿Piensas que […]?
¿En qué piensas cuando […]?

**eine Schlussfolgerung ziehen**
En resumen: […].
En pocas palabras: […].
Eso significa que […].
Por eso […].

**Zeit gewinnen**
¿Cómo te explico?
Mira, a ver si me entiendes: [...].
A ver, sí, entiendo tu punto de vista, pero [...].
Sí, pues, puede que sí.
Tienes razón, pero [...].

**Argumente bewerten**

No es justo que
Es necesario que
No creo que
Es importante que
Es una vergüenza que
Aunque
+ *subjuntivo* [...].

**etwas vorschlagen**
¿Por qué no [...]?
¿Qué te parece [...]?
¿Qué tal si [...]?

## Schreiben

### Vor dem Schreiben

Neu **1** **Den Schreibprozess organisieren**
Lies dir die Aufgabenstellung genau durch und überlege:
- welche Art von Text du schreiben sollst (E-Mail, Blog, Erzählung usw.),
- was für diese Textsorte typisch ist (z. B. eine bestimmte Struktur),
- an wen sich der Text richtet (Schreibst du an einen Freund oder an eine Person, die du nicht kennst? Sprichst du die Person mit **tú** oder **usted** an?).
- Sammle anschließend Ideen und schreibe die spanischen Wörter und Ausdrücke auf, die du verwenden willst. Ordne sie z. B. in einer Mindmap (**Mindmap** ▸ S. 139).
- Plane den Aufbau des Textes und lege eine Struktur an: Formuliere Überschriften für die einzelnen Abschnitte und ordne ihnen die zuvor gesammelten Wörter und Ausdrücke zu.

### Texte schreiben

**2** **Texte strukturieren**
Der Leser soll den Aufbau deines Textes gut nachvollziehen können.
- Teile deinen Text in Absätze ein und verwende zeitliche Angaben und Konjunktionen, die den Leser durch den Text führen.
- Überarbeite deinen Text: Ist er gut gegliedert? Wo ist er zu kurz / zu ausführlich?

**Konnektoren**

| | | | | |
|---|---|---|---|---|
| primero | además | por un lado | por otro lado | por lo tanto |
| para que | por fin | antes de (que) | después de (que) | hasta |
| aunque | sin embargo | así que | en cambio | al final |

**3** **Modelltexte verwenden**
Verwende einen spanischen Text als Vorlage. Orientiere dich an seiner Struktur und markiere oder schreibe Ausdrücke und Wendungen heraus, die du auch für deinen Text verwenden kannst. So weißt du, worauf es ankommt.

**4** **Geschichten weiterschreiben**
- Lies zunächst den Anfang der Geschichte gründlich durch und beachte besonders die folgenden Punkte:
  Worum geht es in der Geschichte?
  Wer sind die Hauptfiguren?
  Wer ist der Erzähler? Wie ist die Erzählperspektive?
  In welcher Zeit wird die Geschichte erzählt?
- Mache dir Stichpunkte zu diesen Aspekten.
- Wenn du deine Geschichte weiterschreibst, achte darauf, dass keine logischen Brüche mit dem Anfang der Geschichte entstehen (z. B., dass die Hauptfiguren nicht plötzlich verschwinden).

## Neu 5 Eine Zusammenfassung (resumen) schreiben

**Ejercicio:**
Lies den Text auf S. 19 (**Unidad 1**) und schreibe eine Zusammenfassung dazu.

Eine Zusammenfassung enthält in knapper und sachlicher Form die wichtigsten Informationen des Ausgangstextes. Diese findest du, indem du
- bei einem erzählenden Text die W-Fragen stellst (Wer? Was? Wann? Wo? Wie? Warum?),
- bei einem informativen Text nach dem Textthema, den Hauptinformationen bzw. -argumenten und einer möglichen Schlussfolgerung fragst.

Folgende Regeln helfen dir beim Schreiben einer Zusammenfassung:
Ein **resumen**
- ist immer deutlich kürzer als der Ausgangstext,
- beginnst du mit einem einleitenden Satz zum Thema des Ausgangstextes,
- verfasst du im Präsens in der 3. Person Singular/ Plural,
- schreibst du mit eigenen Worten,
- enthält nur Fakten aus dem Text, keine direkte Rede, keine Zitate und keine eigenen Wertungen.

✓ Wenn du einen Klappentext für ein Buch schreiben willst, achte darauf, dass du nicht zu viel von der Geschichte verrätst.

Häufig wird in der Aufgabenstellung ein bestimmter inhaltlicher Aspekt genannt, den du zusammenfassen sollst, z. B. **Resume las experiencias de Nicolás.** Suche dann aus dem Text nur die Informationen heraus, die sich eindeutig auf die Aufgabenstellung beziehen.

## Neu 6 Eine E-Mail / einen Brief / eine Postkarte / ein Anschreiben verfassen

| | **an einen Freund/Bekannten** | **formell** |
|---|---|---|
| Anrede | Querido [...] / Querida [...]:<br>Hola, chicos: | Estimado/-a señor/a González:<br>Estimados señores y señoras: |
| Hauptteil | ¿Qué tal? ¿Qué has hecho esta semana? | Me dirijo a usted porque [...].<br>Quería preguntar si [...]. |
| Verabschiedung | Besos,<br>Un abrazo,<br>Saludos, | Muy atentamente,<br>Atentamente,<br>Un cordial saludo, |

## Neu 7 Einen Lebenslauf / eine Bewerbung schreiben

| Tabellarischer Lebenslauf (el currículum vitae) | Anschreiben (la carta de presentación) |
|---|---|
| – Angaben zur Person (*datos personales*)<br>– Schulbildung, Ausbildung (*educación, formación*)<br>– Berufserfahrung, Praktika (*experiencia laboral*)<br>– relevante Kenntnisse, z.B. Sprachen, Computer-Kenntnisse (*lenguas, conocimientos de informática*)<br>– private Interessen und ehrenamtliche Tätigkeiten (*intereses personales*) | – Nimm Bezug auf die Stellenanzeige.<br>– Erläutere deine Motivation, deine Eignung und deine Stärken.<br>– Schreibe in formellem Stil: verwende **usted** statt **tú**, die 3. Person Singular/Plural der Verben und formelle Anrede- und Abschiedsformeln (▶ **Einen Brief verfassen**, S. 146). |

Neu

CURRÍCULUM VITAE

DATOS PERSONALES

| | |
|---|---|
| **Nombre:** | Carla Cabrera Prieto |
| **Dirección:** | c/ Malta, 23, 3ª<br>11003 Cádiz |
| **Teléfono:** | 569 97 73 |
| **E-Mail:** | carla.cab23<br>@example.org |
| **Fecha de nacimiento:** | 22 de febrero de 2002 |
| **Nacionalidad:** | española |

EDUCACIÓN Y FORMACIÓN

| | |
|---|---|
| **Estudios:** | IES Cervantes, Cádiz<br>CEIP Antonio Machado, Cádiz |
| **Lenguas:** | español (nativo)<br>inglés (B1)<br>alemán (A2) |
| **Conocimientos de informática:** | Microsoft® Word, PPT, Excel y software de diseño |

EXPERIENCIA

Prácticas en la Oficina de Turismo de Cádiz (07/2017-08/2017)
Trabajo en el restaurante El Chipirón, San Fernando (05/2018-09/2018)
Clases particulares de Inglés y Matemáticas (desde 09/2016)

INTERESES PERSONALES

baloncesto, natación

Cádiz, 15 de junio de 2019

*Carla Cabrera Prieto*

---

Carla Cabrera Prieto
c/ Malta, 23, 3ª
11003 Cádiz

Hotel Miramar
A la atención de: Elvira García López
Avenida del Río, 46
11130 Chiclana de la Frontera

15 de junio de 2019

Asunto: Prácticas en el «Hotel Miramar»

Estimada Señora García López:

Me dirijo a usted para solicitar unas prácticas en su hotel este verano. Cumplo con las condiciones necesarias. Ya he adquirido experiencia en el turismo: en 2017 hice unas prácticas en la Oficina de Turismo de Cádiz. Además, tengo experiencia en el área gastronómica porque el verano pasado trabajé en un restaurante en San Fernando.
Mi punto fuerte son los idiomas. En el instituto llevo cinco años estudiando inglés y dos años alemán. Por eso tengo el nivel necesario para atender a los clientes en la recepción del hotel. Además, me gusta mucho entrar en contacto con gente de todo el mundo.
Después del bachillerato me gustaría hacer una formación profesional en Hotelería o estudiar Turismo. Creo que hacer prácticas en un hotel de alta calidad me serviría para adquirir experiencia en el área de hotelería.

Espero tener la oportunidad de conversar con usted en una entrevista y responder sus preguntas.

En espera de su respuesta, la saludo muy atentamente,

*Carla Cabrera Prieto*

Adjunto: Currículum Vitae, Certificados

## Sprachmittlung

**1 Wichtige Informationen übertragen**

Die Grundregeln beim Sprachmitteln von Gesprächen oder schriftlichen Texten lauten:

- Übersetze nicht Wort für Wort oder Satz für Satz.
- Teile nur das mit, was der andere unbedingt wissen muss.
- Wenn du einen schriftlichen Text sprachmittelst, achte besonders darauf, dass du nicht zu viele Details wiedergibst. Notiere dir nur die Hauptinformationen eines Textes oder das, was dein Gegenüber interessiert.

**Ejercicio:**
Eine Freundin bereitet für die Schule ein Projekt zum Thema „Berufswünsche von Jugendlichen" vor. Du erzählst ihr von einem Artikel zu diesem Thema, den du in einer spanischen Zeitschrift entdeckt hast. Deine Freundin möchte wissen, worum es in dem Artikel geht und vor welchen Problemen die Jugendlichen bei der Berufswahl stehen. Lies den Artikel auf S. 102/103 (**Módulo 3**) und gib ihr auf Deutsch die nötigen Informationen.

Neu **2** **Kulturelle Unterschiede beachten**

Sprachmitteln heißt auch zwischen zwei Kulturen vermitteln, denn für manche Dinge in Spanien, Lateinamerika oder Deutschland gibt es keine Entsprechung in der anderen Sprache oder Kultur.
Oft verbinden die Menschen mit einem Begriff ganz unterschiedliche Dinge, z. B. el bar / die Bar.

- Mache dir deshalb beim Sprachmitteln bewusst, dass dein Gegenüber evtl. bestimmte Dinge nicht kennt, die für dich selbstverständlich sind, oder dass dich jemand vielleicht nicht sofort versteht, obwohl du den Inhalt korrekt übertragen hast.
- Frage dich, was dein Gegenüber evtl. nicht oder anders verstehen könnte, und erkläre diese Aspekte genau.

**3** **Wörter umschreiben**

Beim Sprachmitteln musst du manchmal Dinge erklären, die dem anderen nicht vertraut sind. Dabei kann es passieren, dass du Wörter brauchst, die du nicht kennst. Umschreibe sie mit folgenden Ausdrücken:

Es un lugar donde […].
Es algo que […].
Es algo para + *infinitivo*.
Es una persona que […].
Es un animal que […].
Es una cosa que […].
Es como […].

## Überprüfen und Bewerten

**1** **Portfolio**

Mit Hilfe eines Portfolios kannst du selbstständig deine Lernfortschritte festhalten. Du kannst dort:

- besonders gelungene Produkte sammeln (Poster, Collagen, usw.),
- deine Fehler gruppieren und einschätzen,
- notieren, welche Themen dir leicht fallen und wo du noch etwas üben musst.

So fällt es dir leichter, deine Stärken und Schwächen zu erkennen und dich zu verbessern. Um Fehler zu erkennen und zu vermeiden, nutze auch die **Autocontrol**-Seiten und das **Portafolio** in deinem **Cuaderno**.

**2** **Fehler korrigieren**

- Überprüfe, nachdem du deinen Text geschrieben hast, ob du an alles gedacht hast, was typisch für eine Textsorte ist.
- Lies dir dann Satz für Satz durch und korrigiere deinen Text. Die Fehlerliste unter dem Webcode **apu4sb** hilft dir dabei.

Achte darauf, dass **Substantive** und **Begleiter** bzw. **Adjektive** übereinstimmen und das **Subjekt** mit der **Verbform** zusammenpasst. Kontrolliere die **Zeitform des Verbs**, die **Akzente** und **Satzzeichen**.

Neu **3** **Evaluierungsbögen erstellen**

Evaluierungsbögen helfen dir, eine strukturierte Rückmeldung zu geben.

- Nutze die Kategorien Inhalt (contenido), Präsentation (presentación) und Sprache (lenguaje), um deinen Evaluierungsbogen zu gliedern.
- Ordne den Kategorien Aspekte zu, die für die Bewertung wichtig sind. Sollst du z. B. einen Vortrag bewerten, ist die Aussprache wichtig, bei einem geschriebenen Text kommt es dagegen eher auf die Rechtschreibung an.
- Du kannst für deine Bewertung z. B. Smileys, Symbole (+, –) oder Schulnoten benutzen.

## Medienkompetenz

Neu **1** **Bedienen und Anwenden**

**a** **Texte auf Spanisch mit dem Computer schreiben**

Gerade wenn du längere Texte auf Spanisch verfassen willst, ist es nützlich, diese mit einem Textverarbeitungsprogramm auf dem Computer zu schreiben.

- Wenn du die Sprache deines Programms auf Spanisch einstellst, kannst du die Rechtschreibprüfung nutzen und deine Texte einfacher korrigieren.
- Außerdem kannst du die Wörter deines Textes zählen lassen und die Wortanzahl entsprechend anpassen.
- Achte aber darauf, deine Texte nicht immer gleich mit dem Rechtschreibprogramm zu verfassen, damit du eine Kontrolle über deine Fehler hast und feststellen kannst, wo du dich noch verbessern musst.

### b Ein Online-Wörterbuch nutzen

Die Verwendung von Online-Wörterbüchern kann zeitsparend und hilfreich sein. Dabei solltest du Folgendes beachten:

- In Online-Wörterbüchern kannst du bei der Suche anstatt des Infinitivs auch konjugierte Verbformen eingeben (z. B. **salí**, **vayan**) sowie die Plural- oder femininen Formen von Substantiven und Adjektiven (z. B. **lesiones**, **jefa**, **acogedora**).
- Einige Online-Wörterbücher ermöglichen es dir, nach zusammengesetzten Begriffen oder kurzen Redewendungen zu suchen (z. B. **irse a la cama**, **el plato favorito**, **a lo mejor**, **¡Qué vergüenza!**).
- Oft wird dir für ein gesuchtes Wort eine große Anzahl an möglichen Bedeutungen angezeigt. Sieh dir die Suchergebnisse sorgfältig an und finde die Übersetzung, die für deinen Fall zutrifft.
- In Online-Wörterbüchern kannst du dir Wörter auch anhören und nachsprechen, um deine Aussprache zu trainieren.

### c Umgang mit persönlichen und fremden Daten

Wenn du mit dem Internet arbeitest oder in deiner Freizeit das Internet, wie z. B. die sozialen Netzwerke nutzt, kommst du an vielen Stellen mit fremden Daten (auch Fotos oder Texten) in Kontakt oder wirst aufgefordert, deine eigenen Daten anzugeben.

Damit deine Daten oder die Daten anderer nicht in falsche Hände geraten:

- Überlege gründlich, wem du welche Daten anvertraust (denke z. B. darüber nach, bei welchen Webseiten oder Portalen du dich mit deiner E-Mail-Adresse registrierst).
- Gib deine Telefonnummer und deine Adresse nur in Ausnahmefällen an.
- Nutze unterschiedliche Passwörter, um anderen den Zugriff auf deine Daten zu erschweren.
- Frage bei anderen Personen nach, bevor du ihre Daten weitergibst (z. B. jemandem die Telefonnummer eines Freundes schickst) oder ein Foto von ihnen veröffentlichst.

## Neu 2 Informieren und Recherchieren

### a Informationen im Internet finden und verwenden

Das Internet bietet sehr viele Informationen. Hier erhältst du ein paar Tipps, wie du zielsicher recherchieren kannst:

- Überlege, was die wichtigsten Stichwörter für dein Thema sind. Je mehr gute Stichwörter du in eine Suchmaschine eingibst, desto genauer sind die Ergebnisse.
- Notiere immer die Quelle, also den Namen der Internetseite und die URL, sowie das Datum, an dem du die Seite besucht hast.
- Wenn du in deiner Präsentation oder deinem Text Fotos, Abbildungen, fremde Texte und Zitate verwendest, gib immer die Quelle an. Suche am besten nach gemeinfreien Bildern (*creative commons* [cc]) und informiere dich darüber, ob bzw. wie du das Foto weiterverwenden darfst.
- Achte darauf, welche Musik, Bilder oder Videos du kopieren und herunterladen darfst.

**Wenn du spezifische Informationen suchst, helfen dir folgende Tricks:**

**Was du suchst:** Du suchst in einer Suchmaschine Informationen über die *Sierra de Tramontana* und möchtest nur Informationen auf spanischen Seiten suchen.

**Wie du vorgehst:**

site:.es „sierra de tramontana“

| site:.es | „ “ |
| --- | --- |
| Sucht nur auf Seiten aus Spanien. | Sucht den oder die exakten Begriffe. Du kannst auch mehrere eingeben. |

### b Informationen bewerten

- Achte darauf, wer die Webseite oder den Beitrag erstellt hat, um die Qualität der Suchergebnisse einzuschätzen. Sind sie eher zuverlässig (Online-Lexikon, bekannte Medien usw.) oder handelt es sich eher um persönliche Meinungen (Forum, Blog, Fan-Seite usw.)?
- Gleiche die Informationen, die du findest, mit den Informationen von unterschiedlichen Webseiten ab, um zu überprüfen, ob sie stimmen.

Neu **3**

### Produzieren und Präsentieren

Wenn du einen Text z. B. für einen Vortrag oder eine Präsentation gestalten möchtest, helfen dir folgende Tipps:

**a Plakat**

- Sortiere die Informationen, die du vermitteln willst, und gib deinem Plakat eine klare Struktur. Verwende für jeden neuen Gedanken einen neuen Stichpunkt sowie Überschriften und Zwischenüberschriften.
- Ergänze dein Plakat mit Fotos oder Statistiken. Achte jedoch dabei darauf, dass du diese nur dort einfügst, wo sie sinnvoll sind und einen Zweck erfüllen.

**b Präsentationsfolien**

Grundsätzlich gilt: Eine Präsentation ist nur eine visuelle Unterstützung für deinen Vortrag. Versuche deine Präsentation deshalb möglichst übersichtlich und gut lesbar zu gestalten und den Text auf das Wichtigste zu reduzieren.

- Verwende nicht zu viele Folien.
- Fasse dich kurz: Verwende Schlüsselwörter oder Stichpunkte, keine ganzen Sätze.
- Wähle eine ausreichende Schriftgröße und eine gut lesbare Schrift.
- Achte darauf, dass der Kontrast zwischen Hintergrund und Schrift groß genug ist. Verwende am besten einen hellen Hintergrund und eine dunkle Schriftfarbe.
- Vermeide Spezialeffekte (z. B. verspielte Übergänge oder tanzende Buchstaben).

**c Podcast**

Bei der Erstellung eines Podcasts gehst du folgendermaßen vor:

- Überlege dir, über welches Thema du sprechen willst, und schreibe einen Text für deinen Podcast (▸ **Den Schreibprozess organisieren, Texte strukturieren**, S. 145).
- Es gibt verschiedene Programme, mit denen du deinen Podcast am Computer aufnehmen kannst. Du kannst dazu auch die Aufnahmefunktion eines Smartphones nutzen. Teste dafür aber zunächst die Qualität des Mikrofons.
- Übe deinen Text mehrere Male, bevor du den Podcast aufnimmst.
- Nimm dich auf und stelle deinen Podcast deinen Mitschülern zur Verfügung.

Du kannst Podcasts auch als Modell für deinen eigenen Podcast nutzen oder dazu, dein Hörverstehen zu schulen und dich über verschiedene Themen zu informieren. Recherchiere dazu im Internet (▸ **Informationen im Internet finden**, S. 149), welche spanischsprachigen Podcasts interessant für dich sind, und höre sie dir an. Oft bieten z. B. Radio- oder Fernsehsender (▸ **Unidad 2**) ihr eigenes Podcastprogramm.

**d Quellendokumentation**

Unabhängig vom Medium (Poster, Präsentation oder Podcast) achte immer darauf, welche Musik, Bilder oder Videos du kopieren, herunterladen oder präsentieren darfst.

- Gib immer die Quelle an, aus der du deine Informationen bzw. Musik, Bilder, Statistiken, Videos usw. beziehst.
- Achte dabei darauf, dass du den Urheber und das Datum angibst, an dem du auf die Quelle zugegriffen hast.

Neu **4**

### Analysieren und reflektieren

**Medien kritisch bewerten**

Die verschiedenen Medien (z. B. Podcast, Internet, soziale Netzwerke usw.) sind weit verbreitet und bieten viele Vorteile. Dennoch treten auch Nachteile bei der Nutzung bestimmter Medien auf, und manche Medien eignen sich zu bestimmten Zwecken besser als andere.

- Überlege dir immer zunächst die Vor- und Nachteile für dich und die anderen, bevor du ein Medium einsetzt und entscheide dich dann bewusst für die Nutzung eines bestimmten Mediums.
- Achte darauf, wann und wie oft du welche Medien benutzt. So behältst du eine Kontrolle über deine Mediennutzung und kannst dir überlegen, wann du z. B. dein Handy wirklich brauchst oder in welchen Situationen du darauf verzichten kannst.

## España

### Geografía

**Aragón** (1 316 072 habitantes)
Comunidad autónoma en el noreste de → *España*, al sur de los Pirineos. Capital: Zaragoza. La lengua oficial es el castellano, también se habla → *catalán* y aragonés. ► 2B

**España** (46 528 024 habitantes)
País al suroeste de Europa. Capital: → *Madrid*. El país está organizado en 17 comunidades autónomas. La fuente de ingresos más importante es el turismo, sobre todo en la costa, en las Islas Canarias y → *las Islas Baleares*. Además del español, o castellano, en algunas regiones también se hablan las lenguas cooficiales, → *el catalán*, el gallego y el vasco.

**Granada** (232 770 habitantes)

La Alhambra

Ciudad en la comunidad autónoma de Andalucía, en el sur de → *España*. Famosa sobre todo por la Alhambra, una fortaleza de la época árabe, que es Patrimonio de la Humanidad. También es famosa por la Capilla Real y la catedral, sus palacios, sus plazas y por la Alcaicería, barrio donde se venden productos de artesanía. ► 2A

**Ibiza** (143 856 habitantes)
Es la tercera isla más grande de → *las Baleares* con 572 km². Es famosa por sus playas hermosas, sus montañas (p. ej. Sa Talaiassa) y por sus monumentos. En catalán balear la isla se llama «Eivissa». ► 3Ac

**las Islas Baleares** (1 150 962 habitantes)
Archipiélago español y comunidad autónoma en ***el mar Mediterráneo***, formado por las islas → *Mallorca*, → *Menorca*, → *Ibiza*, Formentera, ***Cabrera*** y 146 islas inhabitadas. Capital: → *Palma de Mallorca*. Se habla castellano y variedades del → *catalán*. ► 3Ac

**Madrid** (6 476 838 habitantes)
Capital de → *España*. Allí está el Palacio Real, donde viven los Reyes de España, Don Felipe VI y Doña Letizia. También está el Congreso donde se toman las decisiones políticas más importantes del país. La ciudad es famosa por sus museos (el Museo del Prado y el Museo Reina Sofía) y por su club de fútbol Real Madrid. ► 3B

**Málaga** (1 646 777 habitantes)
Segunda ciudad más grande de Andalucía. Fundada en el siglo VIII antes de Cristo. En el año 711 la conquistaron los musulmanes. A partir de 1960, Málaga se transforma en un importante centro turístico. El bosque ***Los Almendrales*** es famoso por su ruta para bicicletas. ► 2A

**Mallorca** (859 289 habitantes)
Isla más grande y más conocida de → *las Islas Baleares*. Capital: → *Palma de Mallorca*. Las lenguas oficiales son el castellano y el ***mallorquín***, una variedad del → *catalán*. La isla es famosa por sus playas, pero también por sus montañas impresionantes: la ***Sierra de Tramontana*** con el ***Puig Major***. La ciudad de ***Inca*** destaca por la industria del cuero. Mallorca es también famosa por su → *comida típica*. ► 3Ac

**Menorca** (91 601 habitantes)
Segunda isla más grande de → *las Islas Baleares*. Su nombre proviene del latín «Minorica», por ser más pequeña que → *Mallorca*. Es una Reserva de Biosfera de la UNESCO desde 1993. La capital de Menorca es Mahón, en → *catalán* «Maó». La antigua capital, Ciutadella, es famosa por su puerto natural, sus calles estrechas y su catedral. ► 3Ac

**Palma de Mallorca** (434 516 habitantes)
Capital de → *Mallorca* y de → *las Islas Baleares*. Famosa por sus playas, sus hoteles y discotecas. Vale la pena visitar su centro histórico, sobre todo para ver los patios y la catedral Santa Maria, «La Seu». Otro símbolo de la ciudad es el Castillo de Bellver. ► 3Ac

**San Sebastián** (186 370 habitantes)
Ciudad situada en el norte de → *España*, en la comunidad autónoma del País Vasco en la costa del océano Atlántico, a 20 km de Francia. En vasco se llama «Donostia». Cada año en septiembre se celebra ahí el Festival Internacional de Cine de San Sebastián (Donostiako Zinemaldia). ► M2

**Tenerife** (906 854 habitantes)
Isla más grande de las Islas Canarias situada en el océano Atlántico, al noroeste de África. Famosa por su naturaleza y por el Pico del Teide, la montaña más alta de → *España* y el tercer volcán más grande del mundo. ► 3B

### Otros aspectos

**Catalán**
Lengua que proviene del latín. La hablan unos once millones de personas en Cataluña. Además se hablan variedades del catalán en la Comunidad Valenciana (el valenciano), → *las Islas Baleares* (***el mallorquín*** / el menorquín) y → *Aragón (el aragonés)*. En Cataluña es la lengua cooficial de toda la administración pública, también en los colegios. ► 3Ac

**la comida típica de Mallorca**

Tumbet

Uno de los platos más famosos de → *Mallorca* es el ***arròs brut***, un plato con arroz, caldo, carne y verduras, parecido a la paella. Otros platos típicos son el ***frito mallorquín***, con carne y verduras, y el ***tumbet***, un plato con verduras frescas, pescado, carne o huevos. La ***ensaimada*** es un pastel típico de Mallorca. ► 3A

**Nadal, Rafael** (1986)
Tenista español, nacido en Manacor, → *Mallorca*. Hasta el año 2018 ha ganado diecisiete torneos de Grand Slam y once veces el torneo Roland Garros. La ***Fundación Rafa Nadal*** ofrece programas de deporte y educación para niños de familias desfavorecidas. ► 4A

**Pizarro, Francisco** (1476–1541)
Conquistador español de Extremadura. En 1509 navegó hacia el Nuevo Mundo y llegó a tierras → *incas*. Capturó y asesinó al emperador inca → *Atahualpa* y conquistó → *Perú*. En 1535 fundó → *Lima*, la capital de Perú. ► 1A

## América Latina

### Geografía

**Alto Loa**
Alto Loa es una reserva natural en el norte de → *Chile* con una comunidad → *quechua* muy importante. Los habitantes siguen utilizando terrazas para sus cultivos, como los → *incas*. ► 1Ac

**los Andes**

La cadena de montañas más larga del mundo. Recorre Argentina, Bolivia, → *Chile*, Colombia, → *Ecuador*, → *Perú* y parte de Venezuela. Tiene una longitud de 7500 km. La montaña más alta de los Andes es el Aconcagua en Argentina, y tiene 6962 m de altura. ► 1Ac

**el Camino del Inca**
Red de caminos de unos 30 000 km de longitud que conectaba las ciudades del Imperio Inca desde el sur de → *Ecuador* hasta el norte de → *Chile*. ► 1Ac

**Chile** (17 789 267 habitantes)

Santiago de Chile

Es el país más largo y estrecho de América Latina. Capital: Santiago de Chile. El paisaje es muy diverso: el Desierto de Atacama en el norte y los glaciares en el sur. Algunos de los escritores más famosos son Pablo Neruda, Gabriela Mistral y Antonio Skármeta. ► 1Ac

**Ciudad de México** (9 000 000 habitantes)
Capital de México. La fundaron los aztecas en 1325 en el centro de un lago. Se encuentra a 2240 metros sobre el nivel del mar y tiene 1499 $km^2$. ► 2B

**Cuzco** (427 200 habitantes)
Cuzco, también Cusco, es una ciudad muy antigua que antes era la capital del imperio → *inca*. Su nombre significa en → *quechua* «ombligo del mundo». Está en la Cordillera de → *los Andes*, a 3416 m de altura en el sureste de → *Perú*. Es el lugar más turístico del país. Es famoso por sus edificios, plazas y calles de estilo precolombino. ► 1Ac

**Ecuador** (16 290 913 habitantes)
País más pequeño de la zona andina con una gran población indígena. La capital, Quito, está a 2850 m de altura y es la capital más alta del mundo. Ahí vive la mayor parte de la población (2 690 150 habitantes). La línea del ecuador está a 25 km al norte de la capital. ► 1Ac

**Ingapirca**
Antiguo templo al dios Inti y complejo arqueológico de las culturas indígenas cañari e → *inca* en la provincia de Cañar, → *Ecuador*. Ingapirca es un impresionante ejemplo del avance tecnológico y arquitectónico de estas culturas. ► 1Ac

**el lago Titicaca**
Es el lago más grande de América Latina con 8288 $km^2$. Está en los → *Andes*, a 3812 metros sobre el nivel del mar entre Bolivia y → *Perú*. ► 1Ac

**Lima** (8 574 974 habitantes)
Capital de → *Perú*. Está en la costa y es una de las ciudades más secas del mundo. Tiene 2673 km$^2$. Entre el siglo XVI y XVII fue la ciudad más poderosa de América del Sur. Hoy es la ciudad más poblada de → *Perú* y la quinta ciudad con más habitantes en América Latina. Su plaza más importante, la ***Plaza de Armas***, o Plaza Mayor de Lima, está situada en el centro histórico de la ciudad. La ciudad se construyó alrededor de esa plaza. ► 1A

**Machu Picchu**
Ruinas de una ciudad → *inca*, fundada alrededor del año 1450. Está en el sur de → *Perú*, a 2360 m de altura. Su nombre significa «montaña vieja» en → *quechua*. El primer emperador inca, Pachacútec, la usaba como casa de descanso y más adelante como centro religioso. Es considerada una obra maestra de la arquitectura y la ingeniería. ► 1Ac

**Nazca** (27 000 habitantes)
Nazca, o Nasca, es un desierto en el suroeste de → *Perú*. Es famoso por las 800 figuras de animales que los indígenas de la región dibujaron allí hace 2000 años. Hay un mono, una araña, un caracol, un perro, reptiles y pájaros. Fue nombrado Patrimonio de la Humanidad por la UNESCO en 1994. ► 1A

**Perú** (32 675 884 habitantes)
País andino, antiguo centro de la cultura → *inca*. Se divide en tres regiones: la costa, la sierra y la selva amazónica. El 60 % de la población vive en la costa. Su capital es → *Lima*. Las lenguas oficiales son el español, el → *quechua* y el aimara. El escritor más famoso es Mario Vargas Llosa. ► 4Ac

## Otros aspectos

**Atahualpa** (~ 1500–1533)
Último emperador → *inca*. Después de la muerte de su padre, Atahualpa llegó al trono, pero su hermano empezó una guerra civil para controlar el imperio. En 1533, en medio de la guerra, llegaron los españoles. En Cajamarca, Atahualpa fue asesinado por → *Francisco Pizzaro*. ► 1A

**el carnaval de Perú**
Se celebra todos los años en febrero o marzo en las calles de las ciudades y de los pueblos de → *Perú*. La gente baila y se corta un árbol cargado de regalos, llamado ***yunza***. ► M1

**La Catrina**
Figura creada por el artista mexicano José Guadalupe Posada. La Catrina representa la clase alta mexicana de principios del siglo XX. Es un personaje alegre que se burla de la sociedad y hasta de su propia muerte. ► M1

**el ceviche**
Plato típico de → *Perú* con pescado crudo, zumo de limón y especies. Se come en muchos países latinoamericanos. ► 1A

**el Día de Muertos**
Fiesta que se celebra el 1 y 2 de noviembre en México para recordar a los muertos. Las familias preparan un altar y ponen fotos, velas, flores y cosas que les gustaban mucho a las personas muertas, como comida o música. En los cementerios es normal ver a gente que canta o baila, come ***pan de muerto*** y calaveras dulces. ► M1

**los incas**
Civilización indígena andina. Nació entre el siglo XIII y el siglo XVI. Su lengua era → *el quechua*. Su capital era → *Cuzco*, en → *Perú*. El imperio inca se extendía desde el norte de → *Ecuador* hasta el centro de → *Chile*. Las ruinas de la ciudad inca de → *Machu Picchu* son conocidas en todo el mundo. En 1533 → *Francisco Pizarro* conquistó el imperio inca y mató a → *Atahualpa*, su emperador. ► 1Ac

**las novenas de aguinaldo**
Se celebran en Colombia en los nueve días anteriores a la Navidad. Las familias se reúnen alrededor del belen para rezar, cantar ***villancicos*** y contar la historia de Jesús. ► M1

**Pachamama**
Diosa → *inca* de la tierra. Todavía hoy en día los indígenas hacen ofrendas a esta diosa para que la tierra sea mejor para cultivar. Así, antes de beber vuelcan un poco de vino diciendo: «Antes para la pacha.» ► 1Ac

**el quechua**
Lengua de los indígenas de → *los Andes*. Su origen se encuentra en la región central de → *Perú*. Todavía hoy el quechua es hablado por entre ocho y diez millones de personas. ► 1Ac

**los quipus**
Los quipus eran hilos de colores con nudos que usaban los → *incas* para llevar la contabilidad. Los colores representaban objetos, y la posición y el número de nudos daban información sobre las cantidades. ► 1Ac

**las salchipapas**
Plato de comida rápida, típico de → *Perú*. Consiste en un plato de salchichas enteras o en pedacitos con patatas fritas, mayonesa y salsa de tomate. La gente los compra en puestos en la calle. ► 1A

**Solier, Magaly** (1986)
Actriz y cantautora peruana de origen indígena. Ha actuado en varias películas peruanas e internacionales y ha ganado varios premios a mejor actriz. Ha grabado dos discos, «Warmi» y «Coca Quintucha», con canciones en quechua. ► 4A

**Viracocha**
Dios → *inca*, creador del mundo. Su nombre significa «grasa» y «agua», símbolos de energía y vida. Siempre estaba acompañado por el pájaro Inti que conocía el presente y el futuro. ► 1Ac

## El español en la clase | Spanisch im Unterricht

### Hilfe erbitten/anbieten

| | |
|---|---|
| ¿Tienes un boli/lápiz? | Hast du einen Kuli/Bleistift? |
| ¿Te puedo ayudar? | Kann ich dir helfen? |
| –¿Me puedes ayudar? –Claro. | – Kannst du mir helfen? – Na klar! |
| Tengo problemas con [...]. ¿Qué puedo hacer? | Ich habe Probleme mit [...]. Was kann ich tun? |

### Um Wiederholung bitten

| | |
|---|---|
| Perdón, (yo) no lo entiendo. | Entschuldigung, ich verstehe das nicht. |
| ¿Lo puede explicar otra vez? | Können Sie es noch einmal erklären? |
| ¿Puede repetirlo, por favor? | Können Sie das bitte wiederholen? |
| ¿Puede hablar más despacio/alto, por favor? | Können Sie bitte langsamer/lauter sprechen? |

### Um Hinweise oder Erklärungen bitten

| | |
|---|---|
| ¿Cuánto tiempo tenemos? | Wie viel Zeit haben wir? |
| Tengo una pregunta. | Ich habe eine Frage. |
| ¿Cómo? | Wie bitte? |
| ¿Qué es eso? | Was ist das? |
| ¿Puede explicar [...]? | Können Sie [...] erklären? |
| No entiendo el ejercicio / los ejercicios. | Ich verstehe die Übung/en nicht. |
| No entiendo la palabra/frase «[...]». | Ich verstehe das Wort / den Satz „[...]" nicht. |
| ¿Cómo se dice «[...]» en alemán / en español? | Wie sagt man „[...]" auf Deutsch / auf Spanisch? |
| ¿Qué significa «mochila» en alemán? | Was bedeutet „mochila" auf Deutsch? |
| ¿Se puede decir también «[...]»? | Kann man auch „[...]" sagen? |
| ¿Cómo se pronuncia «[...]»? | Wie spricht man „[...]" aus? |
| ¿Cómo se llama esto en español? | Wie heißt das auf Spanisch? |
| ¿Puede dar un ejemplo, por favor? | Können Sie bitte ein Beispiel nennen? |
| ¿Cómo se escribe «[...]»? | Wie schreibt man „[...]"? |
| ¿«[...]» se escribe con/sin «h»? | Schreibt man „[...]" mit/ohne „h"? |
| ¿Puede deletrear eso, por favor? | Können Sie das bitte buchstabieren? |
| ¿En qué página está? | Auf welcher Seite steht das? |
| ¿Es correcto/incorrecto? | Ist das richtig/falsch? |
| ¿A quién le toca? | Wer ist dran? |

### Vorschläge erbitten/machen

| | |
|---|---|
| ¿Sigo? | Soll ich weitermachen? |
| ¿Qué hacemos ahora? | Was machen wir jetzt? |
| Empezamos desde el principio. | Wir fangen von vorne an. |
| Ahora te toca a ti. Después le toca a él/ella. | Jetzt bist du dran. Danach ist er/sie dran. |

### Sich entschuldigen

| | |
|---|---|
| Lo siento, no lo he hecho a propósito. | Es tut mir leid, ich habe das nicht mit Absicht getan. |
| Lo siento, (no) es culpa mía. | Es tut mir leid, das ist (nicht) meine Schuld. |
| Disculpa./Perdona. | Entschuldige. |

## Indicaciones para los ejercicios | Operatoren und Arbeitsanweisungen in den Übungen

| | |
|---|---|
| **Comenta** la frase. | **Kommentiere** den Satz. |
| **Compara** con tu compañero/-a. | **Vergleiche** mit deinem/-r Partner/in. |
| **Completa** la tabla con una forma de [...]. | **Ergänze** die Tabelle mit einer Form von [...]. |
| **Contesta** las preguntas. | **Beantworte** die Fragen. |
| **Cuenta** algo sobre [...]. | **Erzähle** etwas über [...]. |
| **Describe** las imágenes. | **Beschreibe** die Bilder. |
| **Discutid** en clase. | **Diskutiert** in der Klasse. |
| **Escribe** una anécdota. | **Schreibe** eine Anekdote. |
| **Escucha** y **repite**. | **Höre zu** und **wiederhole**. |
| **Entrevista** a tu compañero/-a. | **Interviewe** deine/n Partner/in. |
| **Explica** las siguientes palabras. | **Erkläre** die folgenden Wörter. |
| **Imagina** otros aspectos. | **Denke** dir weitere Aspekte **aus**. |
| **Inventa** el final de la historia. | **Erfinde** das Ende der Geschichte. |
| **Justifica** tu respuesta. | **Begründe** deine Antwort. |
| **Marca** todas las formas del subjuntivo. | **Markiere** alle Formen des Subjuntivo. |
| **Nombra** cinco cosas. | **Nenne** fünf Dinge. |
| **Ordena** los dibujos. | **Ordne** die Bilder. |
| **Poneos** de acuerdo sobre [...]. | **Einigt** euch über [...]. |
| **Pregunta** a tu compañero/-a. | Frage deine/n Partner/in. |
| **Presentad** la discusión / los resultados. | **Präsentiert** die Diskussion / die Ergebnisse. |
| **Redacta** un texto sobre [...]. | **Verfasse** einen Text über [...]. |
| **Relaciona** los dibujos con [...]. | **Verbinde** die Bilder mit [...]. |
| **Responde** las preguntas. | **Beantworte** die Fragen. |
| **Resume** la historia / el contenido. | **Fasse** die Geschichte / den Inhalt **zusammen**. |
| **Subraya** las palabras que te parecen importantes. | **Unterstreiche** die Wörter, die dir wichtig erscheinen. |
| **Toma** apuntes en tu cuaderno. | **Mache** dir Notizen in deinem Heft. |

| | |
|---|---|
| **Adivina.** | **Rate.** |
| **Amplía** el vocabulario. | **Erweitere** den Wortschatz. |
| **Apunta** la información. | **Notiere** die Informationen. |
| **Busca** el vocabulario en el texto. | **Suche** das Vokabular im Text. |
| **Copia** la tabla en tu cuaderno. | **Kopiere** die Tabelle in dein Heft. |
| **Corrige** las frases. | **Korrigiere** die Sätze. |
| **Elige** el resumen correcto. | **Wähle** die richtige Zusammenfassung aus. |
| **Encuentra** un título. | **Finde** einen Titel. |
| **Evaluad** las presentaciones. | **Bewertet** die Präsentationen. |
| **Formad** grupos. | **Bildet** Gruppen. |
| **Formula** hipótesis. | **Formuliere** Hypothesen. |
| **Haz** una lista. | **Mache** eine Liste. |
| **Intercambiad** los textos. | **Tauscht** die Texte **aus**. |
| **Jugad** al juego del dado. | **Spielt** das Spiel mit dem Würfel. |
| **Juntad** todos los textos. | **Sammelt** alle Texte ein. |
| **Lee** [...] en silencio / en voz baja / en voz alta. | **Lies** [...] für dich / leise / laut. |
| **Mira** la escena. | **Sieh** dir die Szene **an**. |
| **Ordena** los temas. | **Ordne** die Themen. |
| **Organiza** tus apuntes. | **Strukturiere** deine Notizen. |
| **Practicad** la discusión. | **Übt** die Diskussion. |
| **Prepara** un diálogo. | **Bereite** einen Dialog **vor**. |
| **Recita** el poema. | **Trage** das Gedicht **vor**. |
| **Repartid** los roles. | **Verteilt** die Rollen. |
| **Repasa** el vocabulario. | **Wiederhole** den Wortschatz. |
| **Sistematiza** el vocabulario. | **Systematisiere** den Wortschatz. |
| **Termina** las frases. | **Beende** die Sätze. |
| **Utiliza** las siguientes expresiones. | **Verwende** die folgenden Ausdrücke. |

# La pronunciación y la ortografía

## La pronunciación | Die Aussprache

### Las consonantes | Die Konsonanten

[β] re**v**ista, a **v**eces, ner**v**iosa, be**b**er
[b] **b**oli, ta**b**leta, **b**ailar
[θ] **c**edé, **z**umo, ma**z**apán
[tʃ] mo**ch**ila, **ch**uleta
[d] **d**esayuno, **d**inero, **d**ucharse
[ð] mo**d**erna, pa**d**re, ayu**d**ar
[f] **f**amilia, **f**útbol, **f**iesta
[x] cole**g**io, **g**ente, video**j**uego, tar**j**eta
[g] **g**olosinas, **g**rande, **g**astar
[ɣ] lue**g**o, pre**g**untar, pa**g**a
[k] **qu**iosco, **c**ara, **k**ilo, **c**omida
[l] fenomena**l**, **l**aboratorio, do**l**or
[ʎ] bocadi**ll**o, caba**ll**o, **ll**amar

[m] **m**adre, ale**m**án, fa**m**osa
[n] a**n**imal, orde**n**ar, **n**ota
[ŋ] i**n**glés, le**n**gua
[ɲ] compa**ñ**ero, peque**ñ**a, monta**ñ**a
[p] cam**p**amento, gru**p**o, es**p**erar
[ɾ] pe**r**o, cent**r**o, ot**r**a
[r] pe**rr**o, guita**rr**a, chu**rr**o
[s] co**s**a, **s**alón, co**s**ta
[t] **t**ía, estan**t**ería, repe**t**ir
[ks] e**x**perimento, e**x**posición
[j] **y**o, pla**y**a, ma**y**or
[w] **w**indsurf, página **w**eb

### Las vocales | Die Vokale

[a] **a**hora, cen**a**r
[e] t**e**atro, cr**ee**r
[i] **i**nteligente, **i**ndígena, **y**
[o] tamp**o**c**o**, c**o**d**o**
[u] l**u**gar, cult**u**ra

Der Vokal u wird in folgenden Fällen nicht ausgesprochen:
- nach q, z. B. ¿**qu**é?, ¿**qu**ién?
- zwischen g und e bzw. i, z. B. ju**gue**te, **gui**tarra.

### Los diptongos | Die Diphthonge

[ai] h**ay**, gu**ay**
[au] **au**la, **au**nque
[ei] v**ei**nte, vol**ei**bol
[eu] **eu**ro, **Eu**ropa
[oi] h**oy**, v**oy**, s**oy**
[j] b**ie**n, gen**ia**l, c**iu**dad, nad**ie**
[w] ag**ua**, b**ue**no, sit**ua**ción

Wenn zwei aufeinanderfolgende Vokale a, e oder o sind, dann bilden sie keinen Diphthong, sondern zwei Silben, z. B. **mu-se-o**, **te-a-tro**.

### Reglas de acento | Betonungsregeln

**1** Wörter, die auf n, s oder einen Vokal enden, werden auf der vorletzten Silbe betont.

| | | | |
|---|---|---|---|
| | | **va** | so |
| | | **va** | mos |
| | e | **xa** | men |
| cho | co | **la** | te |

**2** Wörter, die auf einen Konsonanten (außer n, s) enden, werden auf der letzten Silbe betont.

| | | |
|---|---|---|
| Por | tu | **gal** |
| | gri | **tar** |

**3** Wörter, deren Betonung von diesen Regeln abweicht, haben einen Akzent auf der betonten Silbe.

| | | | |
|---|---|---|---|
| tam | **bién** | | |
| in | **glés** | | |
| vi | **vís** | | |
| a | **llí** | | |
| sa | **lón** | | |
| | **fút** | bol | |
| | **fá** | cil | |
| | **pá** | gi | na |
| | **nú** | me | ro |

Wegen der Betonungsregeln entfällt bei einigen Wörtern der Akzent oder es wird ein Akzent hinzugefügt:
- im Singular/Plural, z. B. la ha-bi-ta-ción, las ha-bi-ta-**cio**-nes
- bei angehängten Pronomen, z. B. ¡Le-**ván**-ta-te!, ¡**Mán**-da-me-lo!

## Los signos de puntuación | Die Satzzeichen

20/08/19

la barra — la coma

Hola, chicos:

los dos puntos

¿Qué tal? El mes pasado estuve con mi hermano en Perú.

los signos de interrogación

Estuve con mis primas (y mis tíos) en Lima, pero también

el acento o la tilde — los paréntesis

conocí otros lugares.

Con mi tía hice una excursión a Machu Picchu;

la tilde — el punto y coma

está en el sur del pais, en las montañas.

los puntos suspensivos — el punto

Aquí os mando las fotos ...

LA MAYÚSCULA — los signos de exclamación

También comimos salchipapas – ¡qué ricas!

la minúscula — el guion

Todo fue muy guay o «bacán», como dicen en Perú.

las comillas

## La ortografía | Die Rechtschreibung

### Las mayúsculas y minúsculas | Die Groß- und Kleinschreibung

Im Spanischen werden Substantive in der Regel klein geschrieben. Ausnahmen sind:

| | | |
|---|---|---|
| Isabel<br>Cabrera<br>Che Sudaka | Isabel (Vorname)<br>Cabrera (Nachname)<br>Che Sudaka (Name einer Band) | – Eigennamen |
| Lima<br>la Sierra de Tramontana<br>Perú<br>Aragón<br>el mar Mediterraneo | Lima (Stadt)<br>die Sierra de Tramontana (Gebirge)<br>Peru (Land)<br>Aragonien (Autonome Region)<br>das Mittelmeer | – geografische Bezeichnungen |
| el Día de Muertos<br>Navidad<br>Año Nuevo | der Tag der Toten<br>Weihnachten<br>Neujahr | – Feiertage und Feste |
| Mates<br>Inglés | Mathe<br>Englisch | – Schulfächer |
| el Parque del Mar<br>la Plaza de Armas | | – Sehenswürdigkeiten |

# Los números

## Los números cardinales | Die Kardinalzahlen

| | | | | | |
|---|---|---|---|---|---|
| 0 | cero | 19 | diecinueve | 200 | doscientos/-as |
| 1 | un/o, una | 20 | veinte | 300 | trescientos/-as |
| 2 | dos | 21 | veintiuno/-a, -ún | 400 | cuatrocientos/-as |
| 3 | tres | 22 | veintidós | 500 | quinientos/-as |
| 4 | cuatro | 23 | veintitrés | 600 | seiscientos/-as |
| 5 | cinco | 26 | veintiséis | 700 | setecientos/-as |
| 6 | seis | 30 | treinta | 800 | ochocientos/-as |
| 7 | siete | 31 | treinta y uno/-a, y un | 900 | novecientos/-as |
| 8 | ocho | 32 | treinta y dos | 1000 | mil |
| 9 | nueve | 33 | treinta y tres | 1622 | mil seiscientos veintidós |
| 10 | diez | 40 | cuarenta | 1989 | mil novecientos ochenta y nueve |
| 11 | once | 50 | cincuenta | 2000 | dos mil |
| 12 | doce | 60 | sesenta | 2018 | dos mil dieciocho |
| 13 | trece | 70 | setenta | 10 000 | diez mil |
| 14 | catorce | 80 | ochenta | 100 000 | cien mil |
| 15 | quince | 90 | noventa | 200 000 | doscientos/-as mil |
| 16 | dieciséis | 100 | cien, ciento | 500 000 | quinientos/-as mil |
| 17 | diecisiete | 101 | ciento uno/-a, un | 1 000 000 | un millón |
| 18 | dieciocho | 135 | ciento treinta y cinco | 2 000 000 | dos millones |

Die Jahreszahlen werden im Spanischen immer so ausgesprochen wie die Kardinalzahlen:
z. B. 1492 = mil cuatrocientos noventa y dos

## Los números ordinales | Die Ordnungszahlen

| | | | | |
|---|---|---|---|---|
| 1° | el primero | 1ª | la primera | ! el **primer** piso |
| 2° | el segundo | 2ª | la segunda | |
| 3° | el tercero | 3ª | la tercera | ! el **tercer** piso |
| 4° | el cuarto | 4ª | la cuarta | |
| 5° | el quinto | 5ª | la quinta | |
| 6° | el sexto | 6ª | la sexta | |
| 7° | el séptimo | 7ª | la séptima | |
| 8° | el octavo | 8ª | la octava | |
| 9° | el noveno | 9ª | la novena | |
| 10° | el décimo | 10ª | la décima | |

## Los números quebrados y los números porcentuales | Die Bruchzahlen und Prozentzahlen

| | | | | | | |
|---|---|---|---|---|---|---|
| ½ | la mitad | = | 50 % | (el cincuenta por ciento) | | |
| ⅓ | un tercio | ≈ | 33 % | (≈ el treinta y tres por ciento) | ⅔ | dos tercios |
| ¼ | un cuarto | = | 25 % | (el veinticinco por ciento) | ¾ | tres cuartos |
| ⅕ | un quinto | = | 20 % | (el veinte por ciento) | ⅘ | cuatro quintos |

## Los tiempos verbales | Die Zeitformen

Hier findest du eine Übersicht darüber, wie die verschiedenen Zeitformen gebildet werden.

| | **presente** | | | **presente continuo** | | **pretérito perfecto** | |
|---|---|---|---|---|---|---|---|
| | **-ar** | **-er** | **-ir** | **estar** | **+ gerundio** | **haber** | **+ participio** |
| [yo] | -o | -o | -o | estoy | | he | |
| [tú] | -as | -es | -es | estás | | has | |
| [él / ella] | -a | -e | -e | está | -ando<br>-iendo | ha | -ado<br>-ido |
| [nosotros / nosotras] | -amos | -emos | -imos | estamos | | hemos | |
| [vosotros / vosotras] | -áis | -éis | -ís | estáis | | habéis | |
| [ellos / ellas] | -an | -en | -en | están | | han | |

| | **pretérito indefinido** | | **pretérito imperfecto** | | **pretérito pluscuamperfecto** | |
|---|---|---|---|---|---|---|
| | **-ar** | **-er/-ir** | **-ar** | **-er/-ir** | **haber** | **+ participio** |
| [yo] | -é | -í | -aba | -ía | había | |
| [tú] | -aste | -iste | -abas | -ías | habías | |
| [él / ella] | -ó | -ió | -aba | -ía | había | -ado<br>-ido |
| [nosotros / nosotras] | -amos | -imos | -ábamos | -íamos | habíamos | |
| [vosotros / vosotras] | -asteis | -isteis | -abais | -íais | habíais | |
| [ellos / ellas] | -aron | -ieron | -aban | -ían | habían | |

| | **futuro inmediato** | | **futuro simple** | |
|---|---|---|---|---|
| | **ir a** | **+ infinitivo** | **infinitivo +** | |
| [yo] | voy | | | -é |
| [tú] | vas | | | -ás |
| [él / ella] | va | a + infinitivo | infinitivo + | -á |
| [nosotros / nosotras] | vamos | | | -emos |
| [vosotros / vosotras] | vais | | | -éis |
| [ellos / ellas] | van | | | -án |

## La conjugación de los verbos | Die Konjugation der Verben

Hier findest du die Konjugationen oder Konjugationsmuster aller Verben, die du in *¡Apúntate! 1, 2, 3* und *4 Nueva Edición* gelernt hast.

### 1 Los verbos regulares en -ar | Die regelmäßigen Verben auf -ar

| | | |
|---|---|---|
| *infinitivo* | **hablar** | ! |
| *presente* | habl**o**<br>habl**as**<br>habl**a**<br>habl**amos**<br>habl**áis**<br>habl**an** | |
| *pretérito indefinido* | habl**é**<br>habl**aste**<br>habl**ó**<br>habl**amos**<br>habl**asteis**<br>habl**aron** | -car: buscar: bus**q**ué, buscaste, ... (*ebenso:* acercarse, colocar, dedicarse, destacar, explicar, identificarse, marcar, pescar, provocar, publicar, sacar, significar, tocar)<br>-gar: llegar: lle**gu**é, llegaste, ... (*ebenso:* descargar, investigar, jugar, navegar)<br>-zar: empezar: empe**c**é, empezaste, ... (*ebenso:* actualizar, alcanzar, cruzar, lanzarse, modernizar, organizar, rechazar, sensibilizar, utilizar) |
| *pretérito imperfecto* | habl**aba**<br>habl**abas**<br>habl**aba**<br>habl**ábamos**<br>habl**abais**<br>habl**aban** | |
| *futuro simple* | hablar**é**<br>hablar**ás**<br>hablar**á**<br>hablar**emos**<br>hablar**éis**<br>hablar**án** | |
| *presente de subjuntivo* | habl**e**<br>habl**es**<br>habl**e**<br>habl**emos**<br>habl**éis**<br>habl**en** | -car: buscar: bus**qu**e, bus**qu**es, ... (*ebenso:* acercarse, colocar, dedicarse, destacar, explicar, identificarse, marcar, pescar, provocar, publicar, sacar, significar, tocar)<br>-gar: llegar: lle**gu**e, lle**gu**es, ... (*ebenso:* descargar, investigar, jugar, navegar)<br>-zar: empezar: empie**c**e, empie**c**es, ... (*ebenso:* actualizar, alcanzar, cruzar, lanzarse, modernizar, organizar, rechazar, sensibilizar, utilizar) |
| *condicional* | hablar**ía**<br>hablar**ías**<br>hablar**ía**<br>hablar**íamos**<br>hablar**íais**<br>hablar**ían** | |
| *imperativo* | habl**a**, habl**ad** | |
| *gerundio* | habl**ando** | |
| *participio* | habl**ado** | |

## 2 Los verbos regulares en -er/-ir | Die regelmäßigen Verben auf -er/-ir

| *infinitivo* | **comer** | ! | **vivir** | ! |
|---|---|---|---|---|
| *presente* | com**o**<br>com**es**<br>com**e**<br>com**emos**<br>com**éis**<br>com**en** | **saber: sé**, sabes, ...<br>**traer: traigo**, traes, ...<br>**caer: caigo**, caes, ...<br>**convencer:** conven**z**o, ...<br>-ger: coger: co**j**o, coges, ...<br>(*ebenso:* proteger, recoger) | viv**o**<br>viv**es**<br>viv**e**<br>viv**imos**<br>viv**ís**<br>viv**en** | **salir:** sal**g**o, sales, ...<br>-gir: fingir: fin**j**o, finges, ...<br>(*ebenso:* corregir, elegir)<br>**prohibir:** proh**í**bo, proh**í**bes,<br>proh**í**be, prohibimos,<br>prohibís, proh**í**ben |
| *pretérito indefinido* | com**í**<br>com**iste**<br>com**ió**<br>com**imos**<br>com**isteis**<br>com**ieron** | **leer:** leí, leíste, le**y**ó, leímos,<br>leísteis, le**y**eron (*ebenso:*<br>creer) | viv**í**<br>viv**iste**<br>viv**ió**<br>viv**imos**<br>viv**isteis**<br>viv**ieron** | |
| *pretérito imperfecto* | com**ía**<br>com**ías**<br>com**ía**<br>com**íamos**<br>com**íais**<br>com**ían** | | viv**ía**<br>viv**ías**<br>viv**ía**<br>viv**íamos**<br>viv**íais**<br>viv**ían** | |
| *futuro simple* | comer**é**<br>comer**ás**<br>comer**á**<br>comer**emos**<br>comer**éis**<br>comer**án** | | vivir**é**<br>vivir**ás**<br>vivir**á**<br>vivir**emos**<br>vivir**éis**<br>vivir**án** | |
| *presente de subjuntivo* | com**a**<br>com**as**<br>com**a**<br>com**amos**<br>com**áis**<br>com**an** | **convencer:** conven**za**,<br>conven**zas**, ...<br>-ger: coger: co**j**a, co**j**as, ...<br>(*ebenso:* proteger, recoger) | viv**a**<br>viv**as**<br>viv**a**<br>viv**amos**<br>viv**áis**<br>viv**an** | **salir: saldré**, ...<br>**prohibir:** proh**í**ba, proh**í**bas,<br>proh**í**ba, prohibamos,<br>prohibáis, proh**í**ban<br>-gir: fingir: fin**j**a,fin**j**as, ...<br>(*ebenso:* corregir, elegir) |
| *condicional* | comer**ía**<br>comer**ías**<br>comer**ía**<br>comer**íamos**<br>comer**íais**<br>comer**ían** | | vivir**ía**<br>vivir**ías**<br>vivir**ía**<br>vivir**íamos**<br>vivir**íais**<br>vivir**ían** | |
| *imperativo* | com**e**<br>com**ed** | | viv**e**<br>viv**id** | **salir: sal** |
| *gerundio* | com**iendo** | **leer:** le**y**endo,<br>**creer:** cre**y**endo | viv**iendo** | |
| *participio* | com**ido** | **creer:** creído, **leer:** leído,<br>**romper: roto**, **traer:** traído | viv**ido** | **abrir: abierto**, **descubrir:**<br>**descubierto**, **escribir: escrito** |

## 3 Los verbos auxiliares | Die Hilfsverben

Die Verben ser und estar werden nicht nur als Hilfsverben, sondern vor allem als Vollverben benutzt.

| *infinitivo* | **ser** | **estar** | **haber** |
|---|---|---|---|
| *presente* | **soy**<br>**eres**<br>**es**<br>**somos**<br>**sois**<br>**son** | **estoy**<br>est**ás**<br>est**á**<br>estamos<br>estáis<br>est**án** | **he**<br>**has**<br>**ha/hay**<br>**hemos**<br>habéis<br>**han** |
| *pretérito indefinido* | **fui**<br>**fuiste**<br>**fue**<br>**fuimos**<br>**fuisteis**<br>**fueron** | **estuve**<br>**estuviste**<br>**estuvo**<br>**estuvimos**<br>**estuvisteis**<br>**estuvieron** | **hube**<br>**hubiste**<br>**hubo**<br>**hubimos**<br>**hubisteis**<br>**hubieron** |
| *pretérito imperfecto* | **era**<br>**eras**<br>**era**<br>**éramos**<br>**erais**<br>**eran** | estaba<br>estabas<br>estaba<br>estábamos<br>estabais<br>estaban | había<br>habías<br>había<br>habíamos<br>habíais<br>habían |
| *futuro simple* | seré<br>serás<br>será<br>seremos<br>seréis<br>serán | estaré<br>estarás<br>estará<br>estaremos<br>estaréis<br>estarán | **habré**<br>**habrás**<br>**habrá**<br>**habremos**<br>**habréis**<br>**habrán** |
| *presente de subjuntivo* | **sea**<br>**seas**<br>**sea**<br>**seamos**<br>**seáis**<br>**sean** | est**é**<br>est**és**<br>est**é**<br>estemos<br>estéis<br>est**én** | ha**ya**<br>ha**yas**<br>ha**ya**<br>ha**yamos**<br>ha**yáis**<br>ha**yan** |
| *condicional* | sería<br>serías<br>sería<br>seríamos<br>seríais<br>serían | estaría<br>estarías<br>estaría<br>estaríamos<br>estaríais<br>estarían | **habría**<br>**habrías**<br>**habría**<br>**habríamos**<br>**habríais**<br>**habrían** |
| *imperativo* | **sé**<br>sed | est**á**<br>estad | |
| *gerundio* | siendo | estando | habiendo |
| *participio* | sido | estado | habido |

# 4 Los grupos de verbos | Die Gruppenverben

## a Los verbos con diptongación: e → ie | Diphthongverben: e → ie

| *infinitivo* | **pensar** | **entender** | **preferir** | **!** |
|---|---|---|---|---|
| *presente* | p**ie**nso<br>p**ie**nsas<br>p**ie**nsa<br>pensamos<br>pensáis<br>p**ie**nsan | ent**ie**ndo<br>ent**ie**ndes<br>ent**ie**nde<br>entendemos<br>entendéis<br>ent**ie**nden | pref**ie**ro<br>pref**ie**res<br>pref**ie**re<br>preferimos<br>preferís<br>pref**ie**ren | **tener: tengo**,<br>tienes, ...<br>**venir: vengo**,<br>vienes, ... |
| *pretérito indefinido* | pensé<br>pensaste<br>pensó<br>pensamos<br>pensasteis<br>pensaron | entendí<br>entendiste<br>entendió<br>entendimos<br>entendisteis<br>entendieron | preferí<br>preferiste<br>pref**i**rió<br>preferimos<br>preferisteis<br>pref**i**rieron | **tener: tuve**, ...<br>**querer: quise**, ...<br>**venir: vine**, ... |
| *pretérito imperfecto* | pensaba<br>pensabas<br>pensaba<br>pensábamos<br>pensabais<br>pensaban | entendía<br>entendías<br>entendía<br>entendíamos<br>entendíais<br>entendían | prefería<br>preferías<br>prefería<br>preferíamos<br>preferíais<br>preferían | |
| *futuro simple* | pensaré<br>pensarás<br>pensará<br>pensaremos<br>pensaréis<br>pensarán | entenderé<br>entenderás<br>entenderá<br>entenderemos<br>entenderéis<br>entenderán | preferiré<br>preferirás<br>preferirá<br>preferiremos<br>preferiréis<br>preferirán | **tener: tendré**, ...<br>**querer: querré**, ...<br>**venir: vendré**, ... |
| *presente de subjuntivo* | p**ie**nse<br>p**ie**nses<br>p**ie**nse<br>pensemos<br>penséis<br>p**ie**nsen | ent**ie**nda<br>ent**ie**ndas<br>ent**ie**nda<br>entendamos<br>entendáis<br>ent**ie**ndan | pref**ie**ra<br>pref**ie**ras<br>pref**ie**ra<br>pref**i**ramos<br>pref**i**ráis<br>pref**ie**ran | |
| *condicional* | pensaría<br>pensarías<br>pensaría<br>pensaríamos<br>pensaríais<br>pensarían | entendería<br>entenderías<br>entendería<br>entenderíamos<br>entenderíais<br>entenderían | preferiría<br>preferirías<br>preferiría<br>preferiríamos<br>preferiríais<br>preferirían | |
| *imperativo* | p**ie**nsa<br>pensad | ent**ie**nde<br>entended | pref**ie**re<br>preferid | |
| *gerundio* | pensando | entendiendo | pref**i**riendo | |
| *participio* | pensado | entendido | preferido | |

*ebenso wie* **pensar**: cerrar, despertarse, empezar, sembrar, sentarse

*ebenso wie* **entender**: encender, extenderse, perder(se), querer, tener

*ebenso wie* **preferir**: adquirir, asentir, convertir(se), desmentir, divertirse, (pro)venir, referirse, sentir(se)

### b Los verbos con diptongación: o → ue | Diphthongverben: o → ue

| *infinitivo* | **contar** | **volver** | **dormir** | ! |
|---|---|---|---|---|
| *presente* | c**ue**nto<br>c**ue**ntas<br>c**ue**nta<br>contamos<br>contáis<br>c**ue**ntan | v**ue**lvo<br>v**ue**lves<br>v**ue**lve<br>volvemos<br>volvéis<br>v**ue**lven | d**ue**rmo<br>d**ue**rmes<br>d**ue**rme<br>dormimos<br>dormís<br>d**ue**rmen | **jugar:** j**ue**go,<br>j**ue**gas, ... |
| *pretérito indefinido* | conté<br>contaste<br>contó<br>contamos<br>contasteis<br>contaron | volví<br>volviste<br>volvió<br>volvimos<br>volvisteis<br>volvieron | dormí<br>dormiste<br>d**u**rmió<br>dormimos<br>dormisteis<br>d**u**rmieron | **jugar:** jug**ué**,<br>jugaste, ...<br>**poder: pude,**<br>**pudiste**, ... |
| *pretérito imperfecto* | contaba<br>contabas<br>contaba<br>contábamos<br>contabais<br>contaban | volvía<br>volvías<br>volvía<br>volvíamos<br>volvíais<br>volvían | dormía<br>dormías<br>dormía<br>dormíamos<br>dormíais<br>dormían | |
| *futuro simple* | contaré<br>contarás<br>contará<br>contaremos<br>contaréis<br>contarán | volveré<br>volverás<br>volverá<br>volveremos<br>volveréis<br>volverán | dormiré<br>dormirás<br>dormirá<br>dormiremos<br>dormiréis<br>dormirán | |
| *presente de subjuntivo* | c**ue**nte<br>c**ue**ntes<br>c**ue**nte<br>contemos<br>contéis<br>c**ue**nten | v**ue**lva<br>v**ue**lvas<br>v**ue**lva<br>volvamos<br>volváis<br>v**ue**lvan | d**ue**rma<br>d**ue**rmas<br>d**ue**rma<br>d**u**rmamos<br>d**u**rmáis<br>d**ue**rman | |
| *condicional* | contaría<br>contarías<br>contaría<br>contaríamos<br>contaríais<br>contarían | volvería<br>volverías<br>volvería<br>volveríamos<br>volveríais<br>volverían | dormiría<br>dormirías<br>dormiría<br>dormiríamos<br>dormiríais<br>dormirían | |
| *imperativo* | c**ue**nta<br>contad | v**ue**lve<br>volved | d**ue**rme<br>dormid | |
| *gerundio* | contando | volviendo | d**u**rmiendo | **poder:** p**u**diendo |
| *participio* | contado | **vuelto** | dormido | **morirse: muerto** |

*ebenso wie* **contar**:
acordarse, acostarse, colgar, costar, (de)mostrar, encontrar(se), esforzarse, jugar, probar, recordar, renovar, sonar, soñar, volar

*ebenso wie* **volver**:
doler (participio: dolido), llover (participio: llovido), mover (participio: movido), poder (participio: podido)

*ebenso wie* **dormir**:
morirse

## c Los verbos con debilitación vocálica: e → i | Die Verben mit Vokalschwächung: e → i

| | |
|---|---|
| *infinitivo* | **seguir** |
| *presente* | **sigo**<br>s**i**gues<br>s**i**gue<br>seguimos<br>seguís<br>s**i**guen |
| *pretérito indefinido* | seguí<br>seguiste<br>s**i**guió<br>seguimos<br>seguisteis<br>s**i**guieron |
| *pretérito imperfecto* | seguía<br>seguías<br>seguía<br>seguíamos<br>seguíais<br>seguían |
| *futuro simple* | seguiré<br>seguirás<br>seguirá<br>seguiremos<br>seguiréis<br>seguirán |
| *presente de subjuntivo* | **siga**<br>**sigas**<br>**siga**<br>**sigamos**<br>**sigáis**<br>**sigan** |
| *condicional* | seguiría<br>seguirías<br>seguiría<br>seguiríamos<br>seguiríais<br>seguirían |
| *imperativo* | s**i**gue<br>seguid |
| *gerundio* | s**i**guiendo |
| *participio* | seguido |

*ebenso wie* **seguir**: conseguir, corregir, elegir, pedir, rendirse, servir, vestirse

## d Los verbos con el cambio c → zc | Die Verben mit der Veränderung c → zc

| | | ! |
|---|---|---|
| *infinitivo* | **conocer** | |
| *presente* | cono**zc**o<br>conoces<br>conoce<br>conocemos<br>conocéis<br>conocen | **convencer:**<br>conven**z**o,<br>convences,<br>... |
| *pretérito indefinido* | conocí<br>conociste<br>conoció<br>conocimos<br>conocisteis<br>conocieron | |
| *pretérito imperfecto* | conocía<br>conocías<br>conocía<br>conocíamos<br>conocíais<br>conocían | |
| *futuro simple* | conoceré<br>conocerás<br>conocerá<br>conoceremos<br>conoceréis<br>conocerán | |
| *presente de subjuntivo* | cono**zc**a<br>cono**zc**as<br>cono**zc**a<br>cono**zc**amos<br>cono**zc**áis<br>cono**zc**an | **convencer:**<br>conven**z**a,<br>conven**z**as,<br>... |
| *condicional* | conocería<br>conocerías<br>conocería<br>conoceríamos<br>conoceríais<br>conocerían | |
| *imperativo* | conoce<br>conoced | |
| *gerundio* | conociendo | |
| *participio* | conocido | |

*ebenso wie* **conocer**: aparecer, crecer, introducir, hacer, ofrecer, parecer(se), producir, reconocer

## 5 Los verbos irregulares | Die unregelmäßigen Verben

| *infinitivo* | **caer** | **dar** | **decir** | **destruir** | **hacer** |
|---|---|---|---|---|---|
| *presente* | **caigo**<br>caes<br>cae<br>caemos<br>caéis<br>caen | **doy**<br>das<br>da<br>damos<br>**dais**<br>dan | **digo**<br>d**i**ces<br>d**i**ce<br>decimos<br>decís<br>d**i**cen | **destruyo**<br>destru**y**es<br>destru**y**e<br>destruimos<br>destruís<br>destru**y**en | **hago**<br>haces<br>hace<br>hacemos<br>hacéis<br>hacen |
| *pretérito indefinido* | caí<br>caíste<br>ca**y**ó<br>caímos<br>caísteis<br>ca**y**eron | **di**<br>**diste**<br>**dio**<br>**dimos**<br>**disteis**<br>**dieron** | **dije**<br>**dijiste**<br>**dijo**<br>**dijimos**<br>**dijisteis**<br>**dijeron** | destruí<br>destruiste<br>destru**y**ó<br>destruimos<br>destruisteis<br>destru**y**eron | **hice**<br>**hiciste**<br>**hizo**<br>**hicimos**<br>**hicisteis**<br>**hicieron** |
| *pretérito imperfecto* | caía<br>caías<br>caía<br>caíamos<br>caíais<br>caían | daba<br>dabas<br>daba<br>dábamos<br>dabais<br>daban | decía<br>decías<br>decía<br>decíamos<br>decíais<br>decían | destruía<br>destruías<br>destruía<br>destruíamos<br>destruíais<br>destruían | hacía<br>hacías<br>hacía<br>hacíamos<br>hacíais<br>hacían |
| *futuro simple* | caeré<br>caerás<br>caerá<br>caeremos<br>caeréis<br>caerán | daré<br>darás<br>dará<br>daremos<br>daréis<br>darán | **diré**<br>**dirás**<br>**dirá**<br>**diremos**<br>**diréis**<br>**dirán** | destruiré<br>destruirás<br>destruirá<br>destruiremos<br>destruiréis<br>destruirán | **haré**<br>**harás**<br>**hará**<br>**haremos**<br>**haréis**<br>**harán** |
| *presente de subjuntivo* | **caiga**<br>**caigas**<br>**caiga**<br>**caigamos**<br>**caigáis**<br>**caigan** | **dé**<br>**des**<br>**dé**<br>**demos**<br>**deis**<br>**den** | **diga**<br>**digas**<br>**diga**<br>**digamos**<br>**digáis**<br>**digan** | **destruya**<br>**destruyas**<br>**destruya**<br>**destruyamos**<br>**destruyáis**<br>**destruyan** | **haga**<br>**hagas**<br>**haga**<br>**hagamos**<br>**hagáis**<br>**hagan** |
| *condicional* | caería<br>caerías<br>caería<br>caeríamos<br>caeríais<br>caerían | daría<br>darías<br>daría<br>daríamos<br>daríais<br>darían | **diría**<br>**dirías**<br>**diría**<br>**diríamos**<br>**diríais**<br>**dirían** | destruiría<br>destruirías<br>destruiría<br>destruiríamos<br>destruiríais<br>destruirían | **haría**<br>**harías**<br>**haría**<br>**haríamos**<br>**haríais**<br>**harían** |
| *imperativo* | cae<br>caed | da<br>dad | **di**<br>decid | destru**y**e<br>destruid | **haz**<br>haced |
| *gerundio* | ca**y**endo | dando | d**i**ciendo | destru**y**endo | haciendo |
| *participio* | caído | dado | **dicho** | destruido | **hecho** |

| *infinitivo* | **ir** | **oír** | **poner** | **reír** | **saber** |
|---|---|---|---|---|---|
| *presente* | **voy** | **oigo** | **pongo** | **río** | **sé** |
| | **vas** | o**y**es | pones | **ríes** | sabes |
| | **va** | o**y**e | pone | **ríe** | sabe |
| | **vamos** | oímos | ponemos | reímos | sabemos |
| | **vais** | oís | ponéis | reís | sabéis |
| | **van** | o**y**en | ponen | **ríen** | saben |
| *pretérito indefinido* | **fui** | oí | **puse** | reí | **supe** |
| | **fuiste** | o**í**ste | **pusiste** | re**í**ste | **supiste** |
| | **fue** | o**y**ó | **puso** | r**i**o | **supo** |
| | **fuimos** | o**í**mos | **pusimos** | re**í**mos | **supimos** |
| | **fuisteis** | o**í**steis | **pusisteis** | re**í**steis | **supisteis** |
| | **fueron** | o**y**eron | **pusieron** | r**i**eron | **supieron** |
| *pretérito imperfecto* | **iba** | oía | ponía | reía | sabía |
| | **ibas** | oías | ponías | reías | sabías |
| | **iba** | oía | ponía | reía | sabía |
| | **íbamos** | oíamos | poníamos | reíamos | sabíamos |
| | **ibais** | oíais | poníais | reíais | sabíais |
| | **iban** | oían | ponían | reían | sabían |
| *futuro simple* | iré | oiré | **pondré** | reiré | **sabré** |
| | irás | oirás | **pondrás** | reirás | **sabrás** |
| | irá | oirá | **pondrá** | reirá | **sabrá** |
| | iremos | oiremos | **pondremos** | reiremos | **sabremos** |
| | iréis | oiréis | **pondréis** | reiréis | **sabréis** |
| | irán | oirán | **pondrán** | reirán | **sabrán** |
| *presente de subjuntivo* | **vaya** | **oiga** | **ponga** | **ría** | **sepa** |
| | **vayas** | **oigas** | **pongas** | **rías** | **sepas** |
| | **vaya** | **oiga** | **ponga** | **ría** | **sepa** |
| | **vayamos** | **oigamos** | **pongamos** | **riamos** | **sepamos** |
| | **vayáis** | **oigáis** | **pongáis** | **riais** | **sepáis** |
| | **vayan** | **oigan** | **pongan** | **rían** | **sepan** |
| *condicional* | iría | oiría | **pondría** | reiría | **sabría** |
| | irías | oirías | **pondrías** | reirías | **sabrías** |
| | iría | oiría | **pondría** | reiría | **sabría** |
| | iríamos | oiríamos | **pondríamos** | reiríamos | **sabríamos** |
| | iríais | oiríais | **pondríais** | reiríais | **sabríais** |
| | irían | oirían | **pondrían** | reirían | **sabrían** |
| *imperativo* | **ve** | **oye** | **pon** | ríe | sabe |
| | **id** | oíd | poned | reíd | sabed |
| *gerundio* | **yendo** | o**y**endo | poniendo | riendo | sabiendo |
| *participio* | **ido** | o**í**do | **puesto** | re**í**do | sabido |

*ebenso wie* **poner**: imponer
*ebenso wie* **reír**: sonreír

| *infinitivo* | **tener** | **traer** | **venir** | **ver** |
|---|---|---|---|---|
| *presente* | **tengo** | **traigo** | **vengo** | **veo** |
| | t**ie**nes | traes | v**ie**nes | **ves** |
| | t**ie**ne | trae | v**ie**ne | **ve** |
| | tenemos | traemos | venimos | **vemos** |
| | tenéis | traéis | venís | **veis** |
| | t**ie**nen | traen | v**ie**nen | **ven** |
| *pretérito indefinido* | **tuve** | **traje** | **vine** | **vi** |
| | **tuviste** | **trajiste** | **viniste** | viste |
| | **tuvo** | **trajo** | **vino** | **vio** |
| | **tuvimos** | **trajimos** | **vinimos** | vimos |
| | **tuvisteis** | **trajisteis** | **vinisteis** | visteis |
| | **tuvieron** | **trajeron** | **vinieron** | vieron |
| *pretérito imperfecto* | tenía | traía | venía | **veía** |
| | tenías | traías | venías | **veías** |
| | tenía | traía | venía | **veía** |
| | teníamos | traíamos | veníamos | **veíamos** |
| | teníais | traíais | veníais | **veíais** |
| | tenían | traían | venían | **veían** |
| *futuro simple* | **tendré** | traeré | **vendré** | veré |
| | **tendrás** | traerás | **vendrás** | verás |
| | **tendrá** | traerá | **vendrá** | verá |
| | **tendremos** | traeremos | **vendremos** | veremos |
| | **tendréis** | traeréis | **vendréis** | veréis |
| | **tendrán** | traerán | **vendrán** | verán |
| *presente de subjuntivo* | **tenga** | **traiga** | **venga** | **vea** |
| | **tengas** | **traigas** | **vengas** | **veas** |
| | **tenga** | **traiga** | **venga** | **vea** |
| | **tengamos** | **traigamos** | **vengamos** | **veamos** |
| | **tengáis** | **traigáis** | **vengáis** | **veáis** |
| | **tengan** | **traigan** | **vengan** | **vean** |
| *condicional* | **tendría** | traería | **vendría** | vería |
| | **tendrías** | traerías | **vendrías** | verías |
| | **tendría** | traería | **vendría** | vería |
| | **tendríamos** | traeríamos | **vendríamos** | veríamos |
| | **tendríais** | traeríais | **vendríais** | veríais |
| | **tendrían** | traerían | **vendrían** | verían |
| *imperativo* | **ten** | trae | **ven** | **ve** |
| | tened | traed | venid | **ved** |
| *gerundio* | teniendo | tra**y**endo | v**i**niendo | viendo |
| *participio* | tenido | tra**í**do | venido | **visto** |

*ebenso wie* **tener**: contener, mantener
*ebenso wie* **traer**: atraer
*ebenso wie* **venir**: provenir

# Vocabulario temático

## Países y regiones

**La geografía**

| | |
|---|---|
| el país<br>el estado<br>la comunidad autónoma<br>la región<br>la provincia<br>la capital<br>la ciudad<br>el pueblo<br>la isla<br>el camino<br>la red de caminos | limita con [...]<br>está situado/-a en [...]<br>es famoso/-a (por) [...]<br>está en el norte/noreste/este/sureste/sur/suroeste/oeste/noroeste de [...]<br>está / se encuentra cerca/lejos de [...]<br>está en medio de [...]<br>se extiende desde [...] hasta [...]<br>se encuentra a una altura de [...] metros |

| | | | |
|---|---|---|---|
| tiene | una superficie de [...] km²<br>[...] habitantes<br>[...] km de costa<br>[...] km de longitud / m de altura | | |
| | muchos/-as<br>pocos/-as | montañas<br>volcanes<br>bosques<br>lagos<br>ríos<br>playas<br>glaciares<br>cataratas<br>zonas protegidas<br>parques nacionales<br>canales | altos/-as<br>largos/-as<br>grandes<br>pequeños/-as<br>bonitos/-as<br>impresionantes<br>turísticos/-as |

| | |
|---|---|
| el río<br>el canal<br>la costa | es el/la [...] más largo/-a de [...]<br>tiene una longitud de [...] |
| la sierra<br>la cordillera<br>la cadena de montañas<br>la montaña<br>el volcán | separa [...] y/de [...]<br>es el/la [...] más alto/-a de [...]<br>tiene una altura de [...] |

| | |
|---|---|
| en verano/invierno | llueve mucho/poco/nunca<br>hace frío/calor<br>hace buen/mal tiempo<br>hace mucho/poco sol<br>hay niebla |

## La política, la economía y la cultura

| | |
|---|---|
| (la mayoría / una gran parte de) los habitantes<br>el [...] % de [...]<br>(alrededor de) [...] de cada [...] personas<br>el pueblo<br>el/la hablante nativo/-a<br>el/la descendiente<br>más de [...] de personas | vive/n en el campo / en la ciudad<br>proviene/n de [...]<br>es/son de origen [...]<br>cultiva/n [...]<br>produce/n [...]<br>se dedica/n a [...]<br>trabaja/n en [...]<br>emigra/n a [...]<br>habla/n [...] |

| | |
|---|---|
| en | aquella época<br>los años [...]<br>el siglo [...]<br>la actualidad |

| | | |
|---|---|---|
| es | un país<br>una ciudad<br>una región | democrático/-a<br>hispanohablante<br>multicultural<br>plurilingüe<br>tradicional |

| | |
|---|---|
| tiene una cultura | antigua<br>precolombina<br>folclórica<br>moderna<br>única<br>religiosa |

| | |
|---|---|
| la/s lengua/s oficial/es<br>la/s lengua/s cooficial/es<br>el idioma | es el [...]<br>son el [...] y el [...] |

| | |
|---|---|
| la industria<br>la agricultura<br>el sector agrícola<br>el turismo (de masas / de sol y playa)<br>el cultivo de [...]<br>la construcción de [...]<br>el desarrollo de [...]<br>la producción de [...] | es importante para la región / [...] |

## El medio ambiente

| | |
|---|---|
| debido a [...] hay mucho/s / mucha/s | basura<br>residuos<br>plástico<br>proyectos de [...]<br>problema/s (ecológico/s, social/es) |

| | | |
|---|---|---|
| el/la [...] | contamina<br>pone en peligro | el agua<br>el ecosistema<br>la biodiversidad |

| | |
|---|---|
| es importante | proteger [...]<br>separar [...]<br>prohibir [...]<br>promocionar [...]<br>evitar [...]<br>reciclar [...]<br>no tirar [...] |

## El tiempo libre y los medios

### El tiempo libre

la música
el hip-hop
el rock
el ska
tocar un instrumento
(la batería, la guitarra, el piano)
bailar
cantar
participar en el coro

la lectura
el cómic
la novela
la literatura
leer

el arte
el dibujo
participar en un grupo de teatro

los animales
el caballo
el conejo
el conejillo de Indias
el gato
la gallina
el perro

el deporte
el baloncesto
el fútbol
el pádel
el parkour
el surf
el voleibol
correr
escalar
entrenar
jugar a algo
nadar

otros intereses
los videojuegos
la cosmética
la moda
la ropa

| | |
|---|---|
| la música<br>la lectura<br>el deporte<br>el arte<br>[…] | hace feliz a alguien<br>da igual a alguien<br>mueve a alguien<br>es lo mío / lo tuyo / […]<br>me/te […] fascina<br>mola mucho<br>me/te/[…] gusta<br>es una pérdida de tiempo |

### Los medios

| | |
|---|---|
| ver | la televisión<br>un programa<br>una serie<br>un episodio<br>una película<br>un vídeo<br>un tutorial<br>un fotomontaje<br>una publicidad<br>una página web |
| ser | un *vlogger*<br>un *hater*<br>un/a periodista<br>un/a seguidor/a |
| abrir | una cuenta<br>un enlace<br>una aplicación<br>un archivo (adjunto)<br>una página web |
| subir<br>borrar<br>descargar<br>comentar<br>recibir<br>publicar<br>copiar<br>compartir<br>colgar | un vídeo<br>un mensaje<br>un tutorial<br>una foto<br>un archivo<br>una noticia |
| escuchar | la radio<br>el *podcast*<br>una canción |
| usar | el Internet<br>la tecnología<br>la cámara<br>el móvil<br>un pseudónimo<br>una contraseña<br>una aplicación<br>el ordenador |
| leer | el periódico<br>un mensaje<br>un libro digital<br>una revista<br>un artículo<br>un comentario<br>un e-mail<br>una noticia (falsa)<br>un blog |

## Las relaciones

### La familia y los amigos

| | | |
|---|---|---|
| contar<br>pelear<br>identificarse<br>poder hablar de todo | con | los padres (la madre / la mamá; el padre / el papá)<br>los hijos (el/la hijo/-a) |
| estar/sentirse orgulloso/-a | de | los hermanos (el/la hermano/-a)<br>los abuelos (el/la abuelo/-a) |
| apoyar<br>adorar<br>respetar<br>impresionar<br>ayudar<br>querer<br>conocer bien/mejor<br>parecerse<br>cuidarle<br>prestar atención<br>entender<br>necesitar | a | los tíos (el/la tío/-a)<br>los primos (el/la primo/-a)<br>el familiar<br>el padrino, la madrina<br>la mascota<br>el/la amigo/-a<br>el/la confidente<br>el/la compañero/-a<br>el/la profesor/a<br>el equipo |
| confiar | en | |

| | |
|---|---|
| ser | especial<br>más que un/a [...]<br>importante<br>un ídolo<br>un modelo<br>una inspiración<br>un apoyo |

### El amor

el/la novio/-a

| | |
|---|---|
| pensar en<br>enamorarse de<br>echar de menos a<br>amar a<br>odiar a<br>estar al lado de<br>estar mejor con/sin | alguien |

| | |
|---|---|
| sentirse | bien/mal<br>fatal<br>perdido/-a |

estar juntos/-as
estar loco/-a de alegría
tener el corazón roto

# Lista cronológica

## Symbole und Abkürzungen

| | |
|---|---|
| ser | Bei Verben in blauer Schrift musst du auf unregelmäßige Formen achten. |
| = | bezeichnet Wörter und Wendungen mit gleicher Bedeutung. |
| ≠ | bezeichnet Wörter und Wendungen mit gegensätzlicher Bedeutung. |
| → | bezeichnet spanische Wörter derselben Wortfamilie. |
| *ing.:* | Englisch |
| ! | bezeichnet eine sprachliche Besonderheit. |

| | |
|---|---|
| *adj.* | adjetivo (Adjektiv, *Adj.*) |
| *adv.* | adverbio (Adverb) |
| *arg.* | argentinisch |
| *conj.* | conjunción (Konjunktion) |
| *etw.* | etwas |
| *f.* | femenino (Femininum) |
| *fam.* | familiar (umgangssprachlich, *ugs.*) |
| *ger.* | gerundio |
| *ind.* | indicativo (Indikativ, *Ind.*) |
| *inf.* | infinitivo (Infinitiv, *Inf.*) |
| *inv.* | invariable (unveränderlich) |
| *jdm/jdn* | jemandem/jemanden |
| *lat. am.* | lateinamerikanisch |
| *m.* | masculino (Maskulinum) |
| *per.* | peruanisch |
| *pl.* | plural (Plural, *Pl.*) |
| *prep.* | preposición (Präposition, *Präp.*) |
| *pron.* | pronombre (Pronomen, *Pron.*) |
| *sg.* | singular (Singular, *Sg.*) |
| *subj.* | subjuntivo |
| *sust.* | sustantivo (Substantiv, *S.*) |

Lernen von hier

## Unidad 1 ¡Acércate! ▶ p. 10

| | | |
|---|---|---|
| **sentir algo (e → ie)** ▶ Los verbos, p. 159 | etw. fühlen, spüren | Isabel siente frío en los Andes. |
| **Perú** ▶ Cultura, p. 151 | Peru | |
| **el Camino del Inca** ▶ Cultura, p. 151 | *Straßensystem der Inka* | |
| **extenderse (e → ie)** ▶ Los verbos, p. 159 | sich ausbreiten, erstrecken | *ing.:* to extend |
| **Ecuador** ▶ Cultura, p. 151 | Ecuador | |
| **el/la dueño/-a** | der/die Besitzer/in | El dueño del edificio es muy rico. |
| **administrar algo** | etw. verwalten | *ing.:* to administrate |
| **conectar algo** | etw. verbinden | *ing.:* to connect |
| **la comunicación, las comunicaciones** *pl.* | die Kommunikation, Verständigung | El Internet es muy importante para la comunicación. |
| **el comercio** | der Handel | *ing.:* commerce |
| **Machu Picchu** ▶ Cultura, p. 151 | *Ruinenstadt der Inka* | |
| **religioso/-a** | religiös | En Perú puedes ver monumentos religiosos de los incas. |
| **la religión, las religiones** *pl.* | die Religion | → religioso/-a |
| **el/la creador/a** | der/die Schöpfer/in | *ing.:* creator |
| **Viracocha** ▶ Cultura, p. 151 | *Gott der Schöpfung der Inka* | |
| **Pachamama** ▶ Cultura, p. 151 | *Göttin der Erde der Inka* | |
| **el/la dios/a** | der Gott, die Göttin | Pachamama es la diosa de la Tierra. |
| **la tierra** | die Erde, der Boden | Ana planta un árbol en la tierra. |
| **el lago Titicaca** ▶ Cultura, p. 151 | der Titicacasee *großer See zwischen Bolivien und Peru* | |
| **navegar** ▶ Los verbos, p. 159 | mit dem Schiff fahren, segeln | Colón navegó de Europa a América. |

| | | |
|---|---|---|
| **el junco** | das Schilfrohr | Los incas hacían barcas de juncos. |
| **el/la cual** *pron.* | welche/r, welches; der, die, das *Relativpronomen* | Las barcas con las cuales pescaban los incas eran de juncos. |
| **el caballito de totora** | *Fischerboot aus Schilf* | |
| **Ingapirca** ▶ **Cultura, p. 151** | *Kultstätte der Inka* | |
| **el Templo del Sol** | der Sonnentempel | |
| **la predicción, las predicciones** *pl.* | die Vorhersage | ***ing.:*** prediction |
| **el Apurímac** | *Fluss im Südosten Perus* | |
| **el puente (colgante)** | die (Hänge-)Brücke | Todavía hoy existen puentes incas en Perú. |
| **Queshuachaca** *m.* | *Hängebrücke in Peru* | |
| **el chasqui** | *Bote im Reich der Inka* | |
| **el/la mensajero/-a** | der/die Bote/-in | → el mensaje |
| **la forma** | die Art und Weise, Form | ***ing.:*** form |
| **oral** | mündlich | ≠ escrito/-a |
| **recorrer algo** | etw. zurücklegen, bereisen | → correr |
| **el trayecto** | die Strecke | Este trayecto es largo, tiene 60 km. |
| **Alto Loa** ▶ **Cultura, p. 151** | *Nationalpark in Chile* | |
| **la terraza** | die Terrasse | Para el cultivo, los incas usaban terrazas. |
| **fértil** | fruchtbar | ***ing.:*** fertile |
| **sembrar algo** | etw. säen | Los incas sembraban maíz en las terrazas. |
| **la quinua** | Quinoa *Pflanze aus den Anden* | |
| **el cultivo** | der Anbau | → cultivar |
| **Cuzco,** *per.* **Cusco** ▶ **Cultura, p. 151** | *Stadt im Süden von Peru* | |
| **el quipu** ▶ **Cultura, p. 151** | *Knotenschrift der Inka* | |
| **llevar (a)** *+ sust.* | führen (nach) *+ Ort* | Esta calle lleva a Madrid. |
| **el quechua** ▶ **Cultura, p. 151** | Quechua *Sprache der Inka* | |
| **el ombligo** | der Nabel | Cuzco era para los incas el ombligo del mundo. |
| **el/la maestro/-a** | der/die Lehrer/in | Los maestros dan clases en la escuela. |
| ! **el sistema** *m.* | das System | Los incas tenían su propio sistema de llevar la contabilidad. |
| **la cuerda** | die Schnur, das Seil | ***ing.:*** cord |
| **el nudo** | der Knoten | Los incas usaban cuerdas y nudos para contar. |
| **llevar la contabilidad** | Buch führen | Los quipus servían para llevar la contabilidad de la cosecha. |

## Unidad 1/Texto A ▶ p. 14

| | | |
|---|---|---|
| **bacán** *fam., per.* | cool | = guay |
| **apuntar algo** | etw. aufschreiben | Sarah apunta el número de Esteban. |
| **Lima** ▶ **Cultura, p. 151** | *Hauptstadt von Peru* | |
| **los cascos** *pl.* | die Kopfhörer | Siempre llevo mis cascos para escuchar música. |
| **la madrugada** | die (Morgen-)Dämmerung | Estoy muy cansada, me levanté a las cuatro de la madrugada. |

| | | |
|---|---|---|
| **el grado** | das Grad (Celsius) | ¡Qué frío! Hace solo tres grados. |
| **la niebla** | der Nebel | No veo nada, hay mucha niebla. |
| **la Plaza de Armas** ▶ **Cultura, p. 151** | *Platz in Lima* | |
| **por casualidad** | zufällig | Isabel encuentra a Manuel por casualidad en la calle. |
| **flipar** *fam.* | ausflippen | ¡Estoy flipando! ¡Voy a Machu Picchu! |
| **el color** | die Farbe | ***ing.:*** colour |
| **la pulsera** | das Armband | Mi amiga y yo tenemos la misma pulsera. |
| **el bolso** | die Tasche | En el mercado Isabel ve bolsos muy bonitos. |

**!** el bolso die (Hand-)Tasche — la bolsa die Tüte, der Beutel

| | | |
|---|---|---|
| **la verdura** | das Gemüse | = la hortaliza |
| **el tipo** | *hier:* die Art | ***ing.:*** type |
| **la papa** *lat. am.* | die Kartoffel | = la patata |
| **el ceviche** ▶ **Cultura, p. 151** | *peruanisches Gericht aus rohem Fisch* | |
| **consistir en algo** | aus etw. bestehen | ***ing.:*** to consist |
| **el pescado** | der Fisch *Essen* | → pescar |
| **crudo/-a** | roh | Para preparar ceviche necesitas pescado crudo. |
| **el limón, los limones** *pl.* | die Zitrone | ***ing.:*** lemon |
| **la salchipapa** ▶ **Cultura, p. 151** | *südamerikanischer Snack aus Würstchen und Pommes frites* | |
| **el soroche** *per.* | die Höhenkrankheit | |
| **el mal de montaña** | die Höhenkrankheit | = el soroche |
| **el/la conquistador/a** | der/die Eroberer/-in | ***ing.:*** conqueror El conquistador de Perú fue Francisco Pizarro. |
| **destruir algo** ▶ **Los verbos, p. 159** | etw. zerstören | La tormenta destruyó la casa. |
| **matar a alguien** | jdn töten | Los conquistadores mataron a mucha gente. |
| **Francisco Pizarro** ▶ **Cultura, p. 151** | *spanischer Eroberer* | |
| **engañar a alguien** | jdn täuschen, betrügen | A veces te engaña lo que ves. |
| **asesinar a alguien** | jdn ermorden | = matar a alguien |
| **Atahualpa** ▶ **Cultura, p. 151** | *letzter Herrscher des Inkareiches* | |
| **el/la último/-a** + *sust.* | der/die/das letzte + *S.* | ≠ el/la primero/-a |
| **el/la emperador/a** | der/die Herrscher/in | ***ing.:*** emperor |
| **Nazca,** *per.* **Nasca** ▶ **Cultura, p. 151** | *kleine Stadt an der Küste Perus* | |
| **el cielo** | der Himmel | El cielo es azul. |
| **morirse por** + *inf.* (o → ue) ▶ **Los verbos, p. 159** | darauf brennen, etw. zu tun | Me muero por ver Machu Picchu. |
| **el circo** | der Zirkus | No me gusta ver animales en el circo. |

Lernen bis hier!

## Unidad 1/Texto B ▶p. 19

| | | |
|---|---|---|
| **la ola** | die Welle | En el mar hay olas. |
| **la esperanza** | die Hoffnung | → esperar |
| *número* + **de cada** + *número* | *Zahl* + von + *Zahl* | Uno de cada dos jóvenes termina su educación. |
| **la educación** | die Erziehung, (Aus-)Bildung | ***ing.:*** education |
| **el reto** | die Herausforderung | Los deberes de Mates siempre son un reto para mí. |
| **desfavorecido/-a** | benachteiligt | ≠ privilegiado/-a |
| **la organización, las organizaciones** *pl.* | die Organisation | → organizar |
| **cuyo/-a** *pron.* | dessen, deren | Este es el chico cuya hermana va a mi clase. |
| **la labor** | die Arbeit | ***ing.:*** labour |
| **superarse** | sich überwinden, über sich hinauswachsen | En las clases de surf los chicos se superan. |
| **Alto Perú** | *Sozialprojekt in Lima* | |
| **el surf** | das Surfen | ¡A mí me encanta el surf! |
| **la tabla** | das Brett | Para el surf necesitas una tabla. |
| **el coche** | das Auto | Mis padres van al trabajo en coche. |
| **en** + *inf.* | beim + *Verb* | Los últimos en llegar son los últimos en irse. |
| **fundar algo** | etw. gründen | ***ing.:*** to found |
| **privilegiado/-a** | privilegiert | Los chicos que pueden terminar su educación son privilegiados. |
| **no ... ni... ni...** | weder ... noch | No me gusta ni el pescado ni el jamón. |
| **el traje de neopreno** | der Neoprenanzug | Para surfear, es muy importante llevar un traje de neopreno. |
| **el traje** | der Anzug | Mi padre lleva traje en el trabajo. |
| **surfear** | surfen | → el surf |
| **el obstáculo** | das Hindernis | ***ing.:*** obstacle |
| **el precio** | der Preis | ***ing.:*** price |
| **elevado/-a** | hoch, gehoben | ***ing.:*** elevated |
| **donar algo** | etw. spenden | ***ing.:*** to donate |
| estar **feliz, felices** *pl.* | glücklich sein | → felicitar |
| **desarrollar algo** | etw. entwickeln | En el proyecto los chicos desarrollan un sentido de harmonía. |
| **tanto ... como** | sowohl ... als auch | El mercado le gusta tanto a los turistas como a los habitantes. |
| **el sentido** | das Gefühl, der Sinn | ***ing.:*** sense |
| **la armonía** | die Harmonie | |
| **la naturaleza** | die Natur | En la naturaleza encuentras muchos animales diferentes. |
| **la responsabilidad** | die Verantwortung | → responsable |
| **el trabajo en equipo** | die Gruppenarbeit, das Teamwork | El trabajo en equipo es complicado. |
| **disciplinado/-a** | diszipliniert | Los chicos trabajan mucho, son muy disciplinados. |

| | | |
|---|---|---|
| **alcanzar algo** ▶ Los verbos, p. 159 | etw. erreichen | Para alcanzar sus metas, hay que ser disciplinado. |
| **la Tarumba** | *Zirkusprojekt in Lima* | |
| **cambiar algo** | etw. verändern | → el cambio |
| **transformar algo** | etw. verwandeln | *ing.:* to transform |
| **social** | sozial, gesellschaftlich | Los proyectos sociales son muy importantes. |
| **el objetivo** | das Ziel | = la meta |
| **sensibilizar a alguien** ▶ Los verbos, p. 159 | jdn sensibilisieren | → el sentido |
| **el entorno** | die Umwelt, Umgebung | Los jóvenes tienen que ver lo que pasa en su entorno. |
| ! **el/la artista** *m./f.* | der/die Künstler/in | → el arte *ing.:* artist |
| **hasta la actualidad** | bis heute | |
| **la actualidad** | die Aktualität | → actualmente |
| **confiar en algo/alguien** | auf etw./jdn vertrauen | Para alcanzar tus metas, tienes que confiar en ti mismo. |
| **mismo/-a** | selbst | Tú misma eres responsable de tu suerte. |
| **estudiar algo** | etw. studieren | Quiero estudiar Medicina. |
| **profesional** | beruflich, profesionell | *ing.:* professional |
| **esforzarse (por algo) (o → ue)** ▶ Los verbos, p. 159 | sich (um etw.) bemühen | → el fuerte |
| **la cuerda floja** | das Hochseil | A mí me da miedo caminar por la cuerda floja. |
| **flojo/-a** | locker, lose | |

## Para comunicarse

**So sprichst du über alte Kulturen:**
(Los incas) eran (un pueblo indígena) que vivía en (la región de los Andes).
(Los incas) sabían mucho de (medicina, matemáticas y astronomía).
Para (pescar) utilizaban (barcas de junco).

**So sprichst du über Ereignisse in der Vergangenheit:**
Cuando fuimos (al museo), vimos (muchas cosas interesantes).
Mientras volábamos (sobre el desierto), pensaba en (la suerte que tengo).

**So stellst du ein Projekt oder eine Organisation vor:**
(La Tarumba y Alto Perú) son proyectos cuya labor (está fuera de las aulas).
El objetivo del proyecto es (ayudar a niños de familias desfavorecidas).
A los chicos los proyectos les dan razones para (superarse).
Los chicos aprenden a (ser más disciplinados).

**So sprichst du über eine Handlung in der Vergangenheit, die einer anderen vorausgeht:**
Cuando fundé (el proyecto de surf), ya había trabajado (como entrenadora).
Antes de empezar (el proyecto), nunca había hecho (algo similar).

## Unidad 2 ¡Acércate! ▶ p. 30

| | | |
|---|---|---|
| **importar a alguien** | jdm wichtig sein | = importante |
| **la pasión, las pasiones** *pl.* | die Leidenschaft | *ing.:* passion |
| **el parkour** | der Parkour, das Parkourtraining | Con el parkour entrenas todo el cuerpo. |
| **simplemente** | bloß, einfach | *ing.:* simply |
| **superar algo** | etw. überwinden | Superaste una situación difícil, te felicito. |
| **luchar (por algo/alguien)** | (für etw./jdn) kämpfen | Ana siempre lucha por sus metas. |

| | | |
|---|---|---|
| Juan lucha **por** su sueño. | *Grund* | Juan kämpft **für** seinen Traum. |
| Compré este libro **por** dos euros. | *Preis* | Ich habe dieses Buch **für** zwei Euro gekauft. |
| **Para** mis padres los videojuegos son una pérdida de tiempo. | *Meinung* | **Für** meine Eltern sind Videospiele eine Zeitverschwendung. |
| El parkour no solo es un deporte **para** jóvenes. | *Bestimmung* | Parkour ist nicht nur ein Sport **für** Jugendliche. |

| | | |
|---|---|---|
| **lograr algo** | etw. erreichen, schaffen | No logro abrir la ventana. |
| **el límite** | die Grenze | *ing.:* limit |
| **temer algo** | etw. befürchten | = tener miedo |
| **hacerse daño** ▶ Los verbos, p. 159 | sich wehtun, sich verletzen | Me hice daño cuando me caí al suelo. |
| **aburrir a alguien** | jdn langweilen | → aburrido/-a |
| **el/la *booktuber*** | der/die *Booktuber/in* | |
| **colgar algo (o → ue)** ▶ Los verbos, p. 159 | etw. aufhängen, *hier:* posten | Cada día cuelgo fotos en mi blog. |
| **la reseña** | die Rezension, Kritik | Antes de ver una película, leo las reseñas. |
| **dar ganas de algo** ▶ Los verbos, p. 159 | Lust auf etw. machen | Esta película sobre Perú me da ganas de viajar. |
| **tanto** | so sehr, so viel | ¡Me gusta tanto tu blog! |
| **crear algo** | etw. einrichten, (er-)schaffen | *ing.:* to create |
| **el *me gusta*** | das *Like* | → gustar |
| **la lista de reproducción** | die Playlist | Hice una lista de reproducción para mi fiesta. |
| **la lista** | die Liste | No olvides la lista de la compra. |
| **el ska** | der Ska | El ska es mi estilo de música favorito. |
| **Che Sudaka** | *spanische Musikgruppe* | |
| **el/la seguidor/a** | der/die *Follower/in* | → seguir / Tengo 1000 seguidores. |
| **fascinar a alguien** | jdn faszinieren | A María le fascinan los animales. |
| **el/la voluntario/-a** | der/die Freiwillige | *ing.:* volunteer |
| **el centro de acogida de animales** | das Tierheim | Los voluntarios trabajan en el centro de acogida de animales. |
| **llevar a pasear** | *hier:* Gassi gehen | Llevo a pasear a mi perro cada día. |
| **la jaula** | der Käfig | Por la noche hay que cerrar la jaula. |
| **actualizar algo** ▶ Los verbos, p. 159 | etw. aktualisieren | → la actualidad |
| **el diseño de videojuegos** | das Game-Design | → el diseño |
| **el videojuego** | das Videospiel | Me encantan los videojuegos. |
| **permitir algo a alguien** | jdm etw. erlauben | *ing.:* to permit |
| **la aventura** | das Abenteuer | *ing.:* adventure |

| | | |
|---|---|---|
| **la pérdida de tiempo** | die Zeitverschwendung | La peli es aburrida, ¡que pérdida de tiempo! |
| **la afición, las aficiones** *pl.* | das Hobby | Mi afición es la música. |

## Unidad 2/Texto A ▶p. 33

| | | |
|---|---|---|
| **pensar(se) algo (i → ie)** ▶Los verbos, p. 159 | etw. bedenken | Espera, me lo tengo que pensar. |
| **el recorrido** | die Strecke | → recorrer *ing.:* route |
| **la visualización, las visualizaciones** *pl.* | *hier:* der Klick | Este vídeo ya tiene 1000 visualizaciones. |
| **la cámara** | die Kamera | En mi cumpleaños me regalaron una cámara. |
| **el casco** | der Helm | Óscar lleva un casco cuando va en bici. |
| **grabar algo** | etw. filmen, aufnehmen | Ana graba un vídeo para su madre. |
| **el clic** | der Klick | ¡Mi vídeo ya tiene 1000 clics! |
| **bajar algo** | etw. hinunterfahren | Bajar esta montaña no es fácil. |
| **la velocidad** | die Geschwindigkeit | La velocidad de este tren es muy alta. |
| **cuando** + *subj.* | sobald | Llámame cuando llegues. |
| **Málaga** ▶Cultura, p. 151 | *Stadt in Andalusien* | |
| **la ruta de Los Almendrales** ▶Cultura, p. 151 | *Downhill-Strecke bei Málaga* | |
| **la ruta** | die Route | Esta ruta es muy larga. |
| **disfrutar de algo** | etw. genießen | Ana quiere disfrutar del sol y va a la playa. |
| **el *hater*** | der *Hater* | En Internet hay muchos *haters*. |
| **Granada** ▶Cultura, p. 151 | *Stadt in Andalusien* | |
| **tremendo/-a** | beachtlich, krass | En el campamento el ruido es tremendo. |
| **halagado/-a** | geschmeichelt | Me siento halagada por el comentario de Ana. |
| **tratar(se) de algo** | sich um etw. handeln, um etw. gehen | La película trata de Perú. |
| **planear algo** | etw. planen | Marcela y Pablo planean un viaje. |
| **tomar(se) algo en serio** | etw. ernst nehmen | *ing.:* to take something seriously |
| **la diferencia** | der Unterschied | *ing.:* difference |
| **publicar algo** ▶Los verbos, p. 159 | etw. veröffentlichen | *ing.:* to publish |
| **hacerse** + *sust./adj.* ▶Los verbos, p. 159 | *S./Adj.* werden | Cumplí 18 años ayer, me hice mayor. |
| **de la noche a la mañana** | von heute auf morgen | Ana se hizo famosa de la noche a la mañana. |
| **la competencia** | die Konkurrenz | La competencia es muy fuerte. |
| **el/la *vlogger*** | der/die *Vlogger/in* | |
| **influyente** | einflussreich | → la influencia |
| **aunque** + *subj.* | selbst wenn | Aunque mañana haga sol, me quedo en casa. |
| **el maquillaje** | das Make-up | Paulina no usa maquillaje. |
| **la publicidad** | die Werbung | *ing.:* publicity |
| **la empresa** | die Firma | Raúl trabaja en una empresa grande. |
| **rechazar algo** ▶Los verbos, p. 159 | etw. ablehnen | Ana rechazó mi propuesta. |
| **el futuro** | die Zukunft | *ing.:* future |

| | | |
|---|---|---|
| **burlarse de algo/alguien** | sich über etw./jdn lustig machen | ¿Te estás burlando de mí? |
| **la profesión, las profesiones** *pl.* | der Beruf | *ing.:* profession |
| **mientras** + *subj.* | solange | Mientras saques buenas notas, puedes seguir con los videojuegos. |
| **la impresión, las impresiones** *pl.* | der Eindruck | *ing.:* impression |
| **peligroso/-a** | gefährlich | Ir en bici sin casco es peligroso. |
| **echar un sermón** *fam.* | eine Standpauke halten | Mi madre me echó un sermón después de la fiesta. |
| **el peligro** | die Gefahr | → peligroso |
| **negativo/-a** | negativ | ≠ positivo/-a |
| **espectacular** | spektakulär | ¡Tu pastel es espectacular! |

## Unidad 2/Texto B ► p. 38

| | | |
|---|---|---|
| **el uso** | die (Be-)Nutzung | → usar *ing.:* use |
| **contactar a alguien** | mit jdm Kontakt aufnehmen | Una chica me contactó por las redes sociales. |
| **decidir algo** | etw. entscheiden | → la decisión *ing.:* to decide |
| **el pseudónimo** | das Pseudonym, *hier:* der Nickname | |
| **la dirección, las direcciones** *pl.* | die Adresse | ¿Me das tu dirección, por favor? |
| **deber** + *inf.* | müssen, sollen | = tener que |
| **falso/-a** | unecht, falsch | Esta respuesta es falsa. |
| **la cuenta** | das Konto | Cierra tu cuenta antes de cerrar la página web. |
| **la contraseña** | das Passwort | No olvides tu contraseña. |
| **mantener algo (e → ie)** ► Los verbos, p. 159 | etw. halten, bewahren | *ing.:* to maintain |
| **secreto/-a** | geheim | *ing.:* secret |
| **el permiso** | die Erlaubnis | *ing.:* permission |
| **vergonzoso/-a** | peinlich | ¡No cuelgues esta foto, es muy vergonzosa! |
| **pinchar algo** | etw. aufspießen, *hier:* auf etw. klicken | No pinches ahí, es un virus. |
| **el enlace** | der Link | Pincha el enlace. |
| **el archivo** | *hier:* die Datei | Descarga el archivo, por favor. |
| **adjunto/-a** | angehängt | Adjunta te mando una foto. |
| **el/la desconocido/-a** | der/die Unbekannte | → conocer |
| **la confianza** | das Vertrauen | → confiar |
| **la pesadilla** | der Albtraum | Esta noche tuve una pesadilla. |
| **viral** | viral | El vídeo de Clara se hizo viral en un día. |
| **la invitación, las invitaciones** *pl.* | die Einladung | *ing.:* invitation |
| **la televisión** | das Fernsehen | *ing.:* television |
| **la policía** | die Polizei | |
| **el/la ciberayudante** | *Teilnehmer des Programms Ciberayudantes* | |
| **crecer (c → zc)** ► Los verbos, p. 159 | (auf-)wachsen | Mi planta crece muy rápido. |

| | | |
|---|---|---|
| **Aragón** ▶ Cultura, p. 151 | Aragonien *Autonome Region im Nordosten Spaniens* | |
| **el éxito** | der Erfolg | Shakira tiene mucho éxito. |
| **nacer (c → zc)** ▶ Los verbos, p. 159 | geboren werden, entstehen | Mi padre nació en Nicaragua. |
| **proteger algo / a alguien contra algo** ▶ Los verbos, p. 159 | etw./jdn vor etw. beschützen | *ing.:* to protect |
| **el ciberacoso** | das Cybermobbing | En las redes sociales el peligro de ciberacoso es grande. |
| **informar a alguien** | jdn informieren | |
| **el caso** | der Fall | *ing.:* case |
| **el conflicto** | der Konflikt | |
| **la red social** | das soziale Netzwerk | Muchas personas usan las redes sociales. |
| **la noticia** | die (Fernseh-)Nachricht | Cada día veo las noticias. |
| **el tigre** | der Tiger | En Europa no hay tigres. |
| **escapado/-a** | ausgerissen, entflohen | *ing.:* escaped |
| **circular** | herumgehen *Gerücht* | *ing.:* to circulate |
| **evidentemente** | offensichtlich | *ing.:* evidently |
| **el fotomontaje** | die Fotomontage | En Internet encuentras muchos fotomontajes. |
| **la llamada** | der Anruf | → llamar |
| **desmentir algo (i → ie)** ▶ Los verbos, p. 159 | etw. dementieren | La policía desmiente la noticia del tigre escapado. |
| **investigar algo** ▶ Los verbos, p. 159 | etw. recherchieren, ermitteln | *ing.:* to investigate |
| **la fuente** | die Quelle | No olvides poner la fuente debajo de tu texto. |
| **el tema** | das Thema | El tema del libro es muy interesante. |

## Para comunicarse

**So sagst du, was dir wichtig ist:**
Lo que más me gusta del mundo es (la música).
Me fascinan (los videojuegos).
Mi pasión/afición es (el deporte).
(La música) es mi vida.
Me gusta que (otros escuchen mi música).
Me muero por (ir al concierto).

**So beziehst du Position, formulierst Einwände und begründest sie:**
En mi opinión, (los *vloggers* dependen de las empresas).
Creo que (es muy difícil vivir de ser *vlogger* porque hay mucha competencia).
El punto es que (es muy peligroso).
Tengo la impresión de que (lo ves todo rosa).
No entiendo por qué (lo ves tan negativo).
Lo que pasa es que (dependes de las empresas).
No estoy de acuerdo porque (no es tan fácil como te lo imaginas.)

## Unidad 3 ¡Acércate! ▶p. 52

| | | |
|---|---|---|
| **la situación, las situaciones** *pl.* | die Lage | Debido a su situación geográfica, Tarifa es muy buena para surfear. |
| **geográfico/-a** | geografisch | → la geografía |
| **el mar Mediterráneo** | das Mittelmeer | |
| **la superficie** | die Fläche, Oberfläche | *ing.:* surface |
| **Puig Major** ▶Cultura, p. 151 | *höchster Berg Mallorcas (1436 m)* | |
| **extranjero/-a** | ausländisch | → el extranjero |
| **el mallorquín** | Mallorquinisch *Sprache* | → Mallorca |
| **la variedad** | die Varietät, Variante | → variado/-a |
| **Palma de Mallorca** ▶Cultura, p. 151 | *Hauptstadt von Mallorca* | |
| **el/la romano/-a** | der/die Römer/in | Los romanos fundaron muchas ciudades europeas. |
| **la Edad Media** | das Mittelalter | En Palma todavía hay edificios de la Edad Media. |
| **demostrar algo (o → ue)** ▶Los verbos, p. 159 | etw. beweisen, zeigen | *ing.:* to demonstrate |
| **el palacio** | der Palast | Los reyes viven en un palacio. |
| **gótico/-a** | gotisch | La catedral gótica de Palma es muy bonita. |
| **el/la antiguo/-a** + *sust.* | der/die/das ehemalige + *S.* | El edificio de la universidad es un antiguo palacio. |
| **la entrada** | der Eingang | → entrar |
| **el puerto** | der Hafen | Al puerto de Palma llegan muchos barcos. |
| **el hotel** | das Hotel | En Mallorca hay muchos hoteles. |
| *sust.* + **único/-a** | einzigartig | *ing.:* unique Es un lugar único. |
| **la aceituna** | die Olive | → el aceite |
| **el sector agrícola** | der landwirtschaftliche Sektor | Antes muchas personas trabajaban en el sector agrícola. |
| **el sector** | der Sektor | |
| **la uva** | die Weintraube | Las uvas de Chile son muy buenas. |
| **la cría de cerdos** | die Schweinezucht | La cría de cerdos es importante para Mallorca. |
| **el cerdo** | das Schwein | |
| **destacar algo** ▶Los verbos, p. 159 | etw. hervorheben | Hay que destacar que en Mallorca no solo hay sol y playa. |
| **el/la largo/-a** + *sust.* | der/die/das langjährige, weitreichende | |
| **la producción, las producciones** *pl.* | die Produktion | → producir |
| **el calzado** | das Schuhwerk | = los zapatos |
| **Inca** ▶Cultura, p. 151 | *Stadt auf Mallorca* | |
| **el cuero** | das Leder | En Inca puedes comprar bolsos de cuero. |
| **el turismo (de masas)** | der (Massen-)Tourismus | → el/la turista |
| **el** ***boom*** | der *Boom* | |
| **aumentar** | steigen | *ing.:* to augment |

| | | |
|---|---|---|
| **la actividad económica** | die Wirtschaftstätigkeit | En España el turismo es una actividad económica importante. |
| **económico/-a** | Wirtschafts-(+ *S.*), wirtschaftlich | ***ing.:*** economic |
| **el/la trabajador/a** | der/die Arbeiter/in | → trabajar, el trabajo |
| **según** | je nach | El programa cambia según el tiempo. |
| **la temporada** | die Saison | → el tiempo |
| **subir** | steigen | = aumentar |
| **el doble** | das Doppelte | ***ing.:*** double ≠ la mitad |
| **(por una parte ...) por otra parte** | (einerseits ...) andererseits | = por un lado... por otro lado |
| **la infraestructura** | die Infrastruktur | Es importante que la infraestructura en la isla sea buena. |
| **el Reino Unido** | das Vereinigte Königreich | |
| **Suiza** | die Schweiz | |
| **Austria** | Österreich | |
| **ofrecer algo a alguien (c → cz)** ▶ **Los verbos, p. 159** | jdm etw. anbieten | ***ing.:*** to offer |
| **variado/-a** | abwechslungsreich | ***ing.:*** varied |
| **el campo** | das Feld | En Ibiza hay muchos campos de tomate. |
| **la Sierra de Tramontana** ▶ **Cultura, p. 151** | *Gebirgszug im Nordwesten Mallorcas* | |
| **el gobierno** | die Regierung | ***ing.:*** government |
| **promocionar algo** | etw. fördern | ***ing.:*** to promote |

## Unidad 3/Texto A ▶ p. 55

| | | |
|---|---|---|
| **el día a día** | der Alltag | Comer con mi familia es parte de mi día a día. |
| **alguna vez** | schon einmal | ¿Alguna vez has estado en Menorca? |
| **mallorquín, mallorquina** | mallorquinisch | → Mallorca |
| **la edad** | das Alter | Mi prima y yo tenemos la misma edad. |
| **el perfil** | das Profil | Con su perfil Marta puede trabajar en el sector del turismo. |
| **el máster** | der Masterstudiengang | |
| **la Administración de Empresas** | die Betriebswirtschaftslehre | Me gustaría estudiar Administración de Empresas. |
| **el/la subdirector/a** | der/die stellvertretende Direktor/in | → el/la director/a |
| **INCAZAPA** | *Name einer fiktiven Schuhfirma* | |
| **el/la empleado/-a** | der/die Angestellte | ***ing.:*** employee |
| **duro/-a** | hart | Encontrar un trabajo en invierno puede ser duro en Mallorca. |
| **modernizar algo** ▶ **Los verbos, p. 159** | etw. modernisieren | → moderno/-a |
| **renovar algo (o → ue)** ▶ **Los verbos, p. 159** | etw. erneuern | → nuevo/-a |
| **la máquina** | die Maschine | Con las máquinas nuevas la producción es más fácil. |
| **la feria** | die Messe | En la feria hay máquinas muy modernas. |

| | | |
|---|---|---|
| ! **el/la colega** *m./f.* | der/die Kollege/-in | Yo trabajo por la mañana y mi colega por la tarde. |
| **la pausa** | die Pause | Elena está cansada, quiere hacer una pausa. |
| **la formación profesional de grado medio en Panadería y Pastelería** | die Bäcker- und Konditorlehre | → formar, pan, pastel |
| **el/la panadero/-a** | der/die Bäcker/in | → pan |
| **el puesto** | die Stelle *Beruf* | Encontrar un puesto es difícil. |
| **fijo/-a** | fest | Lucas ha encontrado un puesto fijo. ¡Qué suerte! |
| **el forn** *mallorquín* | die Bäckerei | |
| **oír algo** ▶ Los verbos, p. 159 | etw. hören | ¿Qué dices? No te oigo. |
| **mencionar algo** | etw. erwähnen | *ing.:* to mention |
| **la ensaimada** *mallorquín* ▶ Cultura, p. 151 | *typisch mallorquinisches Gebäck* | |
| **el inglés, la inglesa** | der/die Engländer/in | Muchos ingleses pasan las vacaciones en España. |
| **darse cuenta de algo** ▶ Los verbos, p. 159 | etw. bemerken | Ana se da cuenta que el trabajo es más duro que el instituto. |
| **el/la camarero/-a** | der/die Kellner/in | El camarero trabaja en un restaurante. |
| **sonreír (a alguien)** ▶ Los verbos, p. 159 | (jdn an-)lächeln | → reír |
| **la propina** | das Trinkgeld | Jordina está contenta, los turistas le dejan mucha propina. |
| **separado/-a** | getrennt | → separar |
| **la formación profesional en Cocina** | die Kochlehre | Joan quiere hacer una formación profesional en Cocina. |
| ! **el/la recepcionista** *m./f.* | der/die Rezeptionist/in | → la recepción |
| **Can Picafort** | *Touristenort im Nordosten von Mallorca* | |
| **el testimonio** | *hier:* der Bericht | *ing.:* testimony |
| **el** ***podcast*** | der *Podcast* | De camino al instituto siempre escucho un podcast. |
| **la recepción, las recepciones** *pl.* | die Rezeption | → recibir |
| **estresante** | stressig | El trabajo de Lucas a veces es estresante. |
| **la reserva** | die Reservierung | Para este hotel tenemos que hacer la reserva pronto. |
| **el polaco** | Polnisch *Sprache* | |
| **el ruso** | Russisch *Sprache* | |

## Unidad 3/Texto B ▶ p. 60

| | | |
|---|---|---|
| **el paraíso** | das Paradies | Este lugar es un paraíso. ¡Es tan bonito! |
| **el parque nacional (del Archipiélago de Cabrera)** | der Nationalpark (des Cabrera-Archipels) | En los parques nacionales hay muchos animales. |
| **de pequeño/-a, de mayor** | als Kind, als Erwachsene/r | → pequeño/-a, mayor |
| **dividir(se)** | (sich) teilen | *ing.:* to divide |

| | | |
|---|---|---|
| **escolar** | Schul-(+ *S.*), schulisch | El año escolar en España empieza en septiembre. |
| **bajo** *prep.* | unter; *hier:* im | Jorge descubrió la vida bajo el agua. |
| **el pez, los peces** *pl.* | der Fisch | Los peces viven en el agua. |
| **la (pradera de) posidonia** | das Neptungras, die Neptungraswiese | La posidonia es muy importante para la biodiversidad. |
| **impresionado/-a** | beeindruckt | → la impresión |
| **tener algo claro (e → ie)** ▶ Los verbos, p. 159 | sich über etw. im Klaren sein | Mateo lo tiene claro, quiere ser panadero. |
| **relacionado/-a con algo** | verbunden mit etw. sein | → la relación |
| **la Biología** | die Biologie | Me encantan las Ciencias Naturales, sobre todo la Biología. |
| **marino/-a** | Meeres-(+ *S.*) | → el mar |
| **los estudios** | das Studium | → estudiar |
| **enviar algo / a alguien** | etw./jdn schicken | = mandar |
| **atraer algo / a alguien** ▶ Los verbos, p. 159 | etw./jdn anziehen, anlocken | ***ing.:*** to attract |
| **por lo tanto** | deswegen | = por eso |
| **la economía** | die Wirtschaft | → económico/-a |
| **el desarrollo** | die Entwicklung | → desarrollar |
| **el hecho** | die Tatsache | → hacer |
| **recibir algo / a alguien** | etw./jdn empfangen | ***ing.:*** to receive |
| **concretamente** | konkret | ¿Qué quieres decir con eso concretamente? |
| **referirse a algo (i → ie)** ▶ Los verbos, p. 159 | sich auf etw. beziehen | ***ing.:*** to refer |
| **provocar algo / a alguien** ▶ Los verbos, p. 159 | etw. hervorrufen, etw./jdn provozieren | ***ing.:*** to provoke |
| **entre** | *hier:* unter | Este es un ejemplo entre muchos. |
| **la energía** | die Energie | |
| **la cantidad** | die Menge | La cantitad de basura es un problema. |
| **generar algo** | etw. erzeugen | ***ing.:*** to generate |
| **sufrir algo** | etw. (er-)leiden, ertragen | ***ing.:*** to suffer |
| **el atasco** | der Stau | Había un atasco en la calle y por eso llegó tarde. |
| **la zona** | die Gegend | En la zona cerca de Palma hay muchos turistas. |
| **el crucero** | das Kreuzfahrtschiff | → cruzar |
| **a pesar de** | trotz | A pesar de la lluvia vamos a la playa. |
| **optimista** *inv.* | optimistisch | Soy optimista, creo que todo va a salir bien. |
| **el pasado** | die Vergangenheit | → pasado/-a |
| **cometer algo** | etw. begehen | ***ing.:*** to commit |
| **el error** | der Fehler | ***ing.:*** error |
| **mejorar algo** | etw. verbessern | → mejor |

| | | |
|---|---|---|
| **prohibir algo** ▶ **Los verbos, p. 159** | etw. verbieten | En Mallorca quieren prohibir los vasos de plástico. |
| **el plástico** | das Plastik | Puedes reciclar los productos de plástico. |
| **reciclar algo** | etw. recyceln | Hay que reciclar las botellas viejas. |
| **el medio ambiente** | die Umwelt | Hay muchos proyectos para proteger el medio ambiente. |
| **sea como sea** | so oder so | Sea como sea, Pedro siempre hace lo que quiere. |
| **el lugar de paso** | der Durchgangsort | Para muchos turistas Palma es solo un lugar de paso. |
| **el/la comerciante** *m./f.* | der/die Händler/in | → el comercio |
| ! **el/la pirata** *m./f.* | der/die Pirat/in | Antes había muchos piratas en el mar Mediterráneo. |
| **sobrevivir algo** | etw. überleben | ***ing.:*** to survive |
| **guardar algo** | etw. bewahren | ***ing.:*** to guard |
| **el sabor** | der Geschmack | ¿Te gusta el sabor del café? |
| **multicultural** | multikulturell | En España viven muchas personas extranjeras. Es un país multicultural. |
| **entregar algo** ▶ **Los verbos, p. 159** | *hier:* etw. verleihen | La historia le ha entregado un sabor especial a Mallorca. |
| ! **el ecosistema** *m.* | das Ökosystem | Es importante que todos protejamos los ecosistemas de la isla. |
| **la hectárea** | der Hektar | Una hectárea son 10 000 $m^2$. |
| **la planta** | die Pflanze | → plantar |
| **la hoja** | das Blatt | En invierno algunos árboles pierden sus hojas. |
| **brillante** | glänzend, brillant | En el último examen de Mates, Ana tuvo un resultado brillante. |
| **el caballito de mar** | das Seepferdchen | → el caballo |
| **transparente** | durchsichtig, *hier:* klar | ***ing.:*** transparent |
| ! **el ancla** *f.* | der Anker | Las anclas son un peligro para la posidonia. |
| **el residuo** | der Abfall | ***ing.:*** residue |
| **la construcción, la construcciones** *pl.* | die Konstruktion, der Bau | |
| **la pesca** | die Fischerei | → pescar |
| **poner algo / a alguien en peligro (o → ue)** ▶ **Los verbos, p. 159** | etw./jdn in Gefahr bringen | El plástico pone en peligro los animales marinos. |
| **la biodiversidad** | die Artenvielfalt | Hay que proteger la biodiversidad. |
| **el decreto** | der Beschluss | Ahora hay muchos decretos para cuidar el medio ambiente. |
| ***Save Posidonia*** | *Name eines Umweltprojektes zum Schutz des Neptungrases* | |
| **llamar la atención de alguien** | die Aufmerksamkeit von jdm wecken | Los proyectos ecológicos quieren llamar la atención de la gente. |

## Para comunicarse

**So sprichst du über wirtschaftliche und gesellschaftliche Aspekte einer Region:**
En (Mallorca), hay (tres) veces más (personas) en verano que durante el resto del año.
En (Inca), la producción de (calzado) tiene una larga tradición.
(El turismo) es un gran reto para (la infraestructura).
Es importante el cultivo de (naranjas y uvas).
(El turismo) es la actividad económica más importante del país.

**So schilderst du, was vor kurzem geschehen ist:**
Esta mañana me he levantado (a las seis y media).
Este verano he ido (a Madrid con mis padres).

**So berichtest du über Umweltprobleme und Naturschutzprojekte:**
(La cantidad enorme de plástico) es un problema para el medio ambiente.
Hay muchos proyectos ecológicos que quieren llamar la atención de la gente para proteger la naturaleza.
El hecho de (recibir tantos turistas) es una fuente de problemas.
(La pesca) ha puesto en peligro (la posidonia).
Hoy en día reciclamos más que antes.

## Unidad 4 ¡Acércate! ▶ p. 72

| | | |
|---|---|---|
| **la publicación, las publicaciones** *pl.* | die Veröffentlichung | |
| **contar con algo/alguien (o → ue)** ▶ Los verbos, p. 159 | auf etw./jdn zählen | ¿Me ayudas con el examen de Mates? ¡Cuento contigo! |
| **la locura** | die Verrücktheit | → loco/-a |
| **pelear** | streiten, zanken | Mis hermanos pelean mucho. |
| **querer a alguien (e → ie)** ▶ Los verbos, p. 159 | jdn lieb haben, lieben | Luis quiere mucho a su hermana. |
| **con locura** | wie verrückt, wahnsinnig | → loco/-a |
| **bello/-a** | schön | = bonito/-a |
| **desear algo a alguien** | jdm etw. wünschen | = querer |
| **el/la tío/-a** *fam.* | der/die Alte *ugs.* | ¿Qué pasa, tío? |
| **cambiar** | sich verändern | → el cambio |
| **rendirse (e → i)** ▶ Los verbos, p. 159 | aufgeben | Rafa siempre lucha por sus metas, nunca se rinde. |
| **el/la luchador/a** | der/die Kämpfer/in | → luchar |
| **¡Feliz día (de…)!** | Alles Gute (zum …-Tag)! | ¡Feliz día de San Dionisio! |
| **afortunado/-a** | glücklich | *ing.:* fortunate |
| **maravilloso/-a** | wunderbar | *ing.:* marvellous |
| **elegir a algo/alguien (e → i)** ▶ Los verbos, p. 159 | etw./jdn auswählen | *ing.:* to elect |
| **dar las gracias a alguien (por algo)** ▶ Los verbos, p. 159 | jdm danken (für etw.) | Ana le da las gracias a Lucía por su ayuda en la fiesta. |
| **el corazón, los corazones** *pl.* | das Herz | ¡Te odio! Me rompiste el corazón. |
| **apoyar algo / a alguien** | etw./jdn unterstützen | Rafa Nadal apoya programas para ayudar a niños. |
| **la parte** | die Seite | = el lado |
| **el/la confidente** *m./f.* | der/die Vertraute | *ing.:* confidant |
| **mi amor** | mein Schatz | ¡Te quiero, mi amor! |

| | | |
|---|---|---|
| **el Año Nuevo** | Neujahr | Este año Pablo celebra el día de Año Nuevo en casa de su primo. |
| **la Nochevieja** | Silvester | En España, mucha gente come doce uvas en Nochevieja. |
| **echar de menos algo / a alguien** | etw./jdn vermissen | ¡Vuelve pronto! ¡Te echo mucho de menos! |
| estar **orgulloso/-a de algo/alguien** | auf etw./jdn stolz sein | Paula está orgullosa de su hermana. Ha ganado el partido. |

## Unidad 4/Texto A ►p. 75

| | | |
|---|---|---|
| **el ídolo** | das Idol, Vorbild *Person* | ¿Quién es tu ídolo? |
| ! **el/la deportista** *m./f.* | der/die Sportler/in | → el deporte |
| **el personaje** | die Persönlichkeit, Figur | Los ídolos de mucha gente son personajes del mundo del espectáculo. |
| **el mundo del espectáculo** | das Showgeschäft | A muchas personas les fascina el mundo del espectáculo. |
| **el/la familiar** | der/die Familienangehörige | → la familia |
| **(en) común** | gemeinsam | Mi hermano y yo no tenemos mucho en común. |
| **adonde** *pron.* | wohin, *hier:* wo | Mi madre me pregunta adonde voy. |
| **admirar algo / a alguien** | etw./jdn bewundern | *ing.:* to admire |
| **considerar algo / a alguien algo** | etw./jdn für etw. halten | *ing.:* to consider |
| **el modelo** | das Modell, Vorbild | Los deportistas famosos son un modelo para muchos jóvenes. |
| seguir **algo / a alguien** ► Los verbos, p. 159 | etw./jdm folgen | → el/la seguidor/a |
| ! **el/la tenista** *m./f.* | der/die Tennisspieler/in | Rafa Nadal es uno de los mejores tenistas del mundo. |
| **Rafael Nadal** ► Cultura, p. 151 | *spanischer Tennisspieler* | |
| **sencillo/-a** | einfach | Antonio admira a Rafa Nadal porque parece ser una persona sencilla. |
| **aun** *(+ ger.)* | obwohl, sogar | Aun estando enferma, Nayeli quiere ir al concierto. |
| hacer **cola** ► Los verbos, p. 159 | Schlange stehen | En esta panadería siempre tienes que hacer cola. |
| **tranquilamente** | ruhig | Levántate temprano y desayuna tranquilamente. |
| **trabajador/a** | fleißig | → el trabajo |
| **impresionar a alguien** | jdn beeindrucken | *ing.:* to impress |
| **la lesión, las lesiones** *pl.* | die Verletzung | *ing.:* lesion |
| **grave** | schwerwiegend | *ing.:* grave |
| **el esfuerzo** | die Anstrengung, Mühe | *ing.:* effort |
| **se nota** | man merkt | Se nota que son hermanas, son muy parecidas. |
| **valiente** | mutig | Diego es valiente, no tiene miedo de nada. |
| identificarse **con alguien** ► Los verbos, p. 159 | sich mit jdm identifizieren | *ing.:* to identify |
| **la fundación, las fundaciones** *pl.* | die Stiftung | *ing.:* foundation |

| | | |
|---|---|---|
| **la Fundación Rafa Nadal** | *Stiftung von Rafael Nadal* | |
| **impresionante** | beeindruckend | *ing.:* impressive |
| **la inspiración, las inspiraciones** *pl.* | die Inspiration, Anregung | Para Nayeli, Magaly Solier es un modelo y una inspiración. |
| **Magaly Solier** ▶ **Cultura, p. 151** | *peruanische Schauspielerin und Sängerin* | |
| **realmente** | wirklich | *ing.:* really |
| **ejemplar** | beispielhaft, vorbildlich | → el ejemplo |
| **el/la campesino/-a** | der Bauer, die Bäuerin | → el campo |
| **desde** + *número* | von + *Zahl* + an | Magaly Solier ha logrado mucho aunque empezó desde cero. |
| **el premio** | der Preis, die Auszeichnung | Julia recibió el premio a la mejor jugadora. |
| **modesto/-a** | bescheiden | *ing.:* modest |
| **talentoso/-a** | talentiert | Para tener éxito, no solo tienes que ser talentoso. |
| **quechua** *inv.* | Quechua-(+ *S.*) | |
| **en carne propia** | am eigenen Leib | Magaly Solier vive en carne propia la discriminación porque habla quechua. |
| **la discriminación** | die Diskriminierung | La discriminación de los indígenas es un problema en Perú. |
| **vendido/-a** | verkauft | La canción más vendida de este año no me gusta nada. |
| **reconocer algo / a alguien (c → zc)** ▶ **Los verbos, p. 159** | etw./jdn als etw. anerkennen | *ing.:* to recognize |
| **Artista por la Paz** | *Ehrung der UNESCO für engagierte Künstler/innen* | |
| **solidario/-a** | solidarisch | Rafa Nadal y Magaly Solier son muy solidarios, ayudan a los demás. |
| **el canto** | der Gesang | → la canción |
| **parecerse a algo / alguien (c → zc)** ▶ **Los verbos, p. 159** | etw./jdm ähneln | → parecido/-a |
| **el/la ingeniero/-a** | der/die Ingenieur/in | De mayor quiero ser ingeniera. |
| **salir adelante** ▶ **Los verbos, p. 159** | weiterkommen | Con la ayuda de las organizaciones solidarias muchos niños salen adelante. |
| **peruano/-a** | peruanisch | → Perú |

## Unidad 4/Texto B ▶ p. 79

| | | |
|---|---|---|
| **el sentimiento** | das Gefühl | → sentir |
| **el interés, los intereses** *pl.* | das Interesse | → interesante |
| **el gusto** | der Geschmack | → gustar |
| **la relación, las relaciones** *pl.* | die Beziehung, das Verhältnis | *ing.:* relation |
| **la receta** | das Rezept | Mi abuela tiene una buena receta de un pastel. |
| **sonar (o → ue)** ▶ **Los verbos, p. 159** | klingen | *ing.:* to sound |
| **cursi** | kitschig | Algunas canciones de amor son muy cursis. |

| | | |
|---|---|---|
| **la vista** | der Blick | → ver |
| **(im-)puntual** | (un-)pünktlich | ¡Qué rollo! Siempre llegas tarde, eres muy impuntual. |
| estar **sentado/-a** | sitzen | Pablo está sentado frente al ordenador. |
| **tratar de** + *inf.* | versuchen zu + *Inf.* | = intentar |
| **disimular algo** | etw. verbergen | Manuel ve a Lucía, pero intenta disimularlo. |
| **fingir** + *inf.* | vorgeben zu + *Inf.* | No creí la historia de Laura, pero fingí creerla. |
| **el valor** | der Mut | → valiente |
| estar **sorprendido/-a** | überrascht sein | → sorprender |
| **el ligue** *fam.* | der Flirt | Cuando habla con Lucía, Manuel no se siente un genio del ligue. |
| **la alegría** | die Freude | → alegre |
| **admitir algo** | etw. anerkennen, eingestehen | ***ing.:*** to admit |
| **enamorarse de alguien** | sich in jdn verlieben | → el amor |
| **precisamente** | genau, *hier:* ausgerechnet | ***ing.:*** precisely |
| **dejar plantado/-a a alguien** | jdn versetzen | ¡Estoy muy enfadado! Me dejaste plantado otra vez. |
| **hasta** + *inf.* | bis | Manuel estaba muy triste hasta hablar con Lucía. |
| **aburrirse** | sich langweilen | → aburrido/-a |
| **el banco** | die Bank | Lucía espera a Manuel en un banco en el parque. |
| **sin** + *inf.* | ohne zu + *Inf.* | Ana y Juan se fueron de mi casa sin decir nada. |
| estar **desempleado/-a** | arbeitslos sein | → el/la empleado/-a |
| asentir **con la cabeza** (i → ie) ▶ Los verbos, p. 159 | nicken | María pregunta a Leo si quiere salir con ella y él asiente con la cabeza. |
| asentir (i → ie) ▶ Los verbos, p. 159 | zustimmen | |
| **la frase** | der Satz | ¿Puedes repetir la frase, por favor? |
| **verdadero/-a** | wahr | ≠ falso/-a |
| **ciego/-a** | blind | Mi abuela ya no puede ver. Es ciega. |
| **por** + *inf.* | weil, da | Me siento triste por estar lejos de tí. |
| dar **importancia a algo** | etw. wichtig nehmen | A veces tienes que dar importancia a los detalles. |
| **la importancia** | die Wichtigkeit | → importante |
| **el detalle** | das Detail | Según Manuel, los detalles son demasiado importantes para Lucía. |
| **la puntualidad** | die Pünktlichkeit | → puntual |
| **relajarse** | sich entspannen | = descansar |
| ! **el/la pasota** *m./f., fam.* | jemand, dem alles gleichgültig ist | Manuel se pone triste cuando Lucía le llama un pasota. |
| **reaccionar** | reagieren | ***ing.:*** to react |
| **romper con alguien** | mit jdm Schluss machen | Maite rompe con Carlos y él se pone muy triste. |
| estar **perdido/-a** | verloren sein | → perder |

| | | |
|---|---|---|
| **en plan** *adj./sust., fam.* | wie, als wenn | ¡Tía, no me hables en plan profesora! |
| **la pitonisa** | die Wahrsagerin | ¿Crees en lo que te ha dicho la pitonisa? |
| **repetir algo (e → i)** <br> ▶ **Los verbos, p. 159** | etw. wiederholen | *ing.:* to repeat |
| ! **el/la idiota** *m./f.* | der/die Idiot/in | |
| **la compasión** | das Mitleid | *ing.:* compassion |
| **estar preocupado/-a** | besorgt sein | ¿Por qué no me has llamado? Estoy preocupado. |
| **a toda voz** | ganz laut | |
| **la voz, las voces** *pl.* | die Stimme | La cantante tiene buena voz. |
| **el relleno** | die Füllung | → lleno/-a |
| **la fresa** | die Erdbeere | Mi helado favorito es el de fresa. |
| **la menta** | die Minze | *ing.:* mint |
| **la chocolatina** | der Schokoriegel | → el chocolate |
| **devorar algo** | etw. verschlingen | Aquí tienes chocolatinas, pero, ¡no las devores todas a la vez! |
| **la duda** | der Zweifel | *ing.:* doubt |
| **del montón** | gewöhnlich, Durchschnitts-(+ *S.*) | → el montón |
| **prestar atención** | aufpassen, achten | En la clase de Inglés Emilio nunca presta atención. |
| **levantar algo** | etw. heben | → levantarse |

## Para comunicarse

**So sagst du, warum eine Person wichtig für dich ist:**
Te quiero con locura. Eres (superdivertida y bella), contigo todo es mejor.
La persona más importante para mí es (mi mejor amigo) porque (con él puedo hablar de todo).
Amo tener (un hermano que me conoce mejor que nadie).
Para nosotros eres más que (un profesor).
Siempre me está sacando una sonrisa.
Soy la chica más afortunada del mundo porque (tengo tan buenos amigos).

**So bringst du Einwände, Bedingungen und Gründe zum Ausdruck:**
Aun siendo (famoso, Rafa Nadal) hace (cola en la panadería).
Teniendo (a mi hermana como modelo), voy a salir adelante.
Viviendo en (Madrid), (aprendí a hablar mejor español).

**So sprichst du über dein Vorbild:**
Lo que más admiro de (Magaly Solier) es que (ha ganado muchos premios), pero (sigue siendo modesta).
(Rafa Nadal) me impresiona porque (ha ganado muchos partidos).
Me identifico mucho con ella porque (es una mujer quechua como yo).
Para mí es una inspiración porque (ayuda a los demás).

**So drückst du Vorstellungen aus:**
Busco (un libro) que me explique (el amor).
Quiero (una novia) que tenga (los mismos intereses que yo).

## Módulo 1 ▶p. 94

| | | |
|---|---|---|
| **el carnaval** | der Karneval | El carnaval en Alemania se celebra en febrero o marzo. |
| **mezclar algo** | etw. mischen | Para hacer un pastel tienes que mezclar los ingredientes. |
| **el elemento** | das Element | La quena y la yunza son elementos del carnaval en Perú. |
| **la quena** | *Andenflöte* | |
| **la comparsa** | die Karnevalsgruppe | Las comparsas bailan en la calle. |
| **el bailarín, la bailarina** | der/die Tänzer/in | El bailarín empieza a bailar. |
| **el collar** | die Halskette | Ana lleva un collar de perlas. |
| **la pluma** | die Feder | La bailarina lleva una falda de plumas. |
| **la yunza** | *mit Geschenken geschmückter Baum* | |
| estar **cargado/-a** | beladen sein, *hier:* behangen sein | Hice las compras, voy muy cargada. |
| **talar algo** | etw. fällen | Los trabajadores talan el árbol. |
| ! **el/la asistente** *m./f.* | *hier:* der/die Teilnehmer/in | Los asistentes bailan y cantan. |
| **osado/-a** | verwegen, kühn | ¡Qué osado eres! No tienes miedo. |
| **el Día de Muertos** ▶Cultura, p. 151 | *mexikanischer Feiertag zu Ehren der Toten* | |
| **el pan de muerto** ▶Cultura, p. 151 | *traditionelles Gebäck zum Tag der Toten* | |
| **dulce** | süß | El pastel es muy dulce. |
| **redondo/-a** | rund | La Tierra es redonda. |
| **el cementerio** | der Friedhof | ***ing.:*** cemetery |
| **el altar** | der Altar | El altar es un lugar religioso. |
| **decorar algo** | etw. dekorieren, schmücken | Me gusta decorar mi habitación. |
| **el papel picado** | *Scherenschnittbilder aus dünnem Papier* | |
| **la calavera** | der Totenkopf | La calavera es un símbolo de la muerte. |
| **la Catrina** ▶Cultura, p. 151 | *Symbolfigur für den Tag der Toten in Mexiko* | |
| **emblemático/-a** | emblematisch, sinnbildlich | La Puerta del Sol es un lugar emblemático de Madrid. |
| **la muerte** | der Tod | → morir |
| **anterior** | vorhergehend | El día anterior Alba había perdido su móvil. |
| **la Navidad** | Weihnachten | Tengo que comprar los regalos de Navidad. |
| **las novenas de aguinaldo** | *katholischer Brauch im Advent in Kolumbien, Venezuela und Ecuador* | |
| **el villancico** | das Weihnachtslied | En Navidad cantamos villancicos. |
| **alrededor de algo** *prep.* | um etw. herum | Cada lunes, doy un paseo alrededor del lago. |
| **el belén, los belenes** *pl.* | die Krippe | En Navidad mucha gente pone un belén en su salón. |
| **la reunión, las reuniones** *pl.* | die Versammlung | ***ing.:*** reunion |

| | | |
|---|---|---|
| **llevar algo a cabo** | etw. ausführen, durchführen | Los alumnos llevan a cabo un proyecto en el instituto. |

## Para comunicarse

**So stellst du Handlungen und Ereignisse passivisch dar:**

(El Día de Muertos) es celebrado (el 1 y el 2 de noviembre en México).
(Este día los muertos) son recordados.

(Para el Día de Muertos) se necesitan (muchas velas).
(La casa) se decora (con papel picado).

## Módulo 2 ▶ p. 98

| | | |
|---|---|---|
| **la población, las poblaciones** *pl.* | die Bevölkerung | → el pueblo |
| **mundial** | Welt-(+ *S.*) | → el mundo |
| **sobrepasar algo** | etw. überschreiten, übertreffen | El coche sobrepasa la velocidad que se permite. |
| **(in)evitable** | (un-)vermeidbar | → evitar |
| **alimentar a alguien** | jdn ernähren | ¿Cómo vamos a alimentar a la población mundial en cien años? |
| **la variable** | die Variable | |
| **determinante** | entscheidend | La educación es determinante para el futuro. |
| **el cambio climático** | der Klimawandel | El cambio climático es un peligro. |
| **climático/-a** | klimatisch, Klima-(+ *S.*) | ***ing.:*** climatic |
| **la proteína** | das Protein | Los huevos y el queso tienen mucha proteína. |
| **la carne** | das Fleisch | No me gusta la carne, prefiero la verdura. |
| **eficiente** | effizient | ***ing.:*** efficient |
| **los alimentos** | die Nahrungsmittel | → alimentar |
| ir **más allá de algo** ▶ Los verbos, p. 159 | über etw. hinausgehen, weiter gehen als etw. | Siempre vas más allá de lo necesario. |
| **el insecto** | das Insekt | En verano hay muchos insectos. |
| **imprimir algo** | etw. drucken | Mamá, ¿puedo imprimir una foto? |
| **el hábito** | die Gewohnheit | ***ing.:*** habit |
| **a la hora de algo** | *hier:* in Bezug auf etw., wenn | Desde el intercambio ya no tengo miedo a la hora de hablar español. |
| **cocinar** | kochen | Me gusta cocinar, quiero abrir un restaurante. |
| **distinto/-a** | verschieden, unterschiedlich | Mi hermana y yo somos muy distintas. |
| **la fecha** | das Datum | La fecha de la fiesta es el 6 de marzo. |
| estar **en línea** | online sein | Estoy en línea todo el día. |
| **la entrega** | die Lieferung | → entregar |
| **a través de algo/alguien** *prep.* | mittels etw./jdn, durch etw./jdn | Ana aprende idiomas a través de Internet. |
| **el dron** | die Drohne | |
| **la impresora** | der Drucker | → imprimir |
| **los datos** | die Daten | ¡No des tus datos a todo el mundo! |
| **asegurar algo** | etw. versichern | → seguro/-a |
| **creado/-a** | hergestellt | → crear |

| | | |
|---|---|---|
| **la célula** | die Zelle | Una planta tiene millones de células. |
| **vegetal** | pflanzlich | *ing.:* vegetable |
| **artificial** | künstlich | *ing.:* artificial |
| **el filete** | das Filet | No me gusta el filete de cerdo. |
| **la grasa** | das Fett | Comer demasiada grasa no es saludable. |
| **la cápsula** | die Kapsel | Comer comida en cápsulas me parece raro. |
| **las vitaminas** | die Vitamine | Las vitaminas son muy saludables. |
| **el alga** | die Alge | Las algas crecen en el mar. |

## Para comunicarse

**So triffst du Aussagen über die Zukunft:**
En (2050) comeremos (insectos y algas).
El fin de semana jugaré (al fútbol con mi hermana).
En el futuro no habrá (supermercados).

## Módulo 3 ► p. 102

| | | |
|---|---|---|
| **el final** | das Ende | El final de la película no me ha gustado. |
| **el/la asesor/a de orientación profesional** | der/die Berufsberater/in | |
| **el/la asesor/a** | der/die Berater/in | La asesora nos presenta diferentes profesiones. |
| **la orientación profesional** | die Berufsberatung | |
| **la orientación** | die Orientierung, Beratung | Necesito orientación para mis estudios. |
| **el/la lector/a** | der/die Leser/in | → leer |
| **las prácticas** *pl.* | das Praktikum | Este verano voy a hacer unas prácticas. |
| **el/la jefe/-a** | der/die Chef/in | Mi jefa es muy simpática. |
| **exigente** | fordernd | Mi profesor de español es muy exigente. |
| **la calidad** | die Qualität | La calidad de este vestido es muy buena. |
| **original** | originell | La tienda vende ropa muy original. |
| **yo que tú** | ich an deiner Stelle | Yo que tú no lo haría. |
| **internacional** | international | ¿Conoces algún festival de cine internacional? |
| **humano/-a** | menschlich | *ing.:* human |
| **yo en tu lugar** | ich an deiner Stelle | = yo que tú |
| **lo antes posible** | so bald wie möglich | Quiero comer lo antes posible. |
| **la oficina** | das Büro | En mi oficina hay dos escritorios. |
| **la beca** | das Stipendium | Me dieron una beca para estudiar en España. |
| **el/la dibujante** *m./f.* | der/die Zeichner/in | → el dibujo |

## Para comunicarse

**So drückst du Berufswünsche aus:**
Ya lo tengo claro. Quiero ser (médico).
Me gustaría (hacer algo en turismo).

**So gibst du Ratschläge:**
Yo que tú haría (unas prácticas en una empresa).
Podrías (informarte sobre becas).
Yo en tu lugar (iría a la oficina de becas).

# Lista alfabética

Hier in den alphabetischen Listen findest du alle Vokabeln, die du in *¡Apúntate! 1, 2, 3 und 4* gelernt hast. Die orangefarbenen bzw. grünen Angaben hinter den Übersetzungen zeigen dir an, an welcher Stelle in *¡Apúntate! 4* das Wort zum ersten Mal vorkommt: 3Ac heißt z. B. *Unidad 3 ¡Acércate!;* M2 bedeutet *Módulo 2*. Einträge ohne eine solche Angabe gehören zum Lernwortschatz von *¡Apúntate! 1, 2 und 3*. Verben mit unregelmäßiger oder besonderer Konjugation sind blau hervorgehoben. Anmerkungen zu diesen Verben findest du auf den Seiten 159–168.

## A

**a** zu, nach, an; ~ **final de** + *sust.* gegen Ende des/der + *S.*; ~ **la derecha/izquierda (de)** rechts/links (von); ~ **la hora de algo** in Bezug auf etw., wenn M2; ~ **la vez** auf einmal, gleichzeitig; ~ **lo mejor** vielleicht; ~ **partir de** + *tiempo* von + *Zeitangabe* + an; ~ **pesar de** trotz 3B; ~ **propósito** mit Absicht; ~ **ver** mal sehen

**abierto/-a (estar)** geöffnet (sein)

el **abrazo** die Umarmung; **un** ~ Herzliche Grüße *Brief*

el **abrigo** der Mantel

el **abril** der April

**abrir algo** etw. öffnen, aufmachen

**absolutamente** völlig, absolut

el/la **abuelo/-a** der Opa, die Oma

los **abuelos** *pl.* die Großeltern

**aburrido/-a** langweilig

**aburrir a alguien** jdn langweilen 2Ac

**aburrirse** sich langweilen 4B

**acabar de** + *inf.* etw. gerade getan haben

el **accidente** der Unfall

el **aceite** das Öl; **el** ~ **de oliva** das Olivenöl

la **aceituna** die Olive 3Ac

el **acento** der Akzent

**aceptar algo** etw. akzeptieren

**acercarse** näherkommen, sich annähern

**acordarse (de algo) (o → ue)** sich (an etw.) erinnern

**acostarse (o → ue)** sich hinlegen

**acostumbrarse a algo/alguien** sich an etw./jdn gewöhnen

la **actividad** die Aktivität, Beschäftigung; **la** ~ **económica** die Wirtschaftstätigkeit 3Ac; **la** ~ **extraescolar** die außerschulische Aktivität

**activo/-a** aktiv

el **actor, la actriz** der/die Schauspieler/in

la **actualidad** die Aktualität 1B; **hasta la** ~ bis heute 1B

**actualizar algo** etw. aktualisieren 2Ac

**actualmente** derzeit, aktuell

el **acuario** das Aquarium

el **acuerdo** die Abmachung

**además** außerdem; ~ **de** neben, außer

**¡Adiós!** Tschüss!, Auf Wiedersehen!

la **adivinanza** das Rätsel

**adjunto/-a** angehängt 2B

**administrar algo** etw. verwalten 1Ac

la **Administración de Empresas** die Betriebswirtschaftslehre 3A

**admirar algo / a alguien** etw./jdn bewundern 4A

**admitir algo** etw. anerkennen, eingestehen 4B

el/la **adolescente** der/die Jugendliche

**adonde** *pron.* wohin, wo 4A

**¿adónde?** wohin?

**adquirir algo (i → ie)** etw. annehmen, erwerben

el/la **adulto/-a** der/die Erwachsene

el **aeropuerto** der Flughafen

la **afición** das Hobby 2Ac

**afortunado/-a** glücklich 4Ac

**africano/-a** afrikanisch

el **agosto** der August

la **agricultura** die Landwirtschaft

el **agua** *f.* das Wasser; **el** ~ **corriente** fließend Wasser

**aguantar algo** etw. ertragen

**ahí** da

**ahora** jetzt

**ahorrar (algo)** (etw.) sparen

el **ajo** der Knoblauch; **el diente de** ~ die Knoblauchzehe

**alcanzar** ausreichen; ~ **algo** etw. erreichen 1B

**alegrar a alguien** jdn erfreuen; **alegrarse (de algo)** sich (über etw.) freuen

**alegre** fröhlich

la **alegría** die Freude 4B

el **alemán** Deutsch; **el** ~, **la alemana** der/die Deutsche

**alemán, alemana** deutsch

**Alemania** Deutschland

**alérgico/-a** allergisch

el **alfabeto** das Alphabet

el **alga** *f.* die Alge M2

**algo** etwas; **¿~ más?** Noch etwas?

**algún/alguna** + *sust.* irgendein/e + *S.;* **alguno/-a** *pron.* irgendeine/r, irgendeins

**alimentar a alguien** jdn ernähren M2

los **alimentos** die Nahrungsmittel M2

el **alivio** die Erleichterung

**allí** dort

la **almohada** das (Kopf-)Kissen

el **almuerzo** das Mittagessen

**alquilar algo** etw. mieten

el **alquiler** die Miete

**alrededor de** ungefähr; ~ **algo** um etw. herum M1

los **alrededores** *pl.* die Umgebung

el **altar** der Altar M1

**alto/-a** groß *Menschen*; hoch; laut

la **altura** die Höhe; **tener ... metros de** ~ ... Meter hoch sein

el/la **alumno/-a** der/die Schüler/in

**amable** freundlich

**amar algo** etw. lieben

**amarillo/-a** gelb

**ambos/-as** *pl.* beide

**América** Amerika; ~ **del Norte** Nordamerika; ~ **Latina** Lateinamerika

el/la **amigo/-a** der/die Freund/in

el **amor** die Liebe; **mi** ~ mein Schatz 4Ac

**añadir algo** etw. hinzufügen

**ancho/-a** breit

el **ancla** *f.* der Anker 3B

**Andalucía** Andalusien

**andar** gehen, fahren; **~ en monopatín** Skateboard fahren; **¡Anda!** *fam.* Komm schon!
los **Andes** die Anden
la **anécdota** die Anekdote
el **animal** das Tier; **el ~ marino** das Meerestier
el **año** das Jahr; **el Año Nuevo** Neujahr 4Ac; **a los ... años** mit ... Jahren; **cumplir ... años** ... Jahre alt werden
**anteayer** vorgestern
**anterior** vorhergehend M1
**antes** *adv.* früher; **~ de** + *sust.* vor + *S.*; **~ de** + *inf.* bevor; **~ que nada** zuallererst
**anticuado/-a** veraltet
**antiguo/-a** alt; + *sust.* der/die/das ehemalige + *S.* 3Ac
el **anuncio** die Anzeige
el **aparato de dientes** die Zahnspange
**aparecer (c → zc)** auftauchen, erscheinen
**apenas** kaum
la **aplicación** die App
**apoyar algo / a alguien** etw./jdn unterstützen 4Ac
el **apoyo** die Unterstützung
**aprender** lernen
**aprender(se) algo de memoria** etw. auswendig lernen
**aprovechar algo** etw. (aus-)nutzen
**apuntar algo** etw. aufschreiben 1A
**apuntarse** mitmachen, sich anmelden
**aquel, aquella** jene/r, jenes; **en aquel tiempo** damals, zur damaligen Zeit; **en aquella época** damals
**aquí** hier; **por ~** hier (in der Nähe); **~ tiene** Bitte *beim Bezahlen*
el **árabe** Arabisch; **el/la árabe** der/die Araber/in
**árabe** arabisch
**Aragón** Aragonien 2B
el/la **árbitro/-a** der/die Schiedsrichter/in
el **árbol** der Baum
la **arboleda** das Waldstück
el **archivo** die Datei 2B
la **arena** der Sand
el/la **argentino/-a** der/die Argentinier/in
el **armario** der Schrank
la **armonía** die Harmonie 1B
el **arroz** der Reis
el **arte** die Kunst; **Artes Plásticas** Kunst *Schulfach*
el **artículo** der Artikel
**artificial** künstlich M2
el/la **artista** *m./f.* der/die Künstler/in 1B
**asegurar algo** etw. versichern M2
**asentir (i → ie)** zustimmen 4B; **~ con la cabeza (i → ie)** nicken 4B
**asesinar a alguien** jdn ermorden 1A
el/la **asesor/a** der/die Berater/in M3; **el/la ~ de orientación profesional** der/die Berufsberater/in M3
**así** so; **~ que** sodass, daher
la **asignatura** das Schulfach
el/la **asistente** der/die Teilnehmer/in M1
la **aspiradora** der Staubsauger; **pasar la ~** staubsaugen
la **astronomía** die Astronomie
el **atasco** der Stau 3B
la **atención** die Aufmerksamkeit; **llamar la ~ a alguien** jdm auffallen; **llamar la ~ de alguien** die Aufmerksamkeit von jdm wecken 3B
**atractivo/-a** attraktiv, reizvoll
**atraer algo / a alguien** etw./jdn anziehen, anlocken 3B
el **atún** der Thunfisch
el **aula** *f.* das Klassenzimmer
**aumentar** steigen 3Ac
**aun** + *ger.* sogar 4A
**aunque** obwohl; + *subj.* selbst wenn 2A
**Austria** Österreich 3Ac
el **autobús** der Bus
la **aventura** das Abenteuer 2Ac
el **avión** das Flugzeug
**ayer** gestern
la **ayuda** die Hilfe
**ayudar a alguien** jdm helfen
el/la **azteca** *m./f.* der/die Azteke/-in
**azteca** *inv.* aztekisch
el **azúcar** der Zucker
**azul** blau

## B

**bacán** *fam., per.* cool 1A
el **bachillerato** das Abitur, die Oberstufe
**bailar** tanzen
el **bailarín, la bailarina** der/die Tänzer/in M1
**bajar algo** etw. hinunterfahren 2A; **~ la mirada** den Blick senken
**bajarse (de algo)** aussteigen (aus etw.)
**bajo** unter; im 3B
**bajo/-a** klein *Person*
el **balón** der Ball
el **baloncesto** der Basketball *Sportart*
el **bañador** die Badehose, der Badeanzug
el **banco** die Bank 4B
la **banda** die Band
el **baño** das Badezimmer
el **bar** das Café, die Kneipe
**barato/-a** günstig, billig
la **barbacoa** der Grill
la **barca** das Boot
el **barco** das Schiff
la **barra** der Laib *Brot*
la **barriga** der Bauch
el **barrio** das Stadtviertel
**bastante** ziemlich
**bastar (con algo)** ausreichen; **¡Basta ya!** Es reicht!
la **basura** der Müll
la **batería** das Schlagzeug
la **batidora** der Mixer
**beber algo** etw. trinken
la **bebida** das Getränk
la **beca** das Stipendium M3
el **belén** die Krippe M1
**bello/-a** schön 4Ac
un **beso** Küsschen *Brief*
la **biblioteca** die Bibliothek; **la ~ pública** die öffentliche Bibliothek
el/la **bibliotecario/-a** der/die Bibliothekar/in
el **bicho raro** der Freak, Sonderling
la **bicicleta (= la bici** *fam.***)** das Fahrrad
**bien** *adv.* gut; Befriedigend *Schulnote*; **estar ~ frío/-a** schön kalt sein
la **bienvenida** die Begrüßung
**bienvenido/-a** willkommen
el **bikini** der Bikini
el **billete** das Ticket, die Fahrkarte
la **biodiversidad** die Artenvielfalt 3B
la **Biología** die Biologie 3B
**blanco/-a** weiß; **en ~ y negro** in schwarz-weiß
el **blog** der Blog
la **boca** der Mund
el **bocadillo** das belegte Brötchen

el **bolígrafo (= boli** *fam.*) der Kugelschreiber (Kuli)
**Bolivia** Bolivien
la **bolsa** die Tüte, der Beutel
el **bolso** die Tasche 1A
**bonito/-a** schön, hübsch
el/la ***booktuber*** der/die *Booktuber/in* 2Ac
el ***boom*** der *Boom* 3Ac
**borrar algo** etw. löschen
el **bosque** der Wald
las **botas** die Stiefel, die Winterschuhe
la **botella** die Flasche
el **brazo** der Arm
**brillante** glänzend, brillant 3B
la **broma** der Witz, der Scherz
la **bronca** der Ärger
**bueno/-a (en algo)** gut (in etw.); **bueno** okay, gut; **la buena onda** die gute Stimmung; **¡Buenos días!** Guten Morgen/Tag!
**burlarse de algo/alguien** sich über etw./jdn lustig machen 2A
**buscar algo / a alguien** etw./jdn suchen

## C

el **caballito de mar** das Seepferdchen 3B
el **caballito de totora** *das Fischerboot aus Schilf* 1Ac
el **caballo** das Pferd
la **cabeza** der Kopf
el **cacao** der Kakao
**cada** jede/r, jedes; alle; *número* + **de** ~ + *número Zahl* + von + *Zahl* 1B
la **cadena** die Kette
**caer(se)** (hin-)fallen
el **café** der Kaffee
la **cafetería** die Cafeteria
la **caja de arena (del gato)** das Katzenklo
la **calavera** der Totenkopf M1
la **calidad** die Qualität M3
**callado/-a (estar)** schweigend (sein)
**callarse** schweigen, den Mund halten
la **calle** die Straße
el **calor** die Hitze, Wärme; **hace mucho** ~ es ist sehr heiß
el **calzado** das Schuhwerk 3Ac
la **cama** das Bett; **irse a la** ~ zu Bett gehen
la **cámara** die Kamera 2A
el/la **camarero/-a** der/die Kellner/in 3A
**cambiar** sich verändern 4Ac; ~ **(a)** umsteigen (in); ~ **algo** etw. wechseln, ändern, verändern 1B
el **cambio** die Änderung; **el ~ climático** der Klimawandel M2; **en** ~ dagegen
**caminar** gehen, wandern
el **camino** der Weg
la **camisa** das Hemd
la **camiseta** das T-Shirt
el **campamento** das Ferienlager
el/la **campesino/-a** der Bauer, die Bäuerin 4A
el **campo** das (Spiel-)feld, der Platz 3Ac; das Land
el **canal (de Internet)** der (Internet-) Kanal
la **cancha** der Sportplatz, der Fußballplatz
la **canción** das Lied; **¡Siempre la misma ~!** Immer dieselbe Leier!
**cansado/-a (estar)** müde (sein)
el/la **cantante** der/die Sänger/in
**cantar** singen
la **cantidad** die Menge 3B
el **canto** der Gesang 4A
la **capital** die Hauptstadt
la **cápsula** die Kapsel M2
la **cara** das Gesicht; **poner una** ~ ein Gesicht machen
**característico/-a** charakteristisch
la **carga del móvil** das Handyguthaben
**cargado (estar)** beladen, behangen (sein) M1
el **Caribe** die Karibik
**caribeño/-a** karibisch
el **cariño** der Liebling
**cariñoso/-a** liebevoll, zärtlich, zutraulich
el **carnaval** der Karneval M1
la **carne** das Fleisch M2; **en ~ propia** am eigenen Leib 4A
**caro/-a** teuer
la **carretera** die (Land-)Straße
el **carril** die (Fahr-)Spur
la **carta** der Brief
el **cartón** der Karton, die Pappe
la **casa** das Haus; **en ~ (de alguien)** (bei jdm) zu Hause
la **cascada** der Wasserfall
el **casco** der Helm 2A; **el ~ viejo** die Altstadt
los **cascos** die Kopfhörer 1A
**casi** fast
el **caso** der Fall 2B
**castaño/-a** braun
el **castellano** Spanisch
el **catalán, la catalana** der/die Katalane/-in
la **catarata** der Wasserfall
la **catedral** die Kathedrale
el **cedé** die CD
**celebrar (algo)** (etw.) feiern
la **célula** die Zelle M2
el **cementerio** der Friedhof M1
la **cena** das Abendessen
**cenar** zu Abend essen
el **céntimo** der Cent
el **centro** das Zentrum; **el ~ comercial** das Einkaufszentrum; **el ~ de acogida de animales** das Tierheim 2Ac
**Centroamérica** Mittelamerika
**cerca (de)** in der Nähe (von)
el **cerdo** das Schwein 3Ac; **la cría de cerdos** die Schweinezucht 3Ac
**cero** null
**cerrar algo** etw. schließen
el **ceviche** *peruanisches Gericht aus rohem Fisch*
la **chacra** *arg.* das kleine (Land-)Gut
las **chanclas** *pl.* die Flip-Flops
**chanta, ser un** ~ gemein (sein), ein Betrüger (sein)
la **chaqueta** die Jacke
**charlar** reden, plaudern
el **chasqui** *Bote im Reich der Inka*
**chatear (por Internet)** (im Internet) chatten
el/la **chico/-a** der Junge, das Mädchen
el **chino mandarín** Hochchinesisch
el **chiringuito** das Strandrestaurant, die Strandbar
el **chocolate** die Schokolade
la **chocolatina** der Schokoriegel 4B
la **chuchería** die Süßigkeit
la **chuleta** der Spickzettel
**chulo/-a** cool
el **ciberacoso** das Cybermobbing 2B
**ciego/-a** blind 4B
el **cielo** der Himmel 1A
**Ciencias Sociales** Gesellschaftskunde
**cierto/-a (ser)** stimmen, sicher (sein)
la **cifra** die Ziffer, die Zahl
el **cine** das Kino

la **cintura** die Taille
el **circo** der Zirkus 1A
**circular** herumgehen, herumschwirren *Gerücht* 2B
la **ciudad** die Stadt
**claro** *adv.* (na) klar, natürlich; **tener algo ~ (e → ie)** sich über etw. im Klaren sein 3B
la **clase** die Klasse, das Klassenzimmer, der Unterricht
las **clases particulares** *pl.* der Nachhilfeunterricht
el **clic** der Klick 2A
**climático/-a** klimatisch, Klima- (+ *S.*) M2; **el cambio ~** der Klimawandel M2
la **cobertura (de móvil)** der Handyempfang
el **coche** das Auto 1B
la **cocina** die Küche; **la formación profesional en ~** die Kochlehre 3A
**cocinar** kochen M2
el **codo** der Ellbogen
**coger (algo)** etw. nehmen; **~ la calle** abbiegen
**cola, hacer ~** sich in einer Schlange anstellen 4A
el **colectivo** *arg.* der (Linien-)Bus
el/la **colega** der/die Kollege/-in 3A
el **colegio (= el cole** *fam.***)** die (Grund-)Schule; **el ~ privado** die Privatschule
**colgar algo (u → ue)** etw. aufhängen, posten 2Ac
el **collar** die Halskette M1
**colocar algo** etw. stellen, legen
el **colonialismo** die Kolonialherrschaft
el **color** die Farbe 1A
la **comedia** die Komödie
el **comedor** das Esszimmer, der Speisesaal
**comentar algo** etw. kommentieren, erläutern
el **comentario** der Kommentar
**comer algo** etw. essen
el/la **comerciante** der/die Händler/in 3B
el **comercio** der Handel 1Ac
**cometer algo** etw. begehen 3B
el **cómic** der Comic
la **comida** das (Mittag-)Essen
**como** als; wie; da *Konjunktion;* **sea ~ sea** so oder so 3B; **tan +** *adj.* **~** so + *Adj.* wie
**¿cómo?** wie?; **¿~ se dice/escribe ... en español?** Wie sagt/schreibt man ... auf Spanisch?
**cómodo/-a** bequem
el/la **compañero/-a** der/die Lebensgefährte/-in; **el/la ~/-a (de clase)** der/die Mitschüler/in; der/die Partner/in
la **comparsa** die Karnevalsgruppe M1
**compartir algo** etw. teilen
la **compasión** das Mitleid 4B
la **competencia** die Konkurrenz 2A
**complejo/-a** kompliziert, komplex
**completamente** ganz und gar, völlig
**complicado/-a** kompliziert
la **compra** der Einkauf; **hacer la ~** einkaufen
**comprar algo** etw. kaufen
**comprender algo / a alguien** etw./jdn verstehen
**común, en ~** gemeinsam 4A
la **comunicación** die Kommunikation, Verständigung 1Ac
la **comunidad autónoma** die Autonome Region
**con** mit
**concentrarse (en algo)** sich (auf etw.) konzentrieren
el **concierto** das Konzert; **el ~ final** das Abschlusskonzert
**concretamente** konkret 3B
**conectar algo** etw. verbinden 1Ac
el **conejillo de Indias** das Meerschweinchen
el **conejo** das Kaninchen
la **confianza** das Vertrauen 2B
**confiar en algo/alguien** auf etw./jdn vertrauen 1B
el/la **confidente** *m./f.* der/die Vertraute 4Ac
el **conflicto** der Konflikt 2B
**conmigo** mit mir
**conocer algo / a alguien (c → zc)** etw./jdn kennen(lernen)
la **conquista** die Eroberung
el/la **conquistador/a** der/die Eroberer/-in 1A
**conseguir algo (e → i)** etw. bekommen, erlangen
el **consejo** der Rat
el/la **conserje** der/die Pförtner/in
**considerar algo / a alguien algo** etw./jdn für etw. halten 4A
**consistir en algo** aus etw. bestehen 1A
la **consola de videojuegos** die Spielkonsole
la **constitución** die Verfassung
la **construcción** die Konstruktion, der Bau 3B
el **consumo** der Konsum
**contabilidad, llevar la ~** Buch führen 1Ac
**contactar a alguien** mit jdm Kontakt aufnehmen 2B
**contaminar algo** etw. verschmutzen
**contar algo (o → ue)** etw. erzählen; **~ con algo/alguien** auf etw./jdn zählen 4Ac
**contento/-a (estar)** zufrieden (sein)
**contestar algo** etw. (be-)antworten
**contigo** mit dir
el **continente** der Kontinent
la **contraseña** das Passwort 2B
el **contraste** der Kontrast, der Gegensatz
**convencer a alguien (c → z)** jdn überzeugen
**conversar** sich unterhalten
**convertir en algo (e → ie)** in etw. verwandeln, zu etw. machen
**convertirse en algo (e → ie)** zu etw. werden
**copiar algo** etw. abschreiben, kopieren
el **corazón** das Herz 4Ac
la **cordillera** die Gebirgskette
el **coro** der Chor
el/la **corredor/a** der/die Läufer/in
**corregir algo / a alguien (e → i)** etw./jdn verbessern, korrigieren
**correr** rennen, laufen
**cortar algo** etw. schneiden
**corto/-a** kurz; **estar ~ de dinero** *fam.* knapp bei Kasse sein *ugs.*
la **cosa** die Sache
la **cosmética** die Kosmetik
la **costa** die Küste
**costar algo (o → ue)** etw. kosten
la **costumbre** der Brauch, die Gewohnheit
el **cotilleo** der Tratsch
el **crac** der Knack
**creado/-a** hergestellt M2
el/la **creador/a** der/die Schöpfer/in 1Ac
**crear algo** etw. einrichten, (er-)schaffen 2Ac

creer **algo** etw. glauben
el **crucero** das Kreuzfahrtschiff 3B
**crudo/-a** roh 1A
cruzar **algo** etw. überqueren
el **cuaderno** das Heft
el/la **cual** *pron.* welche/r, welches; der, die, das *Relativpronomen* 1Ac
**¿cuál/es?** welche/r?, welches?
**cualquier** irgendein/e
**cuando** (immer) wenn; als
**¿cuándo?** wann?
**¿Cuánto?** wie viel?; **¿~ es?** Wie viel macht das?
**¿Cuántos/-as?** Wie viel/e?;
**¿Cuántos años tienes?** Wie alt bist du?
el **cuarto** das Viertel *Uhrzeit;* **el/la cuarto/-a** + *sust.* der/die/das vierte + *S.*
la **cuchara** der Löffel
el **cuchillo** das Messer
la **cuenta** die Rechnung; das Konto 2B; darse **~ de algo** etw. bemerken 3A
la **cuerda** die Schnur, das Seil 1Ac; **la ~ floja** das Hochseil 1B
el **cuero** das Leder 3Ac
el **cuerpo** der Körper
**cuidar algo / a alguien** auf etw./jdn aufpassen
la **culpa** die Schuld
**cultivar algo** etw. anbauen
el **cultivo** der Anbau 1Ac
la **cultura** die Kultur
el/la **cumpleañero/-a** das Geburtstagskind *ugs.*
el **cumpleaños (= el cumple** *fam.***)** der Geburtstag; **¡Feliz ~!** Alles Gute zum Geburtstag!
**cumplir ... años** ... Jahre alt werden
**curioso/-a** sonderbar, merkwürdig
**cursi** kitschig 4B
el **curso de salsa** der Salsakurs
**cuyo/-a** *pron.* dessen, deren 1B
el **Ciberayudante** *Teilnehmer des Programms Ciberayudantes* 2B

## D

**daño,** hacerse **~** sich wehtun, sich verletzen 2Ac
dar **algo a alguien** jdm etw. geben; **~ corte a alguien** jdm peinlich sein; **~ lo mismo a alguien** jdm egal sein
darse **cuenta de algo** etw. bemerken 3A
los **datos** die Daten M2
**de** aus, von, über; **~ repente** plötzlich; **~ todo** alles mögliche; **~ ... a...** von ... bis ... *Wochentage*; **¿~ dónde?** woher?; **¿~ qué?** über was?, worüber?; **~ todas formas** auf alle Fälle, wie dem auch sei; **~ vez en cuando** manchmal
**debajo de** unter
el **debate** die Debatte
**deber** + *inf.* müssen, sollen 2B
los **deberes** *pl.* die Hausaufgaben
**debido a** + *sust.* wegen + *S.*
**decidir algo** etw. entscheiden 2B
decir **algo a alguien (e → i)** jdm etw. sagen; **¡No me digas!** Sag bloß!, Wirklich?; **Se dice ...** Man sagt ...
la **decisión** die Entscheidung; **tomar una ~** eine Entscheidung treffen
**decorar algo** etw. dekorieren, schmücken M1
el **decreto** der Beschluss 3B
**dedicarse a algo** etw. betreiben, etw. nachgehen
el **dedo** der Finger; no mover **ni un ~ (o → ue)** keinen Finger rühren
**dejar algo** etw. (ver-)lassen; **~ a alguien en paz** jdn in Ruhe lassen; **~ algo (a alguien)** (jdm) etw. (hinter-)lassen; **~ plantado/-a a alguien** jdn versetzen 4B; **~ de** + *inf.* aufhören zu + *Inf.*
**delante de** vor, davor
el/la **delantero/-a** der/die Stürmer/in
**demasiado** *adv.* zu (sehr)
**demasiado/-a** (+ *sust.*) *adj. pron.* zu viel/e (+ *S.*)
**democrático/-a** demokratisch
demostrar **algo (o → ue)** etw. beweisen, zeigen 3Ac
el/la **dentista** *m./f.* der Zahnarzt, die Zahnärztin
**dentro de** in, in ... hinein
**depender (de algo/alguien)** abhängen (von etw./jdm)
el **deporte** der Sport; hacer **~** Sport treiben
el/la **deportista** *m./f.* der/die Sportler/in 4A
el **desafío** die Herausforderung
**desarrollar algo** etw. entwickeln 1B; **desarrollarse** sich entwickeln
el **desarrollo** die Entwicklung 3B
el **desastre** die Katastrophe
**desayunar** frühstücken
el **desayuno** das Frühstück
**descansar** sich ausruhen
descargar **algo** etw. herunterladen
el/la **descendiente** der Nachfahre
**desconectado/-a (**estar**)** offline (sein)
el/la **desconocido/-a** der/die Unbekannte 2B
**descortés** unhöflich
**descubrir algo** etw. entdecken
**desde** von; von ... aus; **~** + *número* von + *Zahl* + an 4A; **~ hace** + *tiempo* seit + *Zeitangabe*
**desear algo a alguien** jdm etw. wünschen 4Ac
**desempleado/-a (**estar**)** arbeitslos (sein) 4B
**desfavorecido/-a** benachteiligt 1B
el **desfile** der Umzug, die Parade
el **desierto** die Wüste
desmentir **algo (e → ie)** etw. dementieren 2B
la **despedida** der Abschied
despertarse **(e → ie)** aufwachen
**despistado/-a** zerstreut, schusselig
**después** danach, später; **~ de** + *sust.* nach + *S.*; **~ de** + *inf.* nachdem; **poco ~** kurz darauf
destacar **algo** etw. hervorheben 3Ac
el **destino** das Ziel
destruir **algo** etw. zerstören 1A
la **desventaja** der Nachteil
el **detalle** das Detail 4B
**determinante** entscheidend M2
**detrás de** hinter
**devorar algo** etw. verschlingen 4B
el **día** *m.* der Tag; **el ~ a ~** der Alltag 3A; **el ~ de las puertas abiertas** der Tag der offenen Tür; **el ~ de los enamorados** der Tag der Verliebten; **¡Feliz ~ (de...)!** Alles Gute (zum ...-Tag)! 4Ac; **un ~** einmal, eines Tages
el **diario** das Tagebuch
el/la **dibujante** der/die Zeichner/in M3
**dibujar algo** etw. zeichnen
el **dibujo** die Zeichnung, das Zeichnen
el **diccionario** das Wörterbuch, Lexikon
el **diciembre** der Dezember
el **diente de ajo** die Knoblauchzehe
la **diferencia** der Unterschied 2A

**diferente** verschieden; ~ **(a algo)** anders (als etw.)
**difícil** schwer, schwierig
el **dinero** das Geld; **ganar** ~ Geld verdienen
el/la **dios/a** der Gott, die Göttin 1Ac
el/la **diputado/-a** der/die Abgeordnete
la **dirección** das Sekretariat; die Richtung; die Adresse 2B; **en** ~ **a** in Richtung
el **director/-a** der/die Direktor/in
**disciplinado/-a** diszipliniert 1B
el **disco** die CD, die (Schall-)Platte
la **discriminación** die Diskriminierung 4A
**¡Disculpa!** Entschuldige!
**¡Disculpe!** Entschuldigen Sie!
la **discusión** die Diskussion, der Streit
**discutir** diskutieren, streiten
el **diseño** das Muster; **el** ~ **de videojuegos** das Game-Design 2Ac
**disfrutar de algo** etw. genießen 2A
**disimular algo** etw. verbergen 4B
**distinto/-a** verschieden, unterschiedlich M2
**divertido/-a** lustig
**divertirse** **(e → ie)** Spaß haben, sich amüsieren
**dividir(se)** (sich) teilen 3B
el **doble** das Doppelte 3Ac
**doler** **(o → ue)** wehtun, schmerzen
el **dolor** der Schmerz; **el** ~ **de muelas** die Zahnschmerzen
**dominar algo** etw. beherrschen
el **domingo** der Sonntag
**donar algo** etw. spenden 1B
**donde** *pron.* wo
**¿dónde?** wo?; **¿de** ~**?** woher?
**dormido/-a** (**estar**) eingeschlafen (sein)
**dormir** **(o → ue)** schlafen
el **dron** die Drohne M2
**ducharse** sich duschen
la **duda** der Zweifel 4B
**dudar algo** etw. bezweifeln, an etw. zweifeln
el/la **dueño/-a** der/die Besitzer/in 1Ac
**dulce** süß M1
**durante** während
**duro/-a** hart 3A

## E

**e** *(vor i- und hi-)* und
**echar algo** etw. werfen; ~ **un sermón** *fam.* eine Standpauke halten 2A; ~ **una mano a alguien** jdm zur Hand gehen, jdm helfen; ~ **de menos algo / a alguien** etw./ jdn vermissen 4Ac
**echarse a** + *inf.* (plötzlich) anfangen zu + *Inf.*
**ecológico/-a** ökologisch, Umwelt-(+ *S.*)
la **economía** die Wirtschaft 3B
**económico/-a** Wirtschafts-(+ *S.*), wirtschaftlich 3Ac; **la actividad** ~ die Wirtschaftstätigkeit 3Ac
el **ecosistema** das Ökosystem 3B
la **edad** das Alter 3A; **la Edad Media** das Mittelalter 3Ac
el **edificio** das Gebäude
la **educación** die Erziehung, (Aus-) Bildung 1B; ~ **Física** Sportunterricht *Schulfach*; **la** ~ **infantil** die Vorschulerziehung; **la** ~ **primaria** die Grundschule; **la** ~ **secundaria obligatoria (ESO)** die weiterführende Schule
**eficiente** effizient M2
**ejemplar** beispielhaft, vorbildlich 4A
el **ejemplo** das Beispiel; **por** ~ zum Beispiel
el **ejercicio** die Aufgabe, Übung
**el, la** der, die, das
**elegir algo / a alguien** **(e → i)** etw./ jdn auswählen 4Ac
el **elemento** das Element M1
**elevado/-a** hoch, gehoben 1B
el **e-mail** die E-Mail
**emblemático/-a** emblematisch, sinnbildlich M1
**emigrar (a)** auswandern (nach)
la **emoción** die Rührung, das Gefühl
**emocionado/-a** (**estar**) aufgeregt (sein)
el/la **emperador/a** der/die Herrscher/in 1A
**empezar algo** **(e → ie)** etw. anfangen, beginnen
el/la **empleado/-a** der/die Angestellte 3A
**empollar** *fam.* pauken *ugs.*
la **empresa** die Firma 2A
**en** in, an; ~ + *inf.* beim + *Inf.* ~ **cambio** dagegen; **¿~ qué?** wofür?
**enamorarse de alguien** sich in jdn verlieben 4B
**encantar a alguien** jdm sehr gefallen
el/la **encargado/-a** der/die Verantwortliche
**encargarse de algo** sich um etw. kümmern
**encender algo** **(e → ie)** etw. anschalten
**encima de** über
**encontrar** ~ **algo** etw. finden; ~ **a alguien** **(o → ue)** jdn finden, jdm begegnen
**encontrarse** sich befinden; ~ **(con alguien)** sich (mit jdm) treffen
el **encuentro** das Treffen; **el punto de** ~ der Treffpunkt
la **energía** die Energie 3B
el **enero** der Januar
**enfadado/-a** (**estar**) verärgert (sein)
**enfadarse (con alguien)** sich ärgern (über jdn)
**enfermarse** krank werden
**enfermo/-a** (**estar**) krank (sein)
**enfrente de** gegenüber von
**engañar a alguien** jdn täuschen, betrügen 1A
**enganchado/-a** (**estar**) **(a algo)** süchtig (sein) (nach etw.)
el **enlace** der Link 2B
**enorme** riesig
la **ensalada** der Salat
**ensayar** üben, proben
**enseñar algo a alguien** jdm etw. beibringen, jdm etw. zeigen
**entender** **(algo / a alguien)** **(e → ie)** (etw./jdn) verstehen; **no** ~ **ni jota** nur Bahnhof verstehen
**enterarse de algo** etw. mitbekommen
**entonces** dann, also; damals
el **entorno** die Umwelt, Umgebung 1B
la **entrada** der Eintritt, die Eintrittskarte; der Eingang 3Ac
**entrar** hereinkommen
**entre** zwischen, unter 3B; ~ **... y...** zwischen ... und ...
la **entrega** die Übergabe; Lieferung M2
**entregar algo** etw. verleihen 3B
el/la **entrenador/-a** der/die Trainer/in
el **entrenamiento** das Training
**entrenar** trainieren
**entretenido/-a** unterhaltsam
la **entrevista** das Interview
**entrevistar a alguien** jdn interviewen

**enviar (algo / a alguien)** etw./jdn schicken 3B
el **episodio** die Folge *Fernsehserie*
la **época** die Zeit, die Epoche
el **equipo** die Mannschaft, das Team; **el ~ de fútbol** die Fußballmannschaft; **el trabajo en ~** die Gruppenarbeit, das Teamwork 1B
**equivocado/-a (estar)** falsch (sein)
el **error** der Fehler 3B
**es** es ist; **~ que...** Es ist nämlich so, dass; **~ decir** das heißt; **~ una pasada** *fam.* Es ist fantastisch.
**escalar** klettern
**Escandinavia** Skandinavien
**escapado/-a** ausgerissen, entflohen 2B
**escolar** Schul-(+ *S.*), schulisch 3B
**esconder algo** etw. verstecken
**escondidas, a ~** heimlich
**escribir algo** etw. schreiben
el **escritorio** der Schreibtisch
**escuchar algo** etw. hören
la **escuela** die Schule; **la ~ infantil** die Vorschule, der Kindergarten
**ese, esa** dieser, diese da
**esforzarse (por algo) (o → ue)** sich bemühen (um etw.) 1B
el **esfuerzo** die Anstrengung, Mühe 4A
la **espalda** der Rücken
**España** Spanien
el **español** Spanisch; **el/la ~/-a** der/die Spanier/in
**español/-a** spanisch
**especial** besonders
**especialmente** besonders
**espectacular** spektakulär 2A
la **esperanza** die Hoffnung 1B
**esperar algo** etw. erwarten; **esperar** + *subj.* hoffen, dass; **~ a alguien** auf jdn warten
la **espina** der Dorn
la **esquina** die Ecke
la **estación** der Bahnhof, die Station; **la ~ de autobuses** der Busbahnhof
el **estadio** das Stadion
el **estado** der Zustand
el **Estado** der Staat; **el ~ federado** das Bundesland Hola; **Estados Unidos Mexicanos** *m. pl.* Vereinigte Mexikanische Staaten; **Estados Unidos** *m. pl.* Vereinigte Staaten von Amerika
la **estancia** der Aufenthalt
el **estanque** der Teich
la **estantería** das Regal
**estar** (da) sein, sich befinden; **~ a favor/en contra de algo** für/gegen etw. sein; **~ hecho/-a polvo** kaputt sein *ugs.*; **¡Ya está!** Basta!, Das war's!; **¿Estás bien?** Geht es dir gut?
la **estatua** die Statue
el **este** der Osten
**este, esta** diese/r, dieses
el **estilo** der Stil
**estrecho/-a** eng, schmal
la **estrella** der Stern, der Star
**estresante** stressig 3A
**estricto/-a** streng
el **estuche** die Federmappe
el/la **estudiante** der/die Schüler/in
**estudiar** lernen; **~ algo** etw. studieren 1B
los **estudios** die Paukerei, das Lernen; **los ~** das Studium 3B
**estupendo/-a** großartig, ausgezeichnet
la **etiqueta** das Etikett
el **euro** der Euro
**Europa** Europa
el/la **europeo/-a** der/die Europäer/in
**europeo/-a** europäisch
la **evaluación de bachillerato para el acceso a la universidad (EBAU)** die Eignungsprüfung für den Zugang zur Universität
el **evento** das Ereignis
**evidentemente** offensichtlich 2B
**evitable** vermeidbar M2
**evitar algo** etw. vermeiden
**exáctamente** genau
**exacto/-a** exakt, richtig
el **examen** die Prüfung, die Klassenarbeit
**excelente** hervorragend, ausgezeichnet
la **excursión** der Ausflug; **ir de ~ a** einen Ausflug machen nach
**exigente** fordernd M3
**existir** existieren
el **éxito** der Erfolg 2B
la **experiencia** die Erfahrung
el **experimento** das Experiment
**explicar algo (a alguien)** (jdm) etw. erklären
la **exposición** die Ausstellung
**extenderse (e → ie)** sich ausbreiten, erstrecken 1Ac
**extraescolar, la actividad ~** die außerschulische Aktivität
el **extranjero** das Ausland
**extranjero/-a** ausländisch 3Ac; **la lengua ~** die Fremdsprache

## F

**fácil** leicht
**fácilmente** einfach
la **falda** der Rock
**falso/-a** unecht, falsch 2B
la **falta** das Foul(-Spiel); **hacer ~** nötig sein
**faltar** fehlen
la **familia** die Familie
el/la **familiar** der/die Familienangehörige 4A; familiär, Familien-(+ *S.*)
**famoso/-a (por algo)** berühmt (für etw.)
el/la **fan** der Fan
la **farmacia** die Apotheke
**fascinar a alguien** jdn faszinieren 2Ac
**fastidiar a alguien** jdn ärgern, stören
**fatal** *adv./adj.* mies, furchtbar; **llevar algo ~** schlecht mit etw. zurechtkommen
**favorito/-a** Lieblings-(+ *S.*)
el **febrero** der Februar
la **fecha** das Datum M2
**¡Felicidades!** Herzlichen Glückwunsch!
**felicitar a alguien (por algo)** jdn (zu etw.) beglückwünschen
**feliz (estar)** glücklich (sein) 1B; **¡~ cumpleaños!** Alles Gute zum Geburtstag!; **¡~ día (de...)!** Alles Gute (zum ...-Tag)! 4Ac
**fenomenal** *adv./adj.* toll, wunderbar
la **feria** die Messe 3A
**fértil** fruchtbar 1Ac
la **fiebre** das Fieber
**fiel** treu
la **fiesta** die Party
la **figura** die Figur
**fijo/-a** fest 3A
el **filete** das Filet M2
el **fin de semana** das Wochenende
el **final** das Ende M3; **al ~ de** am Ende; **a ~ de** + *sust.* gegen Ende des/der + *S.*
**fingir** + *inf.* vorgeben zu + *Inf.* 4B
**firmar (algo)** (etw.) unterschreiben

el **flan** der Pudding; **ponerse como un ~** *fam.* ein Nervenbündel sein *ugs.*
**flipar** *fam.* ausflippen 1A
**flojo/-a** locker, lose 1B; **la cuerda floja** das Hochseil 1B
la **flor** die Blume
**folclórico/-a** Folklore-(+ *S.*), folkloristisch
el **folleto** der/das Prospekt
la **forma** die Art und Weise, Form 1Ac
la **formación profesional (FP)** die Berufsausbildung; **la ~ de grado medio en Panadería y Pastelería** die Bäcker- und Konditorlehre 3A
**formar algo** etw. bilden
la **fotografía (= la foto** *fam.***)** das Foto; **sacar ~** Fotos machen
el **fotomontaje** die Fotomontage 2B
el **francés** Französisch
**Francia** Frankreich
la **frase** der Satz 4B
**frente a** + *sust.* vor + *S.*
la **fresa** die Erdbeere 4B
el **frío** die Kälte
**frío/-a** kalt; **hace ~** es ist kalt; **estar bien ~** schön kalt sein
la **fruta** die Frucht, das Obst
la **fuente** die Quelle 2B
**fuera (de algo)** außerhalb (von etw.)
el **fuerte** die Stärke
**fuerte** stark
**funcionar** funktionieren
la **fundación** die Stiftung 4A
**fundamental** grundlegend, fundamental
**fundar algo** etw. gründen 1B
el **fútbol** der Fußball *Sportart*
el **futuro** die Zukunft 2A

## G

las **gafas** die Brille; **las ~ de sol** die Sonnenbrille
**Galicia** Galicien
el **gallego** Galicisch *Sprache*
la **galleta** der Keks
la **gallina** das Huhn
**ganar (algo)** (etw.) gewinnen; **~ dinero** Geld verdienen
**ganas, dar ~ de algo** Lust auf etw. machen 2Ac
**gastar algo (en algo)** etw. (für etw.) ausgeben
el **gatito** das Kätzchen
el/la **gato/-a** der Kater, die Katze
el **gaucho** der Gaucho
el **gazpacho** *kalte Gemüsesuppe*
**general** allgemein
**generar algo** etw. erzeugen 3B
**genial** *adj.* genial, toll
el **genio** das Genie
la **gente** die Leute
la **geografía** die Geografie, Erdkunde
**geográfico/-a** geografisch 3Ac
el **gimnasio** die Turnhalle
**girar** abbiegen
el **glaciar** der Gletscher
el **gobierno** die Regierung
el **gol** das Tor; **marcar un ~** ein Tor schießen
las **golosinas** die Süßigkeiten
la **gorra** die Mütze, das Basecap
**gótico/-a** gotisch 3Ac
**grabar** filmen, aufnehmen 2A
**gracias** danke; **~ a** + *sust.* dank des/der + *S.*; **~ por** + *sust.* danke für + *S.*; **dar las ~ a alguien (por algo)** jdm danken (für etw.) 4Ac
**gracioso/-a** witzig
el **grado** das Grad (Celsius) 1A
el **gramo** das Gramm
**grande** groß; **gran** + *sust.* groß
la **granja** der Bauernhof
la **grasa** das Fett M2
**gratis** kostenlos
**grave** schwerwiegend 4A
**Grecia** Griechenland
la **gripe** die Grippe
**gris** grau
el **grupo (de teatro)** die (Theater-) Gruppe
**guapo/-a** hübsch
**guardar algo** etw. bewahren 3B
la **guardería** die Kinderkrippe
**guay** *fam.* toll
el/la **guía turístico/-a** der/die Reiseführer/in
**guiado/-a** geführt
la **guitarra** die Gitarre
**gustar a alguien** jdm gefallen, etw. mögen, etw. gerne tun
el **gusto** der Geschmack 4B

## H

**haber** haben *Hilfsverb*
la **habitación** das Zimmer
el/la **habitante** der/die Einwohner/in
el **hábito** die Gewohnheit M2
el/la **hablante nativo/-a** der/die Muttersprachler/in
**hablar** sprechen; **~ por teléfono** telefonieren
**hace** + *tiempo* vor + *Zeitangabe*
**hacer algo (por alguien)** etw. (für jdn) machen; **~ camping** zelten;
**hacerse** + *sust./adj. S./Adj.* werden 2A; **~ daño** sich wehtun, sich verletzen 2Ac
**hacia** *prep.* in Richtung, nach
**halagado/-a** geschmeichelt 2A
el **hambre** *f.* der Hunger
la **harina** das Mehl
**harto/-a (estar) (de algo)** die Nase voll haben (von etw.)
**hasta** bis; sogar; + *inf.* bis 4B; **¡~ luego!** Bis später!, Bis dann!
el *hater* der *Hater* 2A
**hay** es gibt; **~ que** + *inf.* man muss + *Inf.*
el **hecho** die Tatsache 3B
la **hectárea** der Hektar 3B
la **heladería** die Eisdiele
el **helado** das Eis
el/la **hermano/-a** der Bruder, die Schwester
los **hermanos** *pl.* die Geschwister
la **hierba** das Gras
el/la **hijo/-a** der Sohn, die Tochter
el **hindi** Hindi
el **hip-hop** der Hip-Hop
**hispanohablante** spanischsprachig
la **historia** die Geschichte
**histórico/-a** historisch
el **hogar** der Haushalt
la **hoguera** das Lagerfeuer
la **hoja** das Blatt 3B
**¡Hola!** Hallo!
la **hora** die Uhrzeit, Stunde; **¿A qué ~...?** Um wie viel Uhr ...?, Wann ...?; **¿Qué ~ es?** Wie spät ist es?
el **horario (de clase)** der Stundenplan
la **hortaliza** das Gemüse
el **hotel** das Hotel 3Ac
**hoy** heute; **~ en día** heutzutage
la **hucha** die Spardose
el **huevo** das Ei
**humano/-a** menschlich M3
el **humor** die Laune, der Humor; **estar de buen/mal ~** gute/schlechte Laune haben

## I

la **ida** die Hinfahrt, der Hinweg
la **idea** die Idee

ideal ideal
identificarse con alguien sich mit jdm identifizieren 4A
el idioma *m.* die Sprache
el/la idiota der/die Idiot/in 4B
el ídolo das Idol, Vorbild 4A
igual, dar ~ a alguien jdm egal sein
imaginarse (algo) sich (etw.) vorstellen
el imperio das Reich
imponer algo a alguien jdm etw. aufzwingen
la importancia die Wichtigkeit 4B; dar ~ a algo etw. wichtig nehmen 4B
importante wichtig
importar a alguien jdm wichtig sein 2Ac
imposible unmöglich
la impresión der Eindruck 2A
impresionado/-a (estar) beeindruckt (sein) 3B
impresionante beeindruckend 4A
impresionar a alguien jdn beeindrucken 4A
la impresora der Drucker M2
imprimir algo etw. drucken M2
impuntual unpünktlich 4B
el/la inca der/die Inka
inca *inv.* Inka-(+ *S.*)
incluso sogar
increíble unglaublich
indígena *inv.* einheimisch, indigen
la industria die Industrie
inevitable unvermeidbar M2
infantil Kinder-(+ *S.*), kindisch; el parque ~ der Spielplatz
el infierno die Hölle
la influencia der Einfluss
influyente einflussreich 2A
la información die Information
informar a alguien jdn informieren 2B
la infraestructura die Infrastruktur 3Ac
la infusión der (Kräuter-)Tee
el/la ingeniero/-a der/die Ingenieur/in 4A
Inglaterra England
el inglés Englisch *Sprache*; el ~, la inglesa der/die Engländer/in 3A
el ingrediente die Zutat
ingresar eintreten
la inscripción die Anmeldung
el insecto das Insekt M2
la inspiración die Inspiration, Anregung 4A
el instituto (= el insti *fam.*) das Gymnasium, die Schule
el instrumento das Werkzeug
inteligente intelligent, klug
intentar (+ *inf.*) versuchen (zu + *Inf.*)
el intercambio der Austausch
el interés das Interesse 4B
interesante interessant
interesar a alguien jdn interessieren
internacional international M3
el Internet das Internet; chatear por ~ im Internet chatten
introducir algo (c → zc) etw. einführen
investigar algo etw. recherchieren, ermitteln 2B
el invierno der Winter
la invitación die Einladung 2B
ir (a) gehen (zu, nach); ~ en autobús/bicicleta/metro/piragua Bus/Fahrrad/Metro/Kanu fahren; ~ a pie zu Fuß gehen; ~ bien/mejor gut/besser laufen; ~ más allá de algo über etw. hinausgehen, weitergehen als etw. M2
irse weggehen; ~ a la cama zu Bett gehen
la isla die Insel; las Islas Baleares die Balearischen Inseln; las Islas Canarias die Kanarischen Inseln
Italia Italien
la izquierda die linke Seite
izquierdo/-a linke/r, linkes

## J

el jamón der Schinken
el jardín der Garten
la jaula der Käfig 2Ac
el/la jefe/-a der/die Chef/in M3
el jersey der Pullover
¡Jo! *fam.* Mensch!
¡Jolín! *fam.* Verdammt!
joven jung
el/la joven der/die Jugendliche
el/la jovencito/-a der Junge, das Mädchen
el juego das Spiel
el jueves der Donnerstag
el/la jugador/-a der/die Spieler/in
jugar a algo (u → ue) etw. spielen ~ como algo (u → ue) als etw. spielen
el jugo *lat. am.* der Saft
el juguete das Spielzeug
el julio der Juli
el junco das Schilfrohr 1Ac
el junio der Juni
juntos/-as zusammen
justo/-a gerecht

## K

el kilo das Kilo
el kilómetro der Kilometer; el ~ cuadrado der Quadratkilometer

## L

la, el der, die, das
la labor die Arbeit 1B
el laboratorio das Labor
el lado die Seite; al ~ de neben; poner al ~ zur Seite legen; por un ~... por otro ~ einerseits ... andererseits
el lago der See
la lámpara die Lampe
lanzarse sich werfen
el lápiz der Stift, Bleistift; el ~ de cera der Wachsmalstift
largo/-a lang; + *sust.* langjährig, weitreichend 3Ac
la lata die Dose; dar la ~ a alguien *fam.* jdn nerven *ugs.*
lavar algo etw. waschen
el lavavajillas der Geschirrspüler; recoger el ~ den Geschirrspüler ausräumen
la leche die Milch
el/la lector/a der/die Leser/in M3
leer (algo) (etw.) lesen
lejos *adv.* weit (weg)
la lengua die Sprache; la ~ (co-)oficial die (zweite) Amtssprache; la ~ materna die Muttersprache
Lengua Castellana y Literatura (= Lengua *fam.*) Spanischunterricht
la lesión die Verletzung 4A
el letrero das Schild
levantar algo etw. heben 4B
levantarse aufstehen
la libertad die Freiheit
libre frei
el libro das Buch; el ~ digital das E-Book
el ligue der Flirt 4B
limitar con algo an etw. grenzen
el límite die Grenze 2Ac
el limón die Zitrone 1A

**limpiar algo** etw. putzen, sauber machen
**limpio/-a** (**estar**) sauber (sein)
**lindo/-a** *lat. am.* schön
la **línea** die Linie
**liso/-a** glatt
la **lista** die Liste 2Ac; **la ~ de reproducción** die Playlist 2Ac
**listo/-a** (**ser**) schlau (sein); (**estar**) ~ fertig (sein)
la **literatura** die Literatur
el **litro** der Liter
la **llamada** der Anruf 2B
**llamar algo** etw. nennen; **~ a alguien** jdn anrufen
**llamarse** heißen
la **llegada** die Ankunft
**llegar (a)** kommen, ankommen; **~ a** + *inf.* schaffen, etw. zu tun
**llenar algo** etw. füllen
**lleno/-a** (**estar** ~ **de algo**) voll (mit etw. sein)
**llevar algo** etw. mitnehmen; **~ algo** etw. tragen *Kleidung*; **~ (a)** + *sust.* führen (nach) + *Ort* 1Ac; **~** + *tiempo* + *ger.* etw. schon seit + *Zeitangabe* tun; **~ a pasear** Gassi gehen 2Ac; **~ algo bien/fatal** gut/schlecht mit etw. zurechtkommen; **~ la contabilidad** Buch führen 1Ac; **~ algo a cabo** etw. ausführen, durchführen M1
**llorar** weinen; **~ de la emoción** vor Freude weinen
**llover** (**o → ue**) regnen
**lo** + *adj.* das + *Adj.*; **~ mismo** dasselbe; **~ antes posible** so bald wie möglich M3; **~ que** (das), was; **~ siento** es/das tut mir leid
**loco/-a** (**estar**) verrückt (sein)
la **locura** die Verrücktheit 4Ac; **¡Es una ~!** Das ist verrückt!; **con ~** wie verrückt, wahnsinnig 4Ac
**lograr algo** etw. erreichen, schaffen 2Ac
la **longitud** die Länge; **tener una ~ de...** ... lang sein
**los, las** die; **los demás** die anderen
el/la **luchador/a** der/die Kämpfer/in 4Ac
**luchar (por algo/alguien)** (um etw./jdn) kämpfen 2Ac
**luego** dann, später, nachher
el **lugar** der Platz, Ort *Stadt*; **~ de paso** der Durchgangsort 3B; **en ~ de algo** anstelle von etw., anstatt zu + *Inf.*; **yo en tu ~** ich an deiner Stelle M3
el **lunes** der Montag

## M

la **madre** die Mutter
el/la **madrileño/-a** *Einwohner/in von Madrid*
la **madrina** die Schulpatin
la **madrugada** die (Morgen-)Dämmerung 1A
el/la **maestro/-a** der/die Lehrer/in 1Ac
**Maguncia** Mainz
el **maíz** der Mais
**majo/-a** *fam.* nett, sympathisch
**mal** *adv.* schlecht; falsch
el **mal de montaña** die Höhenkrankheit 1A
la **maleta** der Koffer
el **mallorquín** Mallorquinisch 3Ac
**mallorquín, mallorquina** mallorquinisch 3A
**malo/-a (en algo)** schlecht (in etw.); **ser** ~ böse, gemein (sein); **estar** ~ krank (sein)
la **mamá** *fam.* die Mama
la **mañana** der Morgen; **de la noche a la ~** von heute auf morgen 2A; **por la ~** morgens
**mañana** morgen
**mandar algo (a alguien)** (jdm) etw. schicken
la **manga** der Ärmel; (**ser**) **de ~ corta** kurzärmelig; **de ~ larga** langärmelig
la **mano** die Hand; **echar una ~ a alguien** jdm zur Hand gehen, jdm helfen
**mantener algo** etw. halten, bewahren 2B
la **mantequilla** die Butter
la **manzana** der Apfel
el **maquillaje** das Make-up 2A
la **máquina** die Maschine 3A
el **mar** das Meer; **el mar Caribe** das Karibische Meer; **el mar Mediterráneo** das Mittelmeer 3Ac
**maravilloso/-a** wunderbar 4Ac
el **marcador** die Anzeigetafel; **el ~ está...** der Stand ist ...
**marino/-a** Meeres-(+ *S.*) 3B
**marrón** *inv.* braun
el **martes** der Dienstag
el **marzo** der März
**más** mehr; **~ o menos** geht so; **¿Algo ~?** Noch etwas?; **¿Qué ~?** Was noch?; **el/la que ~** + *verbo* am meisten 4Ac; **un/a ... ~** noch ein/e...; **~ de** + *número* mehr als + *Zahl*
la **mascota** das Haustier
el **máster** der Masterstudiengang 3A
**matar a alguien** jdn töten 1A; **~ el tiempo** *fam.* die Zeit totschlagen *ugs.*
el **mate** der Mate
las **matemáticas** *pl.* die Mathematik; (**= Mates** *fam.*) Mathematik *Schulfach*
**maya** Maya-(+ *S.*)
el **mayo** der Mai
el/la **mayor** + *sust.* der/die ältere + *S.*; alt, älter *Personen*; **los mayores** die Älteren, die Erwachsenen; **de ~** als Erwachsene/r 3B
la **mayoría** die Mehrheit
el **mazapán** das Marzipan
**me gustaría ...** Ich würde gerne ...
el ***me gusta*** das Like 2Ac
la **mediateca** die Mediathek
la **medicina** die Medizin
el/la **médico/-a** der Arzt, die Ärztin
**medio/-a** halbe/r, halbes; **y media** halb *Uhrzeit*; **el ~ tubo** die Halfpipe
**medio, en ~ de algo** in der Mitte von etw., mitten in etw.
el **medio ambiente** die Umwelt 3B
los **medios** die Medien
el/la **mejor** + *sust.* der/die/das beste + *S.*; **~ (que)** besser (als); **a lo mejor** vielleicht
**mejorar algo** etw. verbessern 3B
la **memoria** das Gedächtnis, die Erinnerung; **aprender(se) algo de ~** etw. auswendig lernen
**mencionar algo** etw. erwähnen 3A
**menor (que)** jünger (als)
**menos** vor *Uhrzeit*; weniger; **~** + *adj.* **(que)** weniger + *Adj.* (als)
el **mensaje** die SMS, Nachricht
el/la **mensajero/-a** der/die Bote/-in 1Ac
la **menta** die Minze 4B
el **mercado** der Markt
la **merienda** die Vesper, der Imbiss *am Nachmittag*
el **mes** der Monat
la **mesa** der Tisch; **poner la ~** den Tisch decken
la **meta** das Ziel

**meter algo** etw. (hinein-)stecken, (hinein-)legen; **~ la pata** ins Fettnäpfchen treten, sich blamieren
**meterse en algo** sich in etw. einmischen
la **metida de pata** der Tritt ins Fettnäpfchen
el **metro** der Meter; die U-Bahn; **a pocos metros** wenige Meter entfernt; **la red de ~** das U-Bahn-Netz
**mexicano/-a** mexikanisch
**México** Mexiko
**mezclar algo** etw. mischen M1
**mi, mis** *pl.* mein, meine
el **miedo** die Angst
**mientras** + *subj.* solange 2A; ~ + *ind.* während; **~ tanto** währenddessen
el **miércoles** der Mittwoch
**mil** tausend
el **mililitro** der Milliliter
el **millón** die Million
el **minuto** die Minute
la **mirada** der Blick
**mirar algo** etw. anschauen
el/la **mismo/-a** + *sust.* der/die/das gleiche + *S.*; derselbe, dieselbe, dasselbe + *S.*
**mismo/-a** selbst 1B
la **mitad** die Hälfte
la **mochila** der Rucksack
el **modelo** das Modell, Vorbild 4A
**modernizar** modernisieren 3A
**moderno/-a** modern
**modesto/-a** bescheiden 4A
**mogollón de** + *sust., fam.* ein Haufen + *S.*, sehr viele + *S.*
**molar** cool sein
**molestar a alguien** jdn stören, belästigen
el **momento** der Moment; **de ~** im Moment
la **moneda** die Münze
**mono/-a** *fam.* niedlich
el **monopatín** das Skateboard
la **montaña** der Berg; **el mal de ~** die Höhenkrankheit 1A
un **montón** eine Menge, sehr; **del ~** gewöhnlich, Durchschnitts-(+ *S.*) 4B
el **monumento** das Denkmal
**morirse (de algo) (o → ue)** sterben (an/vor etw.); **~ de hambre** verhungern; **~ por** + *inf.* auf etw. brennen 1A
**mostrar algo (a alguien) (o → ue)** (jdm) etw. zeigen
**mover algo (o → ue)** etw. bewegen; **no ~ ni un dedo** keinen Finger rühren
el **móvil** das Handy
**mucho** *adv.* viel, sehr
**mucho/-a** *adj.* viel, viele
la **mudanza** der Umzug
la **muerte** der Tod M1
la **mujer** die (Ehe-)Frau
**multicultural** multikulturell 3B
**mundial** Welt-(+ *S.*) M2
el **mundo** die Welt; **el ~ del espectáculo** das Showgeschäft 4A
el **museo** das Museum
la **música** die Musik, der Musikunterricht; **poner ~** Musik einschalten
**muy** sehr

## N

**nacer (c → zc)** geboren werden, entstehen 2B
**nada** nichts; **antes que ~** zuallererst; **no ... ~** nichts; **para ~** überhaupt nicht
**nadar** schwimmen
**nadie** niemand; **no ... ~** niemand
el **náhuatl** Nahuatl *Sprache*
el **ñandú** der Nandu
la **naranja** die Orange
la **nariz** die Nase
la **naturaleza** die Natur 1B
**navegar** mit dem Schiff fahren, segeln 1Ac
la **Navidad** Weihnachten M1
**necesario/-a** nötig, notwendig
**necesitar algo** etw. brauchen
**negativo/-a** negativ 2A
**negro/-a** schwarz; **en blanco y ~** in schwarz-weiß
**nervioso/-a (estar) (por algo)** (wegen etw.) nervös (sein)
**(no...) ni** nicht einmal; **¡~ idea!** Keine Ahnung!; **¡~ soñarlo!** Denk nicht mal dran!; **ni... ni...** weder ... noch 1B
la **niebla** der Nebel 1A
**ningún/ninguna** + *sust.* kein/e + *S.*; **ninguno/-a** *pron.* keine/r, keins
el/la **niño/-a** das Kind
**no** nein; nicht; kein, keine; **~ ... nada** nichts; **~ ... nadie** niemand; **~ importa** das macht nichts, egal; **~ obstante** trotzdem, dennoch; **~ solo ..., sino también** nicht nur ... sondern auch
la **noche** die Nacht, der (späte) Abend; **de la ~ a la mañana** von heute auf morgen 2A; **por la ~** abends, nachts
la **Nochevieja** Silvester 4Ac
el **nombre** der Name
el **noreste** der Nordosten
**normal** normal
**normalmente** normalerweise
el **noroeste** der Nordwesten
el **norte** der Norden
la **nota** die Schulnote; die Notiz
el **notable** Gut *Schulnote*
**notar, se nota** man merkt 4A
la **noticia** die (Fernseh-)Nachricht 2B
la **novela** der Roman
el **noviembre** der November
el/la **novio/-a** der/die (feste) Freund/in
el **nudo** der Knoten 1Ac
**nuestro/-a** unser/e
el/la **nuevo/-a** der/die Neue
**nuevo/-a** neu; **de nuevo** von neuem
el **número** die Zahl, Nummer
**nunca** nie; **no ... ~** nie

## O

**o** oder (**u** vor o-); **~ ... ~** entweder... oder; **~ eso parece.** So scheint es zumindest.
el **objetivo** das Ziel 1B
la **obra** das Werk; **la ~ de arte** das Kunstwerk
**observar algo** etw. beobachten
el **obstáculo** das Hindernis 1B
el **océano** der Ozean; **el ~ Atlántico** der Atlantische Ozean; **el ~ Pacífico** der Pazifische Ozean
el **octubre** der Oktober
**odiar algo / a alguien** etw./jdn hassen
el **oeste** der Westen
la **oferta** das Angebot
**oficial** offiziell; **la lengua ~** die Amtssprache
la **oficina** das Büro M3
**ofrecer algo a alguien (c → cz)** jdm etw. anbieten 3Ac
**oír algo** etw. hören 3A; **¡oye!** hey!, hör mal!
**ojalá (que)** + *subj.* hoffentlich
el **ojo** das Auge
la **ola** die Welle 1B
**olvidar algo** etw. vergessen
**olvidarse de algo** etw. vergessen

el **ombligo** der Nabel 1Ac
la **operación** die Operation
la **opinión** die Meinung; **en su ~** seiner Meinung nach
**optimista** *inv.* optimistisch 3B
**oral** mündlich 1Ac
el **ordenador** der Computer
**ordenar** aufräumen
la **oreja** das Ohr
la **organización** die Organisation 1B
**organizar algo** etw. organisieren
**orgulloso, (estar) ~ de algo/alguien** auf etw./jdn stolz (sein) 4Ac
la **orientación** die Orientierung, Beratung M3; **la ~ profesional** die Berufsberatung M3
el **origen** der Ursprung, die Herkunft; **ser de ~** + *adj. Adj.* + Herkunft sein
**original** originell M3
**originalmente** ursprünglich
**osado/-a** verwegen, kühn M1
**otro/-a** ein anderer/-s, eine andere; noch ein/e, noch eins
la **oveja** das Schaf

## P

la **paciencia** die Geduld
el **pádel** das Padel *Sportart*
el **padre** der Vater; **¡Qué ~!** *mex.* Wie cool!
los **padres** *pl.* die Eltern
el **padrino** der Schulpate
la **paga** das Taschengeld
**pagar** bezahlen
la **página web** die Webseite
el **país** das Land; **los países andinos** die Andenländer
el **País Vasco** das Baskenland
el **paisaje** die Landschaft
los **Países Bajos** die Niederlande
la **paja** das Stroh
la **palabra** das Wort
el **palacio** der Palast 3Ac
la **pampa** die Pampa
el **pan** das Brot
la **panadería** die Bäckerei
el/la **panadero/-a** der/die Bäcker/in 3A
la **pantalla** der Bildschirm
los **pantalones** *pl.* die Hose
el **pañuelo** das Taschentuch
la **papa** *lat. am.* die Kartoffel 1A
el **papá** *fam.* der Papa
el **papel** das Papier; **el ~ vegetal** das Transparentpapier
la **papelera** der Papierkorb
el **paquete** das Paket
el **par** das Paar; **(por) un ~** + *sust.* (für) ein paar + *S.*, (für) einige + *S.*
**para** für; **~** + *inf.* um zu + *Inf.*; **~ mí** für mich; **~ nada** überhaupt nicht; **~ que** + *subj.* damit; **¿Y ~ ti?** Und für dich?; **~ colmo** zu allem Überfluss; **~ eso/esto** dafür, dazu; **¿~ qué?** wozu?
la **parada** die Haltestelle, der Halt
el **paraíso** das Paradies 3B
**paralizado/-a, quedarse ~** erstarren
**parar de** + *inf.* aufhören, etw. zu tun
**parecer (c → zc)** scheinen; **~ a alguien** jdm scheinen, etw. finden; **O eso parece.** So scheint es zumindest.
**parecerse a algo/alguien** etw./jdm ähneln 4A
**parecido/-a** ähnlich
la **pared** die Wand
el **parkour** der Parkour, das Parkourtraining 2Ac
el **parque** der Park; **el ~ infantil** der Spielplatz; **el ~ nacional** der Nationalpark 3B; **el ~ recreativo** der Erholungspark
la **parte** der Teil; die Seite 4Ac; **la ~ del cuerpo** der Körperteil; **por una ~ ... por otra ~** einerseits ... andererseits 3Ac
**participar (en algo)** (an etw.) teilnehmen
**particular, las clases particulares** *pl.* der Nachhilfeunterricht
el **partido** das Spiel *Match*
el **pasado** die Vergangenheit 3B
**pasado/-a** vergangene/r, vergangenes; **(estar) ~ de moda** altmodisch (sein)
**pasar** geschehen, passieren; hineingehen; verbringen *Zeit*; **~** + *tiempo* + *ger. Zeitangabe* damit verbringen, etw. zu tun.; **~ algo a alguien** jdm etw. (weiter-)geben; **~ la noche** übernachten; **~ la plancha (por encima de algo)** (über etw. bügeln); **~ por algo** an etw. vorbeigehen; **pasarlo bien/mal** jdm gut/schlecht ergehen; **pasarlo fenomenal** *fam.* viel Spaß haben; **No pasa nada.** Das macht nichts.; **Yo paso.** Ich passe.
**pasear, llevar a ~** Gassi gehen 2Ac
el **paseo** der Spaziergang; **dar un ~** einen Spaziergang machen; **de ~ por** unterwegs in
el **pasillo** das Treppenhaus, der Flur
la **pasión** die Leidenschaft 2Ac
el **paso** der Schritt; **lugar de ~** der Durchgangsort 3B
el/la **pasota** *fam.* jemand, dem alles gleichgültig ist 4B
el **pastel** der Kuchen
la **pata** die Pfote, das Bein
la **patata** die Kartoffel; **las patatas** *pl.* die Kartoffelchips
la **pausa** die Pause 3A
el **payaso** der Clown
la **paz** die Ruhe, der Frieden
**pedir algo (a alguien) (e → i)** (jdn) um etw. bitten, etw. bestellen
**pelar algo** (etw.) schälen
**pelear** streiten, zanken 4Ac
la **película (= la peli** *fam.***)** der Film; **la ~ 3D** der 3D-Film; **poner una ~** einen Film zeigen
el **peligro** die Gefahr 2A; **poner algo / a alguien en ~ (o → ue)** etw./jdn in Gefahr bringen 3B
**peligroso/-a** gefährlich 2A
el **pelo** das Haar
la **pelota** der Ball *Sport*
**pensar algo (e → ie)** etw. denken; **~ en algo/alguien** an etw./jdn denken
**pensar(se) (e → ie) algo** etw. bedenken 2A
el/la **peor** + *sust.* der/die/das schlimmste/schlechteste + *S.*
**peor (que)** schlechter (als)
el **pepino** die Gurke
**pequeño/-a** klein; **de ~** als Kind 3B
**perder (algo) (e → ie)** (etw.) verlieren
**perderse algo (e → ie)** etw. verpassen
la **pérdida de tiempo** die Zeitverschwendung 2Ac
**perdido/-a (estar)** verloren (sein) 4B
el/la **peregrino/-a** der/die Pilger/in
**perfecto/-a** perfekt
el **perfil** das Profil 3A
el **periódico** die Zeitung
el/la **periodista** der/die Journalist/in
el **permiso** die Erlaubnis 2B

**permitir algo a alguien** jdm etw. erlauben 2Ac
**pero** aber
el/la **perro/-a** der Hund, die Hündin
la **persona** die Person
el **personaje** die Persönlichkeit, Figur 4A
**Perú** Peru 1Ac
**peruano/-a** peruanisch 4A
la **pesadilla** der Albtraum 2B
el/la **pesado/-a** die Nervensäge
**pesado/-a** nervig
**pesar, a ~ de** trotz 3B
la **pesca** die Fischerei 3B
el **pescado** der Fisch *Essen* 1A
el/la **pescador/a** der/die Fischer/in
**pescar** angeln, fischen
el **pez** der Fisch 3B
el **piano** das Klavier
**picante** scharf *Speisen*
el **picnic** das Picknick
el **pie** der Fuß
la **pierna** das Bein
el **pimiento** die Paprika
**pinchar algo** auf etw. klicken 2B
el/la **pintor/a** der/die Maler/in
la **piragua** das Kanu
la **pirámide** die Pyramide
el/la **pirata** der/die Pirat/in 3B
los **Pirineos** *pl.* die Pyrenäen
la **piscina** das Schwimmbad
el **piso** die Wohnung
**pitar** pfeifen
la **pitonisa** die Wahrsagerin 4B
la **pizarra** die Tafel
el **plan** der Plan
la **plancha** das Bügeleisen; **pasar la ~ (por encima de algo)** über etw. bügeln
**planear algo** etw. planen 2A
la **planta** die Pflanze 3B
**plantado/-a, dejar ~ a alguien** jdn versetzen 4B
**plantar algo** etw. pflanzen
el **plástico** das Plastik 3B
la **plataforma del instituto** die Plattform der Schule
el **plato** der Teller; das Gericht *Speise*; **los platos** *pl.* das Geschirr
la **playa** der Strand
la **plaza** der Platz
la **pluma** die Feder M1
**plurilingüe** mehrsprachig
la **población** die Bevölkerung M2
el/la **pobre** der/die Arme
**pobre** arm
**poco/-a** *adj.* wenig, wenige
un **poco** ein bisschen, ein wenig; **poco después** kurz darauf
el ***podcast*** der Podcast 3A
**poder** **(o → ue)** können
el **poema** *m.* das Gedicht
el **polaco** Polnisch 3A
la **policía** die Polizei 2B
el **polideportivo** das Sportzentrum
**político/-a** politisch
**poner algo** etw. setzen, stellen, legen; **~ algo a alguien** jdm etw. geben *Einkaufen*; **~ la mesa** den Tisch decken; **¿Qué le/te pongo?** Was darf's sein?; **~ al lado** zur Seite legen
**ponerse algo** sich etw. anziehen; ~ + *adj.* werden + *Adj.*; **~ a** + *inf.* beginnen etw. zu tun; **~ así** sich (so) anstellen
**popular** beliebt
un **poquito** ein kleines bisschen
**por** durch; pro; wegen; **~ ...** am ... entlang; **~** + *inf.* weil, da 4B; **~ allí** dort (drüben); **~ casualidad** zufällig 1A; **~ cierto** übrigens; **~ eso** deswegen; **~ favor** bitte; **~ fin** endlich; **~ lo menos** mindestens, zumindest; **~ lo tanto** deswegen 3B; **¿~ qué?** warum?; **~ supuesto** natürlich
el **por ciento** das Prozent
**por favor (= porfa** *fam.*) bitte
**porque** weil
la **portería** die Pförtnerloge
el/la **portero/-a** der/die Torwart/in
**Portugal** Portugal
el **portugués** Portugiesisch
**posible** möglich
la **posidonia** das Neptungras 3B; **la pradera de ~** die Neptungraswiese 3B
**positivo/-a** positiv, gut
la **postal** die Postkarte
el **póster** das Poster
el **postre** der Nachtisch, das Dessert; **de ~** zum Nachtisch
**prácticamente** praktisch, im Grunde
las **prácticas** das Praktikum M3
el **precio** der Preis 1B
**precioso/-a** entzückend
**precisamente** ausgerechnet, gerade 4B
**precolombino/-a** präkolumbisch
la **predicción** die Vorhersage 1Ac
**preferir** + *inf.* **(e → ie)** etw. lieber (+ *Inf.*) wollen
la **pregunta** die Frage
**preguntar algo** etw. fragen
el **premio** der Preis, die Auszeichnung 4A
**preocupado/-a (estar)** besorgt (sein) 4B
**preocuparse (por algo/alguien)** sich (um etw./jdn) Sorgen machen
la **preparación** die Zubereitung; die Vorbereitung
**preparar algo** etw. vorbereiten, etw. zubereiten
la **presentación** das Referat, die Präsentation
**presentar algo** etw. präsentieren, zeigen
**prestar algo a alguien** jdm etw. leihen; **~ atención** aufpassen, achten 4B
**prevenido/-a (estar)** vorgewarnt (sein)
**primero** *adv.* zuerst
el/la **primero/-a** + *sust.* der/die/das erste (+ *S.*)
el/la **primo/-a** der/die Cousin/-e
el **principio** der Anfang; **al ~** am Anfang
**privado/-a** privat; **el colegio ~** die Privatschule
**privilegiado/-a** privilegiert 1B
**probable** wahrscheinlich
**probar algo (o → ue)** etw. probieren
el **problema** *m.* das Problem
la **producción** die Produktion 3Ac
**producir algo (c → cz)** etw. produzieren
el **producto** das Produkt
la **profesión** der Beruf 2A
**profesional** beruflich, professionell 1B; **la formación ~ (FP)** die Berufsausbildung
el/la **profesor/a (= el/la profe** *fam.*) der/die Lehrer/in
el **programa** das Programm; die Sendung
**prohibido (estar)** verboten (sein)
**prohibir algo** etw. verbieten 3B; **se prohíbe** + *inf.* es ist verboten zu + *Inf.*
**promocionar algo** etw. fördern 3Ac

pronto bald
la **propina** das Trinkgeld 3A
**propio/-a** eigene/r, eigenes
la **propuesta** der Vorschlag
**proteger algo / a alguien contra algo** etw./jdn vor etw. beschützen 2B
la **proteína** das Protein M2
**provenir (de)** stammen (aus)
la **provincia** die Provinz
**provocar algo / a alguien** etw. hervorrufen, etw./jdn provozieren 3B
el **proyecto** das Projekt
el **pseudónimo** das Pseudonym, der Nickname 2B
la **publicación** die Veröffentlichung 4Ac
**publicado/-a** veröffentlicht
**publicar algo** etw. veröffentlichen 2A
la **publicidad** die Werbung 2A
**público, el transporte ~** die öffentlichen Verkehrsmittel
el **pueblito** das Dörfchen
el **pueblo** das Dorf, Volk
el **puente (colgante)** die (Hänge-) Brücke 1Ac
la **puerta** die Tür
el **puerto** der Hafen 3Ac
**pues** naja, also; **~ sí** ja, schon
el **puesto** die Stelle *Beruf* 3A
la **pulsera** das Armband 1A
el **punto** der Punkt; **el ~ de encuentro** der Treffpunkt; **en ~** Punkt *Uhrzeit*
**puntual** pünktlich 4B
la **puntualidad** die Pünktlichkeit 4B

## Q

**que** der, die, das *Relativpronomen*; *conj.* dass *Konjunktion;*
**¡~ aproveche!** Guten Appetit!
**¡Qué...!** + *adj./+ sust.!* Wie + *Adj.*!, Was für ein, eine + *S.*!; **¡~ nervios!** Wie nervenaufreibend!; **¡~ palo!** *fam.* Wie doof!; **¡~ rico!** Wie lecker!; **¡~ va!** Quatsch!;
**¿qué?** was (für)?; **¿~ hora es?** Wie spät ist es?; **¿~ (te) pasa?** Was ist los (mit dir)?, Was gibt's?; **¿~ pinta tenéis?** Wie seht ihr denn aus?; **¿~ tal** + *sust.*? Wie ist + *S.*?; **¿~ tal si...?** Wie wär's, wenn ...?; **¿~ tal?** Wie geht's?; **¿en ~?** wofür?

el **quechua** Quechua *Sprache* 1Ac
**quechua** *adj.* Quechua-(+ *S.*) 4A
**quedar** sich verabreden; übrig sein/bleiben; **~ (con alguien)** sich (mit jdm) treffen; **~ mal/bien** schlecht/gut werden
**quedarse** bleiben; **~ paralizado/-a** erstarren
**quejarse (de algo)** sich (über etw.) beschweren
**quemarse** sich verbrennen, ein Brennen verspüren
**querer (algo/+ *inf.*) (e → ie)** etw. wollen, etw. + *Inf.* + wollen; **~ a alguien** jdn lieb haben, lieben 4Ac
**Querido/-a** Liebe/r *Brief*
el **queso** der Käse
**¿quién/es?** wer?
la **quinua** die Quinoa 1Ac
el **quiosco** der Kiosk
el **quipu** *Knotenschrift der Inka*
**quitar algo** etw. entfernen

## R

la **radio** *f.* das Radio
el **rally** die Rallye
**rápidamente** schnell
**rápido** *adv.* schnell
**raro/-a** selten, komisch
el **rato** die Weile
la **razón** der Grund
**reaccionar** reagieren 4B
la **realidad** die Wirklichkeit, Realität; **en ~** in Wirklichkeit, eigentlich
**realmente** wirklich 4A
**recargar algo** etw. aufladen
la **recepción** die Rezeption 3A
el/la **recepcionista** *m./f.* der/die Rezeptionist/in 3A
la **receta** das Rezept 4B
**rechazar algo** etw. ablehnen 2A
**recibir algo** etw. bekommen, erhalten; **~ algo / a alguien** etw./ jdn empfangen 3B
**reciclar algo** etw. recyceln 3B
**recoger algo** etw. wegräumen; **~ el lavavajillas** den Geschirrspüler ausräumen
la **recogida** das Abholen
**reconocer algo / a alguien como algo/alguien** etw./jdn als etw./jdn anerkennen 4A
**recordar algo (o → ue)** sich an etw. erinnern

**recorrer algo** etw. zurücklegen, bereisen 1Ac
el **recorrido** die Strecke 2A
el **recreo** die Schulpause
el **recuerdo** der Gruß; das Souvenir, Andenken; **recuerdos desde** Grüße aus *Brief, Postkarte*
la **red** das Netz; **la ~ de metro** das U-Bahn-Netz; **la ~ social** das soziale Netzwerk 2B
**redondo/-a** rund M1
**referirse a algo (i → ie)** sich auf etw. beziehen 3B
**reflejarse** sich widerspiegeln
el **refugio** der Zufluchtsort
**regalar algo a alguien** jdm etw. schenken
el **regalo** das Geschenk
la **región** die Region
**regular** *adj./adv.* gewöhnlich, es geht so
el **Reino Unido** das Vereinigte Königreich 3Ac
**reír (e → i)** lachen
**reírse (de algo) (e → i)** (über etw.) lachen, loslachen
la **relación** die Beziehung, das Verhältnis 4B
**relacionado/-a (con algo)** verbunden mit etw. 3B
**relajarse** sich entspannen 4B
la **religión** die Religion 1Ac
**religioso/-a** religiös 1Ac
**rellenar algo** etw. ausfüllen
el **relleno** die Füllung 4B
**rendirse (e → i)** aufgeben 4Ac
**renovar algo (o → ue)** etw. erneuern 3A
la **reparación** die Reparatur
**repartir algo** etw. verteilen
**repetir algo (e → i)** etw. wiederholen 4B
el **reportaje** die Reportage
la **reseña** die Rezension, Kritik 2Ac
la **reserva** die Reservierung 3A
el **residuo** der Abfall 3B
**respetar algo / a alguien** etw./jdn respektieren, achten
**responder algo a alguien** jdm etw. antworten
la **responsabilidad** die Verantwortung 1B
**responsable** verantwortlich, verantwortungsvoll
la **respuesta** die Antwort

el **restaurante** das Restaurant
el **resto (de algo)** der Rest (von etw.)
el **resultado** das Ergebnis
**resulta que** es stellt sich heraus, dass; nämlich
el **resumen** die Zusammenfassung; **en ~** kurz gesagt
la **reunión** die Versammlung M1
la **revista** die Zeitschrift
el **rey, la reina** der/die König/in
**rico/-a (estar)** lecker (sein); **¡Qué ~!** Wie lecker!; **(ser) ~/-a** reich (sein)
el **río** der Fluss
el **ritmo** der Rhythmus
**rizado/-a** lockig
el **rock** der Rock *Musik*
la **rodilla** das Knie
**rojo/-a** rot
el **rollo** *fam.* der Ärger, der Stress
el/la **romano/-a** der/die Römer/in 3Ac
**romper algo** etw. kaputt machen, zerbrechen; **~ con alguien** mit jdm Schluss machen 4B
**romperse** zerbrechen, kaputtgehen
la **ropa** die Kleidung
la **rosa** die Rose
**rosa** *inv.* rosa(-farben)
**roto/-a (estar)** kaputt (sein)
**rubio/-a** blond
el **ruido** der Lärm
la **ruina** die Ruine
la **rumba** Rumba
**Rusia** Russland
el **ruso** Russisch 3A
la **ruta** die Route 2A

## S

el **sábado** der Samstag
**saber algo** etw. wissen, etw. kennen; **~** + *inf.* können
el **sabor** der Geschmack 3B
**sacar** bekommen *Schulnote*; **~ algo** etw. hinausbringen; **~ algo (de)** etw. herausholen (aus); **~ fotos** Fotos machen; **~ punta a algo** etw. anspitzen
la **sal** das Salz
la **sala de juegos** der Spieletreff
la **salchipapa** *südamerikanischer Snack aus Würstchen und Pommes frites* 1A
la **salida** die Abfahrt
**salir** (hinaus-)gehen, ausgehen, abfahren, abfliegen; **~ adelante** weiterkommen 4A; **~ bien/mal** gut/schlecht (aus-)gehen; **~ de casa** aus dem Haus gehen
el **salón** das Wohnzimmer
la **salsa** die Soße; Salsa *Tanz*
**saltar** springen
**saludable** gesund
el **saludo** der Gruß; **saludos** Liebe Grüße *Brief, E-Mail*
**satisfecho/-a (estar)** zufrieden (sein)
**sea como sea** so oder so 3B
**secreto/-a** geheim 2B
el **sector** der Sektor 3Ac; **el ~ agrícola** der landwirtschaftliche Sektor 3Ac
el/la **seguidor/a** der/die Follower/in 2Ac
**seguir algo / a alguien (e → i)** etw./jdm folgen 4A; **~ (con algo)** (mit etw.) weitermachen; weitergehen; **~** + *ger.* etw. weiter tun
**según** je nach 3Ac; laut, nach *Meinung*
el/la **segundo/-a** + *sust.* der/die/das zweite + *S.*
**seguro** *adv.* bestimmt, sicherlich
**seguro/-a (estar)** sicher (sein)
la **semana** die Woche; **la ~ que viene** kommende Woche
**sembrar** säen 1Ac
**señalar algo** etw. zeigen, mit dem Finger auf etw. zeigen
**sencillo/-a** einfach 4A
el/la **señor/a** der Herr, die Frau
**sensibilizar a alguien** jdn sensibilisieren 1B
**sentado/-a, estar ~** sitzen 4B
**sentarse (e → ie)** sich (hin-)setzen
el **sentido** das Gefühl, der Sinn 1B
el **sentimiento** das Gefühl 4B
**sentir algo (e → ie)** etw. fühlen, spüren 1Ac
**sentirse (e → ie)** sich fühlen
**separado/-a** getrennt 3A
**separar algo** etw. trennen
el **septiembre** der September
**ser** sein; **~ lo mío** (genau) mein Ding sein *ugs.*
la **serie** die Serie *Fernsehen*; **la ~ policíaca** die Krimiserie
**serio/-a** ernst, ernsthaft; **tomar(se) algo en ~** etw. ernst nehmen 2A
**sermón, echar un ~** *fam.* eine Standpauke halten *ugs.* 2A
la **servilleta** die Serviette
**servir (e → i)** nützen; **~ algo (e → i)** etw. servieren
**Sevilla** Sevilla
**si** ob; wenn, falls
**sí** ja; doch, schon; **¿Sí, diga?** Ja, hallo? *am Telefon*
**siempre** immer
la **sierra** das Gebirge
la **siesta** die Siesta
el **siglo** das Jahrhundert
**significar algo** etw. bedeuten
el/la **siguiente** + *sust.* der/die/das folgende, nächste + *S.*
la **silla** der Stuhl
el **sillón** der Sessel
**similar** ähnlich
**simpático/-a** sympathisch
**simplemente** bloß, einfach 2Ac
**sin** ohne; **~** + *inf.* ohne + *Inf.* 4B; **~ embargo** trotzdem
**sino (que)** sondern
el **sistema** *m.* das System 1Ac; **el ~ educativo** das Bildungswesen
el **sitio** der Platz, Ort
la **situación** die Situation, Lage 3Ac
el **ska** der Ska 2Ac
**sobre** über; gegen *Uhrzeit*; **~ todo** vor allem
**sobrenombre** Spitzname
**sobrepasar algo** etw. überschreiten, übertreffen M2
el **sobresaliente** Sehr gut *Schulnote*
**sobrevivir** überleben 3B
**social** sozial, gesellschaftlich 1B
el **sol** die Sonne; **hace ~** die Sonne scheint; **tomar el ~** sonnenbaden
**solidario/-a** solidarisch 4A
**solo** *adv.* nur
**solo/-a (estar)** alleine (sein); **ni un/a ~** nicht ein/e einzige/r, nicht ein einziges
la **solucion** die Lösung
la **sombra** der Schatten
**sonar (o → ue)** klingen 4B
**soñar con algo (o → ue)** von etw. träumen
**sonreír (a alguien) (e → i)** (jdn an-)lächeln 3A
la **sonrisa** das Lächeln
el **soroche** *per.* die Höhenkrankheit 1A
**sorprender a alguien** jdn überraschen

**sorprendido/-a** (estar) überrascht (sein) 4B
la **sorpresa** die Überraschung; **de ~** als Überraschung
**su, sus** sein, seine, ihr, ihre
el/la **subdirector/a** der/die stellvertretende/r Direktor/in 3A
**subir** steigen 3Ac; **~ algo** etw. hochladen
**subirse (a algo)** einsteigen (in etw.)
el **subterráneo (= el subte** *fam.*) *arg.* die U-Bahn
**sucio/-a** (estar) schmutzig (sein)
el **suelo** der Boden
el **sueño** der Traum
la **suerte** das Glück; **la mala ~** das Pech
**suficiente** genug, ausreichend; Ausreichend *Schulnote*
**sufrir algo** etw. (er-)leiden, ertragen 3B
**Suiza** die Schweiz 3Ac
**super-**(+ *adj.*) total, super-(+ *Adj.*)
**superar algo** etw. überwinden 2Ac
**superarse** sich überwinden, über sich hinauswachsen 1B
la **superficie** die Fläche, Oberfläche 3Ac
el **supermercado** der Supermarkt
el **sur** der Süden
el **sureste** der Südosten
el **surf** das Surfen 1B
**surfear** surfen 1B
el **suroeste** der Südwesten
el **susto** der Schreck(en)

## T

la **tabla** das Brett 1B; **la ~ de planchar** das Bügelbrett
la **tableta** das Tablet *Computer*
el **tablón de anuncios** das schwarze Brett
**tal vez** vielleicht
**talar algo** etw. fällen M1
**talentoso/-a** talentiert 4A
el **taller** der Workshop
**también** auch; **a mí ~** mir auch
**tampoco** auch nicht; **a mí ~** mir auch nicht
**tan** + *adj.* so + *Adj.*; **~** + *adj.* **como** so + *Adj.* wie; **~ solo** nur, lediglich
**tanto** so sehr, so viel; **mientras ~** währenddessen 2Ac
**tanto/-a** so viel/e
**tapar algo** etw. bedecken
la **taquilla** der Kassenschalter
**tardar** dauern, brauchen *zeitlich*
**tarde** (zu) spät; **más ~** später
la **tarde** der Nachmittag; **por la ~** nachmittags
la **tarea** die Aufgabe
la **tarjeta** die Karte; **la ~ (de transporte público)** die Fahrkarte
el **taxi** das Taxi
el **teatro** das Theater
el **tebeo** der Comic
la **técnica** die Technik
la **tecnología** die Technologie
la **televisión (= la tele** *fam.*) der Fernseher, das Fernsehen 2B
el **telediario** die (Fernseh-) Nachrichten
el **teléfono** das Telefon
la **telenovela** die Seifenoper
el **tema** das Thema 2B
**temer algo** etw. befürchten 2Ac
el **Templo del Sol** der Sonnentempel 1Ac
la **temporada** die Saison 3Ac
**temprano** *adv.* früh, zeitig
el **tenedor** die Gabel
**tener algo (e → ie)** etw. haben; **~ ... años** ... Jahre alt sein; **~ algo claro** sich über etw. im Klaren sein 3B; **~ cuidado (con)** aufpassen; **~ ganas de algo /** + *inf.* Lust auf etw. haben; Lust haben, etw. zu tun; **~ que** + *inf.* etw. tun müssen; **~ sed** Durst haben; **~ miedo de que** + *subj.* befürchten, dass; **~ razón** Recht haben
**Tenerife** Teneriffa
el/la **tenista** *m./f.* der/die Tennisspieler/in 4A
el/la **tercero/-a** + *sust.* der/die/das dritte + *S.*
**terminar** fertig werden; **~ algo** enden, etw. beenden; **~ en el suelo** auf dem Boden landen
la **terraza** die Terrasse 1Ac
el **territorio** das Territorium, Gebiet
el **testimonio** der Bericht 3A
**texano/-a** texanisch
el **tiburón** der Haifisch
el **tiempo** das Wetter; die Zeit; **el ~ libre** die Freizeit; **al mismo ~** gleichzeitig, zugleich; **hace buen/mal ~** das Wetter ist gut/schlecht; **matar el ~** *fam.* die Zeit totschlagen *ugs.*; **el primer ~** die erste Halbzeit
la **tienda** das Geschäft
la **Tierra** die Erde *Planet*
la **tierra** die Erde, der Boden 1Ac
el **tigre** der Tiger 2B
el/la **tío/-a** der Onkel, die Tante
el/la **tío/-a** *fam.* der/die Alte *ugs.* 4Ac
**típico/-a** typisch
el **tipo** die Art 1A
**tirar algo** etw. wegwerfen; **~ de las orejas a alguien** jdn an den Ohren ziehen
la **tirita** das Pflaster
el **lago Titicaca** der Titicacasee 1Ac
**tocar** + *instrumento* spielen *Instrument*; **~ a alguien** an der Reihe sein
**todavía** noch (immer)
**todo** *pron.* alles; **Eso es ~.** Das wär's. *Einkaufen;* **~ recto** geradeaus
**todo/-a** alle, ganz, jeden; **a toda voz** ganz laut 4B; **todos/-as** alle
**tomar algo** etw. nehmen, essen, trinken; **~ el sol** sonnenbaden; **~ una decisión** eine Entscheidung treffen; **tomar(se) algo en serio** etw. ernst nehmen 2A
el **tomate** die Tomate
la **tonelada** die Tonne *Menge*
**tonto/-a** dumm
la **tortilla** *Maisfladen*; *Kartoffelomelett*
**totalmente** ganz, total
el/la **trabajador/a** der/die Arbeiter/in 3Ac
**trabajador/a** fleißig 4A
**trabajar** arbeiten
el **trabajo** die Arbeit; **el ~ en equipo** die Gruppenarbeit, das Teamwork 1B
la **tradición** die Tradition
**tradicional** traditionell
**traer algo a alguien** jdm etw. mitbringen, etw. dabeihaben
**¡Trágame, tierra!** Ich würde am liebsten im Erdboden versinken!
el **traje** der Anzug 1B; **el ~ de neopreno** der Neoprenanzug 1B
**tranquilamente** ruhig 4A
**tranquilo/-a** ruhig; **¡Tranquilo!** Keine Sorge!

**transformar algo** etw. verwandeln 1B
**transparente** durchsichtig, klar 3B
el **transporte público** die öffentlichen Verkehrsmittel
**tratar sobre algo** von etw. handeln
**tratar(se) de algo** sich um etw. handeln, um etw. gehen 2A
**tratar de** + *inf.* versuchen zu + *Inf.* 4B
**través, a ~ de algo/alguien** *prep.* mittels etw./jdn, durch etw./jdn M2
el **trayecto** die Strecke 1Ac
**tremendo/-a** beachtlich, krass 2A
el **tren** der Zug
el **trigo** der Weizen
**triste** traurig
**triturar algo** etw. zerkleinern, etw. pürieren
el **truco** der Trick
**tu, tus** dein, deine
el **turismo (de masas)** der (Massen-) Tourismus 3Ac
el/la **turista** der/die Tourist/in
el **tutorial** das Tutorial

## U

**u** (**o** vor o-) oder
el/la **último/-a** + *sust.* der/die/das letzte + *S.* 1A
**un/a** ein/e; **~ día** einmal, eines Tages
el/la **único/-a** + *sust.* der/die einzige + *S.*; *sust.* + ~ einzigartig 3Ac; lo ~ + *adj.* das einzige + *Adj.*
el **uniforme** die Uniform, das Trikot
la **Unión Europea (UE)** die Europäische Union (EU)
la **universidad** die Universität
**uno/-a** *pron.* eine/r, eins
**unos/-as** *pl.* ein paar, einige; circa
**usar algo** etw. benutzen
el **uso** die (Be-)Nutzung 2B
**usted/es** Sie *höfliche Anrede*
**utilizar algo** etw. benutzen
la **uva** die Weintraube 3Ac

## V

la **vaca** die Kuh
las **vacaciones** *pl.* die Ferien, der Urlaub; **(estar) de ~** in den Ferien sein, im Urlaub sein
**vale** okay, in Ordnung
el **valenciano** Valencianisch *Sprache*
**valenciano/-a** valencianisch
**valiente** mutig 4A
**valioso/-a** wertvoll
el **valor** der Mut 4B
el **vals** der Walzer
los **vaqueros** *pl.* die Jeans
la **variable** die Variable M2
la **variación** die Variation, Änderung
**variado/-a** abwechslungsreich 3Ac
la **variedad** die Varietät, Variante 3Ac
**varios/-as** *pl.* einige, mehrere
el **vasco** Baskisch
**vasco/-a** baskisch
el **vaso** das Glas
**¡Vaya** + *sust.*! Was für ein/e + *S.*!, Wow!, Nicht schlecht!
el/la **vecino/-a** der/die Nachbar/in
**vegetal** pflanzlich M2
la **velocidad** die Geschwindigkeit 2A
el/la **vendedor/a** der/die Verkäufer/in
**vendido/-a** verkauft 4A
**¡Venga!** Los!
**venir (e → ie)** kommen
la **ventaja** der Vorteil
la **ventana** das Fenster
**ver algo** etw. sehen; **~ la tele** fernsehen; **a ~** mal sehen
el **verano** der Sommer
la **verdad** die Wahrheit; **¿De ~?** wirklich?; **¿~?** stimmt's?, nicht wahr?; **Es ~.** Das stimmt.
**verdadero/-a** wahr 4B
**verde** grün
la **verdura** das Gemüse 1A
**vergonzoso/-a** peinlich 2B
el **vestido** das Kleid
**vestirse (e → i)** sich anziehen
el/la **veterinario/-a** der Tierarzt, die Tierärztin
la **vez** das Mal; **a la ~** auf einmal, gleichzeitig; **a su ~** gleichzeitig, hingegen; **alguna ~** schon einmal 3A; **otra ~** noch einmal, schon wieder; **por primera/segunda ~** zum ersten/zweiten Mal; **tal ~** vielleicht; **a veces** manchmal
**viajar (a)** reisen (nach)
el **viaje** die Fahrt; die Reise; **de ~** auf Reisen
la **vida** das Leben
el **vídeo** das Video
el **videojuego** das Videospiel 2Ac; **el diseño de videojuegos** das Game-Design 2Ac
**viejo/-a** alt
el **viernes** der Freitag
el **villancico** das Weihnachtslied M1
el **vinagre** der Essig
**viral** viral 2B
la **viruta** der Span
la **visita** der Besuch
**visitar a alguien** jdn besuchen; **~ algo** etw. besuchen, besichtigen
la **vista** der Blick 4B
el **vistazo** der (flüchtige) Blick
la **visualización** der Klick 2A
las **vitaminas** die Vitamine M2
**vivir (en** + *sust.***)** (in + *S.*) leben, wohnen; **~ algo** etw. erleben
**vivo/-a (estar)** lebendig (sein)
el/la ***vlogger*** der/die *Vlogger/in* 2A
**volar (o → ue)** fliegen
el **volcán** der Vulkan
el **voleibol** der Volleyball
el/la **voluntario/-a** der/die Freiwillige 2Ac
**volver (a) (o → ue)** zurückkommen (nach); **~ a** + *inf.* **(o → ue)** etw. wieder tun
**vos** *arg.* du
la **voz** die Stimme 4B; **a toda ~** ganz laut 4B
la **vuelta** die Rückfahrt, der Rückweg; **dar la ~ por algo** um etw. herumfahren/-gehen
**vuestro/-a** euer, eure

## Y

**y** und (**e** vor i- und hi-)
**ya** schon; sofort; **~ no** nicht mehr; **¡~ está!** Basta!, Das war's!
**yo que tú** ich an deiner Stelle M3

## Z

las **zapatillas de deporte** die Sportschuhe
los **zapatos** die Schuhe
la **zona** die Gegend 3B; **la ~ protegida** das Naturschutzgebiet
el **zumo** der Saft

## A

**abbiegen** coger la calle; girar
**Abend** la noche; **zu ~ essen** cenar
**Abendessen** la cena
**abends** por la noche
**Abenteuer** la aventura 2Ac
**aber** pero
**abfahren** salir
**Abfahrt** la salida
**Abfall** el residuo 3B
**abfliegen** salir
**Abgeordnete** el/la diputado/-a
**abhängen (von etw./jdm)** depender (de algo/alguien)
**Abholen** la recogida
**Abitur** el bachillerato
**ablehnen (etw.)** rechazar algo 2A
**Abmachung** el acuerdo
**Abschied** la despedida
**Abschlusskonzert** el concierto final
**abschreiben (etw.)** copiar algo
**Absicht, mit ~** a propósito
**absolut** absolutamente
**abwechslungsreich** variado/-a 3Ac
**achten (etw./jdn)** respetar algo / a alguien
**Adresse** la dirección 2B
**afrikanisch** africano/-a
**ähneln (etw./jdm)** parecerse (c → zc) a algo/alguien 4A
**ähnlich** parecido/-a; similar
**aktiv** activo/-a
**Aktivität** la actividad; **außerschulische ~** la actividad extraescolar
**aktualisieren (etw.)** actualizar algo 2Ac
**Aktualität** la actualidad 1B
**aktuell** actualmente
**Akzent** el acento
**akzeptieren (etw.)** aceptar algo
**Albtraum** la pesadilla 2B
**Alge** el alga *f.* M2
**alle** cada; todo/-a; todos/-as; **auf ~ Fälle** de todas formas
**alleine (sein)** (estar) solo/-a
**allergisch** alérgico/-a
**alles** todo *pron.*; **~ mögliche** de todo
**Alles Gute (zum ...-Tag)!** ¡Feliz día (de...)! 4Ac
**allgemein** general
**Alltag** el día a día 3A
**Alphabet** el alfabeto
**als** como; cuando; **~ wenn** en plan + *adj./sust., fam.* 4B; **~ Kind** de pequeño/-a; **~ Erwachsene/r** de mayor 3B
**also** entonces; pues
**alt** antiguo/-a; viejo/-a; **... Jahre ~ werden** cumplir ... años; **~, älter** *Personen* mayor; **der/die ältere + S.** el/la mayor + *sust.*
**Altar** el altar M1
**Alte/r** *ugs.* el/la tío/-a *fam.* 4Ac
**Alter** la edad 3A
**Älteren (die)** los mayores *pl.*
**altmodisch (sein)** (estar) pasado/-a de moda
**Altstadt (von Bilbao)** el Casco Viejo
**am ... entlang** por...
**am meisten** el/la que más + *verbo* 4Ac
**Amerika** América
**Amtssprache** la lengua oficial; **zweite ~** la lengua cooficial
**amüsieren (sich)** divertirse (e → ie)
**an** en; a
**Anbau** el cultivo 1Ac
**anbauen (etw.)** cultivar algo
**anbieten (jdm etw.)** ofrecer algo a alguien (c → cz) 3Ac
**Andalusien** Andalucía
**Anden** los Andes; **Andenländer** los países andinos
**Andenken** el recuerdo
**anderen (die)** los demás
**anderer/-s (ein), andere (eine)** otro/-a
**ändern (etw.)** cambiar algo
**anders (als etw.)** diferente (a algo)
**Änderung** el cambio; la variación
**Anekdote** la anécdota
**anerkennen (etw.)** admitir algo 4B; **etw./jdn als etw./jdn ~** reconocer algo / a alguien como algo/alguien 4A
**Anfang** el principio; **am ~** al principio
**anfangen (etw.)** empezar algo (e → ie); **plötzlich ~, etw. zu tun** echarse a + *inf.*
**Angebot** la oferta
**angehängt** adjunto/-a 2B
**angeln** pescar
**Angestellte** el/la empleado/-a 3A
**Angst** el miedo
**Anker** el ancla *f.* 3B
**ankommen** llegar (a)
**Ankunft** la llegada
**anlächeln (jdn)** sonreír (a alguien) (e → i) 3A
**anlocken (etw./jdn)** atraer algo / a alguien 3B
**anmelden (sich)** apuntarse
**Anmeldung** la inscripción
**annähern (sich)** acercarse
**annehmen (etw.)** adquirir algo (i → ie)
**Anregung** la inspiración 4A
**Anruf** la llamada 2B
**anrufen (jdn)** llamar a alguien
**anschalten (etw.)** encender algo (e → ie)
**anschauen (etw.)** mirar algo
**anspitzen (etw.)** sacar punta a algo
**anstatt zu + *Inf.*** en lugar de + *inf.*
**anstelle von etw.** en lugar de algo
**anstellen (sich)** hacer cola 4A; **sich so ~** ponerse así
**Anstrengung** el esfuerzo 4A
**Antwort** la respuesta
**antworten (etw.)** contestar algo; **jdm etw. ~** responder algo a alguien
**Anzeige** el anuncio
**Anzeigetafel** el marcador
**anziehen (sich etw.)** ponerse algo; **sich ~** vestirse (e → i); **etw./jdn ~** atraer algo / a alguien 3B
**Anzug** el traje 1B
**Apfel** la manzana
**Apotheke** la farmacia
**App** la aplicación
**April** el abril
**Aquarium** el acuario
**Araber/in** el/la árabe
**arabisch** árabe
**Arabisch** el árabe
**Aragonien** Aragón 2B
**Arbeit** la labor 1B; el trabajo
**arbeiten** trabajar
**Arbeiter/in** el/la trabajador/a 3Ac
**arbeitslos (sein)** (estar) desempleado/-a 4B
**Argentinier/in** el/la argentino/-a
**Ärger** la bronca; el rollo *fam.*
**ärgern (jdn)** fastidiar a alguien; **sich (über jdn) ~** enfadarse (con alguien)
**Arm** el brazo
**arm** pobre
**Arme (der/die)** el/la pobre
**Armband** la pulsera 1A
**Ärmel** la manga
**Art** el tipo 1A; **~ und Weise** la forma 1Ac
**Artenvielfalt** la biodiversidad 3B

**Artikel** el artículo
**Arzt, Ärztin** el/la médico/-a
**Aspirin** la aspirina
**Astronomie** la astronomía
**Atlantischer Ozean** el océano Atlántico
**attraktiv** atractivo/-a
**auch** también; **~ nicht** tampoco
**auf** en; encima de; **~ Reisen** de viaje; **~ einmal** a la vez; **~ Wiedersehen!** ¡Adiós!
**Aufenthalt** la estancia
**auffallen (jdm)** llamar la atención a alguien
**Aufgabe** el ejercicio; la tarea
**aufgeben** rendirse (e → i) 4Ac
**aufgeregt (sein)** (estar) emocionado/-a
**aufhängen (etw.)** colgar algo (u → ue) 2Ac
**aufhören zu** + *Inf.* dejar de + *Inf.*; parar de + *inf.*
**aufladen (etw.)** recargar algo
**Aufmerksamkeit** la atención; **die ~ von jdm wecken** llamar la atención de alguien 3B
**aufnehmen** grabar 2A
**aufpassen** prestar atención 4B; tener cuidado (con); **auf etw./jdn ~** cuidar algo / a alguien
**aufräumen** ordenar
**aufschreiben (etw.)** apuntar algo 1A
**aufspießen (etw.)** pinchar algo 2B
**aufstehen** levantarse
**auftauchen** aparecer (c → zc)
**aufwachen** despertarse (e → ie)
**aufzwingen (jdm etw.)** imponer algo a alguien
**Auge** el ojo
**August** el agosto
**aus** de
**Ausbildung** la educación 1B
**ausbreiten (sich)** extenderse (e → ie) 1Ac
**ausflippen** flipar *fam.* 1A
**Ausflug** la excursión; **einen ~ machen nach** ir de excursión a
**ausführen (etw.)** llevar algo a cabo M1
**ausfüllen (etw.)** rellenar algo
**ausgeben (etw. für etw.)** gastar algo (en algo)
**ausgehen** salir; **gut/schlecht ~** salir bien/mal
**ausgerechnet** precisamente 4B
**ausgerissen** escapado/-a 2B
**ausgezeichnet** estupendo/-a; excelente
**Ausland** el extranjero
**ausländisch** extranjero/-a 3Ac
**ausnutzen (etw.)** aprovechar algo
**ausräumen (etw.)** recoger algo
**ausreichen** alcanzar; bastar (con algo)
**ausreichend** suficiente
**Ausreichend** *Schulnote* el suficiente
**ausruhen (sich)** descansar
**außer** además de
**außerdem** además
**außerhalb (von etw.)** fuera (de algo)
**außerschulische Aktivität** la actividad extraescolar
**aussteigen (aus etw.)** bajarse (de algo)
**Ausstellung** la exposición
**Austausch** el intercambio
**auswählen (etw./jdn)** elegir algo / a alguien (e → i) 4Ac
**auswandern (nach)** emigrar (a)
**auswendig lernen (etw.)** aprender(se) algo de memoria
**Auszeichnung** el premio 4A
**Auto** el coche 1B
**Autonome Region** la comunidad autónoma
**Azteke/-in** el/la azteca *m./f.*
**aztekisch** azteca *inv.*

## B

**Bäcker- und Konditorlehre** la formación profesional de grado medio en Panadería y Pastelería 3A
**Bäcker/in** el/la panadero/-a 3A
**Bäckerei** la panadería
**Badeanzug** el bañador
**Badehose** el bañador
**Badezimmer** el baño
**Bahnhof** la estación
**bald** pronto
**Balearische Inseln** las Islas Baleares
**Ball** el balón; la pelota
**Band** la banda
**Bank** el banco 4B
**Basecap** la gorra
**Baskenland** el País Vasco
**Basketball** el baloncesto
**baskisch** vasco/-a
**Baskisch** el vasco
**Basta!** ¡Ya está!
**Bau** la construcción 3B
**Bauch** la barriga
**Bauer, Bäuerin** el/la campesino/-a 4A
**Bauernhof** la granja
**Baum** el árbol
**beachtlich** tremendo/-a 2A
**beantworten (etw.)** contestar algo
**bedecken (etw.)** tapar algo
**bedenken (etw.)** pensar(se) algo (i → ie) 2A
**bedeuten (etw.)** significar algo
**beeindrucken (jdn)** impresionar a alguien 4A
**beeindruckend** impresionante 4A
**beeindruckt** impresionado/-a 3B
**beenden (etw.)** terminar (algo)
**befinden (sich)** estar; encontrarse (o → ue)
**Befriedigend** *Schulnote* el bien
**befürchten (etw.)** temer algo 2Ac; **~, dass** tener miedo de que + *subj.*
**begegnen (jdm)** encontrar a alguien (o → ue)
**begehen (etw.)** cometer algo 3B
**beginnen (etw.)** empezar algo (e → ie); **~ etw. zu tun** ponerse a + *inf.*
**beglückwünschen (jdn für etw.)** felicitar a alguien (por algo)
**Begrüßung** la bienvenida
**behangen (sein)** (estar) cargado/-a M1
**beherrschen (etw.)** dominar algo
**beibringen (jdm etw.)** enseñar algo a alguien
**beide** ambos/-as *pl.*
**beim** + *Verb* en + *inf.* 1B
**Bein** la pierna
**Beispiel** el ejemplo; **zum ~** por ejemplo
**beispielhaft** ejemplar 4A
**beklagen (sich) (über etw.)** quejarse (de algo)
**bekommen (etw.)** conseguir algo (e → i); recibir algo; *Schulnote* sacar
**beladen (sein)** (estar) cargado/-a M1
**belästigen (jdn)** molestar a alguien
**beliebt** popular
**Belize** Belice *m.*
**bemühen (sich) (um etw.)** esforzarse (por algo) (o → ue) 1B
**benachteiligt** desfavorecido/-a 1B
**benutzen (etw.)** usar algo; utilizar algo
**Benutzung** el uso 2B
**beobachten (etw.)** observar algo
**bequem** cómodo/-a
**Berater/in** el/la asesor/a M3
**Beratung** la orientación M3
**bereisen (etw.)** recorrer algo 1Ac
**bereits** alguna vez 3A
**Berg** la montaña
**Bericht** el testimonio 3A
**Berlin** Berlín

**Beruf** la profesión 2A
**beruflich** profesional 1B
**Berufsausbildung** la formación profesional (FP)
**Berufsberater/in** el/la asesor/a de orientación profesional M3
**Berufsberatung** la orientación profesional M3
**berühmt (für etw.)** famoso/-a (por algo)
**Beschäftigung** la actividad
**bescheiden** modesto/-a 4A
**Beschluss** el decreto 3B
**beschützen (jdn vor etw.)** proteger algo / a alguien contra algo 2B
**beschweren (sich) (über etw.)** quejarse (de algo)
**besichtigen (etw.)** visitar algo
**Besitzer/in** el/la dueño/-a 1Ac
**besonders** especial(mente)
**besorgt (sein)** (estar) preocupado/-a 4B
**besser (als)** mejor (que)
**beste (der/die/das)** + *S.* el/la mejor + *sust.*
**bestehen (aus etw.)** consistir en algo 1A
**bestellen (etw. bei jdm)** pedir algo (a alguien) (e → i)
**bestimmt** seguro *adv.*
**Besuch** la visita
**besuchen (etw./jdn)** visitar algo / a alguien
**betreiben (etw.)** dedicarse a algo
**Betriebswirtschaftslehre** la Administración de Empresas 3A
**betrügen (jdn)** engañar a alguien 1A
**Betrüger, ein ~ sein** ser un chanta *arg.*
**Bett** la cama; **zu ~ gehen** irse a la cama
**Beutel** la bolsa
**Bevölkerung** la población M2
**bevor** antes de + *inf.*
**bewahren (etw.)** guardar algo 3B; mantener algo 2B
**bewegen (etw.)** mover algo (o → ue)
**beweisen (etw.)** demostrar algo (o → ue) 3Ac
**bewundern (etw./jdn)** admirar algo / a alguien 4A
**bewusst werden (sich) (über etw.)** darse cuenta de algo 3A
**bemerken (etw.)** darse cuenta de algo 3A
**bezahlen** pagar
**beziehen (sich) (auf etw.)** referirse a algo (i → ie) 3B
**Beziehung** la relación 4B
**Bezug, in ~ auf etw.** a la hora de algo M2
**bezweifeln (etw.)** dudar algo
**Bibliothek** la biblioteca; **öffentliche ~** la biblioteca pública
**Bibliothekar/in** el/la bibliotecario/-a
**Bikini** el bikini
**bilden (etw.)** formar algo
**Bildschirm** la pantalla
**Bildungswesen** el sistema educativo *m.*
**billig** barato/-a
**Biologie** la Biología 3B
**bis** hasta (+ *inf.*) 4B; **~ heute** hasta la actualidad 1B; **von ... ~ ...** *Wochentage* de... a...; **Bis später/dann!** ¡Hasta luego!
**bisschen** un poco; **kleines ~** un poquito
**bitte** por favor; porfa *fam.*; **Bitte.** Aquí tiene.
**bitten (jdn um etw.)** pedir algo (a alguien) (e → i)
**Blatt** la hoja 3B
**blau** azul
**bleiben** quedarse
**Bleistift** el lápiz
**Blick** la mirada; la vista 4B; **den ~ senken** bajar la mirada; **der flüchtige ~** el vistazo
**blind** ciego/-a 4B
**Blog** el blog
**blond** rubio/-a
**bloß** simplemente 2Ac
**Blume** la flor
**Boden** el suelo; la tierra 1Ac
***Booktuber*** el/la *booktuber* 2Ac
***Boom*** el *boom* 3Ac
**Boot** la barca
**böse (sein)** (ser) malo/-a
**Bote/-in** el/la mensajero/-a 1Ac
**Brauch** la costumbre
**brauchen (etw.)** necesitar algo; *zeitlich* tardar
**braun** castaño/-a; marrón *inv.*
**breit** ancho/-a
**brennen (auf etw.)** morirse por + *inf.* (o → ue) 1A
**Brennen, ein ~ verspüren** quemarse
**Brett** la tabla 1B; **schwarzes ~** el tablón de anuncios
**Brief** la carta
**brillant** brillante 3B
**Brille** las gafas
**Brot** el pan
**Brötchen (belegt)** el bocadillo
**Brücke** el puente 1Ac
**Bruder** el hermano
**Buch** el libro; **~ führen** llevar la contabilidad 1Ac
**Bügelbrett** la tabla de planchar
**Bügeleisen** la plancha
**bügeln (über etw.)** pasar la plancha (por encima de algo)
**Bundesland** el estado federado
**Büro** la oficina M3
**Bus** el autobús; el colectivo *arg., lat. am.*
**Busbahnhof** la estación de autobuses
**Butter** la mantequilla

## C

**Café** el bar
**Cafeteria** la cafetería
**CD** el disco; el cedé
**Cent** el céntimo
**charakteristisch** característico/-a
**chatten** chatear
**Chef/in** el/la jefe/-a M3
**Chor** el coro
**circa** unos/-as *pl.*
**Clown** el payaso
**Comic** el tebeo; el cómic
**Computer** el ordenador
**cool** bacán *fam., per.* 1A; chulo/-a; **Wie ~!** ¡Qué padre! *mex.*; **~ sein** molar
**Cousin/-e** el/la primo/-a
**Cusco/Cuzco** Cuzco 1Ac
**Cybermobbing** el ciberacoso 2B

## D

**da** ahí *örtlich*; como; por + *inf. kausal* 4B
**dabeihaben (etw.)** traer algo
**dafür** para eso/esto
**dagegen** en cambio
**daher** así que
**damals** en aquel tiempo; entonces; en aquella época
**damit** para que + *subj.*
**Dämmerung** la madrugada 1A
**danach** después
**dank des/der** + *S.* gracias a + *sust.*
**danke (für** + *S.***)** gracias (por + *sust.*)
**danken (jdm für etw.)** dar las gracias a alguien (por algo) 4Ac
**dann** entonces; luego
**das** + *Adj.* lo + *adj.*; **~ heißt** es decir; **~ ist verrückt!** ¡Es una locura!; **~ stimmt.** Es verdad.; **~ wär's.** *Einkaufen* Eso es todo.; **~ war's!** ¡Ya está!; **~, was** lo que
**dass** que *conj.*
**dasselbe** lo mismo

**Datei** el archivo 2B
**Daten** los datos M2
**Datum** la fecha M2
**dauern** tardar
**davor** delante de
**dazu** para eso/esto
**Debatte** el debate
**dein, deine** tu, tus *pl.*
**dekorieren (etw.)** decorar algo M1
**dementieren (etw.)** desmentir algo (e → ie) 2B
**demokratisch** democrático/-a
**denken (etw.)** pensar algo (e → ie); **an etw./jdn ~** en algo/alguien; **Denk nicht mal dran!** ¡Ni soñarlo!
**Denkmal** el monumento
**dennoch** no obstante
**der, die, das** el, la; el/la cual *pron.* 1Ac; *Relativpronomen* que
**deren, dessen** cuyo/-a *pron.* 1B
**derselbe, dieselbe, dasselbe** el/la mismo/-a + *sust.*
**derzeit** actualmente
**Dessert** el postre
**deswegen** por eso; por lo tanto 3B
**Detail** el detalle 4B
**Deutsch** el alemán
**deutsch** alemán, alemana
**Deutsche** el alemán, la alemana
**Deutschland** Alemania
**Dezember** el diciembre
**Dienstag** el martes
**diese/r, dieses** este, esta
**diese/r, dieses da** ese, esa
**Ding, genau mein ~ sein** ser lo mío
**dir** te
**Direktor/in** el director/-a
**Diskriminierung** la discriminación 4A
**Diskussion** la discusión
**diskutieren** discutir
**diszipliniert** disciplinado/-a 1B
**doch** sí
**Donnerstag** el jueves
**Doppelte** el doble 3Ac
**Dorf** el pueblo
**Dorn** la espina
**dort** allí; **~ drüben** por allí
**Dose** la lata
**dritte (der/die/das)** + *S.* el/la tercero/-a + *sust.*
**Drohne** el dron M2
**drucken (etw.)** imprimir algo M2
**Drucker** la impresora M2
**du** tú; vos *arg.*
**dumm** tonto/-a
**durch** por; a través de algo/alguien *prep.* M2
**durchführen (etw.)** llevar algo a cabo M1
**Durchgangsort** lugar de paso 3B
**Durchschnitts-**(+ *S.*) del montón 4B
**durchsichtig** transparente 3B
**Durst haben** tener sed
**duschen (sich)** ducharse

## E

**E-Book** el libro digital
**echt** verdadero/-a 4B
**Ecke** la esquina
**effizient** eficiente M2
**egal** no importa; **jdm ~ sein** dar igual / lo mismo a alguien
**Ehefrau** la mujer
**ehemalig** el/la antiguo/-a + *sust.* 3Ac
**Ei** el huevo
**eigene/r, eigenes** propio/-a
**eigentlich** en realidad
**ein paar** unos/-as *pl.*
**ein, eine** un, una
**Eindruck** la impresión 2A
**eine/r, eins** uno/-a *pron.*
**einerseits ... andererseits** por un lado ... por otro lado; por una parte ... por otra parte 3Ac
**einfach** fácilmente; sencillo/-a 4A; simplemente 2Ac
**Einfluss** la influencia
**einflussreich** influyente 2A
**einführen (etw.)** introducir algo (c → zc)
**Eingang** la entrada 3Ac
**eingeschlafen (sein)** (estar) dormido/-a
**eingestehen (etw.)** admitir algo 4B
**einheimisch** indígena *inv.*
**einige** unos/-as *pl.*; varios/-as *pl.*; **für ~** (por) un par de + *sust.*
**Einkauf** la compra
**einkaufen** hacer la compra
**Einkaufszentrum** el centro comercial
**Einladung** la invitación 2B
**einmal** un día, una vez
**einmischen (sich) (in etw.)** meterse en algo
**einrichten (etw.)** crear algo 2Ac
**einschalten, Musik ~** poner música
**einsteigen (in etw.)** subirse (a algo)
**einteilen (etw.)** administrar algo 1Ac
**eintreten** ingresar
**Eintritt** la entrada
**Eintrittskarte** la entrada
**einverstanden** de acuerdo
**Einwohner/in** el/la habitante *m./f.*
**einzigartig** *sust.* + único/-a 3Ac
**einzige** + *S.* el/la único/-a + *sust.*; **~** + *Adj.* lo único + *adj.*
**Eis** el helado
**Eisdiele** la heladería
**Element** el elemento M1
**elfte (der/die/das)** el/la undécimo/-a
**Ellbogen** el codo
**Eltern** los padres *pl.*
**E-Mail** el e-mail
**emblematisch** emblemático/-a M1
**empfangen (etw./jdn)** recibir algo / a alguien 3B
**Ende** el final M3; **gegen ~ des/der** + *S.* a final de + *sust.*; **am ~** al final de
**enden** terminar
**endlich** por fin
**Energie** la energía 3B
**eng** estrecho/-a
**England** Inglaterra
**Engländer/in** el inglés, la inglesa 3A
**Englisch** el inglés; Inglés *Schulfach*
**entdecken (etw.)** descubrir algo
**entfernen (etw.)** quitar algo
**entflohen** escapado/-a 2B
**entscheiden (etw.)** decidir algo 2B
**entscheidend** determinante M2
**Entscheidung** la decisión; **eine ~ treffen** tomar una decisión
**Entschuldige!** ¡Disculpa!; **Entschuldigen Sie!** ¡Disculpe!
**entspannen (sich)** relajarse 4B
**entstehen** nacer (c → zc) 2B
**entweder ... oder** o ... o
**entwickeln (etw.)** desarrollar algo 1B; **sich ~** desarrollarse
**Entwicklung** el desarrollo 3B
**entzückend** precioso/-a
**Epoche** la época
**er** él
**Erdbeere** la fresa 4B
**Erde** la tierra 1Ac; *Planet* la Tierra
**Erdkunde** la Geografía
**Ereignis** el evento
**Erfahrung** la experiencia
**Erfolg** el éxito 2B
**erfreuen (jdn)** alegrar a alguien
**Ergebnis** el resultado
**ergehen, jdm gut/schlecht ~** pasarlo bien/mal
**erhalten (etw.)** recibir algo
**Erholungspark** el parque recreativo

**erinnern (sich) (an etw.)** acordarse (de algo) (o → ue); recordar algo (o → ue)
**erklären (jdm etw.)** explicar algo (a alguien)
**erklingen** sonar (o → ue) 4B
**erlangen (etw.)** conseguir algo (e → i)
**erlauben (jdm etw.)** permitir algo a alguien 2Ac
**Erlaubnis** el permiso 2B
**erleben (etw.)** vivir algo
**Erleichterung** el alivio
**erleiden (etw.)** sufrir algo 3B
**ermitteln (etw.)** investigar algo 2B
**ermorden (jdn)** asesinar a alguien 1A
**ernähren (jdn)** alimentar a alguien M2
**erneuern (etw.)** renovar algo (o → ue) 3A
**ernst(haft)** serio/-a; **im Ernst** en serio; **etw. ernst nehmen** tomar(se) algo en serio 2A
**Eroberer/-in** el/la conquistador/a 1A
**Eroberung** la conquista
**erreichen (etw.)** lograr algo 2Ac; alcanzar algo 1B
**erschaffen (etw.)** crear algo 2Ac
**erscheinen** aparecer (c → zc)
**erstarren** quedarse paralizado/-a
**erste (der/die/das)** (+ *S.*) el/la primero/-a (+ *sust.*)
**ertragen (etw.)** aguantar algo; sufrir algo 3B
**Erwachsene/r** el/la adulto/-a; **die Erwachsenen** los mayores
**erwähnen (etw.)** mencionar algo 3A
**erwarten (etw.)** esperar algo
**erwerben (etw.)** adquirir algo (i → ie)
**erzählen (etw.)** contar algo (o → ue)
**erzeugen (etw.)** generar algo 3B
**Erziehung** la educación 1B
**Essen** la comida
**essen (etw.)** comer algo; tomar algo
**Essig** el vinagre
**Esszimmer** el comedor
**Etikett** la etiqueta
**etwas** algo
**euer, eure** vuestro/-a
**Euro** el euro
**Europa** Europa
**Europäer/in** el/la europeo/-a
**europäisch** europeo/-a; **Europäische Union (EU)** la Unión Europea (UE)
**exakt** exacto/-a
**existieren** existir
**Experiment** el experimento

## F

**fahren** andar; ir; **Bus/Fahrrad/U-Bahn/Kanu ~** ir en autobús/bicicleta/metro/piragua; **Skateboard ~** andar en monopatín
**Fahrkarte** el billete; la tarjeta (de transporte público)
**Fahrrad** la bicicleta (= la bici *fam.*)
**Fahrspur** el carril
**Fahrt** el viaje
**fair** justo/-a
**Fall** el caso 2B
**fallen, hinfallen** caer(se)
**fällen (etw.)** talar algo M1
**falls** si
**falsch** mal *adv.*; falso/-a 2B **~ sein** estar equivocado/-a
**familiär** familiar
**Familie** la familia; **Familien-**(+ *S.*) familiar
**Familienangehörige** el/la familiar 4A
**Fan** el/la fan
**Farbe** el color 1A
**fast** casi
**faszinieren (jdn)** fascinar a alguien 2Ac
**Februar** el febrero
**Feder** la pluma M1
**Federmappe** el estuche
**fehlen** faltar
**Fehler** el error 3B
**feiern (etw.)** celebrar (algo)
**Feld** el campo 3Ac
**Fenster** la ventana
**Ferien** las vacaciones *pl.*; **in den ~ sein** estar de vacaciones
**Ferienlager** el campamento
**Fernsehen** la televisión 2B
**fernsehen** ver la tele
**Fernseher** la televisión (= la tele *fam.*)
**Fernsehnachricht** la noticia 2B
**fertig (sein)** (estar) listo/-a
**fertig werden** terminar
**fest** fijo/-a 3A
**Fett** la grasa M2
**Fettnäpfchen, ins ~ treten** meter la pata
**Fieber** la fiebre
**Figur** la figura; el personaje 4A
**Filet** el filete M2
**Film** la película (= la peli *fam.*); **3D ~** la película 3D; **einen ~ zeigen** poner una película

**filmen** grabar 2A
**finden (etw./jdn)** encontrar algo / a alguien (o → ue); parecer algo / a alguien (c → zc)
**Finger** el dedo
**Firma** la empresa 2A
**Fisch** el pescado *Essen* 1A; pez 3B
**fischen** pescar
**Fischer/in** el/la pescador/a
**Fischerei** la pesca 3B
**Fläche** la superficie 3Ac
**Flasche** la botella (de)
**Fleisch** la carne M2
**fleißig** trabajador/a 4A
**fliegen** volar (o → ue)
**fließend Wasser** el agua corriente
**Flip-Flops** las chanclas *pl.*
**Flirt** el ligue 4B
**Flughafen** el aeropuerto
**Flugzeug** el avión
**Flur** el pasillo
**Fluss** el río
**Folge** el episodio
**folgen (etw./jdm)** seguir algo / a alguien 4A
**folgende (der/die/das)** + *S.* el/la siguiente + *sust.*
**Folklore-**(+ *S.*)
**folkloristisch** folclórico/-a
**Follower/in** el/la seguidor/a 2Ac
**fördern (etw.)** promocionar algo 3Ac
**fordernd** exigente M3
**Form** la forma 1Ac
**Foto** la fotografía (= la foto *fam.*); **Fotos machen** sacar fotos
**Fotomontage** el fotomontaje 2B
**Foul(-Spiel)** la falta
**Frage** la pregunta
**fragen (etw.)** preguntar algo
**Frankreich** Francia
**Französisch** *Schulfach* Francés; *Sprache* el francés
**Frau** la mujer, la señora
**Frauchen** la dueña 1Ac
**Freak** el bicho raro
**frei** libre
**Freiheit** la libertad
**Freitag** el viernes
**Freiwillige (der/die)** el/la voluntario/-a 2Ac
**Freizeit** el tiempo libre
**Fremdsprache** la lengua extranjera
**Freude** la alegría 4B; **vor ~ weinen** llorar de la emoción

**freuen (sich) (über etw.)** alegrarse (de algo)
**Freund/in** el/la amigo/-a; **feste/r ~** el/la novio/-a
**freundlich** amable
**Frieden** la paz
**Friedhof** el cementerio M1
**fröhlich** alegre
**Frucht** la fruta
**fruchtbar** fértil 1Ac
**früh** temprano *adv.*
**früher** antes *adv.*
**Frühstück** el desayuno
**frühstücken** desayunar
**fühlen (sich)** sentirse (e → ie); **etw. ~** sentir algo (e → ie) 1Ac
**führen (nach)** + *Ort* llevar (a) + *sust.* 1Ac
**füllen (etw.)** llenar algo
**Füllung** el relleno 4B
**funktionieren** funcionar
**für** por; para; **~ etw. sein** estar a favor de algo
**furchtbar** fatal
**Fuß** el pie
**Fußball** *Sportart* el fútbol
**Fußballmannschaft** el equipo de fútbol
**Fußballplatz** la cancha

## G

**Gabel** el tenedor
**Galicien** Galicia
**Galicisch** el gallego
**Game-Design** el diseño de videojuegos 2Ac
**ganz** todo/-a; totalmente; **~ laut** a toda voz 4B; **~ und gar** completamente
**Garten** el jardín
**Gassi gehen** llevar a pasear 2Ac
**Gaucho** el gaucho
**Gazpacho** el gazpacho
**Gebäude** el edificio
**geben (jdm etw.)** dar algo a alguien; pasar algo a alguien; poner algo a alguien *Einkaufen*
**Gebiet** el territorio
**Gebirge** la sierra
**Gebirgskette** la cordillera
**geboren werden** nacer (c → zc) 2B
**Geburtstag** el cumpleaños (= el cumple *fam.*); **Alles Gute zum ~!** ¡Feliz cumpleaños!
**Geburtstagskind** *ugs.* el/la cumpleañero/-a
**Gedächtnis** la memoria
**Gedanken, in ~ sein** estar en las nubes
**Gedicht** el poema *m.*
**Geduld** la paciencia
**Gefahr** el peligro 2A; **etw./jdn in ~ bringen** poner algo / a alguien en peligro (o → ue) 3B
**gefährlich** peligroso/-a 2A
**gefallen (jdm)** gustar a alguien; **jdm sehr ~** encantar a alguien
**Gefühl** el sentido 1B; el sentimiento 4B; la emoción
**geführt** guiado/-a
**gegen** sobre; **~ Ende** + *S.* a final de + *sust.*
**Gegend** la zona 3B
**Gegensatz** el contraste
**gegenüber von** enfrente de
**geheim** secreto/-a 2B
**gehen** andar; caminar; **~ (zu, nach)** ir (a); **zu Fuß ~** ir a pie; **jdm gut/besser ~** ir bien/mejor; **um etw. ~** tratar(se) de algo 2A
**gehoben** elevado/-a 1B
**gelb** amarillo/-a
**Geld** el dinero; **~ verdienen** ganar dinero
**gemein sein** ser malo/-a; ser un chanta *arg.*
**gemeinsam** (en) común 4A
**Gemüse** la hortaliza; la verdura 1A
**genau** exáctamente
**Genie** el genio
**genießen (etw.)** disfrutar de algo 2A
**genug** suficiente
**geöffnet (sein)** (estar) abierto/-a
**Geografie** la geografía
**geografisch** geográfico/-a 3Ac
**gerade** precisamente 4B; **etw. ~ getan haben** acabar de + *inf.*
**geradeaus** todo recto
**gerecht** justo/-a
**Gericht** el plato *Speise*
**gerne tun (etw.)** gustar a alguien
**Gesang** el canto 4A
**Geschäft** la tienda
**geschehen** pasar
**Geschenk** el regalo
**Geschichte** la historia
**Geschirr** los platos *pl.*
**Geschirrspüler** el lavavajillas; **den ~ ausräumen** recoger el lavavajillas
**Geschmack** el gusto 4B; el sabor 3B
**geschmeichelt** halagado/-a 2A
**Geschwindigkeit** la velocidad 2A
**Geschwister** los hermanos *pl.*
**gesellschaftlich** social 1B
**Gesellschaftskunde** Ciencias Sociales
**Gesicht** la cara; **ein ~ machen** poner una cara
**gestern** ayer
**gesund** saludable
**Getränk** la bebida
**getrennt** separado/-a 3A
**gewinnen (etw.)** ganar (algo)
**gewöhnen (sich) (an etw./jdn)** acostumbrarse a algo/alguien
**Gewohnheit** la costumbre; el hábito M2
**gewöhnlich** del montón 4B; regular
**Gitarre** la guitarra
**Glas** el vaso
**glatt** liso/-a
**glauben (etw.)** creer algo
**gleiche** + *S.* **(der/die/das)** el/la mismo/-a + *sust.*
**gleichzeitig** *zeitlich* a la vez; al mismo tiempo; a su vez
**Gletscher** el glaciar
**Glück** la suerte; **zum ~** por suerte
**glücklich** afortunado/-a; 4Ac **~ sein** estar feliz 1B
**gotisch** gótico/-a 3Ac
**Gott, Göttin** el/la dios/a 1Ac
**Grad (Celsius)** el grado 1A
**Gramm** el gramo
**Gras** la hierba
**grau** gris
**Grenze** el límite 2Ac
**grenzen (an etw.)** limitar con algo
**Griechenland** Grecia
**Grill** la barbacoa
**Grippe** la gripe
**groß** gran + *sust.*; grande; *Menschen* alto/-a
**großartig** estupendo/-a
**Großeltern** los abuelos *pl.*
**Großmutter** la abuela
**Großvater** el abuelo
**grün** verde
**Grund** la razón; **im ~** prácticamente
**gründen (etw.)** fundar algo 1B
**grundlegend** fundamental
**Grundschule** el colegio (= el cole *fam.*); la educación primaria
**Gruppenarbeit** el trabajo en equipo 1B
**Gruß** el recuerdo; el saludo; **Liebe Grüße (aus)** *Brief* saludos, recuerdos (desde)
**günstig** barato/-a
**Gurke** el pepino

**gut** bien *adv.*; bueno; **~ (in etw.)** bueno/-a (en algo); **das Wetter ist ~** hace buen tiempo; **~ werden** quedar mal/bien; **~/besser laufen** ir bien/ mejor; **Guten Appetit!** ¡Que aproveche!; **Alles Gute (zum ...-Tag)!** ¡Feliz día (de...)! 4Ac
**Gut** *Schulnote* el notable
**Gymnasium** el instituto (= el insti *fam.*)

## H

**Haar** el pelo
**haben (etw.)** tener algo; *Hilfsverb* haber
**Hafen** el puerto 3Ac
**Haifisch** el tiburón
**halbe/r, halbes** medio/-a; **halb** media
**Halbzeit, die erste ~** el primer tiempo
**Halfpipe** el medio tubo
**Hälfte** la mitad
**Hallo!** ¡Hola!
**Halskette** el collar M1
**halten (etw.)** mantener (algo) 2B; **etw./ jdn für etw. ~** considerar algo / a alguien algo 4A
**Haltestelle** la parada
**Hand** la mano; **jdm zur ~ gehen** echar una mano a alguien
**Handel** el comercio 1Ac
**handeln (von etw.)** tratar sobre algo; **sich um etw. ~** tratar(se) de algo 2A
**Händler/in** el/la comerciante *m./f.* 3B
**Handy** el móvil
**Handyempfang** la cobertura (de móvil)
**Handyguthaben** la carga del móvil
**Hängebrücke** el puente colgante 1Ac
**Harmonie** la armonía 1B
**hart** duro/-a 3A
**hassen (etw./jdn)** odiar algo / a alguien
*Hater* el *hater* 2A
**Haufen** mogollón de + *sust., fam.*
**Hauptstadt** la capital
**Haus** la casa; **(bei jdm) zu Hause** en casa (de alguien)
**Hausaufgaben** los deberes *pl.*
**Haushalt** el hogar
**Haustier** la mascota
**heben (etw.)** levantar algo 4B
**Heft** el cuaderno
**heimlich** a escondidas
**heiß, es ist sehr ~** hace mucho calor
**heißen** llamarse
**Hektar** la hectárea 3B
**helfen (jdm)** ayudar a alguien; echar una mano a alguien
**Helm** el casco 2A
**Hemd** la camisa
**Herausforderung** el desafío
**herausholen (etw. aus)** sacar algo (de)
**hereinkommen** entrar
**hergestellt** creado/-a M2
**Herkunft** origen; *Adj.* + **~ sein** ser de origen + *adj.*
**Herr** el señor
**Herrchen** el dueño 1Ac
**Herrscher/in** el/la emperador/a 1A
**herumfahren (um etw.)** dar la vuelta por algo
**herumgehen (um etw.)** dar la vuelta por algo; *Gerücht* circular 2B
**herunterladen (etw.)** descargar algo
**hervorragend** excelente; brillante 3B
**hervorheben (etw.)** destacar algo 3Ac
**hervorrufen (etw.)** provocar algo 3B
**Herz** el corazón 4Ac
**Herzlichen Glückwunsch!** ¡Felicidades!
**heute** hoy; **bis ~** hasta la actualidad 1B; **von ~ auf morgen** de la noche a la mañana 2A; **heutzutage** hoy en día
**hier** aquí; **~ in der Nähe** por aquí
**Hilfe** la ayuda
**Himmel** el cielo 1A
**hinausbringen (etw.)** sacar algo
**hinausgehen** salir; **über etw. ~** ir más allá de algo M2
**Hindernis** el obstáculo 1B
**Hindi** el hindi
**hineingehen** pasar
**hineinlegen (etw.)** meter algo
**hineinstecken (etw.)** meter algo
**Hinfahrt** la ida
**hinfallen** caer(se)
**hingegen** a su vez
**hinlegen (sich)** acostarse (o → ue)
**hinsetzen (sich)** sentarse (e → ie)
**hinter** detrás de
**hinterlassen (jdm etw.)** dejar algo (a alguien)
**hinunterfahren (etw.)** bajar algo 2A
**Hinweg** la ida
**hinwerfen (sich)** lanzarse
**hinzufügen (etw.)** añadir algo
**Hip-Hop** el hip-hop
**historisch** histórico/-a
**Hitze** el calor
**Hobby** la afición 2Ac
**hoch** elevado/-a; *Berge/Gebäude* alto/-a 1B; **... Meter ~ sein** tener ... metros de altura
**Hochchinesisch** el chino mandarín
**hochladen (etw.)** subir algo
**Hochseil** la cuerda floja 1B
**hoffen, dass** esperar + *subj.*
**hoffentlich** ojalá (que) + *subj.*
**Hoffnung** la esperanza 1B
**Höhe** la altura
**Höhenkrankheit** el mal de montaña 1A; el soroche *per.* 1A
**Hölle** el infierno
**hören (etw.)** escuchar algo; oír algo 3A
**Hose** los pantalones
**Hotel** el hotel 3Ac
**hübsch** bonito/-a; guapo/-a
**Huhn** la gallina
**Humor** el humor
**Hund, Hündin** el/la perro/-a
**Hunger** el hambre *f.*

## I

**ich** yo; **~ an deiner Stelle** yo en tu lugar M3, yo que tú M3; **~ würde am liebsten im Erdboden versinken!** ¡Trágame, tierra!
**ideal** ideal
**Idee** la idea
**identifizieren (sich) (mit jdm)** identificarse con alguien 4A
**Idiot/in** el/la idiota *m./f.* 4B
**Idol** el ídolo 4A
**ihr, ihre** *Sg./Pl.* su, sus
**Imbiss (am Nachmittag)** la merienda
**immer** siempre; **~ wenn** cuando; **~ dieselbe Leier!** ¡Siempre la misma canción!
**in** dentro de; en; **~ der Nähe (von)** cerca (de)
**Industrie** la industria
**Information** la información
**informieren (jdn)** informar a alguien 2B
**Infrastruktur** la infraestructura 3Ac
**Ingenieur/in** el/la ingeniero/-a 4A
**Inka** el/la inca *m./f.*
**Inka-**(+ *S.*) inca *inv.*
**Insekt** el insecto M2
**Insel** la isla
**Inspiration** la inspiración 4A
**intelligent** inteligente
**interessant** interesante
**Interesse** el interés *pl.* 4B
**interessieren (jdn)** interesar a alguien
**international** internacional M3
**Internet** el Internet
**Interview** la entrevista

**interviewen (jdn)** entrevistar a alguien
**irgendein/e** cualquier; ~ + *S.* algún/ alguna + *sust.*
**irgendeine/r, irgendeins** alguno/-a *pron.*
**Italien** Italia

## J

**ja** sí; pues sí
**Ja, hallo?** *am Telefon* ¿Sí, diga?
**Jacke** la chaqueta
**Jahr** el año; **... Jahre alt werden** cumplir ... años; **... Jahre alt sein** tener ... años; **mit ... Jahren** a los ... años
**Jahrhundert** el siglo
**Januar** el enero
**je nach** según 3Ac
**Jeans** los vaqueros *pl.*
**jede/r, jedes** cada
**jemals** alguna vez
**jene/r, jenes** aquel, aquella
**jetzt** ahora
**Jota** la jota
**Journalist/in** la periodista
**Jugendliche (der/die)** el/la adolescente; el/la joven
**Juli** el julio
**jung** joven
**Junge** el chico; el jovencito
**jünger (als)** menor (que)
**Juni** el junio

## K

**Kaffee** el café
**Käfig** la jaula 2Ac
**Kakao** el cacao
**kalt** frío/-a; **es ist ~** hace frío; **schön ~ sein** estar bien frío/-a
**Kälte** el frío
**Kamera** la cámara 2A
**kämpfen (um etw./jdn)** luchar (por algo/alguien) 2Ac
**Kämpfer/in** el/la luchador/a 4Ac
**Kanal** el canal
**Kanarische Inseln** las Islas Canarias
**Kaninchen** el conejo
**Kanu** la piragua
**Kapsel** la cápsula M2
**kaputt (sein)** (estar) roto/-a; *fam.* (estar) hecho/-a polvo
**kaputt machen (etw.)** romper algo
**kaputtgehen** romperse
**Karibik** el Caribe
**karibisch** caribeño/-a
**Karibisches Meer** el mar Caribe
**Karneval** el carnaval M1
**Karnevalsgruppe** la comparsa M1
**Karte (für die öffentlichen Verkehrsmittel)** la tarjeta (de transporte público)
**Kartoffel** la patata; la papa *lat. am.* 1A
**Kartoffelchips** las patatas *pl.*
**Karton** el cartón
**Käse** el queso
**Kassenschalter** la taquilla
**Katalane/-in** el catalán, la catalana
**Katalanisch** el catalán
**Katastrophe** el desastre
**Kater, Katze** el/la gato/-a
**Kathedrale** la catedral
**Kätzchen** el gatito
**Katzenklo** la caja de arena (del gato)
**kaufen (etw.)** comprar algo
**kaum** apenas
**kein/e** no; ~ + *S.* ningún/ninguna + *sust.*; **Keine Ahnung!** ¡Ni idea!; **keinen Finger rühren** no mover ni un dedo (o → ue)
**keine/r, keins** ninguno/-a *pron.*
**Keks** la galleta
**Kellner/in** el/la camarero/-a 3A
**kennen (etw./jdn)** conocer algo / a alguien (c → zc); **etw. ~** saber algo
**kennenlernen (etw./jdn)** conocer algo / a alguien (c → zc)
**Kette** la cadena
**Kilo** el kilo
**Kilometer** el kilómetro
**Kind** el/la niño/-a
**Kinder-(+ *S.*)** infantil
**Kindergarten** la escuela infantil
**Kinderkrippe** la guardería
**kindisch** infantil
**Kino** el cine
**Kiosk** el quiosco
**Kissen** la almohada
**kitschig** cursi 4B
**klar** claro *adv.*; transparente 3B; **sich über etw. im Klaren sein** tener algo claro (e → ie) 3B
**Klasse** la clase
**Klassenarbeit** el examen
**Klassenzimmer** el aula *f.*
**Klavier** el piano
**Kleid** el vestido
**Kleidung** la ropa
**Kleidungsgeschäft** la tienda de ropa
**klein** pequeño/-a; *Person* bajo/-a; **kleine/r Bruder/Schwester** el/la hermanito/-a
**klettern** escalar
**Klick** el clic 2A; la visualización 2A
**klicken (auf etw.)** pinchar algo 2B
**klimatisch** climático/-a M2
**Klima-(+ *S.*)** climático/-a M2; **Klimawandel** el cambio climático M2
**klingeln** sonar (o → ue) 4B
**klug** inteligente
**Knack** el crac
**knapp bei Kasse (sein)** *ugs.* (estar) corto/-a de dinero *fam.*
**Kneipe** el bar
**Knie** la rodilla
**Knoblauch** el ajo
**Knoblauchzehe** el diente de ajo
**Knoten** el nudo 1Ac
**kochen** cocinar M2
**Kochlehre** la formación profesional en Cocina 3A
**Koffer** la maleta
**Kollege/-in** el/la colega 3A
**Kolonialherrschaft** el colonialismo
**komisch** raro/-a
**kommen** venir (e → ie); **Komm schon!** ¡Anda! *fam.*; **kommende Woche** la semana que viene
**Kommentar** el comentario
**kommentieren (etw.)** comentar (algo)
**Kommunikation** la comunicación 1Ac
**Komödie** la comedia
**komplex** complejo/-a
**kompliziert** complicado/-a; complejo/-a
**Konflikt** el conflicto 2B
**König/in** el rey, la reina
**konkret** concretamente 3B
**Konkurrenz** la competencia 2A
**können** poder (o → ue); saber + *inf.*
**Konstruktion** la construcción 3B
**Konsum** el consumo
**Kontakt aufnehmen (mit jdm)** contactar a alguien 2B
**Kontinent** el continente
**Konto** la cuenta 2B
**Kontrast** el contraste
**konzentrieren (sich) (auf etw.)** concentrarse (en algo)
**Konzert** el concierto
**Kopf** la cabeza
**Kopfhörer** los cascos 1A
**Kopfkissen** la almohada
**kopieren (etw.)** copiar algo
**Körper** el cuerpo
**Körperteil** la parte del cuerpo
**korrigieren (etw./jdn)** corregir algo / a alguien (e → i)

**Kosmetik** la cosmética
**kosten (etw.)** costar algo (o → ue)
**kostenlos** gratis
**krank (sein)** (estar) enfermo/-a; ~ **werden** enfermarse
**krass** tremendo/-a 2A
**Kräutertee** la infusión
**Kreuzfahrtschiff** el crucero 3B
**Krimiserie** la serie policíaca
**Krippe** el belén M1
**Kritik** la reseña 2Ac
**Küche** la cocina
**Kuchen** el pastel
**Kuh** la vaca
**kühn** osado/-a M1
**Kugelschreiber (Kuli)** el bolígrafo (= boli *fam.*)
**Kultur** la cultura
**kümmern (sich) (um etw.)** encargarse de algo
**Kunst** el arte; *Schulfach* Artes Plásticas
**Kunstwerk** la obra de arte
**Künstler/in** el/la artista *m./f.* 1B
**künstlich** artificial M2
**kurz** corto/-a; ~ **darauf** poco después; ~ **gesagt** en resumen
**kurzärmelig** de manga corta
**Küsschen** *Brief* un beso
**Küste** la costa

## L

**Labor** el laboratorio
**Lächeln** la sonrisa
**lächeln** sonreír (e → i) 3A
**lachen** reír (e → i); **über etw./jdn** ~ reírse (de algo/alguien) (e → i)
**Lage** la situación 3Ac
**Lagerfeuer** la hoguera
**Laib** *Brot* la barra
**Lampe** la lámpara
**Land** el campo; el país
**Landgut** la chacra *arg.*
**Landschaft** el paisaje
**Landstraße** la carretera
**Landwirtschaft** la agricultura
**landwirtschaftlicher Sektor** el sector agrícola 3Ac
**lang** largo/-a; ... ~ **sein** tener una longitud de ...
**langärmelig** de manga larga
**Länge** la longitud
**langjährig** largo/-a + *sust.* 3Ac
**langweilen (sich)** aburrirse 4B; **jdn** ~ aburrir a alguien 2Ac
**langweilig** aburrido/-a
**Lärm** el ruido
**lassen (etw.)** dejar algo; **(jdm) etw.** ~ dejar algo (a alguien); **jdn in Ruhe** ~ dejar a alguien en paz
**Lateinamerika** América Latina
**Läufer/in** el/la corredor/a
**Laune** el humor; **gute/schlechte** ~ **haben** estar de buen/mal humor
**laut** *Musik* alto/-a; *Meinung* según 3Ac
**Leben** la vida
**leben** (*in* + *S.*) vivir en + *sust.*
**lebendig (sein)** (estar) vivo/-a
**Lebensgefährte/-in** el/la compañero/-a
**lecker (sein)** (estar) rico/-a
**Leder** el cuero 3Ac
**lediglich** tan solo
**legen (etw.)** colocar algo; poner algo
**Lehrer/in** el/la maestro/-a 1Ac; el/la profesor/a (= el/la profe *fam.*)
**Leib, am eigenen** ~ en carne propia 4A
**leicht** fácil
**Leidenschaft** la pasión 2Ac
**leiden (etw.)** sufrir algo 3B
**leihen (jdm etw.)** prestar algo a alguien
**lernen** aprender; estudiar
**Lernen** los estudios
**lesen (etw.)** leer algo
**Leser/in** el/la lector/a M3
**letzte** + *S.* el/la último/-a + *sust.* 1A
**Leute** la gente
**Lexikon** el diccionario
**lieb haben (jdn)** querer a alguien (e → ie) 4Ac
**Liebe** el amor
**Liebe/r** Querido/-a
**lieben (etw./jdn)** amar algo / a alguien; **jdn** ~ querer a alguien (e → ie) 4Ac
**liebevoll** cariñoso/-a
**Liebling** el cariño
**Lieblings-**(+ *S.*) favorito/-a
**Lied** la canción
**Lieferung** la entrega M2
**Like** el *me gusta* 2Ac
**Linie** la línea
**Linienbus** el colectivo *arg., lat. am.*
**Link** el enlace 2B
**linke/r, linkes** izquierdo/-a; **linke Seite** la izquierda
**links (von)** a la izquierda (de)
**Liste** la lista 2Ac
**Liter** el litro
**Literatur** la literatura
**live** en vivo
**locker** flojo/-a 1B
**lockig** rizado/-a
**Löffel** la cuchara
**Los!** ¡Venga!
**löschen (etw.)** borrar algo
**loslachen** reírse (de algo) (e → i)
**Lösung** la solucion
**Lust,** ~ **auf etw. haben** tener ganas de algo/+ *inf.*; ~ **auf etw. machen** dar ganas de algo 2Ac
**lustig** divertido/-a; **sich über etw./jdn** ~ **machen** burlarse de algo/alguien 2A

## M

**machen (etw.)** hacer algo; **Fotos** ~ sacar fotos; **zu etw.** ~ convertir en algo (e → ie); **das macht nichts** no importa
**Mädchen** la chica; la jovencita
**Madrilene/-in** el/la madrileño/-a
**Mai** el mayo
**Mainz** Maguncia
**Mais** el maíz
**Make-up** el maquillaje 2A
**Mal** vez; **zum ersten/zweiten** ~ por primera/segunda vez
**Maler/in** el/la pintor/a
**mallorquinisch** mallorquín, mallorquina 3Ac
**Mallorquinisch** el mallorquín 3Ac
**Mama** *fam.* **(= die Mutter)** la mamá *fam.* (= la madre)
**manchmal** a veces; de vez en cuando
**Mann** el señor
**Mannschaft** el equipo
**Mantel** el abrigo
**Markt** el mercado
**März** el marzo
**Marzipan** el mazapán
**Maschine** la máquina 3A
**Massentourismus** el turismo de masas 3Ac
**Masterstudiengang** el máster 3A
**Mate** el mate
**Mathematik** las matemáticas *pl.; Schulfach* Matemáticas (= Mates *fam.*)
**Maya-**(+ *S.*) maya *inv.*
**Mediathek** la mediateca
**Medien** los medios
**Medizin** la medicina
**Meer** el mar
**Meeres-**(+ *S.*) marino/-a 3B; **Meerestier** el animal marino
**Meerschweinchen** el conejillo de Indias

**Mehl** la harina
**mehr** más; **~ als** + *Zahl* más de + *número*
**mehrere** varios/-as *pl.*
**Mehrheit** la mayoría
**mehrsprachig** plurilingüe
**mein, meine** mi, mis *pl.*; **genau mein Ding sein** ser lo mío; **mein Schatz** mi amor 4Ac
**Meinung** la opinión; **seiner/ihrer ~ nach** en su opinión
**meisten, am ~** el/la que más + *verbo* 4Ac
**Menge** la cantidad 3B; un montón
**menschlich** humano/-a M3
**merken** notar; **man merkt** se nota 4A
**merkwürdig** curioso/-a
**Messe** la feria 3A
**Messer** el cuchillo
**Meter** el metro; **wenige ~ entfernt** a pocos metros
**Metro** el metro
**mexikanisch** mexicano/-a
**Mexiko** México
**Mexiko-Stadt** Ciudad de México
**mies** fatal
**Miete** el alquiler
**mieten (etw.)** alquilar algo
**Milch** la leche
**Milliliter** el mililitro
**Million** millón
**mindestens** por lo menos
**Minute** el minuto
**Minze** la menta 4B
**mir** me; **~ auch** a mí también; **~ auch nicht** a mí tampoco
**mischen (etw.)** mezclar algo M1
**mit** con; **~ dir** contigo; **~ mir** conmigo
**mitbekommen (etw.)** enterarse de algo
**mitbringen (jdm etw.)** traer algo a alguien
**Mitleid** la compasión 4B
**mitmachen** apuntarse
**mitnehmen (etw.)** llevar algo
**Mitschüler/in** el/la compañero/-a (de clase)
**Mittagessen** el almuerzo; la comida
**Mittelalter** la Edad Media 3Ac
**Mittelamerika** Centroamérica
**Mittelmeer** el mar Mediterráneo 3Ac
**mittels** a través de algo/alguien *prep.* M2
**mitten in etw.** en medio de algo
**Mittwoch** el miércoles
**Mixer** la batidora
**Modell** el modelo 4A
**modern** moderno/-a
**modernisieren** modernizar 3A
**möglich** posible; **alles mögliche** de todo
**Moment** el momento; **im ~** de momento
**Monat** mes
**Montag** el lunes
**morgen** mañana; **von heute auf ~** de la noche a la mañana 2A
**Morgen** la mañana; **Guten ~** ¡Buenos días!
**Morgendämmerung** la madrugada 1A
**morgens** por la mañana
**müde (sein)** (estar) cansado/-a
**Mühe** el esfuerzo 4A
**Müll** la basura
**multikulturell** multicultural 3B
**Mund** la boca; **den ~ halten** callarse
**mündlich** oral 1Ac
**Münze** la moneda
**Museum** el museo
**Musik** la música; **~ einschalten** poner música
**Musikunterricht** Música
**müssen (etw. tun)** tener que + *inf.*; deber + *inf.* 2B; **man muss** hay que + *inf.*
**Muster** el diseño
**Mut** el valor 4B
**mutig** valiente 4A
**Mutter (= Mama** *fam.***)** la madre (= la mamá *fam.*)
**Muttersprache** la lengua materna
**Muttersprachler/in** el/la hablante nativo/-a
**Mütze** la gorra

## N

**Nabel** el ombligo 1Ac
**nach** a; hacia *prep.*; *Meinung* según; **~** + *S.* después de + *sust.*
**Nachbar/in** el/la vecino/-a
**nachdem** después de + *inf.*
**Nachfahre** el/la descendiente
**nachgehen (etw.)** dedicarse a algo
**Nachhilfeunterricht** las clases particulares *pl.*
**Nachmittag** la tarde
**nachmittags** por la tarde
**Nachricht** el mensaje; la noticia 2B; **Nachrichten** *Fernsehen* el telediario
**nächste (der/die/das)** + *S.* el/la siguiente + *sust.*
**Nacht** la noche
**nachts** por la noche
**Nachteil** la desventaja
**Nachtisch** el postre; **zum ~** de postre
**näherkommen** acercarse
**Nahrungsmittel** los alimentos M2
**Nahuatl** el náhuatl
**naja** pues
**Name** el nombre
**nämlich** resulta que
**Nandu** el ñandú
**Nase** la nariz; **die ~ voll haben (von etw.)** estar harto/-a (de algo)
**Nationalpark (des Cabrera-Archipels)** el parque nacional (del Archipiélago de Cabrera) 3B
**Natur** la naturaleza 1B
**natürlich** claro *adv.*; por supuesto
**Naturschutzgebiet** la zona protegida
**Naturwissenschaften** *Schulfach* Ciencias Naturales *pl.* (= Naturales *fam.*)
**Nebel** la niebla 1A
**neben** además de; al lado de
**negativ** negativo/-a 2A
**nehmen (etw.)** coger algo; tomar algo
**nein** no
**nennen (etw.)** llamar algo
**Neoprenanzug** el traje de neopreno 1B
**Neptungras** la posidonia 3B
**Neptungraswiese** la pradera de posidonia 3B
**nerven (jdn)** dar la lata a alguien *fam.*
**Nervenbündel, ein ~ sein** *ugs.* ponerse como un flan *fam.*
**Nervensäge** el/la pesado/-a
**nervig** pesado/-a
**nervös (sein) (wegen etw.)** (estar) nervioso/-a (por algo)
**nett** majo/-a *fam.*
**Netz** la red
**neu** nuevo/-a
**Neue (der/die)** el/la nuevo/-a
**Neujahr** el Año Nuevo 4Ac
**nicht** no; **~ einmal** (no...) ni; **~ mehr** ya no; **~ wahr?** ¿verdad?; **~ ein/e einzige/r, ~ ein einziges** ni un/a solo/-a; **~ nur ..., sondern auch** no solo ..., sino también; **~ schlecht!** ¡Vaya!
**nichts** (no) ... nada; **Das macht ~.** No pasa nada.
**nicken** asentir con la cabeza (i → ie) 4B

**Nickname** el pseudónimo 2B
**nie** (no) ... nunca
**Niederlande** los Países Bajos
**niedlich** mono/-a *fam.*
**niemand** (no) ... nadie
**noch** todavía; **~ immer** todavía; **~ ein/-e, ~ eins** otro/-a; un/a ... más; **~ einmal** otra vez; **~ etwas?** ¿Algo más?
**Nordamerika** América del Norte
**Norden** el norte
**Nordosten** el noreste
**Nordwesten** el noroeste
**normal(erweise)** normal(mente)
**nötig** necesario/-a; **~ sein** hacer falta
**Notiz** la nota
**notwendig** necesario/-a
**November** el noviembre
**null** cero
**Nummer** el número
**nur** solo; tan solo
**nutzen (etw.)** aprovechar algo
**nützen** servir (e → i)
**Nutzung** el uso 2B

## O

**ob** si
**Oberfläche** la superficie 3Ac
**Oberstufe** el bachillerato
**Obst** la fruta
**obwohl** a pesar de 3B; aunque; aun
**oder** o; **entweder ... ~** o ... o
**offensichtlich** evidentemente 2B
**öffentliche Verkehrsmittel** el transporte público
**offiziell** oficial
**offline (sein)** (estar) desconectado/-a
**öffnen (etw.)** abrir algo
**ohne** sin (+ *inf.*) 4B
**Ohr** la oreja; **jdn an den Ohren ziehen** tirar de las orejas a alguien
**okay** bueno; vale
**ökologisch** ecológico/-a
**Ökosystem** el ecosistema 3B
**Oktober** el octubre
**Öl** el aceite
**Olive** la aceituna 3Ac
**Olivenöl** el aceite de oliva
**Oma** la abuela
**Onkel** el tío
**online (sein)** (estar) en línea M2
**Opa** el abuelo
**Operation** la operación
**optimistisch** optimista *inv.* 3B
**Orange** la naranja
**Organisation** la organización 1B
**organisieren (etw.)** organizar algo
**Orientierung** la orientación M3
**originell** original M3
**Ort** el lado; el lugar; el sitio
**Osten** el este
**Österreich** Austria 3Ac
**Ozean** el océano

## P

**paar** + *S.* un par de + *sust.*
**Paar (ein)** un par
**Padel** *Sportart* el pádel
**Paket** el paquete
**Palast** el palacio 3Ac
**Pampa** la pampa
**Papa** el papá *fam.*
**Papier** el papel
**Papierkorb** la papelera
**Pappe** el cartón
**Paprika** el pimiento
**Parade** el desfile
**Paradies** el paraíso 3B
**Park** el parque
**Parkour(-training)** el parkour 2Ac
**Partner/in** el/la compañero/-a (de clase)
**Party** la fiesta
**passieren** pasar
**Passwort** la contraseña 2B
**Pate/-in** el padrino, la madrina
**pauken** *ugs.* empollar *fam.*
**Paukerei** los estudios
**Pause** la pausa 3A
**Pazifischer Ozean** el océano Pacífico
**Pech** la mala suerte
**peinlich** vergonzoso/-a 2B; **jdm etw. ~ sein** dar corte a alguien
**perfekt** perfecto/-a
**Person** persona; *Fernsehen* el personaje 4A
**Peru** Perú 1Ac
**peruanisch** peruano/-a 4A
**pfeifen** pitar
**Pferd** el caballo
**Pflanze** la planta 3B
**pflanzen (etw.)** plantar algo
**pflanzlich** vegetal M2
**Pflaster** la tirita
**Pförtner/in** el/la conserje
**Pförtnerloge** la portería
**Pfote** la pata
**Picknick** el picnic
**Pilger/in** el/la peregrino/-a
**Pirat/in** el/la pirata *m./f.* 3B
**Plan** el plan
**planen (etw.)** planear algo 2A
**Plastik** el plástico 3B
**Platte** el disco
**Plattform der Schule** la plataforma del instituto
**Platz** el campo; el lugar; el sitio; *Stadt* la plaza
**plaudern** charlar
**Playlist** la lista de reproducción 2Ac
**plötzlich** de repente
**Podcast** el podcast 3A
**politisch** político/-a
**Polizei** la policía 2B
**Polnisch** el polaco 3A
**Portugal** Portugal
**Portugiesisch** el portugués
**positiv** positivo/-a
**Poster** el póster
**posten (etw.)** colgar algo (u → ue) 2Ac
**Postkarte** la postal
**präkolumbisch** precolombino/-a
**Praktikum** las prácticas M3
**Präsentation** la presentación
**präsentieren (etw.)** presentar algo
**Preis** el precio 1B; *Auszeichnung* el premio 4A
**privat** privado/-a
**Privatschule** el colegio privado
**privilegiert** privilegiado/-a 1B
**pro** por
**proben** ensayar
**probieren (etw.)** probar algo (o → ue)
**Problem** el problema *m.*
**Produkt** el producto
**Produktion** la producción 3Ac
**produzieren (etw.)** producir algo (c → cz)
**professionell** profesional 1B
**Profil** el perfil 3A
**Programm** el programa
**Projekt** el proyecto
**Prospekt** el folleto
**Protein** la proteína M2
**Provinz** la provincia
**provozieren (etw./jdn)** provocar algo / a alguien 3B
**Prozent** el por ciento
**Prüfung** el examen
**Pseudonym** el pseudónimo 2B
**Pullover** el jersey
**Punkt** el punto; *Uhrzeit* en punto
**Pünktlichkeit** la puntualidad 4B

**pünktlich** puntual 4B
**pürieren (etw.)** triturar algo
**putzen (etw.)** limpiar algo
**Pyramide** la pirámide
**Pyrenäen** los Pirineos *pl.*

## Q

**Quadratkilometer** el kilómetro cuadrado
**Qualität** la calidad M3
**Quatsch!** ¡Qué va!
**Quechua** *Sprache* el quechua *inv.* 1Ac
**Quechua-(+ S.)** quechua 4A
**Quelle** la fuente 2B
**Quinoa** la quinua 1Ac

## R

**Radio** la radio *f.*
**Rallye** el rally
**Rat** el consejo
**Rätsel** la adivinanza
**reagieren** reaccionar 4B
**Realität** la realidad
**recherchieren (etw.)** investigar algo 2B
**Rechnung** la cuenta
**Recht haben** tener razón
**rechts (von)** a la derecha (de)
**recyceln (etw.)** reciclar algo 3B
**reden** charlar
**Referat** la presentación
**Regal** la estantería
**Region** la región
**Regierung** el gobierno 3Ac
**regnen** llover (o → ue)
**Reich** el imperio
**reich (sein)** (ser) rico/-a
**Reihe, an der ~ sein** tocar a alguien
**Reis** el arroz
**Reise** el viaje
**Reiseführer/in** el/la guía turístico/-a *m./f.*
**reisen (nach)** viajar (a)
**Religion** la religión 1Ac; *Schulfach* Religión
**religiös** religioso/-a 1Ac
**rennen** correr
**Reparatur** la reparación
**Reportage** el reportaje
**Reservierung** la reserva 3A
**respektieren (etw./jdn)** respetar algo / a alguien
**Rest (von etw.)** el resto (de algo)
**Restaurant** el restaurante
**Rezension** la reseña 2Ac
**Rezept** la receta 4B
**Rezeption** la recepción 3A
**Rezeptionist/in** el/la recepcionista 3A
**Rhythmus** el ritmo
**richtig** exacto/-a
**Richtung** la dirección; **in ~** en dirección a; **in ~ von** hacia *prep.*
**riesig** enorme
**Rock** la falda; *Musik* el rock
**roh** crudo/-a 1A
**Roman** la novela
**Römer/in** el/la romano/-a 3Ac
**rosa(-farben)** rosa *inv.*
**Rose** la rosa
**rot** rojo/-a
**Route** la ruta 2A
**Rücken** la espalda
**Rückfahrt** la vuelta
**Rucksack** la mochila
**Rückweg** la vuelta
**Ruhe** la paz; **jdn in ~ lassen** dejar a alguien en paz
**ruhig** tranquilo/-a; tranquilamente 4A
**Rührung** la emoción
**Ruine** la ruina
**Rumba** la rumba
**rund** redondo/-a M1
**Russisch** el ruso 3A
**Russland** Rusia

## S

**Sache** la cosa
**säen** sembrar 1Ac
**Saft** el jugo *lat. am.*; el zumo
**sagen (jdm etw.)** decir algo a alguien (e → i); **Man sagt** Se dice ... .; **Sag bloß!** ¡No me digas!
**Saison** la temporada 3Ac
**Salat** la ensalada
**Salsa** la salsa
**Salsakurs** el curso de salsa
**Salz** la sal
**Samstag** el sábado
**Sand** la arena
**Sänger/in** el/la cantante
**Satz** la frase 4B
**sauber (sein)** (estar) limpio/-a; **etw. ~ machen** limpiar algo
**Schaf** la oveja
**schaffen, etw. zu tun** llegar a + *inf.*; **etw. schaffen** crear algo 2Ac
**schälen (etw.)** pelar algo
**scharf** *Speisen* picante
**Schatten** la sombra
**Schauspieler/in** el actor, la actriz
**scheinen (jdm)** parecer a alguien (c → zc)
**schenken (jdm etw.)** regalar algo a alguien
**Scherz** la broma
**schicken (etw./jdn)** mandar algo / a alguien; enviar algo / a alguien 3B
**Schiedsrichter/in** el/la árbitro/-a
**Schiff** el barco; **mit dem ~ fahren** navegar 1Ac
**Schild** el letrero
**Schilfrohr** el junco 1Ac
**Schinken** el jamón
**schlafen** dormir (o → ue)
**Schlagzeug** la batería
**schlau (sein)** (ser) listo/-a
**schlecht** mal *adv.*; **~ in etw.** malo/-a (en algo); **das Wetter ist ~** hace mal tiempo; **jdm gut/~ ergehen** pasarlo bien/mal; **~ dastehen** quedar mal/bien
**schlechter (als)** peor (que)
**schlechteste** + *S.* el/la peor + *sust.*
**schließen (etw.)** cerrar algo
**schlimmste** + *S.* el/la peor + *sust.*
**Schluss machen (mit jdm)** romper con alguien 4B
**schmal** estrecho/-a
**Schmerz** el dolor
**schmerzen** doler (o → ue)
**schmücken (etw.)** decorar algo M1
**schmutzig (sein)** (estar) sucio/-a
**schneiden (etw.)** cortar algo
**schnell** rápidamente; rápido *adv.*
**Schnur** la cuerda 1Ac
**Schokolade** el chocolate
**Schokoriegel** la chocolatina 4B
**schon** ya; *doch* pues sí; sí; **~ einmal** alguna vez 3A; **~ wieder** otra vez
**schön** bello/-a 4Ac; bonito/-a; lindo/-a *lat. am.*
**Schöpfer/in** el/la creador/a 1Ac
**Schrank** el armario
**Schreck(en)** el susto
**schreiben (etw.)** escribir algo; **Man schreibt es ... .** Se escribe ... .
**Schreibtisch** el escritorio
**Schritt** el paso
**Schuhe** los zapatos *pl.*
**Schuhwerk** el calzado 3Ac
**Schuld** la culpa
**Schule** el colegio (= el cole *fam.*); la escuela; el instituto (= el insti *fam.*)

**Schul-**(+ *S.*) escolar 3B
**schulisch** escolar 3B
**Schüler/in** el/la estudiante *m./f.*; el/la alumno/-a
**Schulfach** la asignatura
**Schulnote** la nota
**Schulpate/-in** el padrino, la madrina
**Schulpause** el recreo
**schusselig** despistado/-a
**schwarz** negro/-a; **in ~-weiß** en blanco y negro
**schweigen** callarse
**schweigend (sein)** (estar) callado/-a
**Schwein** el cerdo 3Ac
**Schweinezucht** la cría de cerdos 3Ac
**Schweiz** Suiza 3Ac
**schwer** difícil
**schwerwiegend** grave 4A
**Schwester** la hermana
**Schwimmbad** la piscina
**schwimmen** nadar
**See** el lago
**Seepferdchen** el caballito de mar 3B
**segeln** navegar 1Ac
**sehen (etw.)** ver algo; **mal ~** a ver
**sehr** un montón; mucho; muy; **~ viele** mogollón de + *sust. fam.*
**Sehr gut** *Schulnote* el sobresaliente
**Seifenoper** la telenovela
**Seil** la cuerda 1Ac
**sein** ser; **(da) ~** estar; **für/gegen etw. ~** estar a favor/en contra de algo
**sein, seine** su, sus
**seit** desde hace + *tiempo*; **etw. schon ~** + *Zeitangabe* **tun** llevar + *tiempo* + *ger.*
**Seite** el lado; la parte 4Ac
**Sekretariat** la dirección
**Sektor** el sector 3Ac; **der landwirtschaftliche ~** el sector agrícola 3Ac
**selbst** mismo/-a 1B
**selten** raro/-a
**Sendung** el programa *m.*
**sensibilisieren (jdn)** sensibilizar a alguien 1B
**September** el septiembre
**Serie** *Fernsehen* la serie
**servieren (etw.)** servir algo (e → i)
**Serviette** la servilleta
**Sessel** el sillón
**setzen (sich)** sentarse (e → ie)
**Showgeschäft** el mundo del espectáculo 4A
**sicher** cierto/-a
**sicherlich** seguro *adv.*; **~** + *Satz.* Seguro que + *frase.*
**Sie** *höfliche Anrede* usted/es
**Siesta** la siesta
**Silvester** la Nochevieja 4Ac
**singen** cantar
**Sinn** el sentido 1B
**sinnbildlich** emblemático/-a M1
**Situation** la situación
**sitzen** estar sentado/-a 4B
**Ska** el ska 2Ac
**Skandinavien** Escandinavia
**Skateboard** monopatín
**SMS** el mensaje
**so** así; **~** + *Adj.* **(wie)** tan + *adj.* (como); **~ oder ~** sea como sea 3B; **~ sehr** tanto 2Ac; **~ viel/e** tanto/-a; **~ bald wie möglich** lo antes posible M3; **~ schnell wie möglich** ya
**sodass** así que
**sofort** ya
**sogar** aun (+ *ger.*) 4A; hasta; incluso
**Sohn** el hijo
**solange** mientras + *subj.* 2A
**solidarisch** solidario/-a 4A
**sollen** deber + *inf.* 2B
**Sommer** el verano
**sonderbar** curioso/-a
**Sonderling** el bicho raro
**sondern** sino (que)
**Sonne** el sol; **die ~ scheint** hace sol
**sonnenbaden** tomar el sol
**Sonnenbrille** las gafas de sol
**Sonntag** el domingo
**Sorgen machen (sich um etw./jdn)** preocuparse (por algo/alguien)
**Soße** la salsa
**Souvenir** el recuerdo
**sozial** social 1B; **das soziale Netzwerk** la red social 2B
**Span** la viruta
**Spanien** España
**Spanier/in** el/la español/-a
**Spanisch** el castellano; el español
**spanisch** español/-a
**Spanischunterricht** Lengua Castellana y Literatura (= Lengua *fam.*)
**spanischsprachig** hispanohablante
**Spardose** la hucha
**sparen (etw.)** ahorrar (algo)
**Spaß, viel ~ haben** pasarlo fenomenal *fam.*
**spät (zu ~)** tarde
**später** después; luego; más tarde
**Spaziergang** el paseo; **einen ~ machen** dar un paseo
**Speicherplatz** *Computer* la memoria
**Speisesaal** el comedor
**spektakulär** espectacular 2A
**spenden (etw.)** donar algo 1B
**Spickzettel** la chuleta
**Spiel** el juego; *Sport* el partido
**spielen (etw.)** jugar a algo (u → ue); *Instrument* tocar + *instrumento*; **als etw. ~** jugar como algo (u → ue)
**Spieler/in** el/la jugador/-a
**Spieletreff** la sala de juegos
**Spielfeld** el campo
**Spielkonsole** la consola de videojuegos
**Spielplatz** el parque infantil
**Spielzeug** el juguete
**Sport** el deporte; **~ treiben** hacer deporte
**Sportler/in** el/la deportista *m./f.* 4A
**Sportplatz** la cancha
**Sportschuhe** las zapatillas de deporte
**Sportunterricht** Educación Física
**Sportzentrum** el polideportivo
**Sprache** el idioma *m.*; la lengua
**sprechen** hablar
**springen** saltar
**Spur** *Straße* el carril
**spüren (etw.)** sentir algo (e → ie) 1Ac
**Staat** el Estado
**Stadion** el estadio
**Stadt** la ciudad
**Stadtviertel** el barrio
**stammen (aus)** provenir (de)
**Stand, der ~ ist ...** el marcador está...
**Standpauke, eine ~ halten** echar un sermón *fam.* 2A
**Stange** *Brot* la barra
**Star** la estrella
**stark** fuerte
**Stärke** el fuerte
**Station** la estación
**Statue** la estatua
**Stau** el atasco 3B
**staubsaugen** pasar la aspiradora
**Staubsauger** la aspiradora
**stecken (etw.)** meter algo
**steigen** aumentar 3Ac; subir 3Ac
**Stelle** el puesto 3A
**stellen (etw.)** colocar algo; poner algo
**stellvertretende/r Direktor/in** el/la subdirector/a 3A
**sterben (an/vor etw.)** morirse (de algo) (o → ue)

**Stern** la estrella
**Stiefel** las botas *pl.*
**Stift** el lápiz
**Stiftung** la fundación 4A
**Stil** el estilo
**Stimme** voz 4B
**stimmen** ser cierto/-a; **stimmt's?** ¿verdad?
**Stimmung, die gute ~** la buena onda
**Stipendium** la beca M3
**stolz sein (auf etw./jdn)** estar orgulloso/-a de algo/alguien 4Ac
**stören (jdn)** fastidiar a alguien; molestar a alguien
**Strand** la playa
**Strandbar** el chiringuito
**Strandrestaurant** el chiringuito
**Straße** la calle; la carretera
**Strecke** el recorrido 2A; el trayecto 1Ac
**Streit** la discusión
**streiten** discutir; pelear 4Ac
**streng** estricto/-a
**Stress** el rollo *fam.*
**stressig** estresante 3A
**Stroh** la paja
**studieren (etw.)** estudiar algo 1B
**Studium** los estudios 3B
**Stuhl** la silla
**Stunde** la hora
**Stundenplan** el horario (de clase)
**Stürmer/in** el/la delantero/-a
**suchen (etw./jdn)** buscar algo / a alguien
**süchtig sein (nach etw.)** estar enganchado/-a (a algo)
**Süden** el sur
**Südosten** el sureste
**Südwesten** el suroeste
**super** + *Adj.* super-(+ *adj.*)
**Supermarkt** el supermercado
**Surfen** el surf 1B
**surfen** surfear 1B
**süß** dulce M1
**Süßigkeit** la chuchería; las golosinas *pl.*
**sympathisch** majo/-a *fam.*; simpático/-a
**System** el sistema *m.* 1Ac

## T

**Tablet** *Computer* la tableta
**Tafel** la pizarra
**Tag** el día *m.*; **eines Tages** un día; **Guten ~** ¡Buenos días!; **~ der offenen Tür** el día de las puertas abiertas; **~ der Verliebten** el día de los enamorados
**Tagebuch** el diario
**Taille** la cintura
**talentiert** talentoso/-a 4A
**Tante** la tía
**tanzen** bailar
**Tänzer/in** el bailarín, la bailarina M1
**Tasche** el bolso 1A
**Taschengeld** la paga
**Taschentuch** el pañuelo
**Tatsache** el hecho 3B
**täuschen (jdn)** engañar a alguien 1A
**tausend** mil
**Taxi** el taxi
**Team** el equipo
**Teamwork** el trabajo en equipo 1B
**Technik** la técnica
**Technologie** la tecnología
**Tee** la infusión
**Teich** el estanque
**Teil** la parte
**teilen (etw.)** compartir (algo); **(sich) ~** dividir(se) 3B
**teilnehmen (an etw.)** participar (en algo)
**Teilnehmer/in** el/la asistente *m./f.* M1
**Telefon** el teléfono
**telefonieren** hablar por teléfono
**Teller** el plato
**Teneriffa** Tenerife
**Tennisspieler/in** el/la tenista *m./f.* 4A
**Terrasse** la terraza 1Ac
**Territorium** el territorio
**teuer** caro/-a
**texanisch** texano/-a
**Theater** el teatro
**Theatergruppe** el grupo (de teatro)
**Thema** el tema 2B
**Thunfisch** el atún
**Ticket** el billete
**Tier** el animal
**Tierarzt, Tierärztin** el/la veterinario/-a
**Tierheim** el centro de acogida de animales 2Ac
**Tiger** el tigre 2B
**Tisch** la mesa; **den ~ decken** poner la mesa
**Titicacasee** el lago Titicaca 1Ac
**Tochter** la hija
**Tod** la muerte M1
**toll** fenomenal; genial; guay *fam.*
**Tomate** el tomate
**Tonne** la tonelada
**Tor** el gol; **ein ~ schießen** marcar un gol
**Torwart/in** el/la portero/-a
**Torte** el pastel
**Tortilla** la tortilla
**total** + *Adj.* super-(+ *adj.*)
**töten (jdn)** matar a alguien 1A
**Totenkopf** la calavera M1
**Tourismus** el turismo 3Ac
**Tourist/in** el/la turista *m./f.*
**Tradition** la tradición
**traditionell** tradicional
**tragen (etw.)** *Kleidung* llevar algo
**Trainer/in** el/la entrenador/-a
**trainieren** entrenar
**Training** el entrenamiento
**Transparentpapier** el papel vegetal
**Tratsch** el cotilleo
**Traum** el sueño
**träumen (von etw.)** soñar con algo (o → ue)
**traurig** triste
**Treffen** el encuentro
**treffen (sich) (mit jdm)** encontrarse (con alguien) (o → ue); quedar (con alguien); **eine Entscheidung ~** tomar una decisión
**Treffpunkt** el punto de encuentro
**trennen (etw.)** separar algo
**Treppenhaus** el pasillo
**treu** fiel
**Trick** el truco
**Trikot** el uniforme
**trinken (etw.)** beber algo
**Trinkgeld** la propina 3A
**Tritt ins Fettnäpfchen** la metida de pata
**trotzdem** a pesar de 3B; no obstante; sin embargo
**Tschüss!** ¡Adiós!; Adéu! *valenciano*
**T-Shirt** la camiseta
**tun (etw.)** hacer algo; **etw. weiter ~** seguir + *ger.* (e → i); **schon seit** + *Zeitangabe* **~** llevar + *tiempo* + *ger.*; **etw. wieder ~** volver a + *inf.* (o → ue)
**Tür** la puerta
**Turnhalle** el gimnasio
**Tüte** la bolsa
**Tutorial** el tutorial
**Typ** el/la tío/-a *fam.* 4Ac
**typisch** típico/-a

## U

**U-Bahn** el metro, el subterráneo (= el subte *fam.*) *arg.*; **~-Netz** la red de metro
**üben** ensayar
**über** encima de; sobre

**Übergabe** la entrega
**überhaupt nicht** para nada
**überleben (etw.)** sobrevivir algo 3B
**übernachten** pasar la noche
**überqueren (etw.)** cruzar algo
**überraschen (jdn)** sorprender a alguien
**überrascht (sein)** (estar) sorprendido/-a 4B
**Überraschung** la sorpresa; **als ~** de sorpresa
**übertreffen (etw.)** sobrepasar algo M2; **sich ~** superarse 1B
**überwinden (etw.)** superar algo 2Ac; **sich ~** superarse 1B
**überzeugen (jdn)** convencer a alguien (c → z)
**übrig sein/bleiben** quedar
**übrigens** por cierto
**Übung** el ejercicio
**Uhrzeit** la hora
**Um wie viel Uhr ...?** ¿A qué hora...?
**um etw. herum** alrededor de algo M1
**um zu** + *Inf.* para + *inf.*
**Umarmung** el abrazo
**Umgebung** los alrededores *pl.*; el entorno 1B
**umsteigen** cambiar (a)
**Umwelt** el entorno 1B; el medio ambiente 3B
**Umwelt-**(+ *S.*) ecológico/-a
**Umzug** el desfile; *Wohnung* la mudanza
**Unbekannte (der/die)** el/la desconocido/-a 2B
**und** y; e (*vor i- und hi-*)
**unecht** falso/-a 2B
**Unfall** el accidente
**ungefähr** alrededor de
**unglaublich** increíble
**unhöflich** descortés
**Uniform** el uniforme
**Universität** la universidad
**unmöglich** imposible
**unpünktlich** impuntual 4B
**unser/e** nuestro/-a
**unter** bajo 3B; debajo de; entre 3B
**unterhalten (sich)** conversar
**unterhaltsam** entretenido/-a
**Unterricht** la clase
**Unterschied** la diferencia 2A
**unterschiedlich** distinto/-a M2
**unterschreiben (etw.)** firmar (algo)
**unterstützen (etw./jdn)** apoyar algo / a alguien 4Ac
**Unterstützung** el apoyo
**unterwegs in** de paseo por
**unvermeidbar** inevitable M2
**Urlaub** las vacaciones *pl.*; **im ~ sein** estar de vacaciones
**Ursprung** origen
**ursprünglich** originalmente

## V

**valencianisch** valenciano/-a
**Valencianisch** el valenciano
**Variable** la variable M2
**Variante** la variedad 3Ac
**Variation** la variación
**Varietät** la variedad 3Ac
**Vater** el padre
**verabreden (sich)** quedar
**veraltet** anticuado/-a
**verändern (etw.)** cambiar algo 1B; **sich ~** cambiar 4Ac
**verantwortlich** responsable
**Verantwortliche (der/die)** el/la encargado/-a
**Verantwortung** la responsabilidad 1B
**verantwortungsvoll** responsable
**verärgert (sein)** (estar) enfadado/-a
**verbergen (etw.)** disimular algo 4B
**verbessern (etw./jdn)** corregir algo / a alguien (e → i); mejorar (algo)
**verbieten (etw.)** prohibir algo 3B
**verbinden (etw.)** conectar algo 1Ac
**verboten (sein)** (estar) prohibido; **es ist ~ zu** + *Inf.* se prohíbe + *inf.*
**verbrennen (sich)** quemarse
**verbringen** pasar; **Zeit damit ~, etw. zu tun** pasar + *tiempo* + *ger.*
**verbunden (mit etw.)** relacionado/-a (con algo) 3B
**Verdammt!** ¡Jolín! *fam.*
**verdienen, Geld ~** ganar dinero
**Vereinigte Mexikanische Staaten** Estados Unidos Mexicanos *m. pl.*
**Vereinigte Staaten von Amerika** Estados Unidos *m. pl.*
**Vereinigtes Königreich** el Reino Unido 3Ac
**Verfassung** la constitución
**vergangene/r, vergangenes** pasado/-a
**Vergangenheit** el pasado 3B
**vergessen (etw.)** olvidar algo; olvidarse de algo
**Verhältnis** la relación 4B
**verhungern** morirse de hambre (o → ue)
**Verkäufer/in** el/la vendedor/a
**verkauft** vendido/-a 4A
**verlassen (etw.)** dejar algo
**verleihen (etw.)** entregar algo 3B
**verletzen (sich)** hacerse daño 2Ac
**Verletzung** la lesión 4A
**verlieben (sich) (in jdn)** enamorarse de alguien 4B
**verlieren (etw.)** perder (algo) (e → ie)
**verloren (sein)** (estar) perdido/-a
**vermeiden (etw.)** evitar algo
**vermeidbar** evitable M2
**vermissen (etw./jdn)** echar de menos algo / a alguien 4Ac
**veröffentlichen (etw.)** publicar algo 2A
**veröffentlicht** publicado/-a
**Veröffentlichung** la publicación 4Ac
**verpassen (etw.)** perderse algo (e → ie)
**verrückt (sein)** (estar) loco/-a; **wie ~** con locura 4Ac
**Verrücktheit** la locura 4Ac
**Versammlung** la reunión M1
**verschieden** distinto/-a M2; diferente
**verschlingen (etw.)** devorar algo 4B
**verschmutzen (etw.)** contaminar algo
**versetzen (jdn)** dejar plantado/-a a alguien 4B
**versichern (etw.)** asegurar algo M2
**Verständigung** la comunicación 1Ac
**verstecken (etw.)** esconder (algo)
**verstehen (etw./jdn.)** comprender algo / a alguien; entender algo / a alguien (e → ie); **nur Bahnhof ~** no entender ni jota
**versuchen (zu** + *Inf.*) intentar (+ *inf.*); tratar de (+ *inf.*) 4B
**verteilen (etw.)** repartir algo
**Vertrauen** la confianza 2B
**vertrauen (auf etw./jdn)** confiar en algo/alguien 1B
**Vertraute** el/la confidente 4Ac
**verwandeln (etw.)** transformar algo 1B; **in etw. ~** convertir en algo (e → ie)
**verwegen** osado/-a M1
**Vesper** la merienda
**Video** el vídeo
**Videospiel** el videojuego 2Ac
**viel** mucho *adv.*
**viel/e** mucho/-a *adj.*
**vielleicht** a lo mejor; tal vez
**Viertel** el cuarto
**viral** viral 2B
**Vitamine** las vitaminas M2
***Vlogger/in*** el/la *vlogger* 2A
**Volk** el pueblo

**voll (sein) (mit etw.)** (estar) lleno/-a (de algo)
**Volleyball** el voleibol
**völlig** absolutamente; completamente
**von** de; desde; *Zahl* + ~ + *Zahl número* + de cada + *número* 1B; ~ + *Zeitangabe* **an** a partir de + *tiempo*; ~ ... **bis** ... de... a...; ~ + *Zahl* **an** desde + *número* 4A; ~ ... **aus** desde; ~ **neuem** de nuevo
**vor** delante de; menos; ~ + *S.* antes de + *sust.*; ~ + *Zeitangabe* hace + *tiempo*; ~ + *S.* frente a + *sust.*; ~ **allem** sobre todo
**vorbeigehen (an etw.)** pasar por algo
**vorbereiten (etw.)** preparar algo
**Vorbereitung** la preparación
**Vorbild** el ídolo 4A; el modelo 4A
**vorbildlich** ejemplar 4A
**vorgeben zu** + *Inf.* fingir + *inf.* 4B
**vorgestern** anteayer
**vorgewarnt (sein)** (estar) prevenido/-a
**vorhergehend** anterior M1
**Vorhersage** la predicción 1Ac
**Vorschlag** la propuesta
**Vorschule** la escuela infantil
**Vorschulerziehung** la educación infantil
**vorstellen (sich etw.)** imaginarse (algo)
**Vorteil** la ventaja
**Vulkan** el volcán

## W

**Wachsmalstift** el lápiz de cera
**wahnsinnig** con locura 4Ac
**wahr** verdadero/-a 4B
**während** mientras + *ind.*; ~ + *S.* durante
**währenddessen** mientras tanto
**Wahrsagerin** la pitonisa 4B
**wahrscheinlich** probable
**Wald** el bosque
**Waldstück** la arboleda
**Walzer** el vals
**Wand** la pared
**wandern** caminar
**wann?** ¿cuándo?; *Uhrzeit* ¿A qué hora?
**Wärme** el calor
**warten (auf jdn)** esperar a alguien
**warum?** ¿por qué?
**was (für)?** ¿qué?; ~ **darf's sein?** ¿Qué le/te pongo?; ~ **für ein/e** + *S.*! ¡Qué... + *adj./+ sust.!*; ¡Vaya + *sust.*!; ~ **noch?** ¿Qué más?; ~ **ist los (mit dir)?** ¿Qué (te) pasa?
**waschen (etw.)** lavar algo
**Wasser** el agua *f.*
**Wasserfall** la cascada; la catarata
**Webseite** la página web
**wechseln (etw.)** cambiar algo
**weder ... noch** no... ni... (ni...) 1B
**Weg** el camino
**wegen** por; ~ + *S.* debido a + *sust.*
**weggehen** irse
**wegräumen (etw.)** recoger algo
**wegwerfen (etw.)** tirar algo
**wehtun** doler (o → ue); **sich** ~ hacerse daño 2Ac
**Weihnachten** la Navidad M1
**Weihnachtslied** el villancico M1
**weil** porque; por + *inf.* 4B
**Weile** el rato
**weinen** llorar; **vor Freude** ~ llorar de la emoción
**Weintraube** la uva 3Ac
**weiß** blanco/-a; **in schwarz-~** en blanco y negro
**weit (weg)** lejos *adv.*
**weiter tun** seguir + *ger.* (e → i)
**weiterführende Schule** la educación secundaria obligatoria (ESO)
**weitergeben (jdm etw.)** pasar algo a alguien
**weitergehen** seguir (e → i); ~ **als etw.** ir más allá de algo M2
**weiterkommen** salir adelante 4A
**weitermachen (mit etw.)** seguir (con algo)
**weitreichend** largo/-a + *sust.* 3Ac
**Weizen** el trigo
**welche/r, welches** el/la cual *pron.* 1Ac
**welche/r?, welches?** ¿cuál/es?
**Welle** la ola 1B
**Welt** el mundo; **Welt-**(+ *S.*) mundial M2
**wenig/e** poco/-a *adj.*; **ein wenig** un poco
**weniger** menos (de + *Zahl*); ~ + *Adj.* **(als)** menos + *adj.* (que)
**wenn** a la hora de algo M2; si; **(immer)** ~ cuando; **selbst** ~ aunque + *subj.* 2A
**wer?** ¿quién/es? *sg.*
**Werbung** la publicidad 2A; **für etw. ~ machen** promocionar algo 3Ac
**werden** + *Adj.* ponerse + *adj.*; **zu etw.** ~ convertirse en algo (e → ie); ~ + *S./Adj.* hacerse + *sust./adj.* 2A
**werfen (sich)** lanzarse; **etw.** ~ echar algo
**Werk** la obra
**Werkzeug** el instrumento
**wertvoll** valioso/-a
**Westen** el oeste
**Wetter** el tiempo; **das ~ ist gut/schlecht** hace buen/mal tiempo
**wichtig** importante; **jdm ~ sein** importar a alguien 2Ac; **etw. ~ nehmen** dar importancia a algo 4B
**Wichtigkeit** la importancia 4B
**widerspiegeln (sich)** reflejarse
**wie** como; en plan *fam.* 4B; ~ + *Adj./S.*! ¡Qué... + *adj./+ sust.!*; ~ **cool!** ¡Qué padre! *mex.*; ~ **dem auch sei** de todas formas; ~ **lecker!** ¡Qué rico!; ~ **nervenaufreibend!** ¡Qué nervios!
**wie?** ¿cómo?; ~ **alt bist du?** ¿Cuántos años tienes?; ~ **spät ist es?** ¿Qué hora es?; ~ **geht's?** ¿Qué tal?; ~ **ist** + *S.*? ¿Qué tal + *sust.*?; ~ **sagt/schreibt man ... auf Spanisch?** ¿Cómo se dice/escribe ... en español?; ~ **wär's, wenn ...?** ¿Qué tal si...?
**wie viel?** ¿cuánto?; ~ **macht das?** ¿Cuánto es?
**wie viel/e?** ¿cuánto/-a?, ¿cuántos/-as?
**wiederholen (etw.)** repetir algo (e → i) 4B
**wieder tun (etw.)** volver a + *inf.* (o → ue)
**wiederverwerten (etw.)** reciclar algo 3B
**willkommen** bienvenido/-a
**Winter** el invierno
**Winterschuhe** las botas *pl.*
**wirklich** realmente 4A
**wirklich?** ¡No me digas!; ¿De verdad?
**Wirklichkeit** la realidad; **in** ~ en realidad
**Wirtschaft** la economía 3B
**wirtschaftlich** económico/-a 3Ac
**Wirtschafts-**(+ *S.*) económico/-a 3Ac; **Wirtschaftstätigkeit** la actividad económica 3Ac
**wissen (etw.)** saber algo
**Witz** la broma
**witzig** gracioso/-a
**wo** donde *pron.*; adonde *pron.* 4A
**wo?** ¿dónde?
**Woche** la semana
**Wochenende** el fin de semana
**wofür** ¿en qué?, ¿para qué?
**woher?** ¿de dónde?
**wohin** adonde *pron.* 4A
**wohin?** ¿adónde?
**wohnen (in** + *S.*) vivir (*en* + *sust.*)
**Wohnung** el piso
**Wohnzimmer** el salón

**wollen (etw.)** querer (algo/+ *inf.*) (e → ie); **etw. lieber ~** preferir + *inf.* (e → ie)
**Workshop** el taller
**Wort** la palabra
**Wörterbuch** el diccionario
**worüber?** ¿de qué?
**wozu?** ¿para qué?
**wunderbar** maravilloso/-a 4Ac
**wünschen (jdm etw.)** desear algo a alguien 4Ac
**Wüste** el desierto

## Z

**Zahl** la cifra; el número
**zählen (auf etw./jdn)** contar con algo/alguien (o → ue) 4Ac
**Zahnarzt, Zahnärztin** el/la dentista *m./f.*
**Zahnschmerzen** el dolor de muelas
**Zahnspange** el aparato de dientes
**zanken** pelear 4Ac
**zärtlich** cariñoso/-a
**Zärtlichkeit** el cariño
**Zeichnen** el dibujo
**zeichnen (etw.)** dibujar algo
**Zeichner/-in** el/la dibujante *m./f.* M3
**Zeichnung** el dibujo
**zeigen (etw.)** presentar algo; señalar algo; **(jdm) etw. ~** (de)mostrar algo (a alguien) (o → ue) 3Ac; enseñar algo (a alguien); **einen Film ~** poner una película
**Zeit** la época; el tiempo; **die ~ totschlagen** *ugs.* matar el tiempo *fam.*
**Zeitverschwendung** la pérdida de tiempo 2Ac
**zeitig** temprano *adv.*
**Zeitschrift** la revista
**Zeitung** el periódico
**Zelle** *Biologie* la célula M2
**zelten** hacer camping
**Zentrum** el centro
**zerbrechen** romperse; **etw. ~** romper algo
**zerkleinern (etw.)** triturar algo
**zerstören (etw.)** destruir algo 1A
**zerstreut** despistado/-a
**ziehen** tirar; **jdn an den Ohren ~** tirar de las orejas a alguien
**Ziel** el destino; la meta; el objetivo 1B
**ziemlich** bastante
**Ziffer** la cifra
**Zimmer** la habitación
**Zirkus** el circo 1A
**Zitrone** el limón 1A
**zu** a; **~ (sehr)** demasiado *adv.*; **~ allem Überfluss** para colmo; **~ viel/e** (+ *S.*) demasiado/-a (+ *sust.*) *adj., pron.*
**zuallererst** antes que nada
**zubereiten (etw.)** preparar algo
**Zubereitung** la preparación
**Zucker** el azúcar
**zuerst** primero *adv.*
**zufällig** por casualidad 1A
**Zufluchtsort** el refugio
**zufrieden (sein)** (estar) contento/-a; (estar) satisfecho/-a
**Zug** el tren
**zugleich** al mismo tiempo
**Zukunft** el futuro 2A
**zumindest** por lo menos
**zurechtkommen (gut/schlecht mit etw.)** llevar algo bien/fatal
**zurückkommen (nach)** volver (a) (o → ue)
**zurücklegen (etw.)** recorrer algo 1Ac
**zusammen** juntos/-as
**Zusammenfassung** el resumen
**zustimmen** asentir (i → ie) 4B
**Zutat** el ingrediente
**Zweifel** la duda 4B
**zweifeln (an etw.)** dudar algo
**zweite (der/die/das)** + *S.* el/la segundo/-a + *sust.*
**zwischen ... und ...** entre... y...

Abbildungen:

**AETIB Agencia de Turismo de las Islas Baleares:** S. 53, li. un. – **akg-images** © Banco de México Diego Rivera Frida Kahlo Museums Trust / VG Bild-Kunst, Bonn 2018: S. 28, ob. re. – **Atresmedia** Antena 3: S. 42, PoS. 3; La Sexta: S. 42, PoS. 4 – **blickwinkel** Reinhard Dirscherl: S. 61, ob. – **bpk** Schalkwijk / / Art Resource, NY: S. 29, un. – **Bernardo Erlich:** S. 37 – **Bridgeman Images** Amelia Peláez: S. 28, un. re.; © Banco de México Diego Rivera Frida Kahlo Museums Trust / VG Bild-Kunst, Bonn 2018: S. 28, Mi. li.; Fernando Botero: S. 29, ob.; Posada, Jose Guadalupe: S. 94, li. un.; Xul Solar: S. 29, Mi. – **Centro Europe Direct Salamanca** S. 104, un. – **Colourbox** Alfred Nesswetha: S. 97, PoS. 3; Colourbox.com: S. 10, li.; S. 21, re. un.; S. 35, ob. li.; S. 39, li.; S. 72, PoS. 1 VG; S. 73, li. ob. HG.; S. 91, HG; S. 97, re. ob.; Erwin Wodicka: S. 97, PoS. 6; Galyna Andrushko: S. 15, li. ob.; Nicoleta Ionescu: S. 72, Lola; Nicoleta Ionescu: S. 72, PoS. 3 Avatar; OlgaKriger: S. 97, PoS. 1; Travelling Light: S. 152, ob. li. – **Cornelsen** Volkhard Binder: U2, U3, S. 230; S. 231; S. 232; Diego Francescangeli: S. 73, re. ob.; Laura Fischer: S. 60, un.; Michael Kunz (U2 Globus) – **ddp images** INTERTOPICS / Dalle: S. 90, li. ob. – **dpa Picture-Alliance** REUTERS: S. 20, re. – El Padrino ©Ariel Rojas © Florencia Gattari © **Ediciones SM** 2016: S. 108, ob. – Nadar O Morir ©Arturo Padilla de Juan © **Ediciones SM** 2015: S. 108, un. – **Grupo Planeta**, Todas las chicas se llaman Clara © Jordi Sierra i Fabra © Destino Infantil 2015: S. 109 – **Handysektor** S. 41, ob. – **imago sportfotodienst** Icon SMI: S. 75, re. ob. – **imago stock&people** Agencia EFE: S. 91, re. ob.; Eibner: S. 97, PoS. 4; Nature Picture Library: S. 88, Mi.; ZUMA Press: S. 19, re.; S. 75, re. un. – **Los Tiempos, Editorial Canelas** / Wilson Cahuaya: S. 71, ob. – **mauritius images** Alamy / David Wall: S. 16, re.; Alamy / Jeffrey Blackler: S. 42, un. – **Moderna de Pueblo** S. 51 – **National Geographic Creative** / Fernando G. Baptista S. 18 – **Proyecto Alto Perú:** S. 19, li. – **Radiotelevisión Española** TVE1: S. 42, PoS. 1; TVE2: S. 42, PoS. 2 – **Rafael Vaquer** S. 70, ob. – **Secretaría de Estado de la España Global** España – Potencia Turística Mundial: S. 59, un. – **shutterstock** AF studio: S. 31, Symbol Gaming; Africa Studio: S. 31, li.; AJR_photo: S. 147; Angelo Giampiccolo: S. 63, li.; anyaivanova: S. 83, científico; Artem Mashchenko: S. 72, PoS. 1 HG; Auribe: S. 94, re. un.; bepin: S. 54, PoS. 4; berkut: S. 99, ob.; Blan-k: S. 31, Symbol Tiere; Borysevych.com: S. 41, PoS. 1; by dejavu: S. 112; cgdeaw: S. 71, Mi.; Christian Vinces: S. 27, un.; Curioso: S. 94, ob.; cynoclub: S. 86, un.; Daisy Daisy: S. 41, PoS. 3; S. 71, li. un.; Damsea: S. 60, ob.; Daniel M Ernst: S. 87, Mi.; S. 133, Mi; Daniel San Martin: S. 15, re. ob.; esherez: S. 151; Filipe Frazao: S. 73, un.; Foodio: S. 15, ob.; funnybear63: S. 14, re. ob.; Gabriela ZZ: S. 96, Mi.; Gabriel Georgescu: S. 55, re un.; guruXOX: S. 71, re. un.; iamoak: S. 40, Symbol Teilen; IhorZigor: S. 40, Symbol Einkauf; Symbol Glühbirne; Symbol Lupe; Jeanne Emmel: S. 89, ob.; Jose Luis Stephens: S. 152, ob. re.; Jujubier: S. 152, un.; karelnoppe: S. 78, ob.; kryzhov: S. 97, PoS. 2; Kwitka: S. 79, Verzierung; S. 80, Verzierung; Laeti-m: S. 10, ob.; S. 14, Alpaka; S. 14, li. Mi. Verzierung; S. 14, ob. Verzierung; S. 14, re. Mi. Verzierung; S. 15, li. un. Verzierung; S. 15, re. Mi. Verzierung; Larina Marina: S. 63, re.; Lightspring: S. 99, li. un.; Maksim Kabakou: S. 39, HG; Manuela Durson: S. 100, li. un.; S. 133, un.; Minohek: S. 31, Symbol Musik; Monkey Business Images: S. 39, re. ob; S. 41, PoS. 2; S. 72, PoS. 2 VG; S. 83, professora; mw2st: S. 118; Nadino: S. 55, li. ob.; Nejron Photo: S. 65, li.; nevodka: S. 98, ob.; NoDenmand: S. 72, PoS. 2 HG; Nomadic Photo Studio: S. 78, un.; Olaf Speier: S. 83, artista; olivier vancayzeele: S. 90, HG; ostill: S. 83, deportista; Ozerov Alexander: S. 35, ob. re.; Paul Stringer: S. 86, ob. re.; Popova Valeriya: S. 39, li. Tiger; Pressmaster: S. 83, familia; Rodrigo Fernandez CHILE: S. 13, re. ob.; SARMDY: S. 15, HG; Sean Pavone: S. 68, un.; SeDmi: S. 58, un.; Sergey Chumakov: S. 102, ob.; Sergio TB: S. 69, ob.; ShevalierArt: S. 10, HG; Simon Mayer: S. 14, re. un.; SircPhoto: S. 30, un.; SL-Photography: S. 26, re.; S. 124; Stock image: S. 65, re.; Svetography: S. 8, re.; Thomas Haupt: S. 54, PoS. 2; Tono Balaguer: S. 77, ob.; TravelStrategy: S. 11, re.; Uwe Bergwitz: S. 92, re. ob.; Vagengeim: S. 30, Symbol Parkour; Viktor Kochetkov: S. 99, re. un.; wavebreakmedia: S. 55, li. un.; x9626: S. 30, Symbol Play; yurgo: S. 79, ob. li.; zizi_mentos: S. 79, ob. re. – **stock.adobe.com** ADESIGN: S. 86, ob. Mi.; S. 133, ob Mi.; S.137, Mi. li.; andrea lehmkuhl: S. 97, PoS. 5; Andreas Gruhl: S. 33, ob.; Archivist: S. 11, Mi.; BEMPhoto: S.137, Mi. re.; S.137, un. li.; Boris Stroujko: S. 54, PoS. 3; Claudio Divizia: S. 137, un.re.; Cinematographer: S. 14, li. un.; Daniel Ernst: S. 57, ob.; Daniel: S. 30, ob.; dudlajzov: S. 52, re.; Fotos 593: S. 11, li. ob.; JackF: S. 55, re. ob.; kebox: S. 40, Symbol Download; LindaPhotography: S. 15, re. un.; luisrsphoto: S. 62, ob.; S.129; mariontxa: S. 55, li. Mi.; Maurizio: S. 11, li. un.; Paul Stringer: S. 133, ob. re.; S. 137, ob. re.; pololia: S. 31, ob.; Regormark: S. 86, ob. li.; S. 133, ob. li.; S.137, ob. li.; saiko3p: S. 10, un.; shiyana: S. 31, re.; stockphototrends: S. 98, un.; till beck: S. 54, PoS. 1; tobago77: S. 53, li. ob.; Wolfgang Jargstorff: S. 52, li.; Yul: S. 52, ob. — **Turnio Films** «Viviendo desconectado»: S. 36, un. – **UNFPA** S. 22, un. – **yourphototoday** Kairosimages: S. 97, li. ob.; Fetze Weerstra / Visual_Written: S. 95, ob.

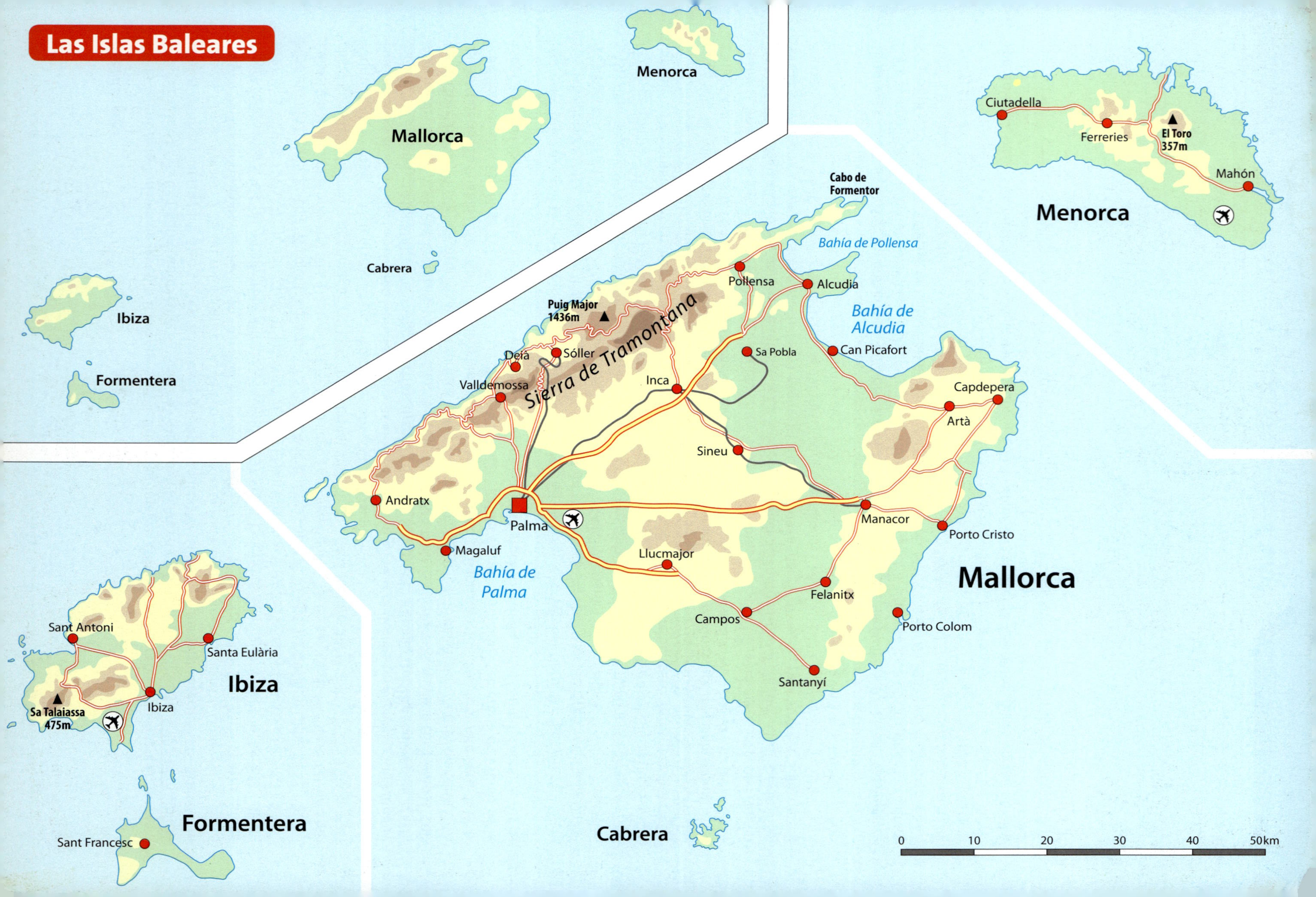

Las Islas Baleares
Mallorca
Menorca
Cabrera
Ibiza
Formentera
Ciutadella
Ferreries
El Toro
357m
Mahón
Menorca
Cabo de
Formentor
Bahía de Pollensa
Pollensa
Alcudia
Puig Major
1436m
Bahía de
Alcudia
Sa Pobla
Can Picafort
Deià
Sóller
Sierra de Tramontana
Valldemossa
Inca
Capdepera
Artà
Sineu
Andratx
Palma
Manacor
Porto Cristo
Magaluf
Llucmajor
Bahía de
Palma
Mallorca
Felanitx
Campos
Porto Colom
Santanyí
Sant Antoni
Santa Eulària
Ibiza
Ibiza
Sa Talaiassa
475m
Formentera
Sant Francesc
Cabrera
0
10
20
30
40
50km

# Palma de Mallorca

Perú
Colombia
Vaupés
Yarí
Apaporis
Caquetá
Putumayo
Napo
Iça
Amazonas
Amazonas
Quito
Cotopaxi 5896
Portoviejo
Chimborazo
5896
Ecuador
Guayaquil
Ingapirca
Cuenca
Machala
Corrientes
Iquitos
Marañón
Sullana
Piura
Perú
Cordillera de los Andes
Ucayali
Juruá
Chiclayo
Cajamarca
Marañón
Huallaga
Brasil
Trujillo
Pucallpa
Chimbote
Huascarán
6768
Purus
Océano Pacífico
Callao
Lima
Huancayo
Apurímac
Madre de Dios
Machu
Picchu
Cuzco
Ica
Beni
Queshuachaca
Nazca
Nudo Coropuna
6613
Juliaca
Lago
Titicaca
Arequipa
La Paz
Bolivia
Tacna
Chile
Alto Loa
0
100
200
300
400
500 km
Venezuela
Colombia
Brasil
Perú
Bolivia
Paraguay
Chile
Uruguay
Argentina